Eckart Meyners

Bewegungsgefühl – das innere Auge des Reiters

Walter Rau Verlag
Düsseldorf

1. Auflage 1996

Umschlaggestaltung und Layout: Miguel Carulla, Düsseldorf
Satz: E. Uhlig, Tönisvorst
Illustrationen: Yvonne Erdmann, Düsseldorf
Fotos: Michael Behns, Werner Ernst, Karl-Heinz Frieler
Gesamtherstellung: Walter Rau Verlag
ISBN 3-7919-0595-3

Gedruckt auf umweltfreundlichem chlorfrei gebleichtem Papier

Inhaltsverzeichnis

Inhaltsverzeichnis 3

Vorwort 6

I. Körperliche Grundlagen eines gefühlvollen Reitens 9

1. Lernt man Reiten nur durch Reiten ? 9
2. Nur das Äußere des Reiters wird betrachtet 10
3. Reiten sollte ein Dialog zwischen Reiter und Pferd sein 11
4. Wie verständigt sich der Reiter mit dem Pferd ? 11
5. Wie entstehen Störungen zwischen Reiter und Pferd ? 12
6. Welche Bedeutung haben die wichtigsten Muskeln für das Reiten ? 14
7. Reitbahnkommandos können ein falsches Gefühl vermitteln 15
8. Der Reiter ist mit einem Bootsmastmodell zu vergleichen 28
9. Welche Verbindung haben die Körperteile untereinander ? 29
10. Ursachen und Vermeidung muskulärer Ungleichgewichte 33
11. Muskulär bedingte Fehler und Gewohnheitsfehler 41
12. Koordinative Grundlagen für das Reiten 42
13. Funktionelle Grundlagen für das Bewegungsgefühl des Reiters 49

14. Zusammenstellung von Mobilisierungsübungen 53

15. Zusammenstellung von Dehnungsübungen 57

16. Zusammenstellung von Kräftigungsübungen 68

17. Zur Bedeutung des Auf- und Abwärmens für den Reiter 86
17.1 Körperliche und psychische Wirkungen 87
17.2 Weitere Gesichtspunkte beim Aufwärmen des Reiters 90
17.3 Arten des Aufwärmens 91
17.4 Aktives Entmüden – der Cool-Down-Vorgang 93

II. Zur Entwicklung des Bewegungsgefühls beim Reiten 96

1. Was ist eigentlich Bewegungsgefühl ? 96

2. Bewegungsgefühl kontra Muskellehre ? 98

3. Bewegung und Wahrnehmung bilden eine Einheit 100

4. Gefühlvolles Reiten 101

4.1 Grundzüge des Lernens 101
4.2 Prinzipien der Vermittlung 102
4.3 Grenzen der sprachlichen Vermittlung 103
4.4 Lernen geschieht nicht nur über den Kopf 107
4.5 Die Bedeutung beider Gehirnhälften beim Lernen 108

5. Zur Entwicklung des Bewegungsgefühls 110

5.1 Reitbewegungen von außen und innen sehen lernen 110
5.2 Vermittlungsstrategien eines dialogischen Konzepts 114
5.3 Prinzipien für gefühlvolle Bewegungen 119
5.4 Lektionen für gefühlvolle Bewegungen 126

6. Sitz- und Gefühlsübungen auf dem Pferd 183

6.1 Gefühlvolles Sitzen an der Longe 183
6.2 Sitzübungen, die die Bewegungen des Pferdes erfühlen lassen 184

7. Gymnastik auch für das Gehirn ? 185

7.1 Die bisherigen Kapitel im Rückblick 185
7.2 Kann gefühlvolles Lernen erleichtert werden ? 186
7.3 Was heißt „Angewandte Kinesiologie" ? 186
7.4 Negative Beeinflussungen 187
7.5 Aufbau der Selbstkontrolle von Reiter und Ausbilder 189
7.6 Gymnastikübungen für das Gehirn 192

Literaturgrundlagen **196**

Vorwort

Menschen haben in dem vergangenen Jahrzehnt mit Computern in den unterschiedlichsten Lebensbereichen umzugehen gelernt. Es ist eine Selbstverständlichkeit, wenn in den Büros von Sportvereinen, Banken, Geschäftshäusern Rechner stehen, mit denen Kalkulationen, Bilanzen etc. erarbeitet werden.

Auch in den Kinderzimmern haben sich Computer etabliert. Für Kinder sind Computerspiele zur täglichen Selbstverständlichkeit geworden. Anstatt sich selbst zu bewegen, lassen sie am Computer bewegen. Während Erwachsene noch staunen, gehen Kinder bereits ohne Schwierigkeiten mit den neuen technischen Medien unserer Zeit um.

Diese Tatsache hat u.a. zu zwei Problemen geführt:

1) Körperliche Tätigkeiten werden heute – wo immer möglich – durch Technik ersetzt. Der Mensch wird immer mehr zu einem Sitzwesen. Aus dieser veränderten Situation ergeben sich für den Menschen immer weniger körperliche Anforderungen bei steigender psychischer Belastung. Aus der psychischen Belastung und verringerten körperlichen Belastung entstehen körperliche und psychische Ungleichgewichte, die sich über Jahre auch in einem veränderten Körperaufbau und Umgang mit unserem Körper zeigen. Die Muskulatur wird zu wenig und zu einseitig belastet; Gesundheitsschäden sind die logische Folge.

2) Wir haben in den vergangenen Jahren gelernt, Computer zu bedienen. Mit dem kompliziertesten Computer, den es in dieser Welt gibt, haben wir uns immer weniger auseinandergesetzt: nämlich mit dem Menschen. In der Reiterei scheint der Mensch auf Anweisung hin zu funktionieren, denn wenn wir den Reitunterricht unter die Lupe nehmen, dann erkennen wir einen Ausbilder in der Reitbahn, der mehrere Reiter über seine Kommandos oder Anweisungen zu entsprechenden Reitlektionen führen möchte. Bei einem scheint es zum Erfolg zu führen, bei dem zweiten schon nicht mehr. Reiter werden in den sogenannten „korrekten" Sitz gezwungen, ohne daß sich der Ausbilder Gedanken darüber macht, wie der Mensch Bewegungen generell lernt bzw. wo die Unterschiede im Lernverhalten der einzelnen liegen könnten.

Der Mensch ist bezüglich des Bewegungslernens ein hochkompliziertes Wesen. Es spielen beim Bewegungslernen im Sport, auch im Reiten, eine Vielzahl von Abläufen eine Rolle, die sich eigentlich jeder Ausbilder verdeutlichen müßte. Der Mensch funktioniert über seine Muskeln, die jedoch ihre Befehle vom Gehirn erhalten. Bewegungsfehler können in nicht ausgebildeten Muskeln begründet sein, die aufgrund der veränderten Welt heute nicht mehr so ausgebildet worden sind, daß ein harmonisches Miteinander aller Körperteile erfolgen kann. Durch einseitige Beanspruchungen findet eine psychische Überbelastung statt, so daß das Gehirn überstrapaziert wird. Es kann nicht entsprechend korrekte Impulse an die Muskeln weitergeben. Des weiteren können durch emotionale Zustände wie Unsicherheit, Angst, Aggression Beeinträchtigungen des motorischen Lernens entstehen.

Auch das unterschiedliche Alter spielt beim Bewegungslernen eine Rolle. Was der junge Reiter noch nicht kann, ist einem älteren nicht mehr möglich. Somit mag deutlich geworden sein, daß sich die Ausbildung in der Reiterei bisher zu wenig um diese Bereiche gekümmert hat. Reiter müssen also darunter leiden, daß man sie eigentlich nicht so unterrichtet, wie es ihren äußeren und inneren Bedingungen entspricht. Man kann sogar sagen, daß sie in eine Form gepreßt werden (Kopf hoch, Hände herunter, Absätze tief, Knie tief, Schenkel zurück). Diese Ausbildung von Formgesichtspunkten kann jedoch den Reitern insofern nicht helfen, als jeder Mensch nicht nur einen anderen Körperbau, andere Fitneß hat, sondern auch ein anderer Lerntyp ist. Der eine lernt mehr über das Ohr, der andere über das Auge, der dritte möchte seinen Schenkel durch den Ausbilder angelegt bekommen. Auch diese generellen Unterschiede werden in der Reiterei zu wenig beachtet, so daß sich das Gefühl für Bewegungsabläufe des Pferdes nicht intensiv genug ausbilden kann.

Genau darum soll es in diesem Buch gehen:

- Es ist für Reiter und Reitausbilder geschrieben.

- Es soll ein Verständnis für die Vielschichtigkeit des Reiters entwickelt werden.

- Das muskuläre System des Reiters soll in seiner Funktionsweise erklärt werden. Erkennt der Reiter die Zusammenhänge, ist die Grundlage dafür gegeben, mit sich anders umgehen zu können.

- Aus diesen Erklärungen ergeben sich Anregungen, wie der Reiter sein Muskelsystem ausbilden kann, um auf das Pferd besser einwirken zu können. Einen schiefen Sitz, der durch einseitige Muskulatur des Reiters hervorgerufen wird, kann kein Ausbilder durch Sprache verbessern. Wenn der Reiter sich dann nach Vorschrift des Ausbilders hinsetzt, verkrampft er noch stärker.

- Es sollen auch Wege aufgezeigt werden, wie der Mensch sich für seine äußeren und inneren Vorgänge sensibilisieren kann. Es werden Prinzipien erörtert, um ein Neulernen oder Umlernen zu ermöglichen. Es geht um den Aufbau des Bewegungsgefühls, das Grundlage dafür ist, sich selbst korrigieren zu können.

- Aus diesen Ausführungen soll sich ein neuer Vermittlungsweg (eine veränderte Methode) für das Bewegungslernen ergeben. Es geht vor allem um das Bewegungssehen von innen, also um das Bewegungsgefühl.

- Es werden methodische Grundlagen erörtert und Übungen aufgezeigt, wie der Reiter lernen kann, sich intensiver von innen zu sehen, also sich zu spüren.

- Das Buch teilt sich in zwei Hauptteile: Im ersten werden die körperlichen Grundlagen für ein gefühlvolles Reiten aufbereitet, während im zweiten Teil das Bewewgungsgefühl, seine Notwendigkeit und Entstehung, vertiefend behandelt wird.

I. Körperliche Grundlagen eines gefühlvollen Reitens

1. Lernt man Reiten nur durch Reiten ?

Diese Frage scheint banal zu sein, weil eigentlich jedem klar ist, daß man Reiten beispielsweise nicht durch Tennisspielen erlernen kann. Jedoch muß diese Frage auch ernst genommen werden. Es stellt sich bei jeder Sportart, so auch beim Reiten, in vielen Situationen das Problem, nicht weiterzukommen, weil im eigenen Funktionssystem (Muskulatur oder im Zusammenspiel der Muskulatur/Koordination) Bewegungsabläufe nicht möglich sind. Ursachen können in körperlichen Schwächen oder im Gehirn-Muskelzusammenspiel gesucht werden. Für diese Situationen werden in allen Sportarten systematische Gymnastik- oder Koordinationsprogramme angeboten, die die Voraussetzungen für die Bewegungsabläufe der eigentlichen Sportart schaffen. Erst dann können Reitbewegungen fühlend vollzogen werden, weil ein bestens vorbereitetes Körpersystem Grundlage für den korrekten Sitz ist und somit die Voraussetzung bildet, fühlend (ohne übermäßige Kraftanstrengungen) auf das Pferd einwirken zu können. Nur aus einem für den eigenen Körperbau aufrechten Sitz kann der Reiter seine Hilfen so an das Pferd weitergeben, daß es auch die erwünschten Lektionen ausführen kann. Leider fühlen viele Reiter ihren fehlerhaften Sitz nicht. Er ist ihnen so zur Gewohnheit geworden, daß sie glauben, sie würden korrekt sitzen.

Aus diesen Problemsituationen können sie nur herausgeführt werden, wenn sie lernen, ihren Körper als Ganzheit bzw. die Bedeutung der einzelnen Muskeln für spezielle Aufgaben zu spüren. Sie müssen sich kennenlernen, indem sie über entsprechende Funktionsübungen lernen, die einzelnen Körperteile funktionsgerecht einzusetzen. Dabei ist es wichtig, Übungen möglichst unter Ausschluß der Schwerkraft zu vollziehen, weil der Mensch einen Großteil seiner Kraft benötigt, um gegen die Schwerkraft der Erde anzukämpfen. Dabei wird viel Energie verbraucht, die jedoch nicht zur Verfügung steht, um neue Bewegungen bzw. Bewegungsabläufe zu erfühlen. Wenn nun auf einer Matte am Boden gearbeitet wird, fällt es dem einzelnen leichter, sich auf die Bewegungen zu konzentrieren, sie fühlend zu erfahren. Diese Zusatzaufgaben sind besonders für Reiter notwendig, die sich außer durch Reiten wenig sportlich bewegen. Sie bringen neben einer geringen körperlichen Fitneß wenig Gefühl für die vielen Bewegungsansprüche mit, die das Reiten fordert. Der Reiter hat sich aber nicht nur auf sich selbst, sondern gleichzeitig auf das Pferd zu konzentrieren.

Spezielle Übungen sind außerdem für Späteinsteiger und Spätlerner wichtig. Sie bringen oft wenig Gefühl für ihren Körper als Ganzheit mit. Außerdem haben sie Schwierigkeiten, sich in neue Bewegungsabläufe wie das Reiten hineinzufühlen, weil Reiten keine Ähnlichkeiten mit anderen Alltagsbewegungen aufweist. Ihnen fällt es sehr schwer, die vielen gleichzeitig und nacheinander ablaufenden Teilbewegungen miteinander zu verbinden, so daß sie verkrampfen und ihnen oft nichts mehr gelingt. Wenn sie durch eine gute Ausbildung ihres Muskelsystems und der koordinativen Abläufe vorbereitet aufs Pferd steigen, benutzen sie ihre Aufmerksamkeit nicht mehr zu stark für die eigenen Bewegungsabläufe. Sie können sich vorrangig auf das Pferd konzentrieren. Dadurch gelingen die Reitbewegungen besser. Der Spruch „Reiten lernt man nur durch Reiten“ mag gerade noch für Kinder und Jugendliche zutreffen, die sich durch den spielerischen Umgang mit den Ponys und Pferden auf einem ländlichen Reiterhof auseinandersetzen können. Sie lernen das Reiten mehr auf der Ebene eines Dialogs, d.h. wenn sie reiten, wird ein ständiger Zusammenhang von Spüren und Bewirken hergestellt. Die Kinder lernen durch die Situation und nicht durch ständige Anweisungen. Sie reiten das Pony oder Pferd, indem sie deren Bedürfnisse und Voraussetzungen erspüren, sie versuchen ihnen zu entsprechen. Erst wenn sie sich an die Gesetzmäßigkeiten der Tiere angepaßt haben, können sie ihre eigenen Körpergesetze auf sie übertragen. Was bedeuten diese Aussagen im einzelnen ?

Lernt man Reiten nur durch Reiten ?

- Für Kinder mag diese Aussage noch zutreffen !
- Erwachsene lernen Reiten nicht nur alleine durch Reiten !
- Dies ist besonders bei Spätlernern und sonstigen Nichtsportlern der Fall !
- Sie bringen selten geeignete körperliche Voraussetzungen mit, so daß sich die Probleme beim Reitenlernen verstärken !
- Durch Gymnastik und andere Bewegungsprogramme sollte das Reitenlernen unterstützt und erleichtert werden !

2. Nur das Äußere des Reiters wird betrachtet

Die Reitbewegung ist als eine ständige Veränderung des Reiters in der Reitbahn oder im Freien in Raum und Zeit zu verstehen. Der Ausbilder orientiert sich dabei ausschließlich an den von Augenblick zu Augenblick ablaufenden körperlichen Veränderungen des Reiters. Er betrachtet die unterschiedlichen Teile des Reiters (Kopf aufrecht halten, Hände tiefer u.s.w.). Sein Interesse gilt den äußerlich sichtbaren Veränderungen des Reiters (Welcher Körperteil verändert sich auf welche Weise ?). Sein Blick ist also von außen auf das Äußere gerichtet.

Diese Betrachtungsweise ist möglich, in der Reiterei auch üblich, erreicht jedoch nicht die Eigenart jedes Reiters. Die rein auf die äußeren Abläufe des Körpers gerichteten Blicke bieten keine Einsicht in die Eigenart der Reitbewegung und Reiterhaltung. Eine vertiefende Betrachtung in dem Sinne, daß das Bewegungsgefühl des Reiters erfaßt wird, kann auf diese Art und Weise nicht erreicht werden.

Die äußere Haltung ist immer an innere körperliche und psychische Vorgänge und Zustände gebunden. Bei der gängigen Betrachtung des Reiters durch den Ausbilder geraten diese Aspekte nicht in den Blickwinkel.

Ergebnis: Die wahrgenommenen Reitbewegungen können nicht ausschließlich als Ortsveränderung von Körperteilen gesehen werden. Dadurch lernt der Reiter nur, Formen auszuführen, anstatt sein Bewegungsgefühl zu verbessern. Er wird zu ständig neuen Veränderungen seines Körpers veranlaßt und hat kaum Zeit, sich auf sich und das Pferd zu konzentrieren. Ziel ist es, daß der Reiter lernt, sich selbständig in der Reitbahn oder im Freien mit dem Pferd zu bewegen. Er muß also befähigt werden, für sich und sein Pferd der Situation entsprechend richtige Entscheidungen treffen zu können. Ein solches Ziel setzt ein verändertes Verständnis von Reiten voraus. Ausbilder machen folgende Fehler:

- Bei den Reitern wird fast ausschließlich die Form des Sitzes betrachtet !

- Die Dynamik, die sich hinter dieser Form verbirgt, ist jedoch entscheidend !

- Die inneren Vorgänge des Reiters geraten somit zu wenig in den Blick des Ausbilders !

- Die Hintergründe für die Bewegungsveränderungen des Reiters müssen intensiver beachtet werden !

3. Reiten sollte ein Dialog zwischen Reiter und Pferd sein

Jeder Reiter bewegt sich anders auf einem Pferd, obwohl der Ausbilder ihn in die „sogenannte richtige Form“ (den korrekten Sitz) preßt. Den richtigen Sitz gibt es nicht, sondern es gibt nur für jeden einzelnen den gemäß seinen körperlichen und psychischen Besonderheiten optimalen Sitz. Durch diese Aussage wird deutlich, daß Reiten ein unabgeschlossener Prozeß ist, der ständigen Veränderungen unterworfen ist. Die Sportwissenschaft hat nachgewiesen, daß es für jeden Menschen und jeden Bewegungsablauf nur eine optimale Form gibt. Es gilt also für den Ausbilder, diesen individuellen Bewegungsablauf für jede Pferd-/Reiterkombination herauszufinden. Wenn nun Reiten als Dialog zwischen Reiter und Pferd verstanden werden soll, so spielen beide Partner – Pferd und Reiter – eine gestaltende Rolle. Reiten meint also für den Reiter, ein Aussenden von Botschaften (über die unterschiedlichen Hilfen), die vom Pferd verstanden werden müssen.

- Jeder Reiter und jedes Pferd sind individuelle Wesen !

- Auf die Individualität des Pferdes muß sich jeder Reiter einstellen !

- Dieses Hineinhorchen in die Eigenarten des Pferdes muß der Reiter lernen !

- Erst dann ist ein partnerschaftlicher Umgang möglich !

4. Wie verständigt sich der Reiter mit dem Pferd ?

Reiten ist ein „Befragen“ des Pferdes durch den Reiter über seine Hilfen (Schenkel, Zügel, Gewicht). Reiten kann als ein Sprechakt verstanden werden; es ist kein rein mechanisches Bewegen von Körperteilen des Reiters ohne Bedeutung für das Pferd.

Der Reiter befragt das Pferd über seine Hilfen; das Pferd antwortet und zeigt dem Reiter, wie es die Bewegungen des Reiters verstanden hat. Daraufhin wird das Pferd, wenn es die Bedeutung der Reiterbewegung nicht verstanden hat, neu befragt. Es werden neue Botschaften übermittelt, die wiederum vom Pferd beantwortet werden, bis ein harmonisches „Gespräch“ zwischen Reiter und Pferd entstanden ist. Zunächst muß der Reiter in das Pferd „hineinhorchen“, was es schon kann (was es anbietet), um danach Bewegungen zu erreichen, die es noch nicht beherrscht. Für ein so verstandenes, gefühlvolles Reiten lassen sich viele Reiter keine Zeit mehr.

- Die Bewegungen des Reiters sind als Sprache zu bezeichnen !

- Über seine Hilfen befragt der Reiter das Pferd !

- Wenn das Pferd die Reitersprache nicht versteht, muß der Reiter es noch einmal oder mit anderen Mitteln versuchen !

5. Wie entstehen Störungen zwischen Reiter und Pferd ?

Dieses „Gespräch" zwischen Reiter und Pferd kann durch viele Mißverständnisse oder Störungen zu einem unharmonischen Zusammenspiel („Sprachgewirr") werden. Wenn beide keine oder kaum Vorerfahrungen haben, ist ein Dialog zwischen Reiter und Pferd kaum möglich. Einer der beiden Partner muß einen Erfahrungsvorsprung haben, damit ein Miteinander gelingt. Entweder ist der Reiter weiter als das Pferd oder umgekehrt. Wenn beide keine ausreichenden Grunderfahrungen besitzen, ist ein Reiten als Dialog nicht möglich. Ein unerfahrener Reiter benötigt ein erfahrenes Pferd, das bereits „Sprachbrocken" versteht und die angedeutete Reitlektion folgen läßt. Oder der Reiter ist erfahren und führt das Pferd mit Sicherheit und ohne überhöhten Krafteinsatz zu den gewünschten Lektionen. Weitere Störungen können sich aus einer falschen „Körpersprache" ergeben. Der Reiter hat durch körperliche und koordinative Schwächen so wenig Bewegungsübertragungsmöglichkeiten, daß das Pferd ihn nicht versteht. Außerdem kann das Bewegungsgefühl, also die mangelnde Feinfühligkeit für die eigenen Bewegungen und die Bewegungen des Pferdes, Grund für Bewegungsstörungen sein.

Jeder Mensch und jedes Pferd sind für ihre Bewegungsabläufe unterschiedlich sensibel. Dieses Buch soll dazu beitragen, diese Sensibilität zu verbessern.

Auch die ausschließliche Reitlehrmethode über „sprachliche Anweisungen" kann zu Reitproblemen führen. Der Sprache sind bei der Vermittlung des Reitens Grenzen gesetzt. Zum einen gibt es Reiter, die schwer über das Ohr lernen können. Zum anderen kann die Sprache nur Bewegungsabschnitte nacheinander formulieren, die jedoch gleichzeitig ablaufen. Es entsteht so eine falsche räumlich-zeitliche Bewegungsvorstellung. Die inhaltliche Deutung der einzelnen Wörter wird nicht von jedem Menschen gleich aufgenommen. Bewegungen können nur als räumlich-zeitliche Bewegungsabfolgen formuliert werden, die Dynamik kann über Sprache nicht übermittelt werden.

Des weiteren formulieren Reitlehrer oft **ihr** Bewegungsgefühl bezüglich der im Augenblick zu vermittelnden Lektion, anstatt zu versuchen, sich in den Reiter hineinzuversetzen und sein im Augenblick vorhandenes Bewegungsgefühl zu verbessern. Sich in das Gefühl eines anderen hineinversetzen kann nur derjenige, der die Reitbewegungen selbst auch beherrscht. Deshalb ist die Reitqualität eines Ausbilders auch Grundlage für seine Analysefähigkeit.

Wenn der Ausbilder gut reiten (fühlen) kann, wird bei der Betrachtung eines Reiters sein eigenes inneres Bild wachgerufen. Er „reitet" in diesem Augenblick seinen Reitschüler. An diesen augenblicklichen Empfindungen seines Schülers muß der Ausbilder ansetzen und ihn auf dieser Grundlage verbessern. Die idealtypische Formkorrektur bringt den Reiter wenig weiter. Im nächsten Kap. werden die Funktionen der einzelnen für den Reiter wichtigen Muskelgruppen erläutert, damit die in Kap. I.7 verdeutlichten Probleme der Reitbahnkommandos einsichtig werden.

- Mißverständnisse zwischen Reiter und Pferd haben mehrere Ursachen !

- Beide Partner dürfen nicht zu geringe Vorerfahrungen haben !

- Deshalb muß einer der Partner seinen Erfahrungsvorsprung nutzen !

- Durch ein erfahrenes Pferd lernt der Reiter; ein erfahrener Reiter ist der beste Lehrer für ein unerfahrenes Pferd !

- Der Reiter und das Pferd können auch zu wenig Kondition haben !

- Auch das Vermitteln des Reitlehrers ausschließlich über Sprache schafft Lernprobleme beim Reiter !

6. Welche Bedeutung haben die wichtigsten Muskeln für das Reiten ?

Nr.	*Muskelbezeichnung*	*Funktion des Muskels*
1	*Handgelenkstrecker*	*streckt das Handgelenk; sorgt für gerade Zügelführung*
2	*Handgelenkbeuger*	*beugt das Handgelenk bei Paraden*

(Ausgewogenheit beider ist Garantie für gerade Linie Handrücken-Unterarm)

3	*Armstrecker*	*streckt den Unterarm*
4	*Armbeuger*	*beugt den Unterarm*

(Ausgewogenheit beider Muskelgruppen macht eine natürliche Winkelung des Unterarmes – rechter Winkel – möglich. Ist der Strecker zu stark, erfolgt gedrückte (zu tiefe) Hand. Eine zu hohe Hand ist die Folge eines zu starken Beugers .)

5	*Deltamuskel*	*hebt den Arm nach vorne/hinten; dreht den Arm nach außen/innen*
6	*Brustmuskulatur*	*hebt den Arm nach vorne; führt den seitlich geneigten Arm heran; dreht den Arm nach innen; stabilisiert das Schultergelenk; unterstützt den Rundrücken*
7 a	*Schultergürtel (Trapezmuskel)*	*oberer Teil hebt das Schulterblatt; mittlerer Teil dreht Kopf zur Seite, führt Schulterblätter in Richtung Wirbelsäule; unterer Teil senkt die Schulter*
7 b	*Rückenstrecker*	*für den aufrechten Sitz zuständig; streckt und stabilisiert die Wirbelsäule; neigt die Wirbelsäule seitlich und dreht sie.*

(Erzeugt durch Verkürzung im unteren Teil ein Hohlkreuz, im oberen Teil – Schultergürtelmuskulatur – durch Abschwächung einen Rundrücken.)

8	*Bauchmuskulatur (gerade/äußere u. innere schräge)*	*richtet das Becken bei festgestelltem Brustkorb auf; neigt den Rumpf nach vorne bei festgestelltem Becken; neigt den Rumpf seitlich und dreht ihn; stabilisiert den Rumpf.*
9	*Hüftbeuger (Beinanzieher) (innere)Adduktoren*	*führt den Oberschenkel heran; schließt die Beine*
	(vordere)Lendendarmbeinmuskel	*beugt die Hüfte; stabilisiert die Lendenwirbelsäule.*

(Zu starke Hüftbeuger führen zum „Klemmen“ und zum Kippen des Beckens nach vorne, wenn gleichzeitig die Gesäßmuskulatur schwach ist und die tiefen Rückenmuskeln verkürzt sind.)

10	*Lendenmuskel (seitliche Rumpfmuskulatur)*	*unterstützt den Rückenstrecker zur Aufrichtung der Wirbelsäule; zieht den Rumpf zur Seite.*
11	*Gesäßmuskulatur (Beinabspreizer)*	*streckt die Hüfte; stabilisiert das Becken; dreht die Oberschenkel nach innen und außen; spreizt die Beine ab.*
12	*vordere Oberschenkelmuskulatur*	*streckt das Knie; beugt die Hüfte.*
13	*hintere Oberschenkelmuskulatur*	*beugt das Knie; streckt Hüfte; dreht den Unterschenkel bei gebeugtem Knie.*
14	*Wadenmuskulatur (Zwillingsmuskel/ Schollenmuskel)*	*senkt den Fuß; hebt in den Ballenstand; beugt das Knie über den Zwillingsmuskel; hebt den inneren Fußrand an.*
15	*Schienbeinmuskulatur*	*hebt den Fuß; hebt den Fußinnenrand; hebt den Fußaußenrand an.*

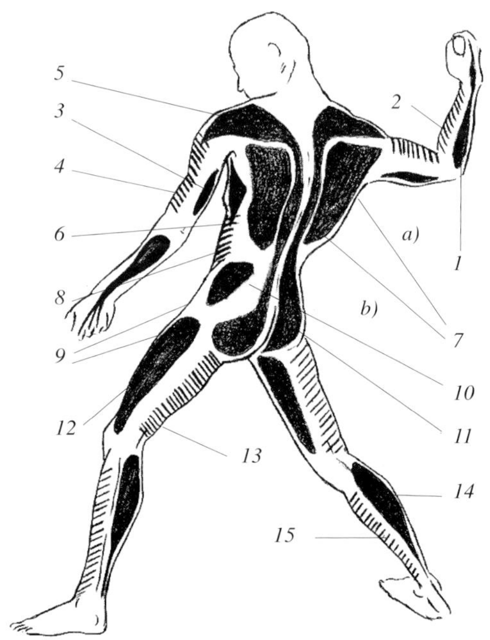

7. Reitbahnkommandos können ein falsches Gefühl vermitteln

An einigen typischen Reitanweisungen soll verdeutlicht werden, daß sie zu falschen Bewegungsvorstellungen führen können, obwohl es der Reitlehrer eigentlich gut meint. Es finden körperlich andere Bewegungen statt als diejenigen, die durch die verwendeten Begriffe erreicht werden sollen.

Mit Sprache sind also nicht alle Vorgänge zu vermitteln.

Die Fachsprache und der Fachjargon des Reitens sind besonders für Anfänger oft ein „Buch mit sieben Siegeln". Reiter hören von ihren Ausbildern oftmals Anweisungen, können sie jedoch nicht in korrekte Reitbewegungen umsetzen. Sie reagieren auf die Anweisungen mit Bewegungen, die die Ausbilder gar nicht erreichen wollen. Diese nichtgewünschten Bewegungen entstehen jedoch, weil falsche Bewegungsvorstellungen hervorgerufen werden.

Es geht nicht darum, Schuld zuzuweisen, sondern es soll verdeutlicht werden, wie notwendig theoretische Kenntnisse für die tägliche Reitpraxis sein können. Diese Ausführungen setzen an einem Punkt der Praxis an, an dem der Reitlehrer trotz vieler Korrekturen und intensiver Bemühungen eines engagierten Reiters nicht vorankommt. In diesem Augenblick liegen die Probleme nicht im Willensbereich, sondern in mangelnden körperlichen Voraussetzungen der Reiter. Trotz des Engagements des Ausbilders kommt er nicht weiter, wenn diese muskulären Schwächen beim Reiter nicht erkannt und nicht ausgeglichen werden. Die folgenden Ausführungen mögen den Ausbildern Grundlagen liefern, um bei entsprechenden Problemfällen weiterzukommen.

„Kreuzanspannen"

Wenn Reiter gefragt werden, was „Kreuzanspannen" heißt und wie es muskulär erzeugt wird, werden sicherlich viele Antworten gegeben, die nicht unbedingt den Kern der Sache treffen. „Kreuzanspannen" wird von vielen Reitern als die Einwirkung des Reiters mit seiner Rückenmuskulatur auf den Rücken des Pferdes verstanden. Deshalb benötige man auch entsprechend starke Rückenmuskeln.

Sicherlich ist eine starke Rückenmuskulatur wichtig, um den korrekten aufrechten Sitz einnehmen zu können. Dieser stellt jedoch nicht ein Schönheitsmerkmal des Reiters dar, sondern ist unumgänglich, um die Einwirkung des Kreuzbeins zu ermöglichen. „Kreuzanspannen" ist nichts anderes als das Kippen des Beckens, das einen festen Ring mit dem Kreuzbein bildet. Das Kreuzbein ist der zusammengewachsene Teil der fünf Endwirbel der Wirbelsäule und bildet eine geschlossene Einheit mit dem Beckenring (Abb. 1).

Aufrecht sitzen heißt, eine Haltungsform einzunehmen, die es ermöglicht, daß die Wirbelsäule ihre natürliche, doppelt geschwungene S-Form erhält (Abb. 2). Aus dieser Haltung können die Gewichtshilfen optimal zur Wirkung kommen.

Der aufrechte Sitz hat im Zusammenhang des „Kreuzanspannens" die Funktion, das Gelenk zwischen dem fünften Lendenwirbel und dem Kreuzbein freizumachen (Abb. 3), um den Kippvorgang zu ermöglichen. Ist dieses Gelenk durch eine Haltung vor oder hinter der Senkrechten blockiert, so kann keine Kreuzeinwirkung und damit kein wichtiger verstärkender Impuls erfolgen. Der Reiter muß in der Lage sein, sein „Kreuz" kurzfristig anzuspannen, um nach Bedarf verstärkend zu wirken. Eine längere Einhaltung dieses Kippvorgangs läßt den Reiter

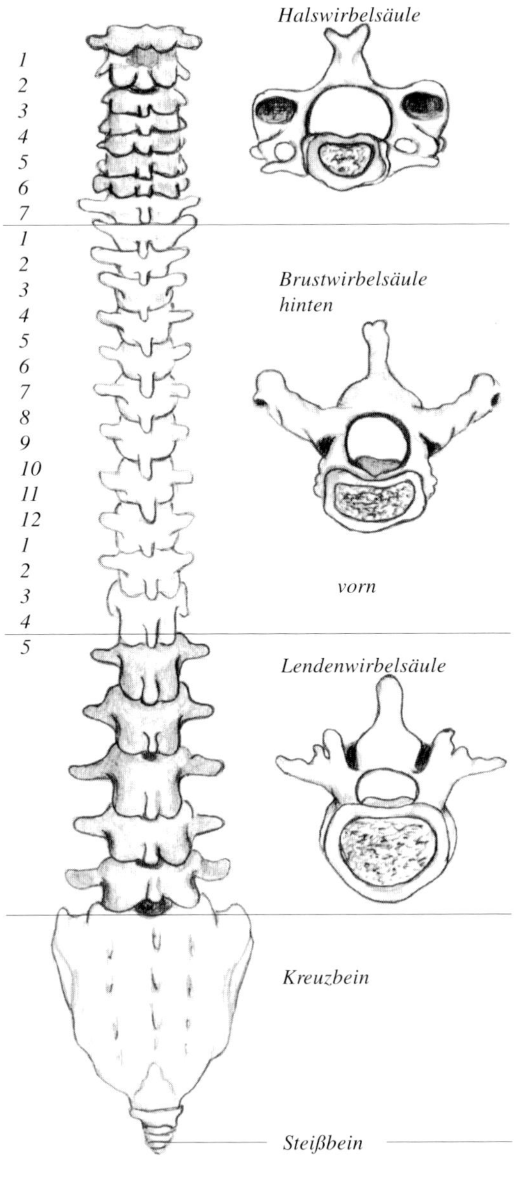

Abb. 1

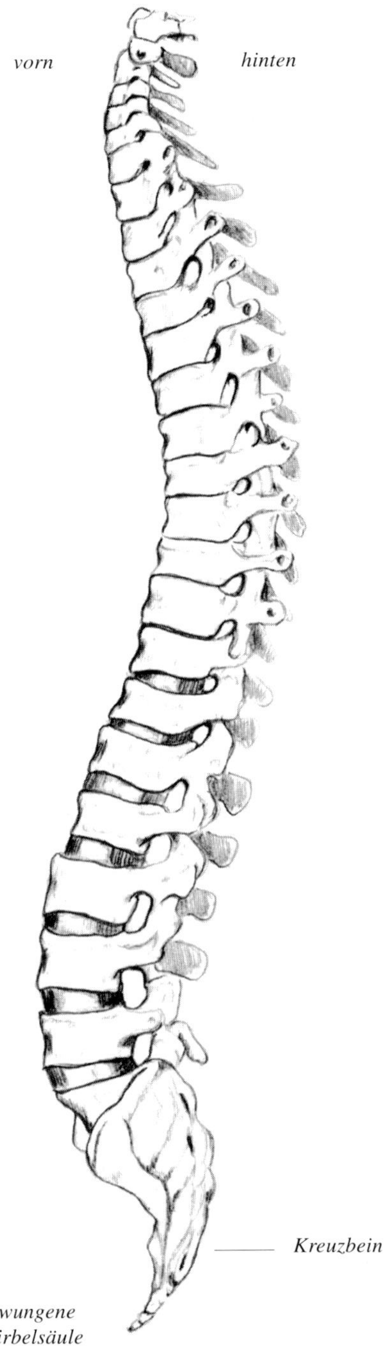

Abb. 2:
Doppelt geschwungene
S-Form der Wirbelsäule

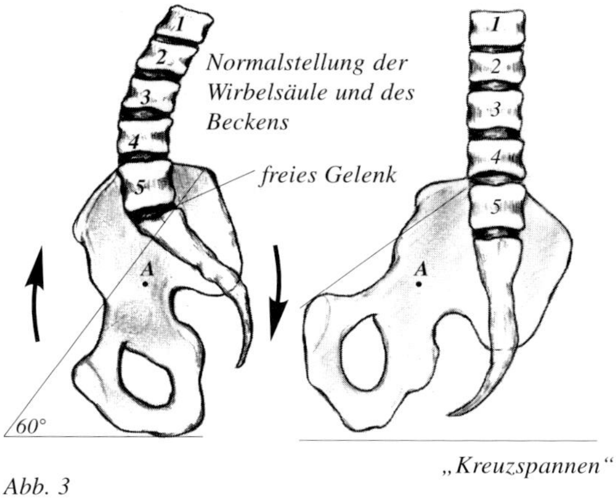

Abb. 3

durch sein festgestelltes Becken nicht mehr mit den Bewegungen des Pferdes mitschwingen. Muskulärer Auslöser für das Kippen des Beckens ist die Bauchmuskulatur (unter feiner Zuhilfenahme der Gesäßmuskeln – ohne sich dabei aus dem Sattel zu hebeln) bei gleichzeitigem Loslassen der tiefen Rückenmuskulatur (Abb. 4).

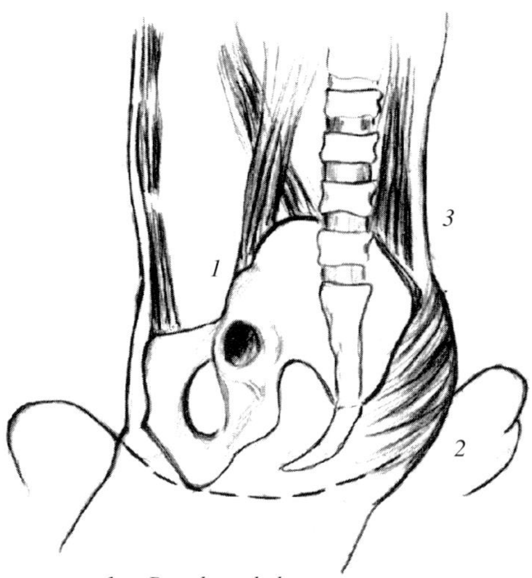

Abb. 4
1 Bauchmuskeln anspannen
2 leichte Zuhilfenahme der Gesäßmuskeln
3 Loslassen der Rückenmuskeln

Bei Schwächen im Bauch- und Gesäßmuskulaturbereich des Reiters können die Anweisungen des Ausbilders noch so korrekt kommen, sie erreichen keine Verbesserung, weil diese Muskeln bereits bei normalen, alltäglichen Tätigkeiten ihre Arbeit verweigern. Nur durch eine gezielte Gymnastik, die der Reiter vom Ausbilder als Hausaufgabe erhält, können die Schwächen ausgeglichen werden. (Dies wird noch im weiteren Verlauf des Buches entwickelt werden). Die körperlichen Bedingungen des Reiters verbessern sich somit, und der Ausbilder hat es in der Reitbahn leichter, den Reiter durch seine Anweisungen voranzubringen.

„Belastung auf den inneren Gesäßknochen verlagern“

Ausbilder geben den Reitern für das Angaloppieren korrekterweise die Anweisung, den inneren Gesäßknochen zu belasten. Dabei erzeugen die Reiter oftmals aktiv einen Hüftknick, weil sie diese einseitige Gewichtshilfe noch nicht gezielt geben können.

Beim Dressursitz ruht das Gewicht auf beiden Sitzbein-Schambeinästen (Abb. 5).

Durch das natürliche Eingehen des Beckens in die schwingende Bewegung des Pferdrückens macht es eine leichte Rollbewegung vor und zu-

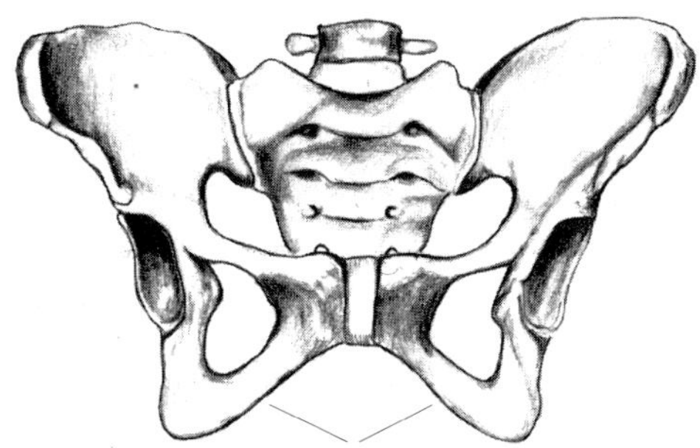

Abb. 5 Sitzbein-Schambeinäste

rück. Das Becken bewegt sich – wenn man sich das Zifferblatt einer Uhr bildlich vorstellt – von 6 Uhr nach 12 Uhr und zurück. Bei der einseitigen Gewichtshilfe muß nun das Becken entweder in Richtung 10 Uhr oder 2 Uhr gerollt werden (in Richtung linkes oder rechtes Knie), d.h. die entsprechende Beckenringhälfte bewegt sich vorwärts abwärts. Je nachdem, wie der untere Teil der geraden Bauchmuskulatur und der jeweilige innere schräge Bauchmuskel ausgebildet ist, gelingt dies besser oder schlechter (Abb. 6). Die Anweisung „innere Hüfte vor" führt zu Bewegungen des Reiters, die keine echte einseitige Gewichtshilfe hervorrufen, weil dazu falsche Muskeln beansprucht werden. Dabei geht außerdem als unweigerliche Reaktion die entgegengesetzte Schulter zurück. Da diese Reaktion einwirkungsmäßig falsch ist, der Reiter „offen sitzt", korrigiert der Ausbilder ihn mit „äußere Schulter vor". Automatisch zieht sich die innere Hüfte zurück.

Dieser Reiz-Reaktions-Ablauf muß durchbrochen werden. Die Reiter müssen daran gewöhnt werden, je nach Anforderung der Situation aktive und passive Eigenschaften der Muskulatur zusammenwirken zu lassen. Beim Reiten auf der linken Hand muß also der innere linke schräge Bauchmuskel aktiv sein, während der rechte

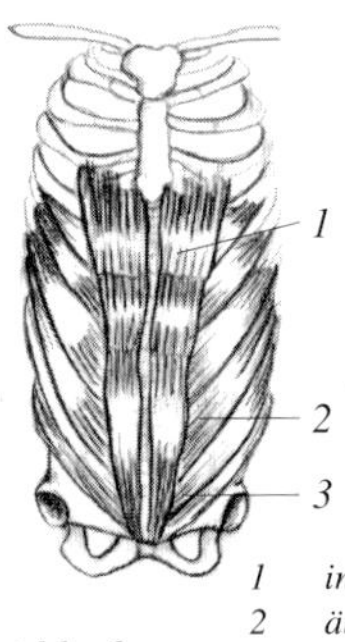

1 gerader Bauchmuskel
2 äußerer schräger
3 innerer schräger (verdeckt)

Abb. 6

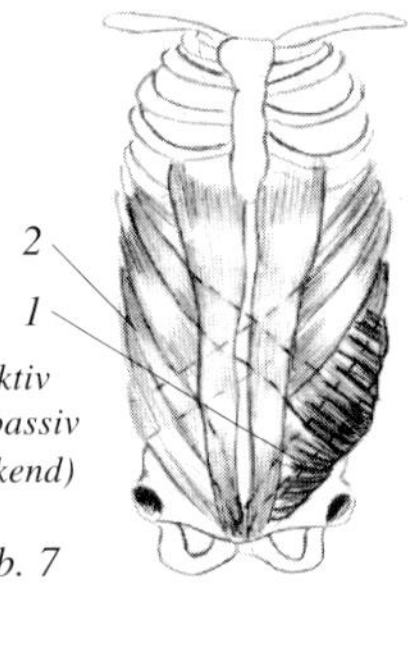

1 innerer schräger aktiv
2 äußerer schräger passiv (stabilisierend wirkend)

Abb. 7

äußere schräge Bauchmuskel die rechte Schulter stabilisiert, so daß sie nicht nach hinten gezogen wird (Abb. 7). Diese Fähigkeiten können jedoch nicht ausschließlich auf dem Pferd erlernt werden. Eine spezielle Gymnastik muß eingesetzt werden, um entsprechende Eigenschaften der Muskulatur zu erzielen.

„Bügel austreten"

Wenn ein Reiter Probleme mit der einseitigen Gewichtshilfe hat, wird oft der Hinweis „Tritt den Bügel aus !" gegeben. Diese Anweisung ist in zweifacher Hinsicht falsch. Wenn der Bügel ausgetreten wird, wird die Tendenz zur Beinstreckung erzeugt, so daß der Reiter mit dem Schenkel vom Pferd wegkommt und nicht mehr treiben kann. Als weitere Folge erzielt man im Gegensatz zum gewollten tieferen Einsitzen auf der Seite der Beinstreckung eine Gewichtsverlagerung auf den entgegengesetzten Gesäßknochen. Man erreicht also geradezu das Gegenteil vom gewünschten Verhalten des Reiters.

Des weiteren wird der Beckenring tendentiell festgestellt. Ein rhythmisches Eingehen in die Bewegung des Pferdes aus der Mittelpositur ist kaum noch möglich. Diese Darstellung macht sicherlich deutlich, wie wichtig das Wissen von physiologischen Abläufen beim Menschen ist, um einerseits Ursachen von Fehlern gemäß dem muskulären Zusammenspiel zu erkennen, andererseits daraus folgernd auch die entsprechenden Hilfen zur Verbesserung des Sitzes geben zu können. In späteren Kapiteln wird auf diese Zusammenhänge noch intensiver eingegangen.

„Tiefer Absatz"/„langes Bein"

Die Forderung nach einem tiefen Absatz und „langem Bein" kann von vielen Reitern nicht erfüllt werden. Die uns geläufigen Anweisungen „Bügel austreten" oder „Absatz tief, Fußspitze hoch" sollen dieses Ziel erreichen. Leider zeigen die Reiter aufgrund dieser Anregungen nicht das gewünschte Verhalten. Durch das Austreten des Bügels wird das Bein fest oder sogar starr, so daß ein rhythmisches Einwirken des Schenkels (Treiben) nicht mehr möglich ist. Daß der Absatz hoch ist, kann mehrere Gründe haben. Es kann dadurch bedingt sein, daß ein Ungleichgewicht zwischen Schienbein- und Wadenmuskeln besteht. Da die Wadenmuskulatur zur Verkürzung neigt, liegt eine generelle Tendenz zum hohen Absatz nahe. Diese Schwäche kann jedoch nicht durch bewußtes Anziehen der Zehenspitze erreicht werden, weil die dann erzielte Haltung Kräfte erfordert und nur durch einen zusätzlichen Energieaufwand zu erreichen ist. Die Folge ist ein insgesamt unrhythmisches, teilweise festes Bein. Durch spezielle Übungen müssen grundsätzlich die Schienbeinmuskulatur gestärkt und die Wadenmuskeln gedehnt werden.

Abb. 8

Ein hoher Absatz kann auch Folge falschen Treibens sein. Zum Treiben benutzt der Reiter korrekterweise die hintere Oberschenkelmuskulatur (Abb. 8), die zu einem Beugen im Knie führt, und die Außendreher (Außenrotatoren) der Hüfte. Somit gelangt die flache Wade (der Schollenwadenmuskel – Abb. 9) ans Pferd. Ist das Gefühl für ein korrektes Treiben jedoch nicht entwickelt, dann „springt" der Zwillingswadenmuskel an, der im Kniebereich liegt (Abb. 9). Er zieht automatisch den Absatz nach oben. Wenn der Reiter korrekt treibt und somit die hintere Oberschenkelmuskulatur einsetzt, so folgen als automatische Muskelreaktionen eine natürliche Anspannung des Schollenwadenmuskels, der am Pferdeleib anregend wirkt, und der tiefe Absatz.

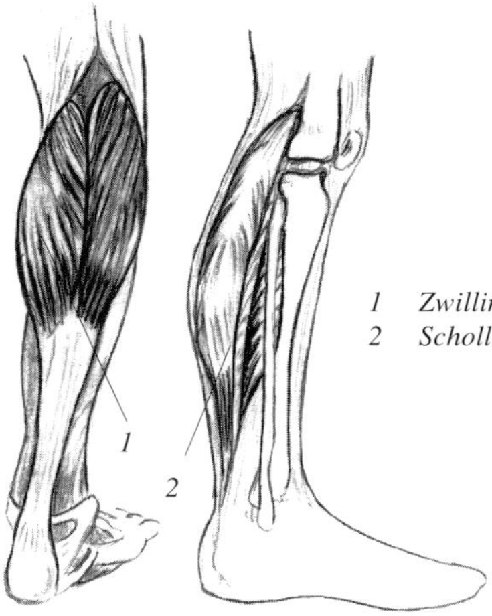

Abb. 9: Hintere Unterschenkelmuskulatur (Wadenmuskulatur)

Heute beobachtet man vermehrt Reiter mit einem extrem tiefen Absatz. Eine solche Haltung ist genauso falsch und unwirksam wie ein hoher Absatz. Das Fußgelenk ist beim zu tiefen Absatz starr, und ein rhythmisches Eingehen in die natürlichen Bewegungsabläufe des Pferdes ist nicht mehr möglich. Das Durchfedern im Fußgelenk darf nicht willentlich erzeugt werden, weil diese Körperaktion automatisch entsteht, wenn sich der Reiter geschmeidig dem Pferderhythmus anpaßt. Es darf nicht Ziel sein, aktiv Zusatzbewegungen zu erzeugen, die das Pferd aus seinem Rhythmus bringen könnten. Durch die Anweisung „Bügel austreten" kommt es bei

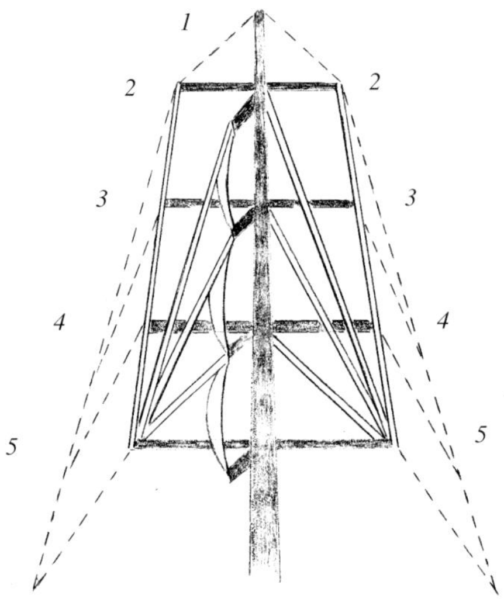

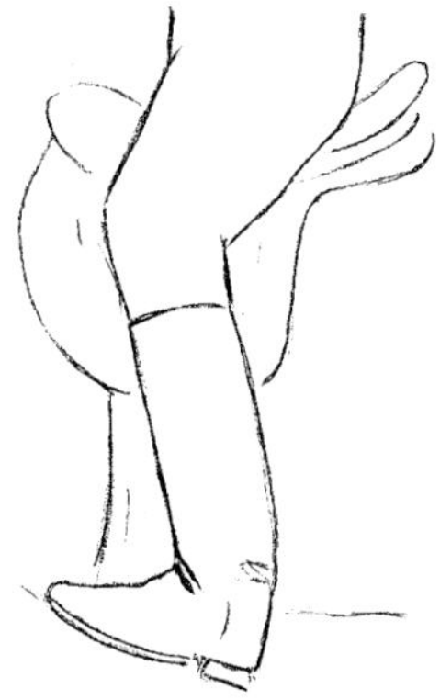

zu tiefer Absatz = steif

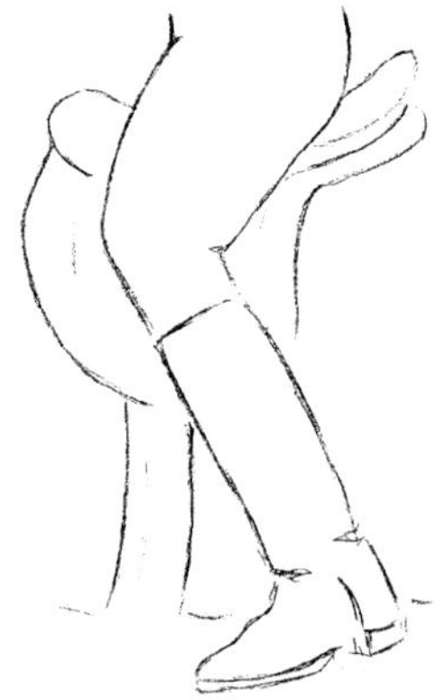

zu hoch = Unterschenkel rutscht nach hinten

Abb. 10

vielen Reitern außerdem zu einem leichten Stehen im Bügel, das die Unterschenkel vom Pferd entfernt. Gleichzeitig wird der Pferderücken nicht entlastet, weil das Knie des Reiters durch das Strecken des Beines nicht am Pferd ruht und das Reitergewicht nicht „abfangen" kann. Des weiteren erkennt man an diesem Beispiel, daß insgesamt die Korrekturen an einzelnen Punkten des Körpers ansetzen, an denen die Ursachen der Fehler oft nicht zu finden sind. Eine Schwäche in einem bestimmten Körperteil kann an einer anderen Stelle zu einem Fehler führen. Der menschliche Körper ist mit einem Bootsmastmodell (Abb. 10) zu vergleichen, wobei der Mast im Gegensatz zum Boot mobil ist. Wenn also an einer Stelle des Körpers eine Schwäche vorhanden ist, wirkt diese sich auf den gesamten Organsismus aus. Bewegungsfehler im Reiten müssen immer ganzheitlich gesehen werden. Neigt beispielsweise ein Reiter seinen Kopf leicht nach links zur Seite, dann führt das zu einer Biegung der Wirbelsäule nach rechts, und der Reiter neigt zu einem Hüftknick links, wobei er dadurch nach rechts außen sitzt. Der Fehler ist also vor allen Dingen im falschen Sitz nach außen zu erkennen, obwohl die Ursache des Fehlers im Kopfbereich liegen kann (Hüftknick kann aber auch noch andere Ursachen haben).

„Hände ruhiger"

Reitfehler gibt es unterschiedlicher Art, wobei Handfehler von Beobachtern schnell auszumachen sind. Reiter stören durch unruhige Hände ihre Pferde sehr grob im Maul, ohne es bewußt tun zu wollen. Anlehnung kann somit nicht erreicht werden. Handfehler sind oft nicht direkt im Bereich der Hände zu suchen, sondern entstehen im Bereich der Hüfte. Wenn ein Reiter unelastisch im Hüftbereich ist, kann er sich an die Bewegung des Pferdes nicht geschmeidig anpassen. Die natürlichen Bewegungen des Pferdes übertragen sich über die starre Hüfte des Reiters auf seinen Oberkörper und kommen bei den Händen als Unruhe an, weil er – wie es korrekt gefordert wird – die Oberarme an den Oberkörper anlehnt.

In solchen Situationen kann noch so viel an den Händen korrigiert werden, die ruhige Hand ist nicht zu erreichen. Bei solchen Reitern muß der Beckenbereich durch spezielle Übungen elastisch gemacht werden. Je früher diese Schwäche des Reiters erkannt wird, desto schneller ist eine Korrektur des Reiters zum Wohle des Pferdes möglich.

„Fußspitzen nach innen"

Es gibt Reiter, die mit nach außen oder innen gedrehten Fußspitzen reiten. Wenn bei ihnen keine Fehlstellung im Hüftgelenk vorliegt, haben beide Reitfehler unterschiedliche Hintergründe. Die Gesäßmuskulatur öffnet das Bein und somit automatisch das Knie; ein natürliches Eingrenzen des Pferdes mit dem Bein ist nicht mehr möglich. Die Klemmermuskulatur (Innenseite des Oberschenkels) schließt das Bein und bringt das Knie zu fest ans Pferd. Die Fußspitzen zeigen parallel zum Pferdeleib. Durch beide Sitzformen kann kein rhythmisches Treiben erreicht werden.

Reiter mit nach außen gerichteten Fußspitzen ermahnen die Ausbilder korrekterweise und erwarten von ihnen ein Drehen der Fußspitzen nach innen, um somit die Wade besser ans Pferd zu bringen. Dabei reagieren die Reiter mit einem Drehen der Fußspitzen aus dem Unterschenkel, so daß der Fuß des Reiters dann annähernd parallel zum Pferdeleib steht. Optisch mag diese Haltung korrekt aussehen, nur folgen durch das ausschließliche Drehen der Fußspitze aus dem Unterschenkel heraus zusätzliche Muskelreaktionen, die eine sinnvolle Einwirkung des gesamten Beines nicht mehr ermöglichen. Bei dem beschriebenen Vorgang liegt der Unterschenkel nicht mehr so am Pferd, daß er ein rhythmisches Treiben ermöglicht. Man treibt am Pferdeleib vorbei. Außerdem spannen sich die „Klemmer" zusätzlich an, ein Vorgang, der von allen Ausbildern heftig bekämpft wird, weil ein rhythmisches Eingehen in die Bewegung des Pferdes nicht mehr möglich ist. Eine sinnvolle, auf Einwirkung zielende Hilfe ist das Umlegen des Oberschenkels, denn die Bewegung der Unterschenkel einschließlich Fußspitzen folgt dann als natürliche Reaktion.

„Bein zu"/„Knie zu"

Der Knieschluß (ein eng anliegendes, aber lokkeres, langes Bein) ist eine der wichtigsten Forderungen der Reitlehrer, die von vielen Reitern nicht erfüllt werden kann. In der Praxis versuchen Ausbilder diese Situation oft durch die „Papierblattmethode" zu lösen. Reiter sollen ein Blatt Papier solange wie möglich mit den Knien am Sattel halten. Diese Art der didaktischen Gestaltung des Reitunterrichts kann als belebend bezeichnet werden. Gegen solche Art, den Unterricht lebendig zu gestalten, ist nichts einzuwenden.

Bezogen auf die Funktion des anliegenden Beines hat diese Methode kaum einen Sinn, weil das Herunterfallen des Papiers nur verhindert werden kann, wenn der Reiter extrem „klemmt". Diesen Vorgang benötigen wir gerade nicht beim Reiten, weil ein rhythmisches Einwirken dadurch kaum möglich ist. Das „Klemmen" führt zusätzlich zu einem insgesamt unruhigen Sitz, weil der Reiter durch den zu festen Kontakt zum Pferdeleib „geworfen" wird. Außerdem entstehen weitere Folgefehler. Das starke Schließen des Beines („Bein zu") läßt das Becken nach hinten kippen, eine Tendenz zum runden Rükken folgt, und schließlich werden die Schultern hochgezogen. Schulterpartie und Klemmer korrespondieren sehr eng miteinander. Sind die Klemmer optimal locker, also gedehnt, fällt auch die Schulter. D.h. daß meistens nach der Anweisung „Bein zu" auch „Schulter locker" zu hören ist. Wiederum wird ein Zusammenhang deutlich, der die Vorstellung des menschlichen Körpers als Bootsmastmodell bestätigt.

„Größer werden"

Jedem Reiter ist einsichtig, daß er sich auf dem Pferd aufrichten muß, um optimale Gewichtshilfen geben zu können. Die Wirbelsäule muß eine doppelt geschwungene S-Form haben (Abb. 2) Als Anweisung hören wir in der Reitbahn meistens „größer werden". Leider ist den meisten Reitern nicht einsichtig, wie sie dies muskulär erzeugen sollen. Insgesamt ist die Einsicht wichtig, daß sich die Art der Beckenstellung auch auf den Oberkörper und die Kopfhaltung auswirkt, weil sich die Bewegungen des Beckens über die Wirbelsäule auf den Kopf übertragen. Es kann also ein zu labiles Becken eine starke Nickbewegung des Reiters erzeugen. Außerdem ist auch denkbar, daß ein starres Becken so starke Wurfbewegungen des Pferdes erzeugt, daß Nickbewegungen des Reiters die Folge sind, weil die schwache Hals-Nackenmuskulatur die stoßartigen Bewegungen Becken-Wirbelsäule nicht auffangen kann (der Kopf ist für unsere Hals-Nacken-Wirbel und -Muskulatur zu schwer).

Voraussetzung für das „Größer-Werden" sind mehrere Muskelbereiche, die am Becken ansetzen (Abb. 11: tiefe Rückenmuskulatur, Gesäßmuskulatur, vordere und hintere Oberschenkelmuskulatur, Hüftbeuger, gerade Bauchmuskulatur, seitliche Rumpfmuskulatur). Das Becken kann nur dann in seine natürliche Lage (Voraussetzung für die doppelt geschwungene S-Form der Wirbelsäule) gebracht werden, wenn folgende Bedingungen gegeben sind:

- Die Gesäßmuskulatur muß das Becken stabilisieren, wobei ihre Funktion nicht durch zu stark verkürzte Rückenmuskeln zunichte gemacht werden darf. Sind die tiefen Rückenmuskeln zu stark verkürzt, ist die Tendenz zur Beckenkippung nach vorne gegeben (Hohlkreuz). Diese Tendenz wird durch zu starke Hüftbeuger unterstützt, die ebenfalls das Becken in eine Hohlkreuzhaltung versetzen. Wenn außerdem noch die vordere Oberschenkelmuskulatur sehr stark ist, kommt der Reiter aus dieser negativen Position nicht heraus, zumal die geraden Bauchmuskeln besonders im Beckenbereich meistens schwach sind und dem Hohlkreuz nicht entgegenwirken können. Ein natürliches „Größer-Werden" ist unmöglich.

Was muß geschehen ? (siehe Erläuterungen Abb. 11)

Erst wenn diese Voraussetzungen annähernd vorhanden sind, ist ein natürliches „Größer-Werden" möglich.

Alle anderen Versuche, den Reiter bewußt muskulär aufzurichten, scheitern, weil er zu einer körperlichen Veränderung zusätzliche Muskeln benutzen müßte, die für diese Aufgaben eigentlich nicht zuständig wären. Eine natürliche Haltung würde der Reiter nicht mehr zeigen können. Außerdem könnte er nur mit hoher geistiger Konzentration reiten, bei der ein fühlendes Eingehen auf das Pferd nicht möglich ist. Bei jedem Widerstand des Pferdes würde seine Bewegungsgestalt wieder zusammenbrechen.

Insgesamt muß bei allen Sitzproblemen mitbedacht werden, welche Sitzbedingungen der Reiter durch das Pferd erhält, weil dadurch Bewegungsabläufe verstärkt oder abgeschwächt werden können. Da ein Dialog zwischen Pferderücken und Becken des Reiters stattfindet, entstehen zwischen Pferde- und Reiterbewegungen immer Wechselwirkungen. Negative Bedingungen sind z.B. gegeben, wenn das Pferd sich im

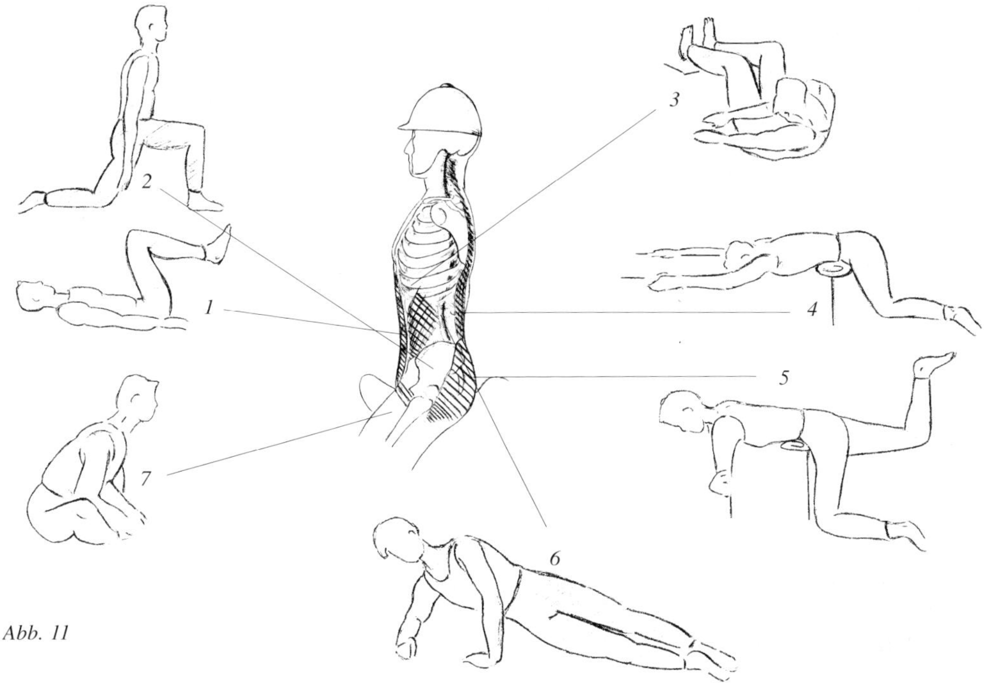

Abb. 11

- ***Die tiefe gerade Bauchmuskulatur muß stark genug sein, um das Becken natürlich aufzurichten: Kräftigung der Bauchmuskeln (1).***
- ***Die Hüftbeuger lassen das Becken nach vorne kippen; sie sind oft zu kurz und müssen gedehnt werden (2).***
- ***Die schräge Bauchmuskulatur ermöglicht die einseitige Gewichtshilfe, ohne daß sich die äußere Schulter nach hinten bewegt. Durch sie ist ein geschlossener Sitz besonders auf gebogenen Linien möglich (3).***
- ***Die tiefe Rückenmuskulatur darf nicht blockieren; sie muß gedehnt werden (4).***
- ***Auch die Gesäßmuskulatur muß das Becken stabilisieren und gleichzeitig gegen die Klemmer wirken. Die Gesäßmuskeln öffnen die Beine; die Klemmer schließen sie: Kräftigung der Gesäßmuskeln (5).***
- ***Die seitliche Rumpfmuskulatur ist oft nicht gleichmäßig ausgebildet; nur ein vollkommen aufgerichteter Reiter kann elastisch im Becken sein. Die seitliche Rumpfmuskulatur muß gekräftigt werden, um stabilisierend wirken zu können (6).***
- ***Die Klemmer blockieren das Becken; sie müssen in einem ausgewogenen Verhältnis zur Gesäßmuskulatur stehen. Meistens sind sie stärker als die Gesäßmuskeln; sie müssen also gedehnt werden (7).***

Rücken nicht losläßt, einen starken Unterhals hat, Spannungen im Pferd durch Reize der Umwelt entstehen, das Pferd stark schief ist, sich verwirft, unrhythmisch geht, also den Reiter von den Grundbedingungen schon nicht optimal natürlich „sitzen läßt“. Auch der Zusammenhang, daß Schwächen des Reiters durch Stärken des Pferdes (oder umgekehrt) kompensiert werden können, soll hier nur angedeutet werden, muß aber vom Ausbilder berücksichtigt werden.

„Schulterblätter zusammen“

Die zur Verkürzung neigenden Brustmuskeln wirken dem Sich-Aufrichten des Reiters entgegen. Die Gegenspieler (oberer und mittlerer Teil der Schultergürtelmuskulatur) sind nicht kräftig genug, um dagegenzusteuern, weil sie zur Abschwächung neigen. Wenn nun der Reitausbilder mit der Forderung „Schulterblätter zusammen“ an den Reiter tritt, dann führt das Zusammenziehen der Schulterblattmuskeln zu einer Verkrampfung im Oberkörper, wobei ein weiches Einwirken mit der „Hand“ nicht mehr möglich ist. Die gesamte Schulterpartie ist verkrampft und wirkt negativ auf die Handführung. Durch den starren Oberkörper sitzt der Reiter vielleicht formal gerade, Einwirkung und Anpassung kann er nicht erzielen, weil die Wurfbewegungen des Pferdes nicht mehr durch einen lockeren Körper vom Becken zum Kopf und zurück fließen können. Auch hier kann mittelfristig nur mit einer Dehnung der Brustmuskeln bei gleichzeitiger Kräftigung des oberen und mittleren Schultergürtelbereichs geholfen werden.

Reiten ohne Bügel – schwer einsitzen

Dem Reiten ohne Bügel wird berechtigterweise hohe Bedeutung in der Reiterei zugemessen. Ziel dieser Übung ist es, den Reiter tiefer in den Sattel gelangen zu lassen. Starke Oberschenkelmuskeln lassen einen tiefen Sitz jedoch oftmals nicht zu. Diese Reiter können noch so lange ohne Bügel reiten, sie werden nicht „tiefer ins Pferd“ gelangen. Außerdem bestimmt die Enge/Weite des Beckens die Möglichkeit des tiefen Sitzes. Reiter mit starken Oberschenkeln oder zu starken Klemmern müssen daran arbeiten, eine offenere Stellung des Beckens zu erreichen, indem intensiv gedehnt wird. Sie können eine größere Öffnung des Beckens auch dadurch erreichen, daß sie sich nach dem Besteigen des

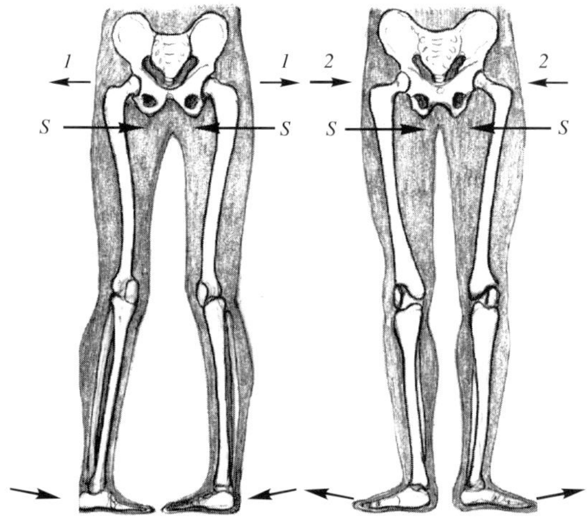

S Sitzbeinhöcker
1 Sitzbeinhöcker entfernen sich leicht voneinander (tiefer Sitz)
2 Sitzbeinhöcker kommen mehr zusammen

Abb. 12: Einwärts- und Auswärtsdrehen der Beine

Pferdes in die Bügel stellen und die Fußspitzen extrem nach innen zum Pferd drücken. In dem Augenblick entfernen sich die Sitzbeinhöcker leicht voneinander, weil durch das Nach-innen-Drehen der Fußspitzen eine Mobilität in der Schambeinfuge entsteht (Knorpelmasse) (Abb. 12 – vgl. v. Dietze 1993, 93). Hat sich der Reiter mit stark nach innen gedrehten Fußspitzen in den Sattel gesetzt, kann er die Extremposition der Fußspitzen aufgeben und die normale Haltung einnehmen. Auch die Anweisung „schwer einsitzen“ bringt die Reiter nicht weiter. Schwer ist ein Mensch, wenn seine Muskulatur entspannt ist (beispielsweise im Schlaf). Schwer auf dem Pferd sitzen kommt einem „Sich-tragen-Lassen“ gleich, Einwirkung wäre somit nicht möglich. Der Reiter bliebe passiv. Die negative Seite des Reitens ohne Bügel liegt in der Schwierigkeit des „Sich-Aufrichtens“. Wenn ein Reiter Schwierigkeiten mit dem aufrechten Sitz hat, so würden sie durch das Reiten ohne Bügel noch größer, weil der leichte

Streckvorgang durch den Druck des Fußballens im Bügel wegfällt und dadurch das Zusammenwirken der Aufrichtimpulse für Bein-, Gesäß-, Rücken-, Bauchmuskulatur nicht möglich ist. Auch die Forderung nach einem tiefen Absatz beim Reiten ohne Bügel ist problematisch. Wenn ein Reiter keine ausgewogene Schienbein- und Wadenmuskulatur hat, versucht er, bewußt den Absatz nach unten zu drücken. Dadurch entstehen Verkrampfungen im Bein, und ein rhythmisches Einwirken ist nicht mehr möglich.

Sitzdreieck

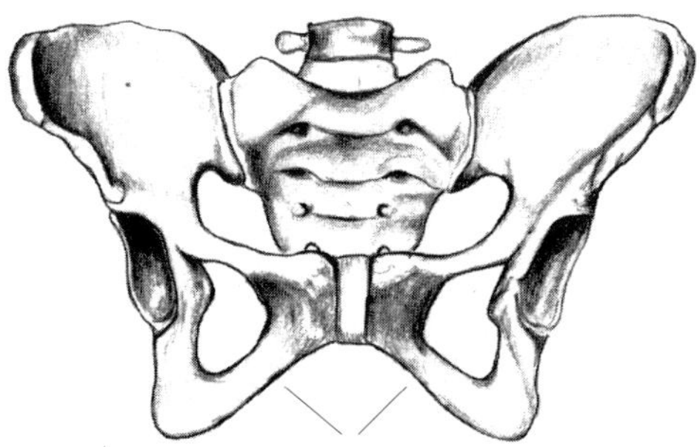

Abb. 13

In den Reitlehren wurde vermittelt, der Reiter sitze auf drei Unterstützungspunkten, nämlich auf den beiden Gesäßknochen (Sitzbeinhökkern) und dem Spalt (Abb. 13).

Das Sitzen auf den beiden Sitzbeinhöckern und gleichzeitig einem dritten knöchernen Punkt vorn am Schambein ist anatomisch unmöglich.

Wir sitzen immer nur auf einem begrenzten Kufenabschnitt der Sitzbein-Schambeinäste, den wir beim Kippen des Beckens mehr nach vorn und hinten verlagern können (Abb. 14).

Diese Realität hat Konsequenzen für die Vermittlung und Korrektur des Reitens. Gerade aus

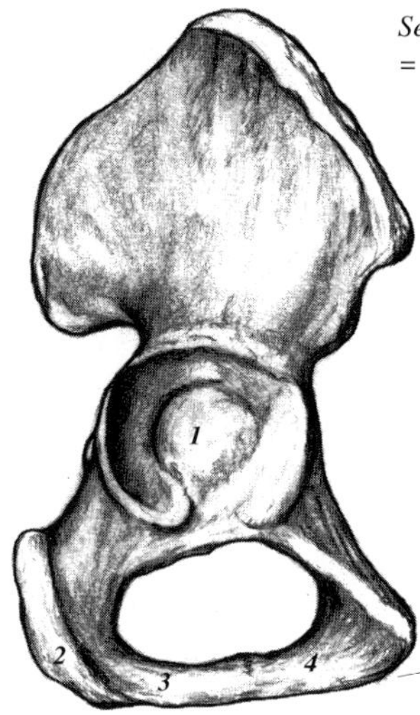

Abb. 14

dieser Tatsache heraus ist es zu verstehen, daß viele Anfänger Schwierigkeiten mit der Balance ihres eigenen Körpers haben. Der Bereich Sitzbein-Schambeinast bietet dem Reiter nur geringe Stabilität. Wenn nun seine Muskulatur nicht gleichmäßig zwischen vorderer und hinterer Seite des Körpers entwickelt ist, kommt es automatisch zu einem Ungleichgewicht. Deshalb muß die Forderung nach einem gleichmäßig ausgebildeten Körper immer wieder gestellt werden. Um sich auf solch einer kleinen Kufenfläche (Abb. 14) bei den zusätzlichen Bewegungen des Pferdes im Gleichgewicht halten zu können, benötigt der Reiter einen gut ausgebildeten Gleichgewichtssinn und eine möglichst gleichmäßig ausgebildete Muskulatur der vorderen und hinteren Körperseite.

Hohes Knie

In der Dressurreiterei wird berechtigterweise das lange Bein mit dem tiefen Knie gefordert, um das Pferd optimal einschließen zu können. Hohe Knie sind jedoch in der Reiterei sehr häufig zu sehen. Ein hohes Knie kann einmal durch zu starke vordere Oberschenkelmuskeln entstehen (Abb. 15).

Kräftige Muskeln wirken verkürzend, ziehen das Knie hoch und bringen gleichzeitig das Becken in eine fehlerhafte Stellung. Es kippt nach hinten, so daß ein Stuhlsitz entsteht. Außerdem unterstützen verkürzte Hüftbeuger das Hochziehen des Knies (Abb. 16 und 17). Bei den meisten Menschen ist die hintere Seite des Oberschenkels verkürzt. Dieser Tendenz muß der Reiter durch kräftigende und dehnende Übungen entgegenwirken. Je gleichmäßiger die vordere und hintere Oberschenkelmuskulatur ausgebildet sind, desto länger kann das Bein „fallen“, und das Knie liegt optimal tief.

Starke Oberschenkelmuskulatur fördern ein hohes Knie

Abb. 15

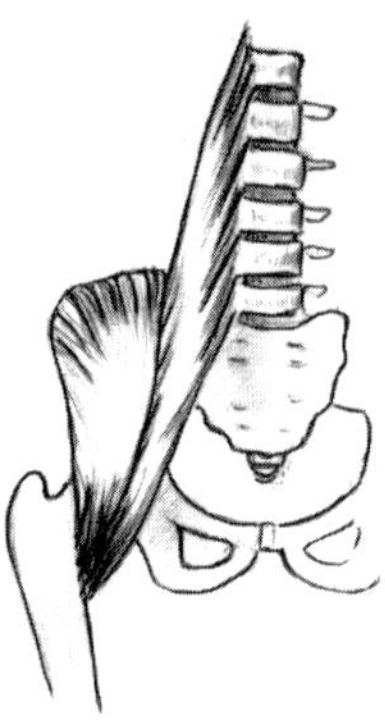

Die vordere Hüftmuskulatur läßt das Becken nach vorne kippen

Abb. 16

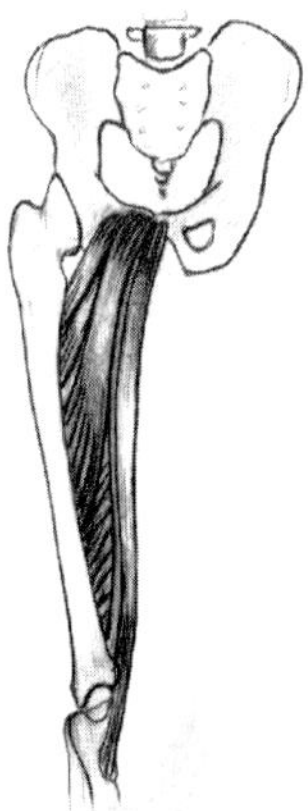

Starke innere Hüftmuskulatur (Adduktoren) führt den Oberschenkel zu fest ans Pferd.

Abb. 17

Haltungsschäden

Unter Haltungsschaden wird eine nicht mehr zu verändernde Verformung der Wirbelsäule verstanden.

Bezogen auf den Sitz des Reiters wird der Begriff „*aufrecht*“ und nicht „*gerade*“ benutzt. Dabei bezieht sich „aufrecht“ auf die Konstitution des einzelnen. Ein Reiter mit **Hohlkreuz** (Abb. 18 b) wird aufgrund des Verlaufs seiner Wirbelsäule immer leicht die Neigung des Sitzes nach vorne haben, wobei seine „Kreuzeinwirkung“ nach hinten neigt. Er kann seine Gewichtshilfe kaum bewegungsunterstützend einsetzen. Wenn ein solcher Reiter aufgefordert wird, gerade, also geometrisch senkrecht auf dem Pferd zu sitzen, so ist die Freiheit zwischen dem fünften Lendenwirbel und dem Kreuzbein eingeschränkt. Ein natürliches Mitgehen aus der Mittelpositur mit den Bewegungen des Pferderückens ist kaum möglich. Dieser Reiter wird in Stilprüfungen kaum gute Wertnoten erhalten können, jedoch ist es für seinen natürlichen Sitz besser, ihn in einer leichten Vorlage zu belassen, als ihn in eine „ Krampfhaltung“ zu zwängen.

Ein Reiter mit einem **„Rundrücken“** (Abb. 18 c) sitzt immer leicht nach vorne geneigt auf dem Pferd. Wird er aufgefordert, sich aufrecht hinzusetzen, müßte er mit dem gesamten Oberkörper nach hinten gehen, weil die Beweglichkeit im Brustwirbelbereich nicht gegeben ist.

Ein Reiter mit einem **„Flachrücken“** (Abb. 18 d) sitzt von der Form her korrekt auf dem Pferd. Nur ergeben sich bei ihm Probleme in allen Lektionen, die im Aussitzen zu reiten sind. Da die

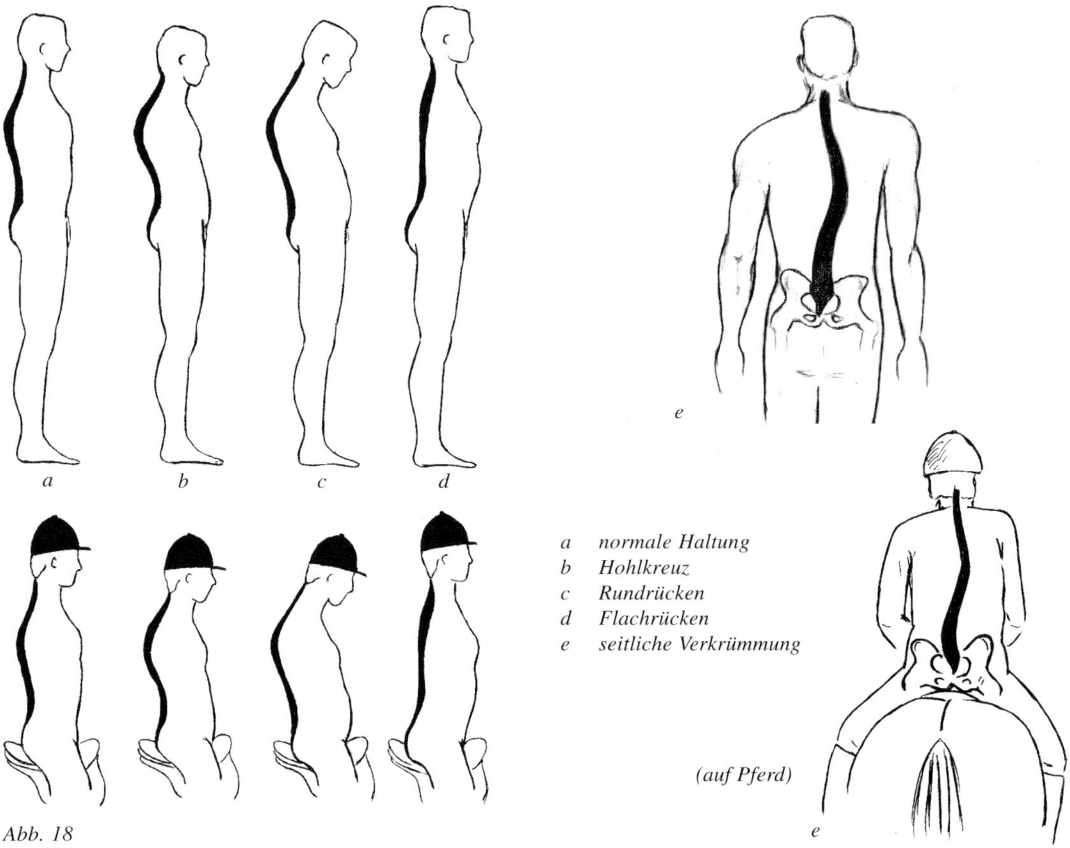

a normale Haltung
b Hohlkreuz
c Rundrücken
d Flachrücken
e seitliche Verkrümmung

Abb. 18

Wirbelabstände insgesamt sehr gering sind, ist die Beweglichkeit der gesamten Wirbelsäule verringert. Daraus ergeben sich insgesamt unruhige Bewegungen.

Reiter mit einer **„seitlichen Verkrümmung“** (Abb. 18 e) haben bei beidseitigen Gewichtshilfen ständig Probleme, weil sie tendenziell auf einem Gesäßknochen, also einseitig sitzen. Wenn diese Reiter auf der entgegengesetzten Hand zur Seite der Verkrümmung reiten, sitzen sie immer stark nach außen. Pferde können unter ihnen kaum „gerade gehen“, weil vom Reiter ungewollt ständig eine einseitige Gewichtshilfe gegeben wird.

Außer Anweisungen sollte der Ausbilder auch einmal vorreiten oder beim Reiter die Körperteile im Stehen an den korrekten Platz legen !

Folgende Anweisungen müssen unbedingt vermieden werden, um falschen Bewegungsvorstellungen beim Reiter zu erzeugen:

- Kreuz anspannen
- Belastung auf den inneren Gesäßknochen verlagern
- Bügel austreten

- Absatz tief/langes Bein
- Hände ruhiger
- Fußspitzen nach innen
- Bein zu/Knie zu
- Größer werden
- Schulterblätter zusammen
- Schwer einsitzen
- Setz Dich auf Dein Sitzdreieck

8. Der Reiter ist mit einem Bootsmastmodell zu vergleichen

Der menschliche Körper ist funktionell wie ein Bootsmastmodell aufgebaut. In Kap. I.7. ist auf diesen Funktionszusammenhang bereits mehrmals Bezug genommen worden. Er soll nun grundsätzlich erläutert werden.

Wenn die gängigen Korrekturen eines Reitausbilders ernst genommen werden, müßte man denken, der menschliche Körper funktioniere wie eine Gliederpuppe. „Kopf hoch, Knie tief, Hände höher, Beine zu“ etc. sind typische Reitanweisungen, die jeder Reiter täglich hört und nach denen er sich auf dem Pferd zu bewegen hat. Die Ausbilder meinen es eigentlich gut mit den Reitern, denn sie möchten sie in eine Sitzform gelangen lassen, aus der heraus die korrekte Einwirkung auf das Pferd erst möglich wird.

Die Abb. 10 (siehe S. 20) zeigt den Aufbau eines Bootsmastmodells mit dem Verspannungssystem der Wirbelsäule. Die entscheidende Einsicht ist, daß innerhalb des Bootsmastmodells des menschlichen Körpers alle Veränderungen von Teilen sofort Veränderungen des gesamten Systems nach sich ziehen. Wenn nun z.B. an den Schultern (2) Veränderungen vorgenommen werden, verändert sich automatisch das gesamte Verspannungssystem. Es folgen also körperliche Verschiebungen nicht nur im Brustbereich (3), sondern auch in der Hüfte (4), in den Knien (5), sogar bis zu den Füßen. Der Reitausbilder muß sich also im klaren sein, was er korrigiert und wie die weiteren Folgen dieser Korrektur auf den gesamten Körper wirken können.

Leider erfahren sie in ihrer Ausbildung nicht, daß der Mensch ein kompliziertes Wesen ist, das nach körpereigenen Gesetzen und Prinzipien funktioniert. Diese werden in den Ausbildungsgängen gar nicht gelehrt oder zumindest nicht so ernst genommen, wie es eigentlich nötig wäre. Es geht in der Reitausbildung/Ausbildung der Reitlehrer immer noch zu stark um die Ausbildung des Pferdes; der Mensch erhält zweitrangige Bedeutung. Er hat sich auf dem Pferd so zu verhalten, daß das Pferd die in der Reitlehre beschriebenen Lektionen vollziehen kann. Dabei verstehen die meisten Ausbilder zu wenig von den hochkomplizierten körperlichen und psychischen Vorgängen des Reiters. Im folgenden soll zunächst das muskuläre System abgehandelt werden, um Einsicht in das Zusammenwirken des gesamten Körpers zu gewinnen.

Wenn das Bild des Bootsmastes benutzt wird, so ist zu bedenken, daß der Mast des menschlichen Körpers nicht stabil, sondern sehr labil ist. Die Wirbelsäule ist also nicht mit dem festen Bootsmast zu vergleichen, sondern ist in sich stark veränderbar.

Am Kopf beginnen bereits die Schwierigkeiten. Er ist mit seinen 5 – 7 Kilo zu schwer für die Halswirbelsäule und -muskulatur. Die entsprechend stabilisierenden Muskeln sind heute durch fehlende Alltagsbewegungen zu schwach ausgebildet, um Trage-(Halte-)funktion zu übernehmen. Zur Stabilisierung werden als Hilfe die

Schultern benutzt, die der Mensch automatisch hochzieht. Daraus entsteht als Folge eine verkrampfte Haltung des gesamten Oberkörpers.

Der Brustbereich ist durch die Haltefunktion der Rippen stabil; er kann sich relativ wenig verformen. Außerdem sind die Bandscheiben in diesem Bereich kleiner als im Lendenwirbelbereich, so daß sich auch dadurch eine erhöhte Stabilität ergibt. Der Bereich der Lendenwirbel ist wiederum sehr formbar, weil die stützende Funktion der Rippen hier fehlt. Wenn nun die stabilisierend wirkenden Muskelgruppen nicht genügend ausgebildet sind, entstehen daraus ständige Rückenbeschwerden. Das an die Lendenwirbel angrenzende Kreuzbein ist wieder sehr stabil. Es ist der Teil der Wirbelsäule, der aus 5 zusammengewachsenen Wirbelkörpern besteht und mit dem Beckenring eng verbunden ist. Wenn nun vom Ausbilder gefordert wird, z.B. die linke Schulter höher zu halten, dann hat diese Aufforderung weitere Konsequenzen für den Sitz des Reiters: Er verformt mit dem Anheben der Schulter die Wirbelsäule derart, daß sie sich zur linken Seite krümmt. Der Reiter sitzt dann vermehrt auf dem linken Gesäßknochen. Die Reitausbilder müssen sich also im klaren sein, welche Veränderungen sie mit ihren Reitanweisungen erzeugen wollen.

- Niemals Teile des Körpers verändern, ohne den gesamten Bewegungsablauf zu ändern !
- Wo ein Fehler auftritt, braucht nicht die Ursache zu liegen !

9. Welche Verbindung haben die Körperteile untereinander ?

Es gibt viele Reiter, die sich „im Hals-Schulter-Bereich festhalten", wie Ausbilder sagen. Sie sind verspannt. Für den Reitlehrer stellt sich nun das Problem, wie er diesen Fehler abstellen kann. Die Hintergründe für ein Verkrampfen im Oberkörper können vielschichtig sein. Wie bereits angesprochen, sind die Halsmuskulatur und die Halswirbelsäule nicht dazu geschaffen, den Kopf locker tragen zu können. Reiter müssen eine intensive Gymnastik, wie sie in Kap. I.14.

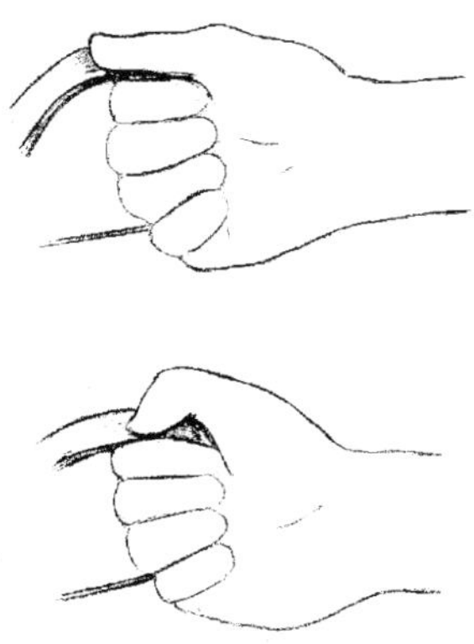

Flacher Daumen und feste Faust fördern ein steifes Handgelenk. Verspannungen können sich bis zu den Schultern übertragen.

Dachförmiger Daumen und lockere Faust erhalten die Beweglickeit des Handgelenks.

Abb. 19

– 16 erörtert wird, absolvieren, um die natürliche Halte- bzw. Tragefunktion des Halses zu gewährleisten. Verkrampfungen im Schulterbereich können jedoch auch darin begründet sein, daß der Reiter die Hand zu fest schließt oder den Daumen nicht als Dach benutzt. Wird der Daumen flach drückend eingesetzt oder schließt er die Faust zu fest, dann verkrampfen sich die gesamten Armmuskeln und bewirken eine Muskelverkrampfung, die sich bis zur Schulter überträgt (Abb. 19 – vgl. v. Dietze 1993, 76). Weitere Gründe für eine feste Hals-Nacken-Partie können in dem zu stark nach vorne oder hinten geneigten Kopf liegen. Diese Neigung des Kopfes hat oftmals eine Fehlstellung des Beckens zur Folge. Der Funktionszusammenhang Kopf-Becken ist sehr eng. Der Kopf vollzieht die Bewegungen des Beckens im kleinen nach. D.h. eine mangelnde Lockerheit des Schulterbereichs kann bereits durch eine fehlerhafte Stellung des Beckens hervorgerufen werden. So ist also das oft zu beobachtende Kopfnicken, wenn es keine Gewohnheitsbewegung ist, das Endglied einer Bewegungsübertragung des Beckens über die Wirbelsäule. Man kann in diesen Fällen davon ausgehen, daß das Becken ebenso labil ist. Diese Erkenntnis bezieht sich selbstverständlich ebenfalls auf starre Bewegungen. Ein festes Becken läßt den Reiter nie mit der Bewegung des Pferdes mitschwingen, so daß der Körper in sich verkrampft und unruhig wirkt. Der zu schwere Kopf kann durch die schwache Halsmuskulatur kaum ruhig gehalten werden. Ebenso überträgt sich diese Verkrampfung, wie in Kapitel 6 bereits ausgeführt, bis auf die Hände, die ständig unruhig auf das Pferdemaul einwirken.

Die Bedeutung des Kopfes für die Auslösung von Bewegungen wird insgesamt unterschätzt. Wenn nicht eine bestimmte Kopfhaltung vom Reiter eingenommen wird, ist der gesamte Körper nicht locker. Das Okzipitalgelenk/Atlantookzipitalverbindung und der Wirbelübergang vom 7. Halswirbel zum ersten Brustwirbel haben hohe Bedeutung (Abb. 20) (vgl. Drake 1993).

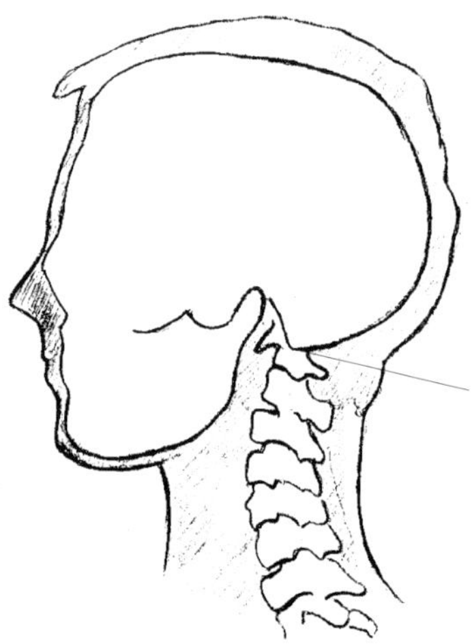

Abb. 20 Übergang 7. Halswirbel zum 1. Brustwirbel

Das Okzipitalgelenk ist der Übergang vom Schädel zum ersten Nackenwirbel, dem Atlas. Man kann diese Stelle am Hinterkopf finden, weil dort ein leichter Knubbel zu ertasten ist. Dieses Gelenk muß frei sein, damit alle anderen Gelenke im Körper auch frei sein können und der gesamte Körper rhythmisch schwingen kann. Es wird durch eine Neigung des Kopfes nach vorne, hinten und zu den Seiten ständig blockiert. Es enstehen sofort direkt wahrzunehmende Verkrampfungen im Hals-Nacken-Schulterbereich. Die Freiheit des Gelenks wird auch durch die kleinen, angrenzenden Muskeln blokkiert, die sich über Jahre beim Menschen verkürzt haben, weil er sie nicht mehr körpergerecht benutzt hat. Kopfbewegungen werden hauptsächlich durch die großen Muskeln des Halses eingeleitet, während die kleineren, am Okzipitalgelenk ansetzenden, mehr oder weniger verkümmern, sich verkürzen.

Das Okzipitalgelenk ist nur „frei“, wenn der Mensch seinen Kopf nach hinten oben „zieht“ (Abb. 21). Das vom Reitlehrer ständig geforderte „Guck nach vorne“ im Sinne eines Blikkes auf einer Waagerechten parallel zum Erdboden ist bereits der erste Grund zur Verkrampfung des Reiters. Der Blick muß sich leicht unter die Waagerechte senken, dann spürt der Reiter eine Leichtigkeit des Hals-Nackenbereichs.

Der Reiter kann diese Stelle jedoch auch durch eine Massageübung entblocken. Er soll mit seinen Ring-, Mittel- und Zeigefingern beider Hände eine Dreifingermassage vornehmen, indem die Stelle zwischen Hinterhauptknochen und erstem Halswirbel massiert wird (Abb. 22).

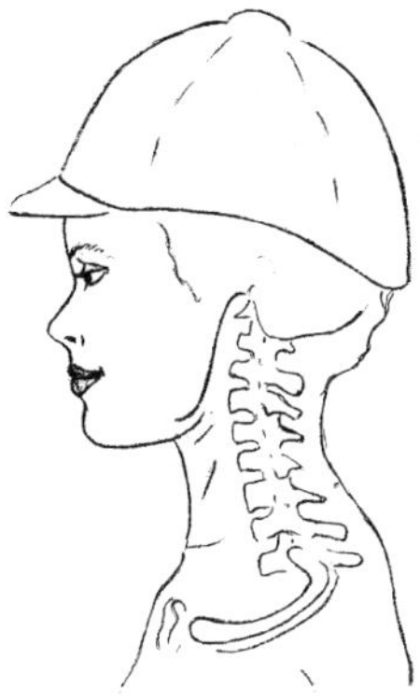

Hals- und Nackenbereich ist aufgerichtet, der Blick zielt leicht nach vorne/unten. Das Okzipitalgelenk ist frei.

Abb. 21

Danach kann noch eine Dehnung vorgenommen werden. Die Fingerkuppe des linken Mittelfingers ruht auf dem Okzipitalgelenk; die Fingerkuppe des rechten Mittelfingers wird auf den Mittelfinger der linken Hand gelegt (Abb. 23). Mit zur Seite gestreckten Ellenbogen wird nun

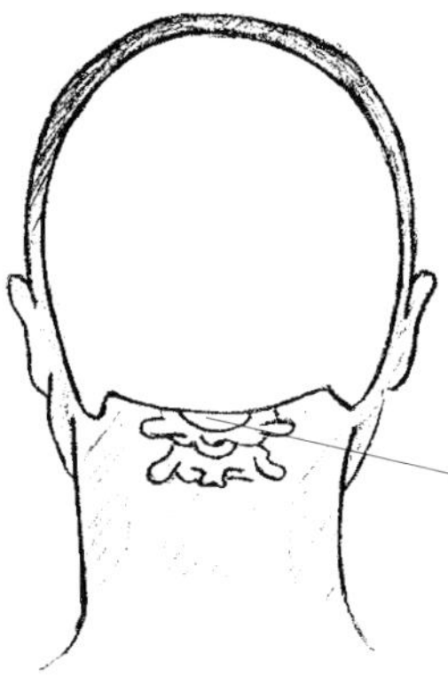

Dieser Bereich muß massiert werden.

Abb. 22

Druck ausgeübt (Abb. 24). Gleichzeitig wird gedehnt, indem der Kopf leicht (bis zum 30-Grad-Winkel) nach vorne und hinten geneigt wird (Abb. 25). In jeder Haltung ist 10 Sekunden zu verweilen; die ganze Übung ist dreimal zu wiederholen (vgl. Namikoshi 1988).

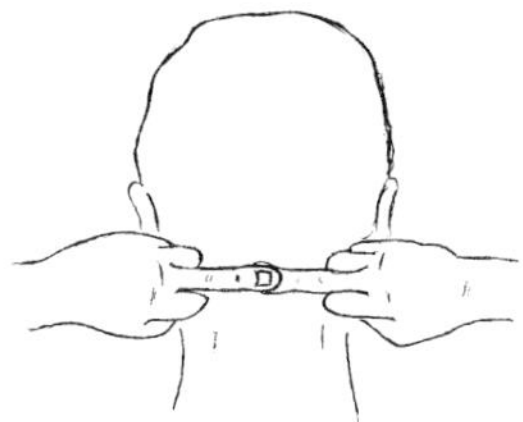

Druckhaltung beider Mittelfinger

Abb. 23

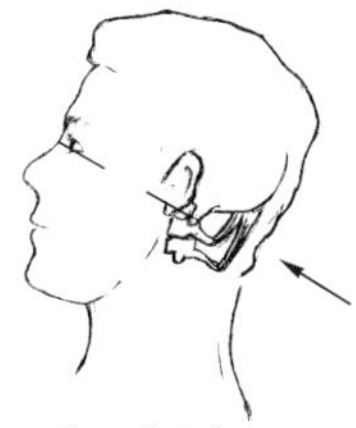

Druckrichtung

Abb. 24

Blockaden im gesamten Körper entstehen auch, wenn der Kopf zu stark nach vorne geneigt wird (Abb. 26).

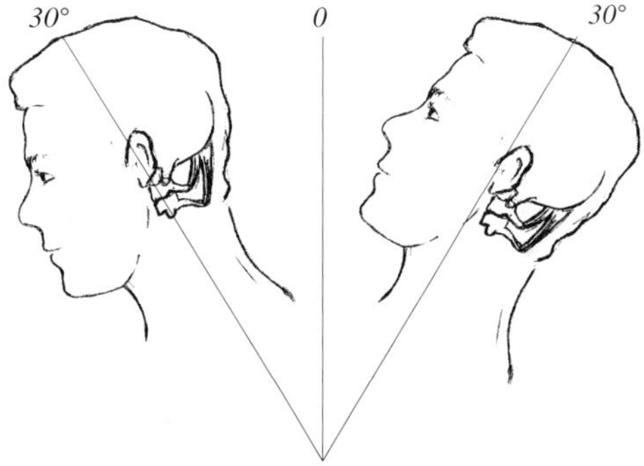

Abb. 25 *Dehnung bei Mittelfingerdruck 30° nach vorn und hinten*

Wird der Übergang des 7. Halswirbels zum 1. Brustwirbel blockiert, kann der Reiter nicht mehr locker mit den Pferdbewegungen mit-

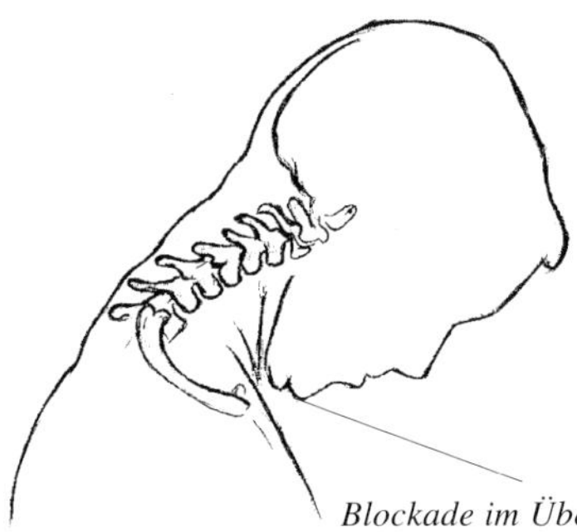

Blockade im Übergang 7. Halswirbel zum 1. Brustwirbel

Abb. 26

schwingen. Er sitzt automatisch verkrampft. Somit mag deutlich geworden sein, wie hochrangig die Bedeutung des Kopfes für die gesamten Bewegungsabläufe des Reiters sind.

Verkrampfungen im Schulterbereich haben ebenfalls ihre Ursache in den Klemmermuskeln (vordere und innere Hüftbeuger), (Abb. 15/16). Wenn die Schenkel zu locker am Pferdeleib anliegen oder das Pferd energischer geritten werden soll, fordert der Reitlehrer den Reiter auf, die „Beine zuzumachen". Er ist sich jedoch nicht dessen bewußt, daß durch das Schließen der Beine, also das Anspannen der „Klemmer", eine negative Bewegungsübertragung bis in den Schulter-Nackenbereich stattfinden kann. Nach der Anweisung „Bein zu" hört man ganz häufig, „bleib in den Schultern locker". Beide Anweisungen gleichzeitig in natürliche Bewegungen umzusetzen, ist auf Grund des Funktionszusammenhangs des menschlichen Systems nicht möglich. Ständig „klemmende Reiter" sind grundsätzlich in der Schulter verkrampft und sitzen auch mit einem leichten Rundrücken auf dem Pferd.

Die Übertragungabläufe sind wie folgt zu sehen: Durch die Zusammenführung der beiden Oberschenkel kippt das Becken nach hinten. Das kippende Becken hat eine Krümmung der Wirbelsäule zum Rundrücken zur Folge. Automatisch erfolgt ein Zurücknehmen des Kopfes in den Nacken. Der eigentliche Fehler (Verkrampfung im Schulterbereich, falsche Kopfhaltung) ist erst die Folge von anderen Auslösern. Für den Reiter gilt es, sich sensibel in diese Funktionszusammenhänge hineinzuversetzen und sie von innen selbststeuernd zu verändern. Für den Reitausbilder bedeutet es, hohe Sensibilität aufzubringen, um nicht sofort mit einem Patentrezept den Reiter korrigieren zu wollen, sondern nach den Ursachen der Sitzfehler zu suchen.

Unter „Fußspitzen nach innen" sind bereits negative Bewegungsübertragungen angesprochen worden, die durch eine veränderte Haltung des Fußes entstehen. Fußspitzenhaltung und Knieschluß hängen eng miteinander zusammen. Wenn die Fußspitzen nach außen gedreht sind, ist das Knie weg vom Pferdeleib. Sind die Fußspitzen annähernd parallel zum Pferd, verkrampft der Reiter. Ein häufig geforderter „mitatmender Schenkel" ist kaum möglich. Die Veränderung der Fußspitzen darf nie aus dem Unterschenkel heraus erfolgen, weil sich durch das Drehen des Unterschenkels die „Klemmer" anspannen können, was wiederum zu einer verkrampften Sitzhaltung führt. Wenn die Fußspitzen sich verändern sollen, dann muß das Bein insgesamt in seiner Lage verändert werden, indem man den Oberschenkel leicht nach innen verlagert (dreht). Die Unterschenkel bzw. die Fußspitzen geraten als Folgereaktion näher an den Pferdeleib.

Der hohe Absatz kann zum einen darin begründet sein, daß die Wadenmuskeln im Gegensatz zu den Schienbeinmuskeln zu stark ausgebildet sind. Ein hochgezogener Absatz hat bei vielen Reitern seinen Grund im falschen Treiben. Sie benutzen nicht genügend die Beugemuskeln des Oberschenkels und die Hüftrotatoren (Abb. 8), sondern setzen fälschlicherweise den Zwillingsmuskel (Abb. 9) ein, der im Bereich des Knies liegt. Der Einsatz dieses Muskels führt automatisch zu einem Hochziehen des Absatzes.

Die falsche Benutzung des Zwillingsmuskels wird auch dadurch unterstützt, daß Reiter zu früh die Sporen benutzen und sie nicht korrekt einzusetzen vermögen. Sie „kratzen" mit ihnen mehr am Pferdeleib und benutzen dadurch die falsche Muskulatur. Wenn Reiter korrekt treiben, also die dafür zuständigen Beugemuskeln des Knies einsetzen, folgt der tiefe Absatz als natürliche Reaktion.

An diesen Beispielen wird deutlich geworden sein, wie kompliziert die Abläufe innerhalb des menschlichen Körpers sind und wie einfach es sich Ausbilder oft machen. Ziel des Reiters und Ausbilders muß es sein, diese Zusammenhänge zu begreifen und sie auf sich bzw. auf Reitschüler feinfühlig anzuwenden.

Diese Funktionszusammenhänge erhalten noch stärkere Bedeutung, wenn man die generellen Funktionsweisen von Muskeln mit einbezieht.

- Der Kopf ist zu schwer für unseren Hals !
- Falsche Kopfhaltungen führen zu Veränderungen des gesamten Körpers !
- Der Blick des Reiters soll nach vorne und leicht nach unten gerichtet werden !
- Erst dann ist das Okzipitalgelenk frei und läßt den Reiter locker sitzen !
- Zu starke Klemmer führen auch zu Schulterproblemen !
- Klemmen führt auch zum krummen Sitz, weil das Becken nach hinten kippt !
- Fußspitzen nach innen drehen aus dem Unterschenkel heraus macht die Klemmer fest !
- Falsches Treiben mit den Zwillingsmuskeln führt zum hohen Absatz !

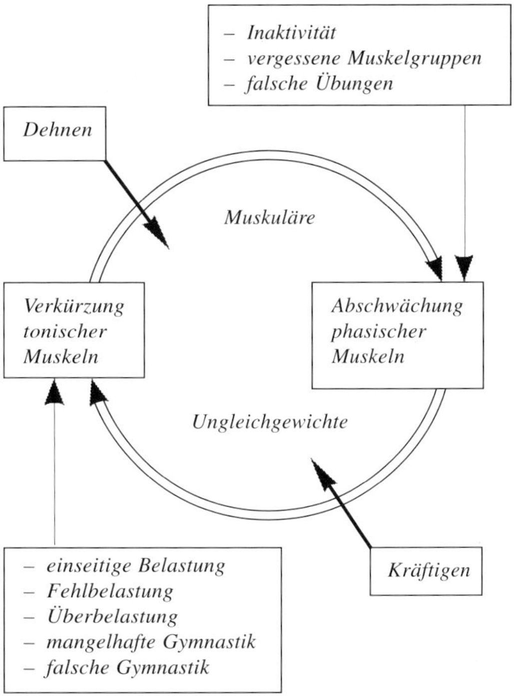

Abb. 27

10. Ursachen und Vermeidung muskulärer Ungleichgewichte

Jede Reiterin oder Reiter hat muskuläre Ungleichgewichte, die Hintergründe für Reitschwächen oder -fehler sind. Reiter und Reitausbilder sollten wissen, wie sie entstehen und welche generellen Tendenzen die für das Reiten wichtigen Muskeln bzw. Muskelgruppen aufweisen. In Abb. 27 (Medler/Mielke 1990, 28) sind die Gesamtzusammenhänge dargestellt. Die einseitigen Belastungen des täglichen Lebens, Fehlbelastungen, Überbelastungen, mangelhafte Gymnastik und falsche Gymnastik führen zu Verkürzungen von Muskeln, die bereits zur Verkürzung neigen (tonisch). Daraus ergibt sich die Notwendigkeit, diese Verkürzungen durch entsprechend gezieltes Dehnen aufzuheben. Inaktivität, vergessene Muskelgruppen und falsche Gymnastikübungen (siehe Abb. 39/40 – vgl. Medler/Miehlke 1990) führen dazu, daß die bereits zur Abschwächung neigenden Muskeln (phasisch) noch weiter abgeschwächt werden. Daraus ergibt sich für Ausbilder zwangsläufig, diese Muskeln gezielt zu kräftigen, um die Ungleichgewichte nicht noch größer werden zu lassen. Hinzu kommen heute noch psychische Belastungen, die in diese dargestellten Zusammenhänge ebenfalls negativ eingreifen. Psychische Zustände hinterlassen Spuren im Körper. Der Ängstliche zieht die Schultern hoch, der Herrschsüchtige arbeitet übermäßig mit Kraft, so daß sein Körperrhythmus gestört ist, der Aggressive neigt zu unkontrollierten Krafteinsätzen. All diese Zustände sind daran beteiligt, daß sich muskuläre Ungleichgewichte weiter verstärken können. In der Abb. 27 sind zur Verkürzung neigende (tonische) und zur Abschwächung neigende (phasische) Muskeln angesprochen. Die für den Reitsitz wichtigen Muskelgruppen sollen in ihren Tendenzen aufgezeigt werden, um danach den Bezug zu Problemen des Reitsitzes herzustellen.

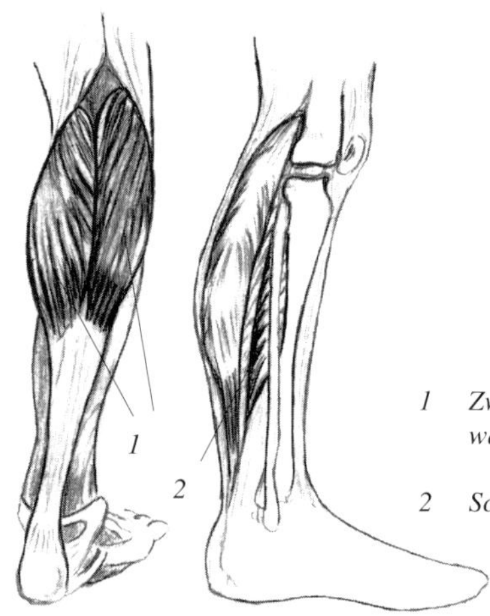

Abb. 28: Hintere Unterschenkelmuskulatur (Wadenmuskulatur)

Die **Wadenmuskulatur** ist in unserer Kultur verkürzt, wahrend die **Schienbeinmuskeln** zur Abschwächung neigen. Diese Bedingungen führen neben dem falschen Treiben mit Hilfe des Zwillingsmuskels ebenfalls zu einem hohen Absatz.

Die **hintere Unterschenkelmuskulatur** (Wadenmuskulatur – Abb. 28) neigt zur Verkürzung, so daß generell die Schwierigkeit besteht, den Absatz beim Reiten zu senken. Dabei darf es nicht zu einem willentlichen Durchdrücken des Absatzes kommen, weil dann wieder das

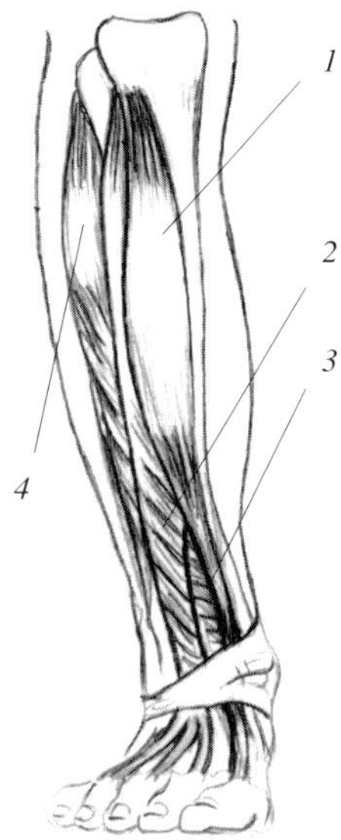

Abb. 29: Vordere Unterschenkelmuskulatur

Fußgelenk blockiert wird. Es sollte eine Ausgewogenheit von **hinterer** und **vorderer Unterschenkelmuskulatur** (Schienbeinmuskulatur-Abb. 29) angestrebt werden. Eine natürliche Haltung im Steigbügel ist nur dadurch zu erreichen, daß die Wadenmuskulatur intensiv gedehnt wird und die Schienbeinmuskeln gleichzeitig gekräftigt werden. Ist eine Balance beider Muskelgruppen vorhanden, braucht der Aus-

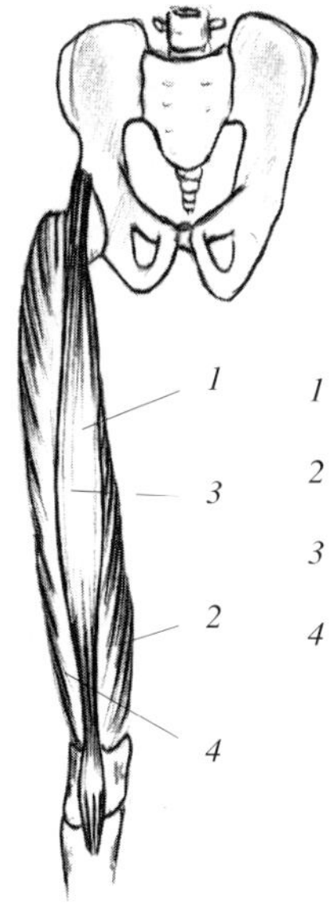

1 Gerader Schenkelmuskel

2 Innerer Schenkelmuskel

3 Mittlerer Schenkelmuskel

4 Äußerer Schenkelmuskel

Abb. 30

1 Zweiköpfiger Schenkelmuskel

2 Halbsehnenmuskel

3 Plattsehnenmuskel

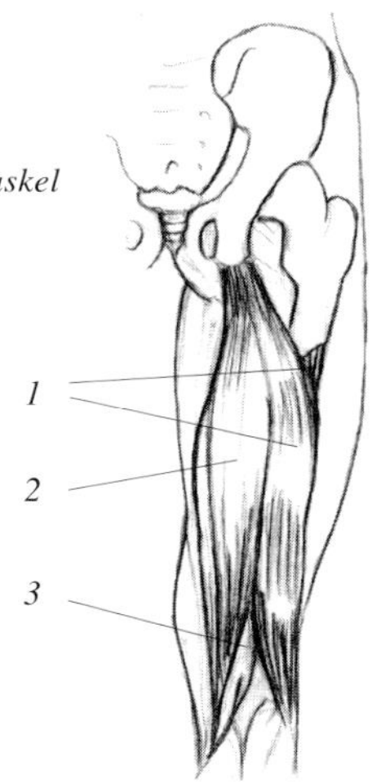

Abb. 31

bilder den tiefen Absatz nicht mehr zu thematisieren.

Die **vordere Oberschenkelmuskulatur** (Abb. 30) neigt grundsätzlich zur Verkürzung, wobei der innere Schenkelmuskel zur Abschwächung neigt. Da auch gleichzeitig die entgegenwirkende **hintere Oberschenkelmuskulatur** (Abb. 31) zur Verkürzung neigt, treten häufig Knieprobleme auf, weil sich durch die Verkürzungen hohe Spannungen schmerzhaft am Knie bemerkbar machen. Diese Verkürzungstendenzen führen zu einem hohen Knie beim Reiter. Beide Bereiche müssen durch Dehnen elastischer gemacht werden, um das natürlich lange Bein zu erzeugen. Ein oft vom Ausbilder gefordertes Durchdrükken des Beines führt unweigerlich zu muskulären Anspannungen, die ein rhythmisches Einwirken unmöglich machen.

Am Bewegungszentrum des Reiters, dem **Bekken,** setzen unterschiedliche Muskeln an, die einem Mitschwingen in der Mittelpositur entgegenwirken können. Die vordere und innere Hüftmuskulatur neigen zur Verkürzung und werden mit Hüftbeugemuskeln bezeichnet (Abb.

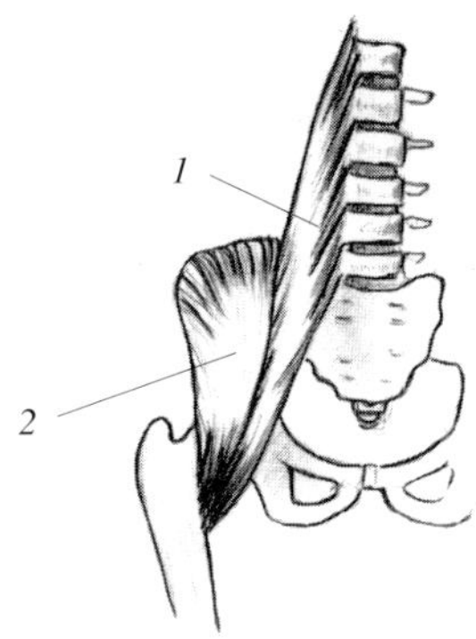

Vordere Hüftmuskulatur (Lendendarmbeinmuskel)

1 Großer Lendenmuskel

2 Darmbeinmuskel

Abb. 32

Innere Hüftmuskulatur (Adduktoren)

1 Schlanker Muskel
2 Langer Schenkelanzieher
3 Großer Schenkelanzieher
4 Kamm-Muskel
5 Kurzer Schenkelanzieher

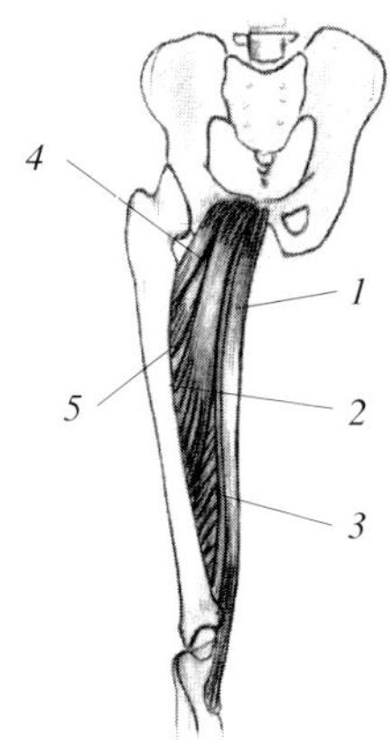

Abb. 33

32 und Abb. 33). Sie lassen das Becken nach vorne kippen, so daß die Tendenz zum Hohlkreuz entsteht. Der Reiter neigt automatisch seinen Oberkörper nach vorne.

Durch die Verkürzung der **inneren Hüftmuskulatur** („**Klemmer“/Beinanzieher**) besteht grundsätzlich bei jedem die Tendenz zu einer Klemmbewegung, denn die entgegenwirkende Muskulatur (**Gesäßmuskeln/Beinabspreizer** – Abb. 34) neigt zur Abschwächung und kann kei-

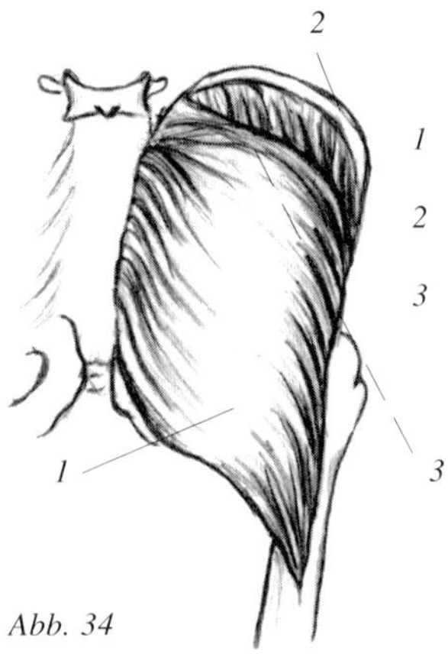

Gesäßmuskulatur

1 Großer Gesäßmuskel

2 Mittlerer Gesäßmuskel

3 Kleiner Gesäßmuskel

Abb. 34

nen muskulären Ausgleich zur Klemmbewegung der Hüftmuskulatur bilden. Die Gesäßmuskulatur hat u.a. die Aufgabe, das Becken zu stabilisieren. Wenn sie schwach ist, unterstützt sie eine Hohlkreuzbildung.

Die **Gesäßmuskulatur** ist außerdem für das Öffnen (Abspreizen) der Beine zuständig, während die Klemmer die Beine schließen. Um ein langes, rhythmisch einwirkendes Bein beim Reiten zu erreichen, müssen die Hüftbeuger intensiv gedehnt und die Gesäßmuskeln gekräftigt werden.

Die **Bauchmuskulatur** (Abb. 35) neigt zur Abschwächung. Sie hat die Funktion, das Becken zu stabilisieren. Dabei wird sie durch die Ge-

Bauchmuskulatur

1 Gerader Bauchmuskel

2 Äußerer schräger Bauchmuskel

3 Innerer schräger Bauchmuskel

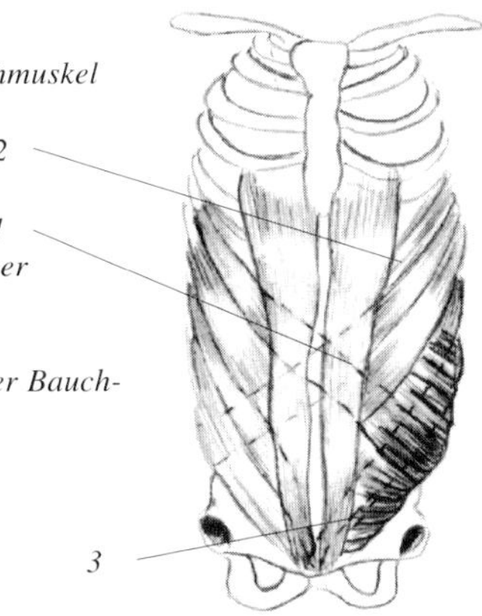

Abb. 35

säßmuskulatur und die hintere Oberschenkelmuskulatur unterstützt. Wenn das Becken nicht optimal gestellt ist, resultiert daraus automatisch ein insgesamt nicht gefestigter Sitz. Wenn alle am Becken ansetzenden Muskeln ausgewogen sind, ist ein elastisches Mitschwingen im Becken möglich. Der Reiter vermag sich dann an die Bewegungen des Pferdes anzupassen und gezielte Einwirkungen zu erreichen. Erst durch diese Gegebenheiten ist Reiten als Dialog möglich.

Die **geraden Bauchmuskeln** lassen das Becken kurzzeitig kippen, um Übergänge einzuleiten, das Pferd zum Halten zu veranlassen und einige kurzzeitige Impulse zur Intensivierung von Gangarten zu erzielen. Ein ständig gekipptes Becken würde das Pferd im Rücken zu stark belasten.

Der **äußere schräge Bauchmuskel** ist Voraussetzung für einen geschlossenen Sitz, weil durch ihn ein Zurückgehen der Schulter verhindert wird. Dies ist besonders auf gebogenen Linien nötig. Der Reiter sitzt vermehrt innen (einseitige Gewichtshilfe durch den **inneren schrägen Bauchmuskel**). Die Geschlossenheit des Sitzes ist nur aufrechtzuerhalten, wenn die äußere schräge Bauchmuskulatur die Schulter am Zurückweichen hindert.

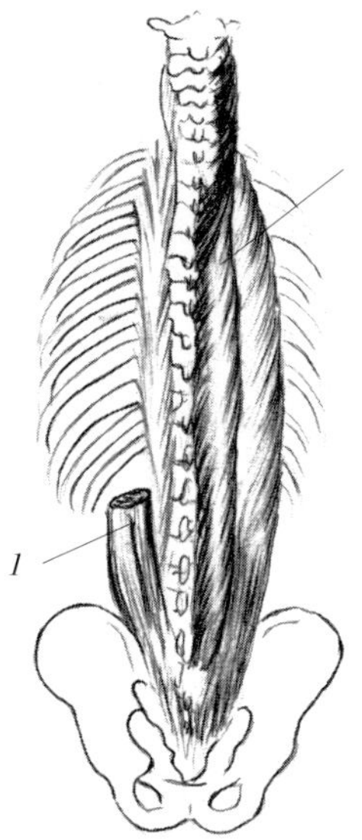

Abb. 36

Die **innere Rückenmuskulatur** (langer Rükkenstrecker vom Brust- bis zum Lendenbereich – Abb. 36) sorgt dafür, daß die Wirbelsäule gestreckt ist. Er ist wichtig für einen aufrechten Sitz. Grundlage für einen aufrechten Verlauf der Wirbelsäule ist die korrekte Beckenstellung. Über die Beckenstellung werden Bewegungsübertragungen über die Wirbelsäule bis zum Kopf erreicht. Der Rückenstrecker im Lenden- und Halsbereich neigt zur Verkürzung; Hohlkreuzneigung und angezogene Schultern sind die Folge. Im Brustbereich neigt der Rückenstrecker zur Abschwächung, was einen Rundrücken zur Folge haben kann.

Die **äußere Rückenmuskulatur** (Schultergürtel-Trapezmuskel – Abb. 37) zeigt zwei Tendenzen: Der untere Teil der Schultergürtelmuskulatur neigt zur Verkürzung und unterstützt die negative Tendenz der Verkürzung des Rückenstreckers im Lendenwirbelbereich (mögliche Hohlkreuzbildung). Der mittlere und obere Teil des Schultergürtels (Trapezmuskel) neigt zur

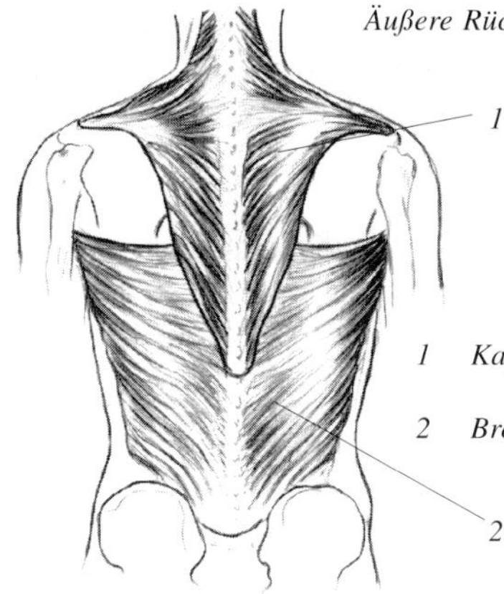

Abb. 37

Abschwächung. Da die Tendenz zur Abschwächung bereits beim Rückenstrecker im Brustwirbelbereich vorhanden ist und der entgegenwirkende Brustmuskel ebenfalls zur Verkürzung neigt (Abb. 38), ergibt sich die generelle Ten-

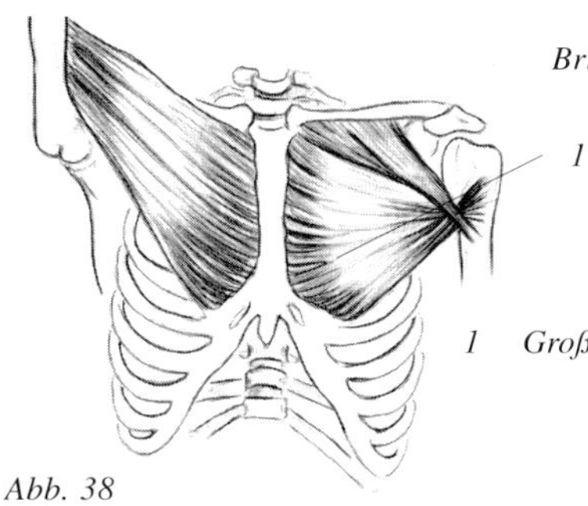

Abb. 38

denz zum Rundrücken bei muskulären Ungleichgewichten. Da heute seitliche Verkrümmungen des Wirbelsäule bei fast allen Menschen vorliegen, ist die **seitliche Rumpfmuskulatur** (Lendenmuskulatur) von hoher Bedeutung für einen aufrechten Sitz ohne Seitwärtsneigung. Die seitliche Rumpfmuskulatur ist heute generell nicht intensiv genug zur seitlichen Stabilisierung des Oberkörpers ausgebildet, so daß auch ein seitlicher Ausweichsitz bei vielen Reitern anzutreffen ist. Kenntnisse der grundsätzlich wichtigen Muskelgruppen für den Reitersitz sind Voraussetzung für den richtigen Einsatz von Körperübungen. Nur wenn diese Grundlagen bekannt sind, können gezielte Übungen ausgewählt werden, um der Abschwächung und Verkürzung entgegenwirken zu können. Die althergebrachte Gymnastik hatte zu stark schädigende Wirkung für unseren Körper. Unfunktionelle Kraft- und Beweglichkeitsübungen sind aus den Abb. 39 und 40 (Medler/Mielke 1990, 49, 68) zu entnehmen. Alle Übungen haben schädigende Wirkung für die unterschiedlichen Körperpartien. Wenn der Reiter sein Bewegungsgefühl verbessern möchte, dann ist eine Sensibilisierung für die Bewegungsabläufe des eigenen Körpers und seiner Teile wichtig. Heute sind unter Gesundheits- und funktionalen Gesichtspunkten neue Gymnastikkonzeptionen entstanden. Alle Übungen aus diesen Konzepten sind 4 Funktionskreisen zuzuordnen. Jeder Funktionskreis ist eine in sich geschlossene Einheit, die jedoch von anderen Einheiten nicht isoliert werden darf. Jeder Funktionskreis überlappt mit mindestens einem Nachbarkreis und steht mit ihm in einem Bedeutungszusammenhang (Abb. 41 – vgl. Knebel 1986, 75 – 77). Folgende Körperteile gehören zu den entsprechenden Funktionskreisen:

- **Funktionskreis I:**
  Halswirbelsäule mit Kopf, Brustwirbelsäule bis zum 5. Brustwirbel.

- **Funktionskreis II:**
  Brustwirbelsäule vom 5. bis 12. Brustwirbel, Lenden-Becken-Hüftbereich.

- **Funktionskreis III**:
  untere Lendenwirbelsäule, Hüftgelenk und Kreuzbeinbereich, Beine.

- **Funktionskreis IV:**
  Schultergelenk mit Schulterblatt und Schlüsselbein, Arme.

Ein funktionelles Bewegungstraining für den Reiter muß ganz gezielt gegen abschwächende Tendenzen wirken, bestimmte Muskeln also kräftigen. Gleichzeitig müssen die zur Verkürzung neigenden Muskeln durch Dehnen geschmeidig gemacht werden. Ein Reiter darf sich während des Reitens nicht ständig auf seine Körperhaltungen konzentrieren. Er kann dadurch kein Bewegungsgefühl entwickeln; er lernt nicht, sich von innen zu sehen. Er vergeudet zu viel Konzentration und Körperkraft für die von ihm geforderte Haltung, so daß er kein Gefühl für seine Bewegungen in Einklang mit denen des Pferdes entwickeln kann. Der Kopf ist überfordert. Sein Sitz muß durch ein gezieltes Bewegungstraining natürlich aufgebaut werden, damit er sich beim Reiten hauptsächlich auf das Pferd konzentrieren kann. Sein Kopf ist frei für das Pferd und die Bewältigung von Situationen. In Teil II wird noch intensiv darauf eingegangen.

Folgende Muskeln sind verkürzt oder abgeschwächt:

Verkürzung	**Abschwächung**
Wadenmuskulatur	Schienbeinmuskulatur
hintere Oberschenkelmuskulatur	Gesäßmuskulatur
vordere Oberschenkelmuskulatur	Bauchmuskulatur (gerade/schräge)
unterer Teil Trapezmuskulatur	
Brustmuskulatur	oberer/mittlerer Teil Trapezmuskulatur
tiefe Rückenmuskulatur	seitliche Rumpfmuskulatur
Hüftbeugemuskulatur	

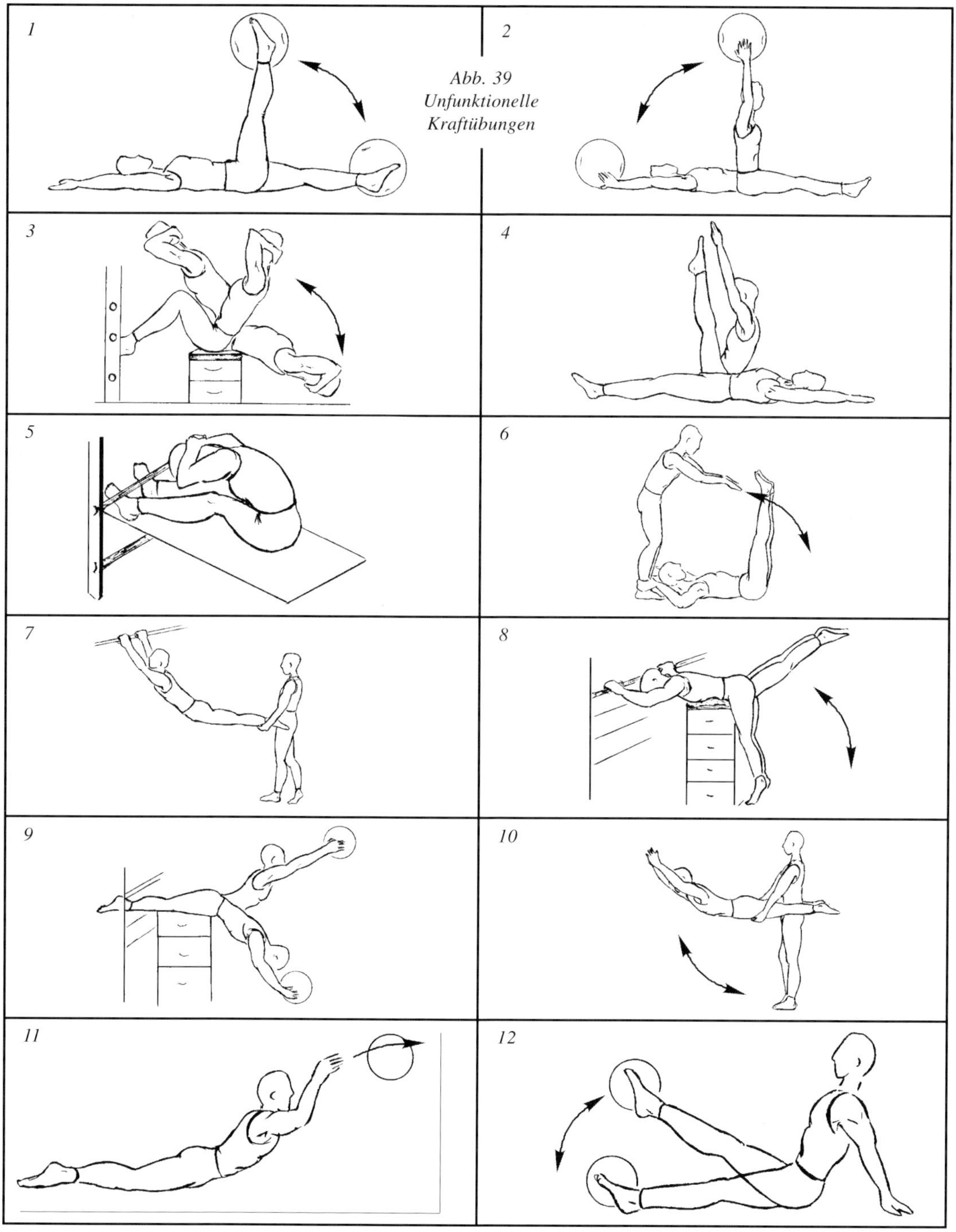

*Abb. 39
Unfunktionelle
Kraftübungen*

Abb. 40
Unfunktionelle Beweglichkeitsübungen

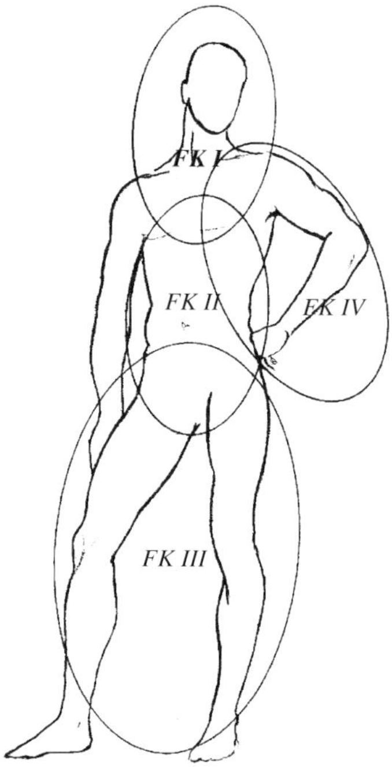

Abb. 41

11. Muskulär bedingte Fehler und Gewohnheitsfehler

Es kann nicht bei allen Reitfehlern davon ausgegegangen werden, daß sie ausschließlich auf muskulären Schwächen beruhen. Viele Bewegungsfehler sind durch Gewohnheiten entstanden, auf die von Reitausbildern nicht früh genug aufmerksam gemacht worden ist. Dazu gehören auch Bewegungsabläufe von Reitern, die gezielt durch falsche Vermittlung des Ausbilders verinnerlicht worden sind, weil der Ausbilder es nicht besser wußte.

Deshalb sagen Bewegungswissenschaftler: Die besten Ausbilder müsen die Anfänger unterrichten! Wenn von vornherein die korrekten Bewegungsabläufe erworben werden, ist dies der Weg mit dem geringsten Aufwand. Man bedenke, wie lange es später dauert, sich falsch eingeprägte Bewegungen abzugewöhnen. Das Gehirn hat sie gespeichert, so daß nicht der Muskel umlernen muß, sondern wichtige Schaltzentralen im Gehirn. Wie schwierig das ist, weiß sicherlich jeder. Man ist beim Umlernen immer bemüht, und trotzdem gelingt es besonders zu Beginn des Umlernprozesses selten, die bereits automatisierten Bewegungen umzugestalten. Es ist viel Energie nötig, um das Ziel zu erreichen. Das geht so weit, daß bestimmte Menschen lieber aufhören würden zu reiten, weil sie sich eingeprägte Fehler nicht abgewöhnen können.

Bei Gewohnheitsfehlern besteht die besondere Schwierigkeit darin, daß Reiter diese Bewegungen nicht als Fehler spüren. Diese Bewegungen haben sie von vornherein so gelernt. Sie haben kein inneres Bild von der richtigen Bewegung, an dem sie sich orientieren können. Gerade im Reiten ist es wichtig, daß selbst bei spielerischen Reitübungen immer Ausbilder zur Verfügung stehen, um nur die Spiele auszuwählen, die einen direkten Bezug zu dem später zu erlernenden „korrekten" Reiten haben. Dieser Bezug darf nicht ausschließlich an der äußeren Form der Bewegung festgemacht werden. Es geht nicht nur um das Erlernen von Fertigkeiten, sondern auch darum, durch zusätzliche spielerische Übungen die koordinativen Fähigkeiten zu schulen. Im nächsten Kap. wird darauf Bezug genommen.

Bei den heutigen jungen Reitern zeigt sich durch das veränderte Bewegungsangebot im täglichen Leben immer weniger Sensibilität für ein harmonisches Sich-Bewegen. Das zentrale Nervensystem des Menschen ist eigentlich so eingerichtet, daß es bei Störungen von außen korrigierend eingreift. Durch die heutige Reizüberflutung ist das natürliche Funktionssystem der Selbstkorrektur verkümmert. Der Mensch funktioniert immer weniger als ein sich selbst regulierendes System. So ist zu erklären, daß bereits

Bewegungsfehler in Abläufen des täglichen Lebens entstehen. Menschen sitzen, gehen, stehen, liegen im Bett falsch, so daß die körperlichen Belastungen immer größer werden und gleichzeitig die Sensibilität für das richtige Sich-Bewegen im Sinne von körperkonformen Bewegungen schwindet.

Diese verlorengegangene Sensibilität macht sich natürlich beim Reiten als hochkomplexer Sportart besonders bemerkbar. Von vielen Reitern und Ausbildern wird das Reiten auch mehr als mechanischer Ablauf verstanden; sehr viele Reiter reiten rein technisch und nicht mit Gefühl. Die Methode vieler Reitlehrer stellt ebenfalls ausschließlich Reitbewegungen als Ortsveränderungen in den Mittelpunkt des Unterrichts (siehe Kap. I.2.). Auch die Analyse der Reitbahnkommandos in Kap. I.7. hat diese Aussage bereits nachhaltig unterstrichen.

Unterstützt wird diese Tendenz noch dadurch, daß es wenig gute Konzepte für das Anfängerreiten gibt. Kinder werden bereits im Anfängerreitunterricht als kleine Erwachsene behandelt, die sich nach formalen Bewegungsvorschriften zu bewegen haben. Erst die Konzepte von I. v. Neumann-Cosel-Nebe (Spielend reiten lernen/ In allen Sätteln gerecht) und Meyners (Das natürliche Reitkonzept) haben mit diesem traditionellen Reiten für Anfänger gebrochen.

Durch die angesprochenen Ursachen entstehen bei Reitern, die sich selten durch einen qualifizierten Ausbilder korrigieren lassen, Gewohnheitsfehler, die ein Reiten als Dialog erschweren. Da der Mensch heute mit seinem Körper (muskulär und koordinativ) nicht mehr harmonisch umgeht, ist es vor allem notwendig, folgende Inhalte im Auge zu behalten:

- Der Anfänger benötigt den besten Reitlehrer, um sich keine Fehler anzugewöhnen !

- Um Gewohnheitsfehler abzustellen, benötigt der Reiter viel Geduld, Zeit- und Energieaufwand !

- Viele Gewohnheitsfehler lassen sich auf die verlorengegangene Sensibilität für Eigenbewegungen in der heutigen Zeit zurückführen !

- Der heutige Mensch horcht zu wenig in sich hinein und absolviert Bewegungen rein mechanisch !

12. Koordinative Grundlagen für das Reiten

Im Sport wird generell, das Reiten macht da keine Ausnahme, der Mensch zu stark von außen betrachtet; Formüberprüfungen sind vorrangig. Es interessieren die zu beobachtenden äußeren Abläufe von Fertigkeiten (Lektionen).

Unter Fertigkeiten sind erworbene, vorrangig koordinative (zusammengeordnete) Leistungen zu verstehen, die auf eine bestimmte Bewegungstechnik zur Lösung einer besonderen Aufgabe bezogen sind. Sie sind u.a. durch Üben dieser Technik zu verbessern. Die einzelnen Lektionen im Reiten können als Fertigkeiten bezeichnet werden.

Das alleinige Üben dieser Fertigkeiten führt nicht notwendig zu einer Verbesserung der Fertigkeiten, weil muskuläre und koordinative Schwächen vorliegen, die als Störfaktoren wirken können. Darüber hinaus stellen koordinative Fähigkeiten die Grundlage des Fertigkeitserwerbs dar; ein Gesichtspunkt, der in der Reiterei so gut wie gar nicht in den Blickwinkel von Ausbildungsgängen geraten ist. Koordinieren heißt zusammenordnen. Dieses Zusammenordnen bezieht sich biologisch auf die miteinander verwobenen Muskeltätigkeiten und die Steuerungsvorgänge im Gehirn. Deshalb spricht man auch von neuromuskulären Vorgängen.

Koordinative Fähigkeiten haben allgemeinen Charakter, d.h. sie sind Voraussetzungen für eine bestimmte Klasse motorischer Aufgaben, die zuweilen auch sehr verschiedenartige Techniken erfordern. Die Ausbildung koordinativer Fähigkeiten besteht in einer vielseitigen Bewegungsschulung, die nicht nur an eine Fertigkeit gebunden ist. Zusammenfassend kann folgendes gesagt werden: Eine bestimmte Qualität von koordinativen Fähigkeiten ist Voraussetzung für die Ausbildung von Fertigkeiten (Reitlektionen). Die Ausbildung dieser Fertigkeiten führt wiederum zu einer Verbesserung des Niveaus koordinativer Fähigkeiten. Neben allgemeinen koordinativen Fähigkeiten wie motorischer Lernfähigkeit, motorischer Steuerungsfähigkeit und situativer Anpassungs- und Umstellungsfähigkeit sollten die Reiter vor allem drei der fünf besonderen koordinativen Fähigkeiten interessieren:

Gleichgewichtsfähigkeit, Rhythmusfähigkeit, muskuläre Unterscheidungsfähigkeit (räumliche Orientierungsfähigkeit, Reaktionsfähigkeit).

Besonders das Gleichgewicht und daraus resultierend die Rhythmusfähigkeit und die muskuläre Unterscheidungsfähigkeit haben für das Reiten hohe Bedeutung. Der Gleichgewichtssinn ist bei den meisten Menschen heute im Alltagsleben durch fehlende Bewegungen wie Klettern, Balancieren, Schaukeln und Schwingen kaum noch normal ausgebildet. Die Forschung hat jedoch nachgewiesen, daß die mangelnde Ausbildung des Gleichgewichts eine Verkümmerung aller anderen Sinne nach sich zieht. Wie wenig Reiter im Gleichgewicht sind, kann man am starken Ziehen an den Zügeln und am „Klemmen“ erkennen. Gleichgewicht ist zu einem gewissen Teil angeboren, muß jedoch durch ständige Herausforderungen erhalten und weiter ausgebildet werden. Kleinkinder besitzen es nocht nicht, alternde Menschen verlieren es durch mangelnde Bewegungsmöglichkeiten.

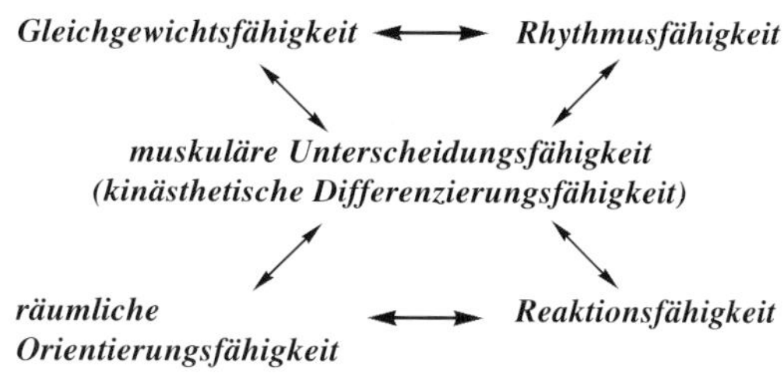

Abb. 42

Man unterscheidet statisches und dynamisches Gleichgewicht. Unser Gleichgewichtsorgan, das sich im Kopfinneren ungefähr hinter dem Ohr befindet, ist für das statische, der Muskelsinn, die muskuläre Unterscheidungsfähigkeit, für das dynamische Gleichgewicht zuständig. Beide Organe gleichen Lageveränderungen des Körperschwerpunktes im Verhältnis zur Stützfläche aus.

Muskuläre Unterscheidungsfähigkeit meint die hohe Genauigkeit und Ökonomie der Bewegung (Feinabstimmung). Dabei geht es sowohl um Teilbewegungen als auch um die Geamtbewegung. Grundlage bildet die Unterscheidungsfähigkeit von Kraft-, Zeit- und Raumwahrnehmungen beim Bewegungsvollzug. Außerdem werden diesem Bereich noch feinmotorische Abstimmungen wie Fuß-, Hand- und Kopfbewegungen sowie die Muskelentspannungsfähigkeit zugeordnet.

Rhythmus bezeichnet die Fähigkeit, den typischen Wechsel der Dynamik einer Bewegung erkennen und umsetzen zu können. Es geht neben dem Vorstellen bzw. dem optischen Erfassen eines bestimmten Bewegungsrhythmus vor allem um die eigene muskuläre Umsetzung von Rhythmen. Besitzt der Reiter keine Muskelentspannungsfähigkeit, bricht auch automatisch der Rhythmus zusammen. Dabei geht es beim Reiten zunächst darum, sich dem Rhythmus des Pferdes anzupassen, um dann diesen Rhythmus durch den eigenen Bewegungsrhythmus verändern zu können. Alle drei koordinativen Fähigkeiten (auf die Reaktionsfähigkeit und räumliche Orientierungsfähigkeit soll nicht weiter eingegangen werden, weil jeder weiß, was darunter zu verstehen ist) haben ganz enge Beziehungen untereinander. Wer nicht im Gleichgewicht ist, hält sich fest. Daraus folgen Rhythmusfehler, weil bestimmte Körperbereiche zu lange und zu stark angespannt sind. Jegliche Anspannung führt dazu, daß die Feinfühligkeit für sich verändernde Bewegungsabläufe verlorengeht. Erst wenn eine Lektion auf unterschiedliche Art und Weise ausgeführt werden kann (mal schneller, mal langsamer, mal feiner, mal intensiver, ohne das eigene muskuläre Zusammenspiel oder das des Pferdes zu stören), ist von einer gelernten und verinnerlichten Bewegung zu sprechen. Gerade diesbezüglich wird viel zu schematisch vermittelt und geritten. Die angesprochenen koordinativen Fähigkeiten können sowohl ohne Pferd als auch auf dem Pferd geschult werden. Je größer die Reitprobleme sind, desto eher sollte mit Übungen ohne Pferd begonnen werden, um das Pferd zu schonen.

Die folgende Auswahl von Übungen mag exemplarisch gelten, um Gleichgewicht, Rhythmus, muskuläre Unterscheidungsfähigkeit, räumliche Orientientierungsfähigkeit und Reaktionsfähigkeit zu schulen:

- Balanceübungen auf mobilen Geräten wie Brettern auf Gummireifen (Abb. 43)

- Balancierübungen über schmale Hölzer (Abb. 44)

- Hüpfübungen auf Gummischläuchen (Abb. 45)

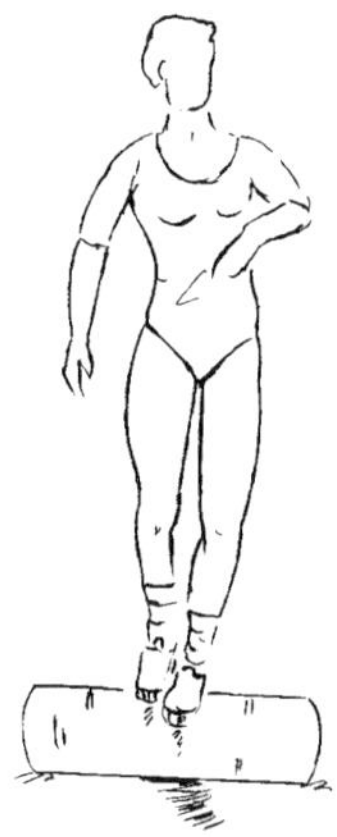

- Balancierübungen auf Walzen (Abb. 46)

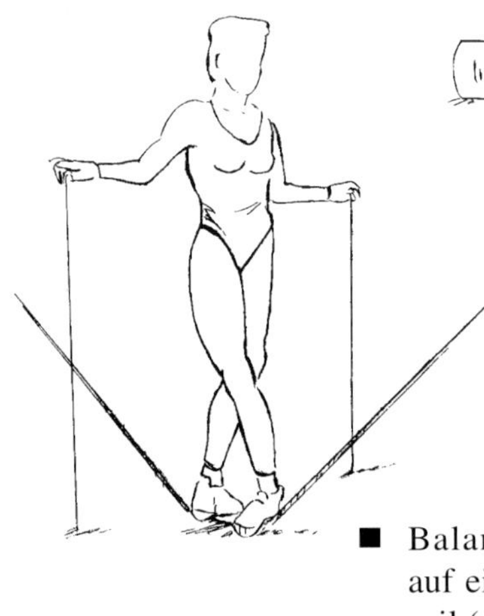

- Balancierübungen auf einem Schlappseil (Abb. 47)

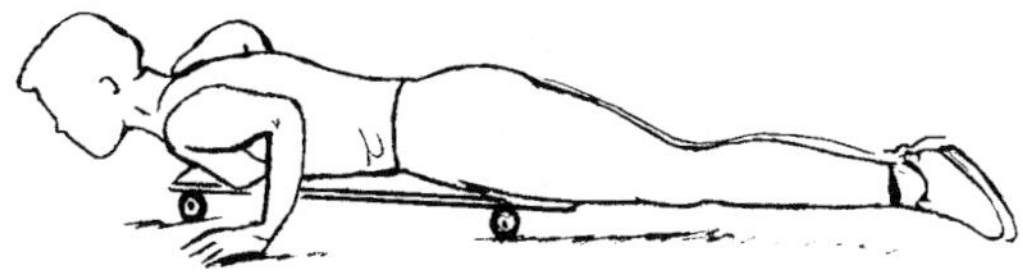

- Balancehalten auf einem Rollbrett (Abb. 48) oder einem Skateboard (Abb. 49)

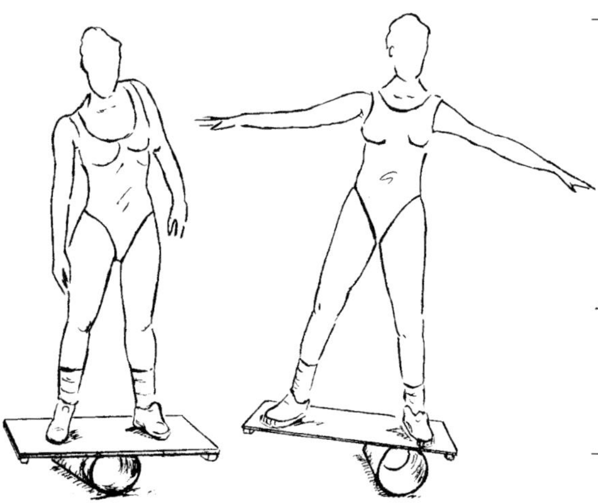

- Balancehalten auf einer Rollwippe (Abb. 50)

- Übungsbeispiele mit einem Medizinball, u.a.:

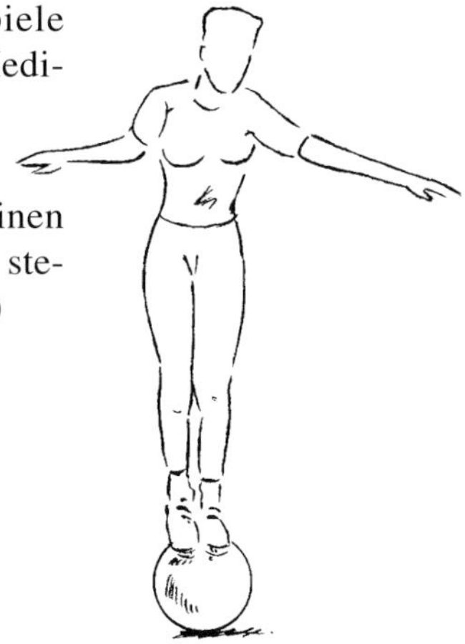

  – mit den Beinen auf dem Ball stehen (Abb. 51)

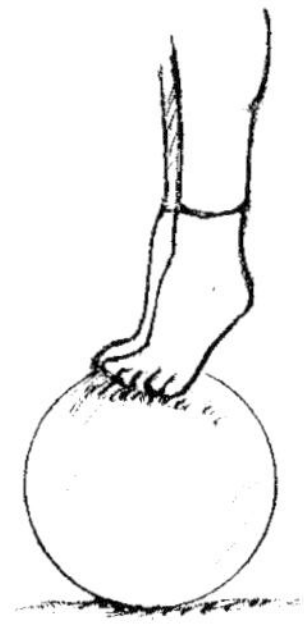

  – auf den Fußspitzen stehen (Abb. 52)

  – in die Hocke gehen und wieder aufrichten (Abb. 53)

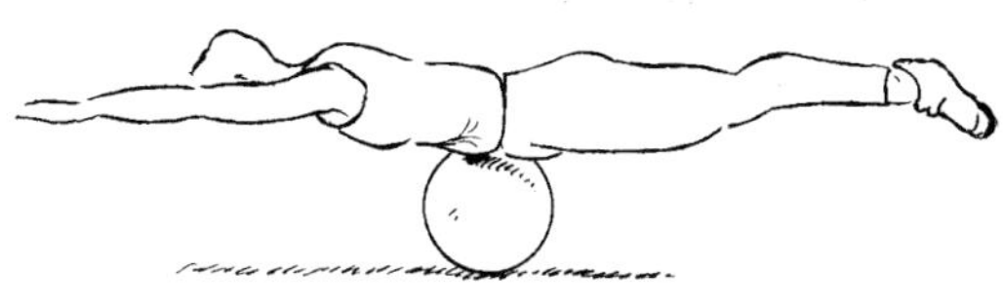

  – bäuchlings auf dem Ball liegen und den Körper strecken (Abb. 54)

■ Übungsbeispiele mit einem Sportkreisel

– aufsteigen auf den Kreisel mit Stützhilfe der Wand (Abb. 55)

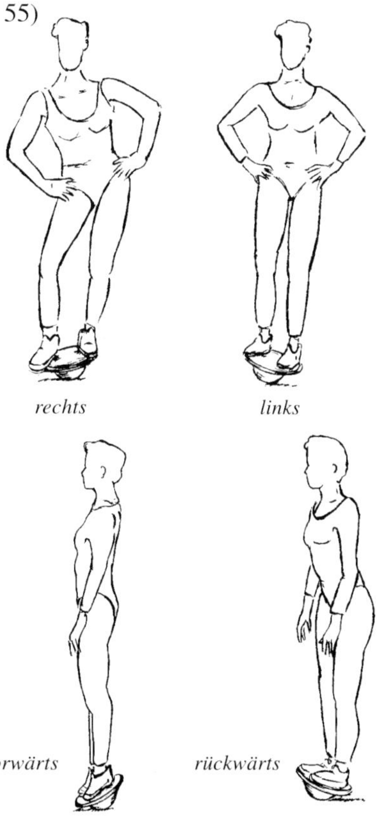

– Verlagern des Gleichgewichts nach rechts/links, vorwärts/rückwärts (Abb. 56)

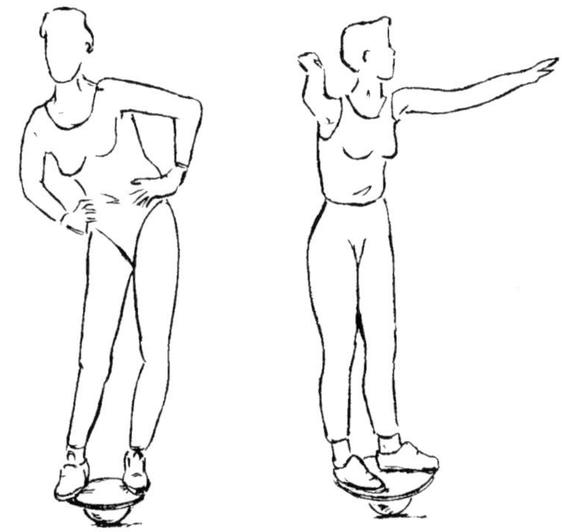

– beidbeinig auf dem Kreisel und mit dem Becken kreisen (Abb. 57)

– weite Schwankungen mit dem Oberkörper

– beidbeinig auf dem Kreisel und ganze Drehungen

Abb. 58

- Pedalo fahren in unterschiedlichen Formen (Abb. 59).

Weitere Möglichkeiten sind der Literatur im Anhang zu entnehmen.

Wenn nun genügend Grundlagen aufbereitet sind, können auch differenzierte Übungen auf dem Pferd vorgenommen werden. Es geht dabei um immer neue Anforderungen an das Gleichgewicht des Reiters. Aus den Gleichgewichtsanforderungen entstehen gleichzeitig

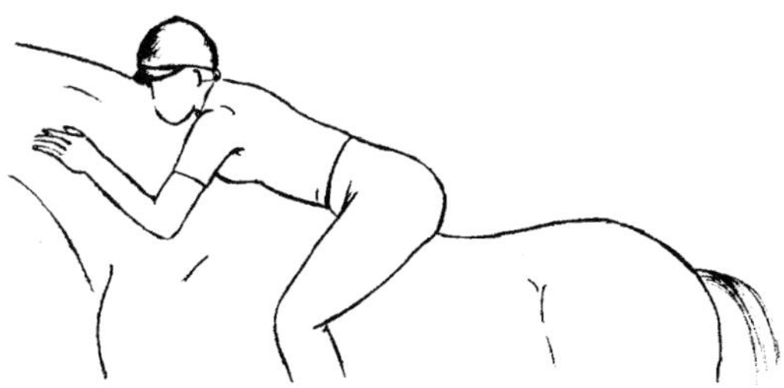

hohe Ansprüche an das Rhythmusgefühl und die muskuläre Unterscheidungsfähigkeit.

Begonnen werden kann mit dem Hinlegen auf den Pferdehals, dem Zurücklegen auf die Kruppe, dem Sitzen quer zum Pferd und rückwärts zum Pferdehals, dabei soll das Pferd nicht gesattelt sein. Es soll aus Sicherheitsgründen geführt werden. Zunächst beginnt man im Schritt, dann kann zum Trab übergegangen werden.

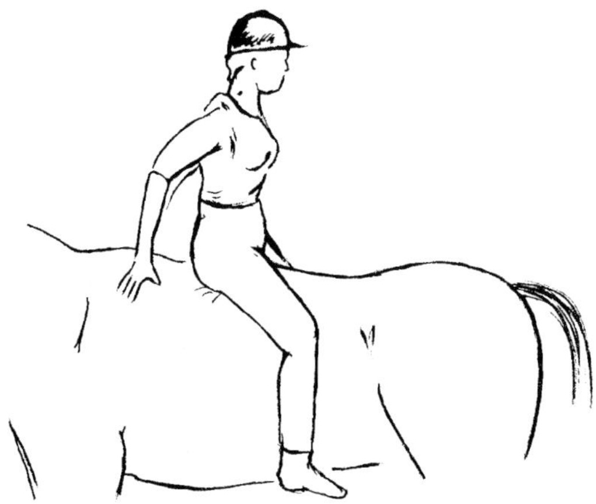

Später kann die Stützfläche verkleinert werden. Man kniet auf dem Pferderücken und versucht aufzustehen. Die Übungen können auch mit ge-

schlossenen Augen ausgeführt werden. Weitere Anregungen können Ausbilder aus dem Übungsrepertoire des Voligiersports erhalten.

Koordinative Anforderungen können für fortgeschrittene Reiter so ausgeweitet werden, daß Balanceübungen im Stehen mit hinter dem Kopf gehaltenen Händen im Schritt, Trab und Galopp absolviert werden. Es können dann aus dieser Haltung noch Rhythmusübungen durch „Über-Stangen-Treten" absolviert werden. Einige Ausbilder werden auch Springgymnastik in dieser Haltung (Hände hinter dem Kopf) üben lassen. Der Ausbilder muß genügend Phantasie besitzen, um sich Variationen auszudenken. Der größte Feind des Lernfortschritts sind Monotonie und Schematismus.

Diese Übungen sind als Sensibilisierungsübungen zu bezeichnen, weil sie alle nicht durch reine Mechanik zu lösen sind. Das spielerische Element ist für den Anfänger, gleichgültig ob jung oder alt, ebenso wichtig wie für den guten Reiter. Ständig wechselnde Ansprüche an die koordinativen Fähigkeiten führen zu einer Steigerung des Bewegungsgefühls.

Für den Aneignungsprozeß muß zunächst Voraussetzung sein, daß eine völlig freie Gestaltung möglich ist. Die Reiter sollen sich – ohne ständig nachdenken zu müssen – dem Bewegungsgefühl hingeben. Die in den ersten Versuchen erfahrenen Bewegungsmöglichkeiten werden im weiteren Verlauf präziser und stellen die Grundlage für neue Erkenntnisse dar. Nach den Anfangserfahrungen werden die Bewegungsabläufe durch Üben und Wiederholen immer genauer.

Zunächst erkundet man die Situation, dann lotet man die in ihr enthaltenen Möglichkeiten aus. Die Bewegungen werden immer kontrollierter. Aus diesem Erfahrungsschatz heraus beginnt der Reiter mit dem Ausreizen der Situation; er möchte wissen, wie weit er gehen kann. Schließlich verfügt der Reiter über alle Variationen, die sich in den Aufgaben verbergen.

- Grundlagen für Reitbewegungen sind koordinative Fähigkeiten !

- Viele junge und ältere Reiter verfügen nicht in ausreichendem Maß darüber !

- Für das Lernen der Reittechnik sind folgende koordinative Fähigkeiten besonders wichtig:
  * Gleichgewicht
  * Rhythmus
  * muskuläre Unterscheidungsfähigkeit.

- Über entsprechende Übungen ohne Pferd können die Fähigkeiten erworben werden !

- Somit erwirbt der Reiter ein verbessertes Bewegungsgefühl für seinen eigenen Körper !

- Auf dem Pferd hat er dann eher die Möglichkeit, sich auf das Pferd zu konzenztrieren !

13. Funktionelle Grundlagen für das Bewegungsgefühl des Reiters

Ein funktionelles Bewegungsgtraining kann in folgende Phasen eingeteilt werden:

1. Phase: Mobilisierung

2. Phase: Stretching (Dehnen)

3. Phase: Kräftigung

4. Phase: Entspannung durch Musik oder Atmung

(vgl. Balk 1993, Evjenth/Hamberg 1990, Knebel 1986, Lenhart/Seibert 1992, Maehl 1986)

1. Mobilisierung

Hierbei geht es darum, den gesamten Körper durch relativ langsam ausgeführte, leichte Bewegungen ohne schnellkräftigen Charakter auf die folgenden Belastungen vorzubereiten. Reiten benötigt spezielle Bewegungsabläufe, die in anderen Sportarten kaum auftreten. Auf sie muß der Körper bestens vorbereitet werden, indem möglichst viele Bewegungen im voraus kontrolliert und ohne höhere Belastung durchgeführt werden. Besonders bei kälteren Temperaturen ist diese Phase sehr wichtig. Die weichen Gelenkbewegungen zu Beginn der Bewegungszeit haben zum Ziel, den Kreislauf langsam anzuregen und die Durchblutung der Muskulatur zu verstärken. Innerhalb der Gelenke wird die Gelenkflüssigkeit (Gelenkschmiere) erwärmt, um möglichst reibungslose Bewegungsabläufe zu gewähren.

Vor jeder Übungseinheit werden 8 – 10 Minuten die wichtigsten Gelenke mobilisiert, um ganz vorsichtig (weich) auf die bevorstehende Belastung vorzubereiten. Die Bewegungsabfolgen werden langsam fließend, ohne schnelle, ruckartige Bewegungen durchgeführt. Jede Bewegung soll mindestens 10 – 15 mal (auch darüber hinaus) wiederholt werden. Es kann mit dem Kopf begonnen werden, um über Schultern, Arme, Rumpf und Beine alle Gelenke ohne Kraftanstrengung zu bewegen.

Es dürfen keine unfunktionellen Bewegungen (siehe Abb. 39 und 40) einbezogen werden. Schnelles Kopf- und Hüftkreisen ist ebenso zu vermeiden wie alle Stellungen mit Hohlkreuzbildung.

Mobilisierung ersetzt niemals Dehnungsübungen. Sie dient der besseren Durchblutung und der psychischen und physischen Einstimmung auf folgende Belastungen. Mobilisierungsübungen sollen in das allgemeine Aufwärmen (siehe Kap. I.17.) integriert werden.

2. Stretching

Stretching meint gehaltene Muskeldehnung. Das Besondere dieser Dehnung besteht im Gegensatz zum früheren wippenden Dehnen darin, körpereigene Reflexe auszunutzen und die Muskulatur auf diese Weise schonend und optimal auf kommende Belastungen vorzubereiten.

Das wippende Dehnen aktiviert einen Schutzmechanismus, den Antistreckreflex, der den Muskel vor dem Zerreißen schützt. Es erfolgt als Reaktion das Gegenteil dessen, was man eigentlich erreichen möchte: Der Muskel zieht sich aus Angst vor dem Zerreißen zusammen. Er kann bei ungenügender Vorbereitung und starkem Federn verletzt werden. Es wird vom Rückenmark kein Signal zur Entspannung an den Muskel gegeben. Erst wenn das Rückenmark auf die Entspannung eingestellt ist, kann der Muskel optimal gedehnt werden. In diesem Augenblick der selbsttätigen Entspannung kann der Muskel hervorragend gedehnt werden.

Eine Zeitlang hat man das federnde Dehnen verteufelt; heute ist bekannt, daß ein hineinfühlendes, weiches, federndes Dehnen durchaus seine Bedeutung hat. Bestimmte Muskeln reagieren auf federndes Dehnen besonders intensiv. Nur ist zu bedenken, daß die körpergemäße Reihenfolge von Belastungen wichtig ist, um der Belastbarkeit der Muskulatur zu entsprechen. Erst wenn ein Muskel seine optimale Länge hat, ist er auch maximal leistungsfähig.

So wird deutlich, daß die Stretchingübungen optimale Vorbereitung für die darauf folgenden Kräftigungsübungen sind. Eine weitere Voraussetzung für funktionsgerechtes Dehnen ist die erhöhte Temperatur der Muskulatur.

Eine optimale Dehnung ist dann gegeben, wenn der Muskel annähernd 10 Sekunden vorsichtig vorgedehnt und gehalten wird. Nach dieser Zeit wird der Befehl zur Entspannung gegeben. Dieser Augenblick muß ausgenutzt werden, den Muskel weiterzudehnen.

Es gibt eine Reihe von Methoden, diese Reflexe im Stretching sinnvoll einzusetzen. Sie sollten jedoch erst dann angewendet werden, wenn die hier vorgestellte Methode optimal beherrscht wird. Aus dem Anhang ist Literatur zur Vertiefung zu entnehmen.

Die folgende Methode heißt S-H-R-S-Methode (vgl. Balk 1993). „S“ bezeichnet vorsichtiges Hineinfühlen in die Muskelspannung oder Zugempfindung im Muskel. „H“ bedeutet, daß diese Position annähernd 10 Sekunden gehalten werden soll. Nach dieser Zeit wirkt der Antistreckreflex und der Muskel entspannt sich automatisch. „R“ (Relax) bedeutet die Phase, in der etwa 2 Sekunden (nicht länger) der Muskel entspannt wird.

Dabei soll die erzeugte Dehnung jedoch nicht aufgegeben werden. Es geht nur um eine kurzzeitiges Unterbrechen der Dehnung. „S“ bedeutet ein Weiterdehnen über das erreichte Ausgangsniveau hinaus. Dieser Vorgang kann pro Muskelgruppe mehrmals (2 – 5 mal) wiederholt werden.

Der Nebeneffekt beim systematischen Stretching ist, daß der dem gedehnten entgegenwirkende Muskel gleichzeitig gekräftigt wird. So ist einleuchtend, daß das korrekt aufgebaute Stretching eine ideale Methode zum Aufbau einer natürlichen Muskelbalance ist.

3. Kräftigung

Erst wenn die Muskulatur optimal durch Stretching vorgedehnt ist, kann mit kräftigenden Übungen begonnen werden. Dabei sind alle Übungen entweder statisch oder langsam dynamisch zu vollziehen. Bei schnellkräftigenden Übungsabfolgen werden nicht alle Muskelfasern angesprochen. Mit Schwung eingeleitete Bewegungen erreichen nur einen Teil des Muskels und kräftigen ihn nicht auf seiner vollen Länge. Doch gerade dieser Effekt ist wichtig, wenn jeder Muskel seine optimale Funktion erreichen soll. Außerdem wird durch ruckartiges Kräftigen die Atmung gestört. Bei der Einleitung ruckartiger Übungen hält man nämlich die Luft an und preßt. Pressungen sind aber für den gesunden Muskelaufbau und das Organsystem schädlich. Eine natürliche, gleichmäßige Sauerstoffzufuhr ist nötig, wenn der Körper bestens vorbereitet werden soll.

Bei der Preßatmung entsteht ein roter Kopf. Der Mensch hält die Luft an und atmet nicht weiter. Es entsteht ein großer Druck innerhalb der Blutgefäße, was besonders an den sich stark füllenden Adern am Hals zu erkennen ist. Zum Schutz vor einem Platzen senkt der Organismus sofort den Blutdruck. Bei diesem Vorgang entsteht Schwindelgefühl, oder dem Übenden wird schwarz vor Augen. Bei allen Übungen soll also gleichmäßig weitergeatmet werden.

Jede Atmungsstörung führt zu einem Bruch in der Bewegungsabfolge, bzw. jede ruckartige Bewegung führt zu einer Atmungsstörung. Gerade über das langsame Einleiten der Kräftigungsübungen ist die Möglichkeit gegeben, den Atem zu regulieren. Man sollte sich immer dabei beobachten. Längeres Pressen führt neben dem Senken des Blutdrucks auch zu einer Sauerstoffschuld im Körper. Dieser Situation folgt zwangsläufig eine Leistungsminderung.

Belastungsprinzipien für Kräftigungsübungen: Bei langsamen dynamischen Abläufen soll jede Übung 10 – 15 mal wiederholt werden. Die Wiederholungszahlen können je nach Leistungsfähigkeit erhöht werden.

Bei statischen (haltenden) Belastungen sollen möglichst 10 Sekunden Haltezeit nicht unterschritten werden. Der Übende setzt seine Muskeln vorsichtig beginnend ein und führt die Übung bis zu einer bestimmten Haltung aus. Dort verharrt er.

Diese Haltezeit kann dann je nach konditionellem Entwicklungsstand ausgedehnt werden (z.B. bis 30 Sekunden). Es gibt noch eine zweite Belastungsmöglichkeit. Wenn 10 Sekunden Haltezeit absolviert ist, 10 bis 20 Sekunden Pause einlegen. Die Haltezeit von 10 Sekunden kann so je nach Konditionszustand ein oder mehrmals wiederholt werden.

4. Entspannung

Dieser Teil ist ebenso wichtig wie die Mobilisierung. Er wird nur oft unterschätzt. Die meisten Menschen können sich nicht willentlich entspannen. Der Hintergrund ist darin zu sehen, daß die Gedanken dieser Menschen nicht in die Muskulatur geleitet werden können. Man kann dazu autogenes Training (siehe Kap. I.17.4) anwenden, nur sollte diese Methode generell vertiefend erlernt werden. Eine weitere Möglichkeit besteht in der fremdsuggestiven Entspannung. Dabei wird der Reiter durch eine andere Person unter Einbeziehung leiser Musik mit einer sanften, monotonen Sprache zur Beruhigung gebracht. Es gibt auch die Möglichkeit, Geschichten zu erzählen, in denen Wanderungen durch den Körper beschrieben werden. Sie schaffen einen schlafähnlichen Zustand.

Auch kann Muskeltiefentspannung einbezogen werden. Hierbei werden einzelne Muskelgruppen langsam steigernd bis zum Maximum angespannt, um sie danach wieder zu entspannen. Dabei soll der Übende sich intensiv in den Muskel „hineindenken".

Auch Atemübungen (Bauchatmung) können angewendet werden und führen zur Beruhigung. Ich empfehle besonders Übungen nach der Feldenkrais-Methode, die u.a. auch zur Mobilisierung und zur Entspannung genutzt werden können. Diese werden in Kap. II.5. vorgestellt.

Alle Phasen sollten ebenso vor wie nach jedem Reiten angewendet werden, weil der Reiter ebenso gut vorbereitet werden muß wie das Pferd. Ohne ein Pferd zu lösen, würde kein Reiter Lektionen absolvieren oder über Hindernisse springen. Ein nasses und intensiv atmendes Pferd stellt auch kein Reiter in den Stall.

Bewegungsprinzipien

- Mobilisierung schont die Gelenke !
- Mobilisationsübungen in das allgemeine Aufwärmen aufnehmen !
- Mobilisation ersetzt kein Dehnen !
- Kein wippendes oder schlagartiges Dehnen vollziehen !
- S-H-R-S-Methode ist für den Nichtgeübten eine sichere Methode !
- Bei Kraftübungen nicht den Atem anhalten (Pressen), sondern weiteratmen !
- Die Atmung fällt leichter, wenn die Kraftübungen langsam (behutsam) und nicht ruckartig eingeleitet werden !
- Kraftübungen statisch oder langsam dynamisch vollziehen !
- Statische Übungen sollen zunächst 10 Sekunden gehalten werden ! Nach einer Pause von 10 – 20 Sekunden kann je nach Trainingszustand wiederholt werden !
- Je nach Trainingszustand kann auch die Haltezeit über 10 Sekunden erhöht werden !
- Langsam dynamische Übungen 10 – 15 mal wiederholen !
- Entspannung ist genauso wichtig wie Mobilisation !
- Immer beidseitig üben, auch wenn nur einseitig beschrieben oder gezeichnet worden ist !
- Bei allen Übungen soll der Kopf möglichst die direkte Verlängerung der Brustwirbelsäule bilden. D.h. er soll nicht zur Seite, nach vorne oder in den Nacken genommen werden.
- Alle Belastungen für das Knie vermeiden, die über einen rechten Beugewinkel hinausgehen. Tiefe Kniebeugen sind schädigende Übungen.
- Die Fußspitzen bei allen Übungen anziehen und nicht strecken ! Somit kann der Verkürzungstendenz der Wadenmuskulatur entgegengewirkt werden.
- Nacheinander immer die Beuger und Strecker jedes Körperbereichs dehnen oder kräftigen (z.B. Brustmuskulatur – obere Trapezmuskulatur/Bauchmuskulatur-Rückenmuskulatur/vordere – hintere Oberschenkelmuskulatur/linker – rechter Lendenmuskel/Wadenmuskulatur-Schienbeinmuskulatur). Auf diese Weise wird eine Muskelbalance erreicht.

14. Zusammenstellung von Mobilisierungsübungen

1. Übung

Zielsetzung: Mobilisation der Halswirbelsäule.

Ausgangsposition: Stand mit leicht geöffneten, gebeugten Beinen und Beckenaufrichtung.

Ausführung: den Kopf in sehr langsamen, fortlaufenden Bewegungen nach rechts, links und nach vorne neigen; sehr langsam nach rechts und links drehen.

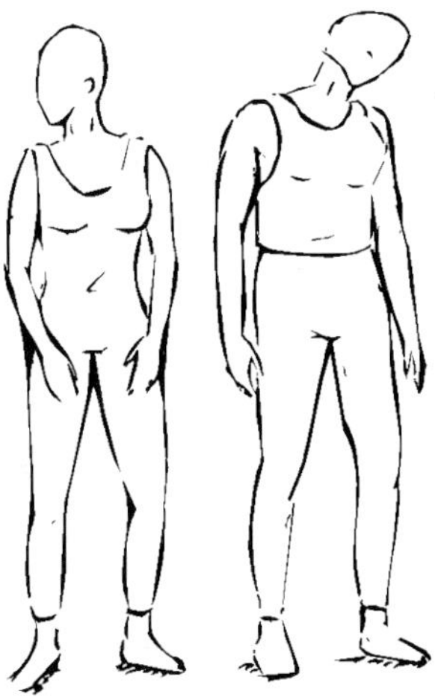

Achtung: Kopf auf keinen Fall kreisen, weil die Wirbelsäule zu stark belastet wird !

2. Übung

Zielsetzung: Mobilisation des Schultergürtels.

Ausgangsposition: Stand mit leicht geöffneten, gebeugten Beinen und aufgerichteter Beckenstellung.

Ausführung: Schulter langsam auf und ab bewegen.

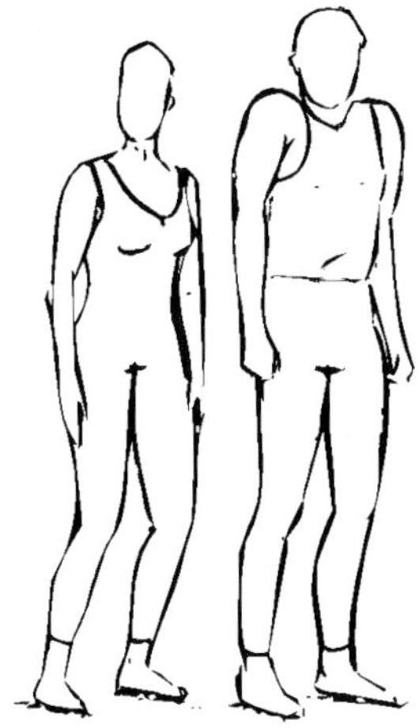

3. Übung

Zielsetzung: Mobilisation der Schultergelenke.

Ausgangsposition: Stand mit leicht geöffneten, gebeugten Beinen und aufgerichteter Beckenstellung.

Ausführung: Schultern langsam, ganz weich nach hinten und vorne führen.

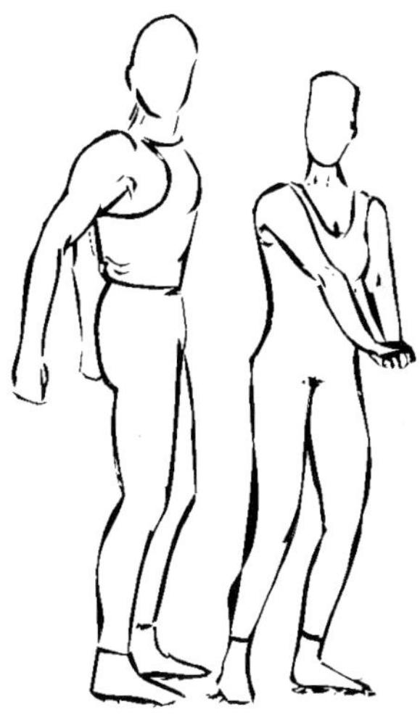

4. Übung

Zielsetzung: Mobilisation der Schultergelenke.

Ausgangsposition: Stand mit leicht geöffneten, gebeugten Beinen und aufrechter Beckenstellung, Arme seitlich am Körper halten.

Ausführung: Arme gestreckt über die Seite nach oben heben und nach vorne wieder senken.

5. Übung

Zielsetzung: Mobilisation der Schulter- und Handgelenke.

Ausgangsposition: Stand mit leicht geöffneten, gebeugten Beinen und aufrechter Beckenstellung, Arme gestreckt in Seithalte.

Ausführung: Hände auf und ab bewegen.

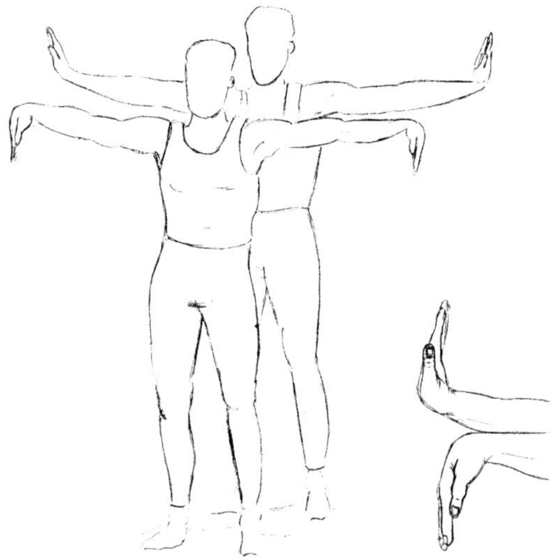

6. Übung

Zielsetzung: Mobilisation der Schulter- und Handgelenke.

Ausgangsposition: wie 5.

Ausführung: Hände öffnen und schließen.

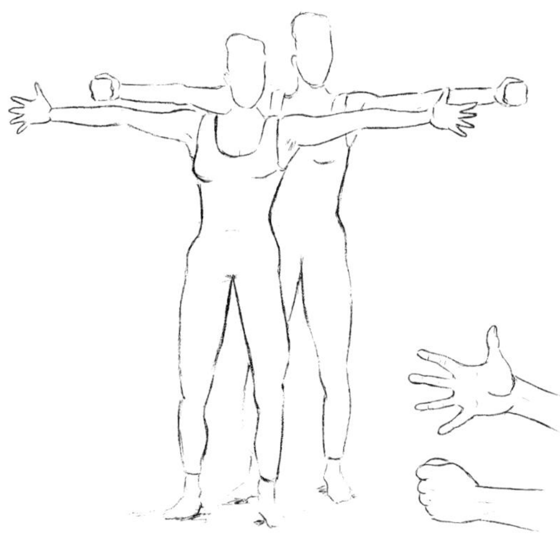

7. Übung

Zielsetzung: Mobilisation der Brustwirbelsäule.

Ausgangsposition: Stand mit leicht geöffneten, gebeugten Beinen und aufrechter Beckenstellung, Hände auf die Hüften gestützt.

Ausführung: Brustwirbelsäule ein und aufrollen, ohne in den Hüftgelenken abzubeugen.

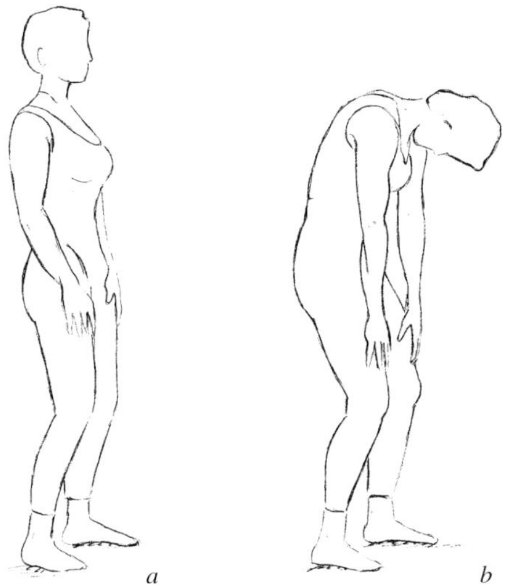

a *b*

8. Übung

Zielsetzung: Mobilisation der Wirbelsäule.

Ausgangsposition: Stand mit leicht geöffneten, gebeugten Beinen und aufrechter Beckenstellung, Arme gebeugt in Seitvorhalte.

Ausführung: Oberkörper langsam nach rechts oder links drehen, das Becken zeigt ständig nach vorne.

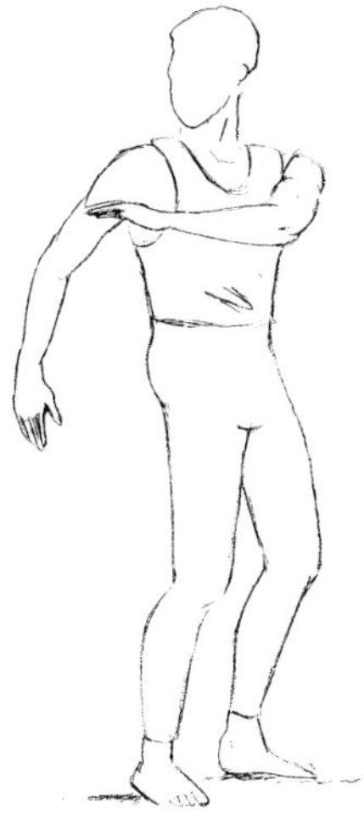

9. Übung

Zielsetzung: Mobilisation der Lendenwirbelsäule und der Hüftgelenke.

Ausgangsposition: Stand mit leicht geöffneten, gebeugten Beinen und aufrechter Beckenstellung, Hände auf die Hüften gestützt.

Ausführung: Becken aufrichten, indem die Bauch- und Gesäßmuskulatur angespannt wird. Becken nach unten kippen und die Spannung wieder lösen.

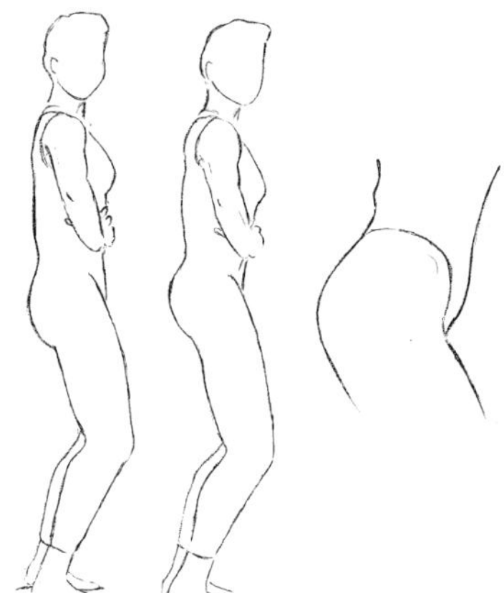

a *b*

10. Übung

Zielsetzung: Mobilisation der Knie- und Hüftgelenke.

Ausgangsposition: leichte Grätschstellung, Fußspitzen zeigen leicht nach außen, Hände auf die Hüften stützen.

Ausführung: Kniegelenke im Wechsel beugen und strecken.

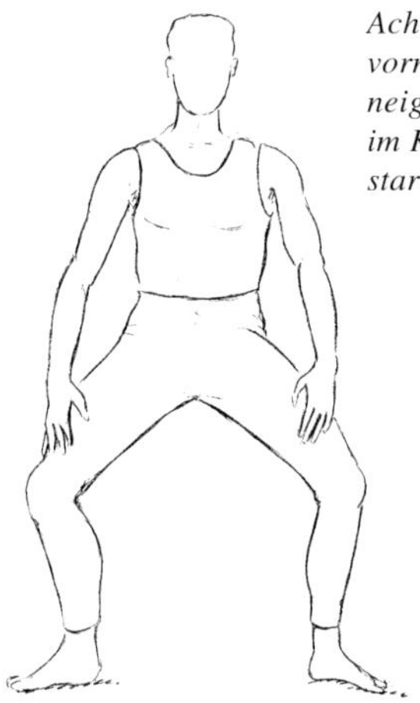

Achtung. Knie nicht nach vorne über den Fuß hinaus neigen, weil sonst die Bänder im Knie- und Fußgelenk zu stark belastet werden !

11. Übung

Zielsetzung: Mobilisation der Fußgelenke.

Ausgangsposition: Standposition mit geschlossenen Beinen und Armen in Seithalte.

Ausführung: Körper in den Hochzehenstand heben, Fersen senken wieder ab. Danach Fußspitzen leicht nach oben ziehen.

Achtung: Bei Gleichgewichtsproblemen an der Wand in Schulterhöhe abstützen !

12. Übung

Zielsetzung: Mobilisation der Fußgelenke.

Ausgangsposition: Stand mit leicht geöffneten, gebeugten Beinen und aufrechter Beckenstellung, Arme gestreckt in Seithalte.

Ausführung: rechte und linke Ferse im Wechsel heben und senken.

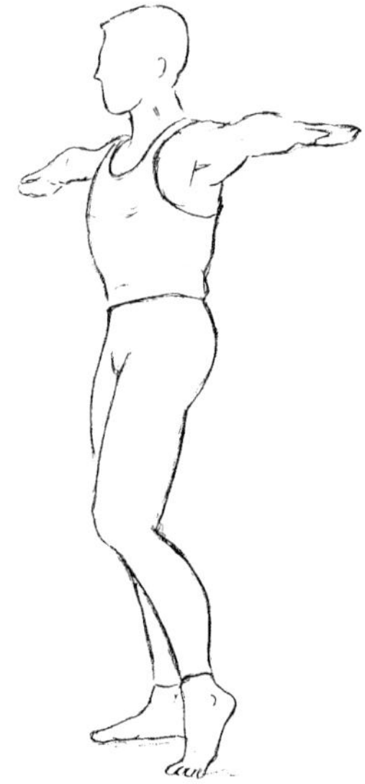

Achtung: Füße nicht nach außen wegknicken lassen.

15. Zusammenstellung von Dehnungsübungen

1. Übung

Zielsetzung: Dehnung langer Rückenstrecker, Nacken- und Gesäßmuskulatur.

Ausgangsposition: bequemer Sitz mit rechtwinklig gebeugten Kniegelenken und leicht gespreizten Beinen, Arme greifen unter den Unterschenkeln durch, Hände werden auf die nach außen gerichteten Fußrücken gelegt.

Ausführung: Arme ziehen den Oberkörper weiter nach vorne, bis Dehnung zu spüren ist.

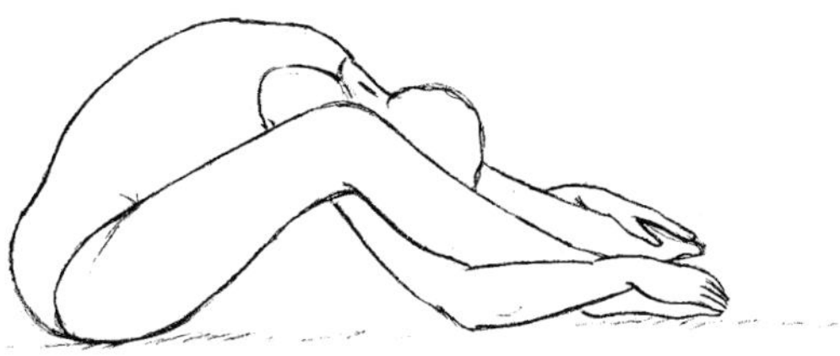

2. Übung

Zielsetzung: Dehnung unterer Teil der Rükkenstreckmuskulatur.

Ausgangsposition: Bauchlage auf Stuhl, Fußrücken haben Bodenberührung, Becken liegt nicht auf Stuhl auf, zusammengerolltes Handtuch unterlegen.

Ausführung: Rückenmuskeln entspannen, Knie in Richtung Boden sinken lassen, bis Dehnung zu spüren ist.

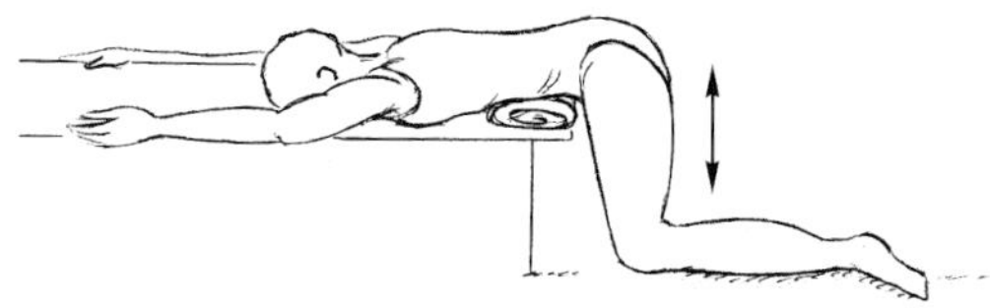

3. Übung

Zielsetzung: Dehnung unterer Teil Rückenstreckmuskulatur.

Ausgangsposition: Rückenlage mit vor der Brust verschränkten Armen, Knie- und Hüftgelenke gebeugt und Unterschenkel auf einen Stuhl legen.

Ausführung: Gesäß anheben und von einem Partner Unterschenkel auf Stuhl pressen lassen, dann Bauch- und Rückenmuskeln entspannen und sinken lassen.

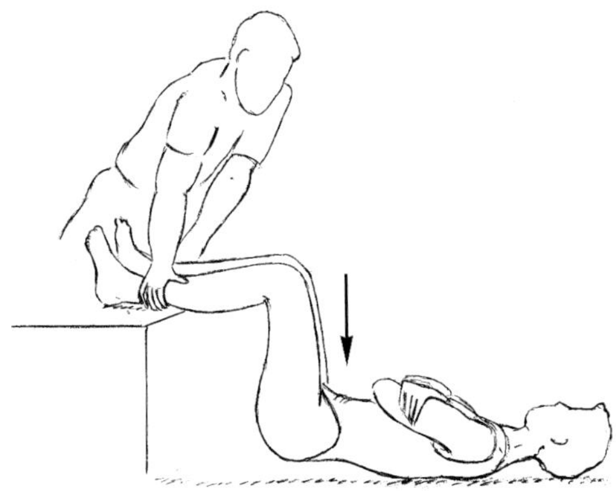

4. Übung

Zielsetzung: Dehnung Hals-/Nackenmuskulatur.

Ausgangsposition: Rückenlage, Beine anstellen und Hände hinter dem Kopf gefaltet.

Ausführung: Kopf anheben und mit den Händen nach vorne oben ziehen.

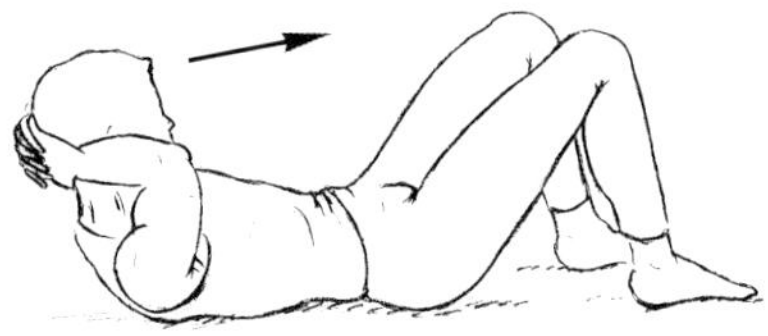

5. Übung

Zielsetzung: Dehnung seitliche Hals-/Nackenmuskulatur.

Ausgangsposition: leichter Seitgrätschstand.

Ausführung: linke Hand zieht den Kopf in maximale Seitneigung; rechten Arm in Richtung Boden drücken.

6. Übung

Zielsetzung: Dehnung Hals-/Nackenmuskulatur.

Ausgangsposition: leichter Seitgrätschstand.

Ausführung: rechte Hand zieht nicht seitlich, sondern schräg nach vorne (diagonal).

7. Übung

Zielsetzung: Dehnung hinterer Teil Deltamuskel, oberer Teil der Schultergürtelmuskulatur (Trapezmuskulatur), Armstrecker.

Ausgangsposition: Stand schulterbreit und Arm auf Halshöhe beugen.

Ausführung: freie Hand drückt am Ellenbogen den Arm weiter nach hinten.

8. Übung

Zielsetzung: Dehnung Brustmukulatur, Armbeuger, vorderer Teil Deltamuskel.

Ausgangsposition: gestreckten Arm leicht über Schulterhöhe heben und an die Wand drükken.

Ausführung: Kopf und Oberkörper in Gegenrichtung drehen und Schulter leicht nach vorne drücken.

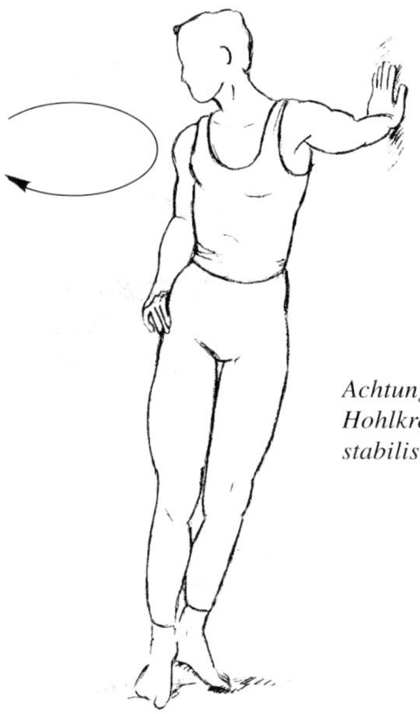

Achtung: Nicht ins Hohlkreuz gehen, Becken stabilisieren !

9. Übung

Zielsetzung: Dehnung Brustmuskulatur (mittlerer Bereich).

Ausgangsposition: Schneidersitz, gewinkelter Arm in Schulterhochhalte.

Ausführung: Arme nach hinten ziehen.

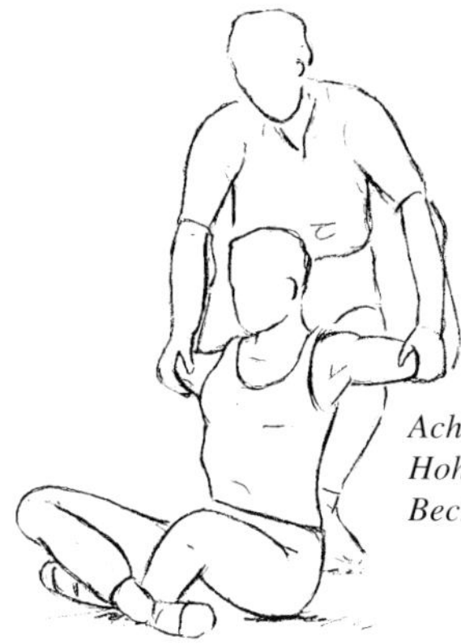

Achtung: Nicht ins Hohlkreuz gehen, Becken stabilisieren !

10. Übung

Zielsetzung: Dehnung Brustmuskulatur (unterer Bereich).

Ausgangsposition: wie 10.

Ausführung: Arme nach hinten oben ziehen.

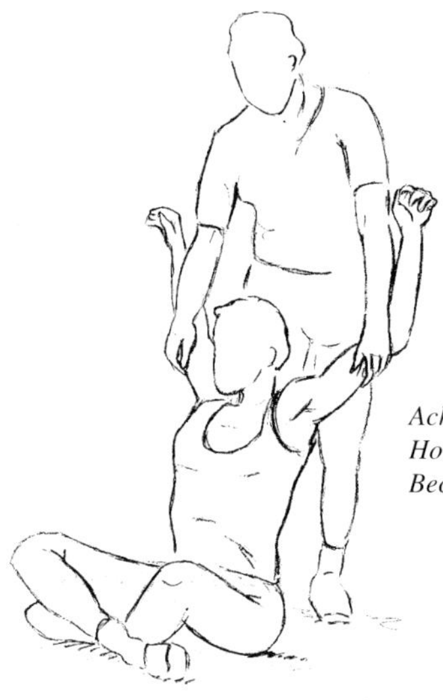

Achtung: Nicht ins Hohlkreuz gehen, Becken stabilisieren !

11. Übung

Zielsetzung: Dehnung Brustmuskulatur, Rükkenmuskulatur und Muskeln des Ellenbogen- und Schultergelenks.

Ausgangsposition: gestreckte Bauchlage, Hände auf einer erhöhten Auflage ablegen.

Ausführung: Oberkörper zum Boden sinken lassen und mit Stirn Boden berühren.

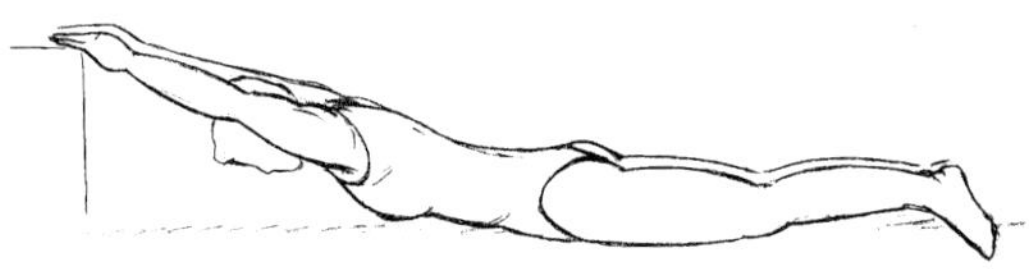

12. Übung

Zielsetzung: wie 11.

Ausgangsposition: Beine leicht spreizen, Oberkörper nach vorne neigen und auf Tisch, Sprossenwand u.ä. ablegen, Arme schulterbreit strecken.

Ausführung: Oberkörper nach unten drücken.

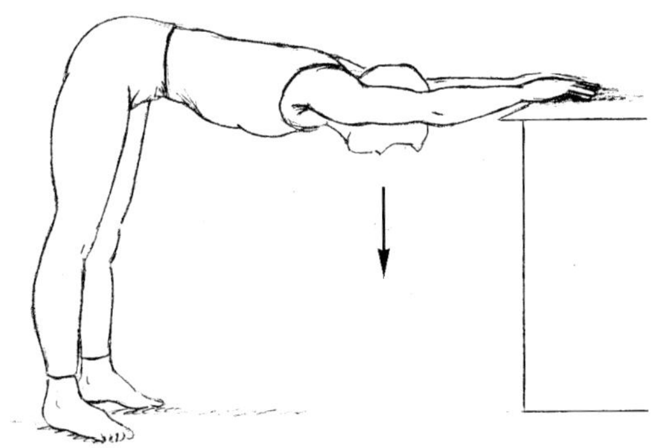

13. Übung

Zielsetzung: Dehnung Brustmukulatur, Armbeuger, vorderer Teil Deltamuskel.

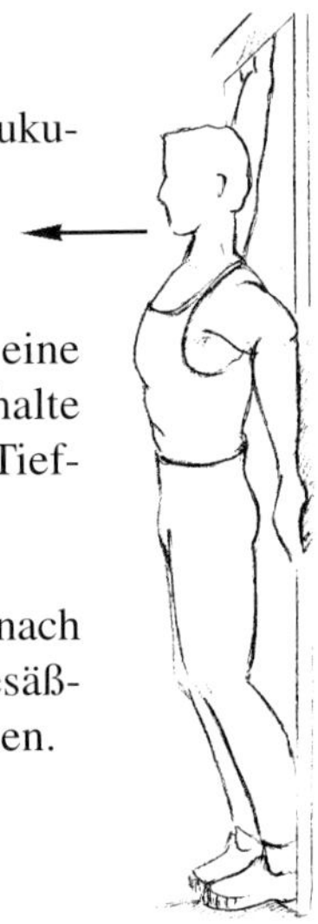

Ausgangsposition: zwischen eine Tür stellen, ein Arm in Hochhalte hinter der Tür, anderer Arm in Tiefhalte vor der Tür.

Ausführung: Oberkörper weit nach vorne drücken, gleichzeitig Gesäß- und Bauchmuskulatur anspannen.

14. Übung

Zielsetzung: Dehnung Armstrecker, ein Teil der Rückenmuskulatur und mehrerer kleiner Schultermuskeln.

Ausgangsposition: Stand schulterbreit, Arm hinter dem Kopf im Ellenbogen beugen.

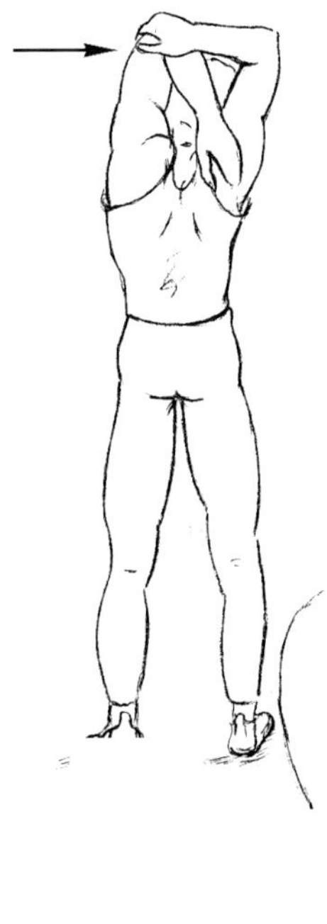

Ausführung: mit freier Hand den Oberarm umfassen und in Richtung Boden ziehen.

15. Übung

Zielsetzung: Dehnung hinterer Teil Deltamuskel, ein Teil der Rückenmuskulatur.

Ausgangsposition: angewinkelter Arm vor dem Körper leicht unter Schulterhöhe.

Ausführung: Ellenbogen in Richtung entgegengesetzte Schulter ziehen.

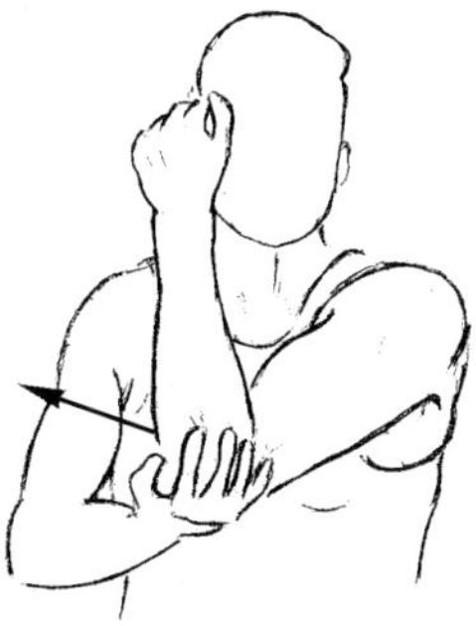

16. Übung

Zielsetzung: Dehnung vorderer Teil Deltamuskel, oberer Teil der Schultergütelmuskulatur (Trapezmuskulatur).

Ausgangsposition: Arm hinter dem Rücken zur Seite halten.

Ausführung: freie Hand zieht den Arm hinter dem Rücken in dieselbe Richtung wie Kopfneigung.

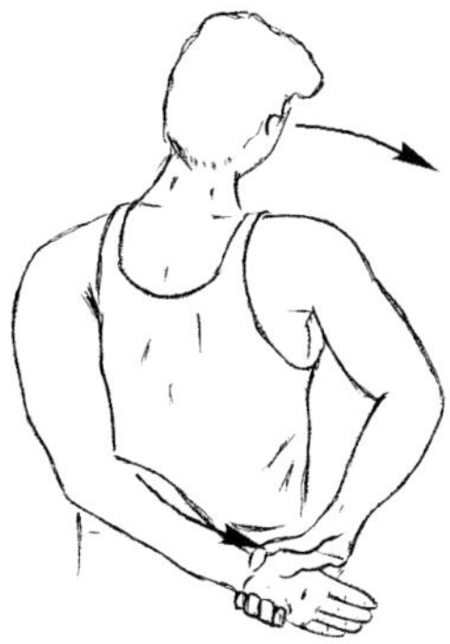

17. Übung

Zielsetzung: Dehnung Armstrecker, Rückenmuskulatur, schräge Bauchmuskulatur, Lendenmuskel (seitlicher Rumpfmuskel).

Ausgangsposition: Stand schulterbreit, Arm hinter dem Kopf im Ellenbogen beugen.

Ausführung: mit freier Hand Oberarm umfassen und in Richtung Boden ziehen, Oberkörper weit zur Seite neigen und Hüfte in Gegenrichtung drücken.

18. Übung

Zielsetzung: wie 17.

Ausgangsposition: Stand schulterbreit seitlich zur Wand, Abstand ca. 50 cm.

Ausführung: Oberkörper zur Seite neigen, Hände übereinander im Abstand von ca. 1 m, Hände berühren die Wand.

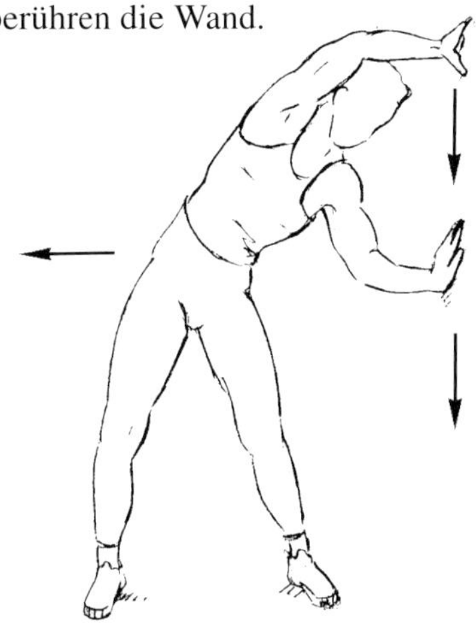

19. Übung

Zielsetzung: Dehnung Handgelenkstrecker.

Ausgangsposition: Handgelenk in Mittelstellung bei gebeugtem Ellenbogen halten.

Ausführung: Ellenbogen strecken und gleichzeitig Handgelenkbeugung verstärken, Arm beim Strecken nach hinten drehen.

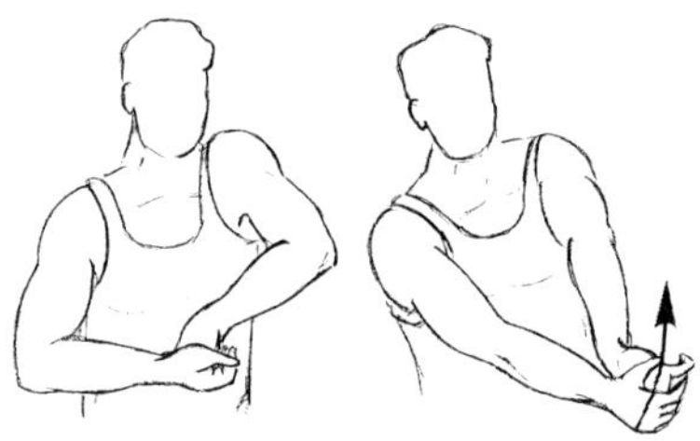

20. Übung

Zielsetzung: Dehnung Handgelenkbeuger.

Ausgangsposition: Handgelenk in Mittelstellung bei gebeugtem Ellenbogen halten.

Ausführung: Ellenbogen strecken bei gleichzeitiger Verstärkung der Handgelenkbeugung, Arm beim Strecken nach außen drehen.

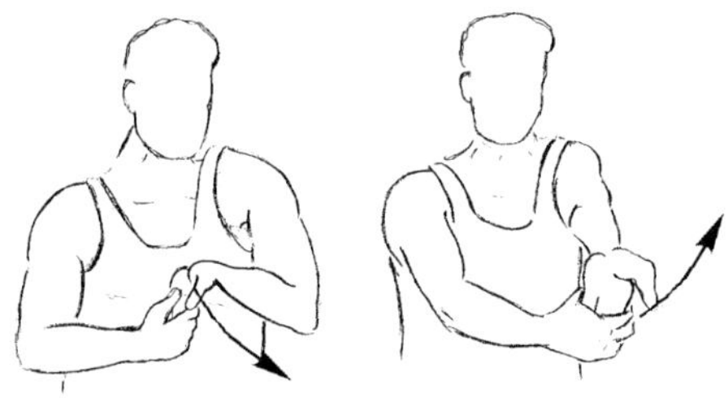

21. Übung

Zielsetzung: Dehnung Handgelenkbeuger.

Ausgangsposition: Stand schulterbreit, Arme strecken und mit gebeugtem Handgelenk Hände an die Wand legen.

Ausführung: festes Drükken an die Wand und Arme gleichzeitig abbeugen.

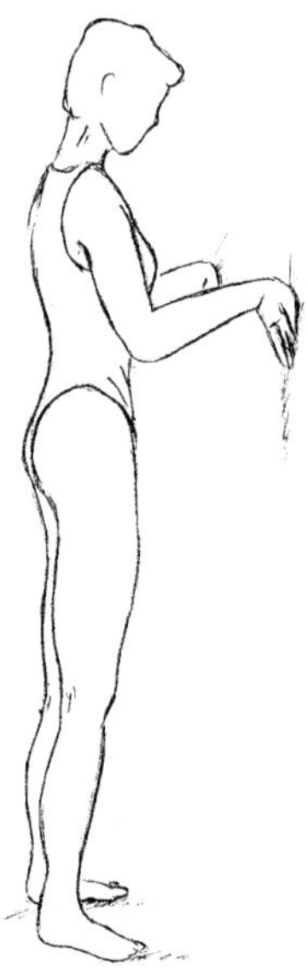

Achtung: Zu weiter Abstand von der Wand läßt Druck des gesamten Körpergewichts auf Handgelenken lasten. Handgelenk in Mittelstellung bei gebeugtem Ellenbogen halten.

22. Übung

Zielsetzung: Dehnung vordere Oberschenkelmuskulatur und vordere Hüftbeuger.

Ausgangsposition: Bauchlage, ein Arm nach vorne gestreckt, andere Hand umfaßt Fußrücken.

Ausführung: Ferse in Richtung Gesäß ziehen.

Achtung: Verstärkte Wirkung bei angezogener Fußspitze !

23. Übung

Zielsetzung: wie 22.

Ausgangsposition: Ausfallstellung bei abgelegtem Unterschenkel des hinteren Beines, gegenüberliegende Hand umfaßt den Fußrücken.

Ausführung: Ferse in Richtung Gesäß ziehen.

Achtung: Verstärkte Wirkung bei angezogener Fußspitze !

24. Übung

Zielsetzung: Dehnung Gesäßmuskulatur, vordere Hüftbeuger.

Ausgangsposition: Rückenlage, beide Beine anstellen, ein Bein mit beiden Händen umfassen.

Ausführung: umfaßtes Bein zur Brust ziehen, dabei das andere Bein langsam strecken und am Boden ablegen.

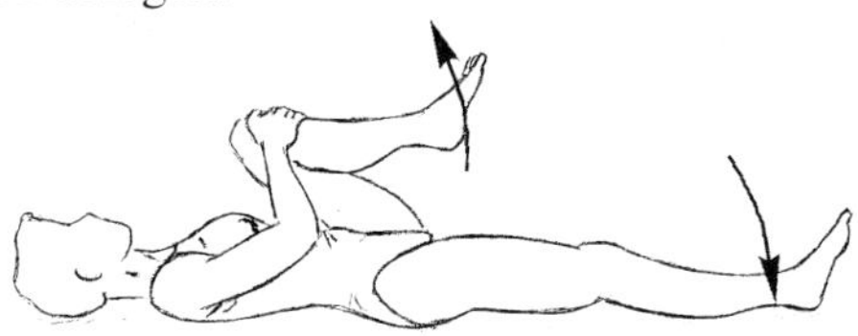

25. Übung

Zielsetzung: Dehnung hintere Oberschenkelmuskulatur, Wadenmuskeln.

Ausgangsposition: aufrechter Stand, Ferse auf einem Stuhl ablegen, Hände hinter dem Oberkörper verschränken.

Ausführung: Fußspitze so weit wie möglich anziehen, Oberkörper und Becken langsam nach vorne neigen.

Achtung: Nicht im Becken einknicken und keinen Rundrücken bilden !

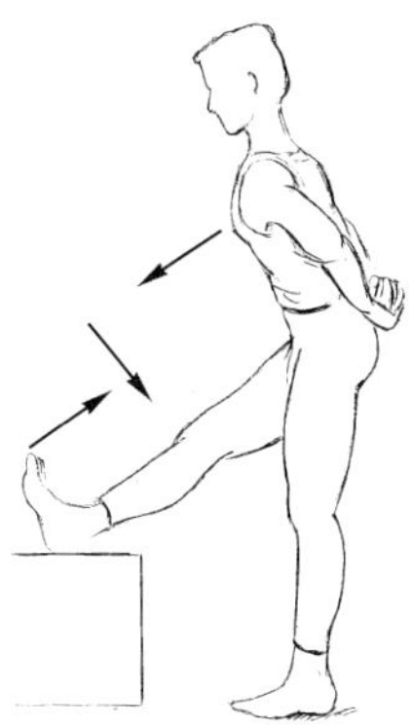

26. Übung

Zielsetzung: wie 25.

Ausgangsposition: mit aufrechtem Oberkörper an die Wand setzen, Gesäß hat Kontakt mit der Wand, Beine zunächst anziehen.

Ausführung: Beine langsam strecken, Zehen in Richtung Oberkörper ziehen.

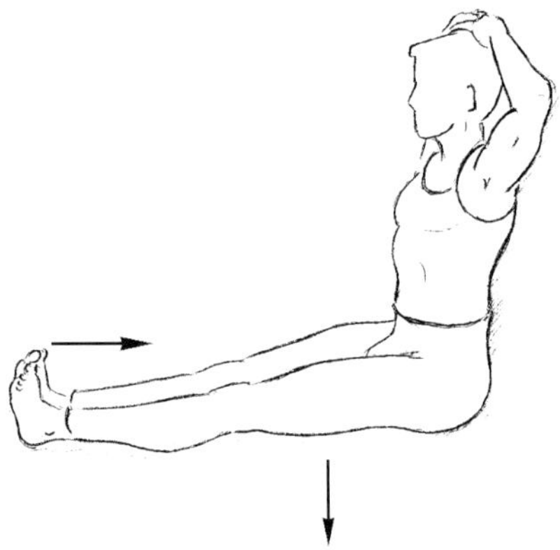

27. Übung

Zielsetzung: Dehnung hintere Oberschenkelmuskulatur.

Ausgangsposition: Rückenlage, ein Bein mit beiden Händen umfassen.

Ausführung: Knie in Richtung Brust ziehen, gleichzeitig das andere Bein strecken, beide Fußspitzen anziehen.

Achtung: Der Oberschenkel des angewinkelten Beines darf sich beim Streckvorgang des Unterschenkels nicht vom Oberkörper entfernen !

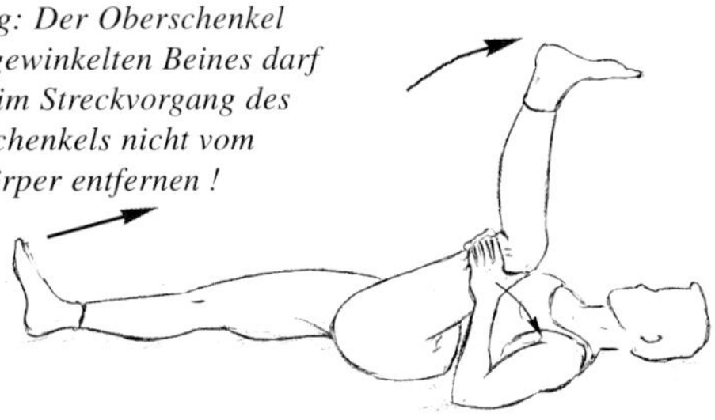

28. Übung

Zielsetzung: Dehnung Gesäßmuskulatur (Beinabspreizer), tiefe Rückenmuskulatur.

Ausgangsposition: Rückenlage, beide Beine in Richtung Brust führen und mit beiden Händen festhalten.

Ausführung: Knie in Richtung Brust ziehen, Kinn anziehen, Halswirbelsäule strecken.

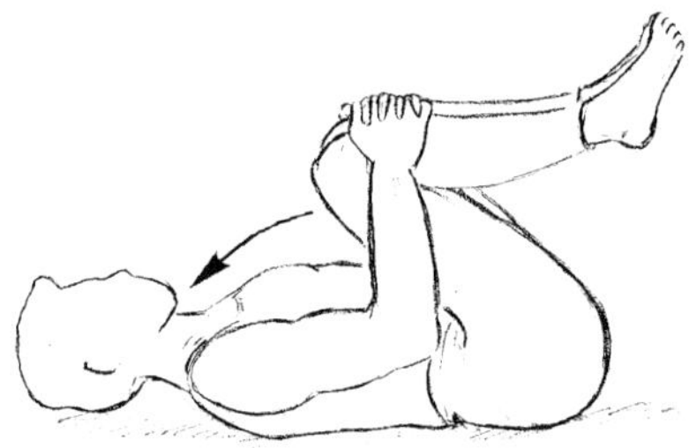

29. Übung

Zielsetzung: Dehnung Gesäßmuskulatur (Beinabspreizer), tiefe Rückenmuskulatur, hintere Oberschenkelbeuger.

Ausgangsposition: Strecksitz, eine Hand stützt ab, ein Bein abbeugen, mit dem Fuß auf der Außenseite des gestreckten Beines auf den Boden stellen.

Ausführung: Oberarm drückt gegen das abgebeugte Bein, Kopf und Oberkörper drehen entgegengesetzt zum abgebeugten Bein.

30. Übung

Zielsetzung: Dehnung Gesäßmuskulatur, Außendreher (Außenrotatoren) der Hüfte.

Ausgangsposition: Rückenlage, ein Bein gestreckt, das andere in Hüfte und Kniegelenk rechtwinklig abbeugen.

Ausführung: das abgewinkelte Bein über das gestreckte in Richtung Boden führen, wobei die Hand die Dehnbewegung noch unterstützen kann. Oberkörper in die entgegengesetzte Richtung zum abgewinkelten Bein drehen.

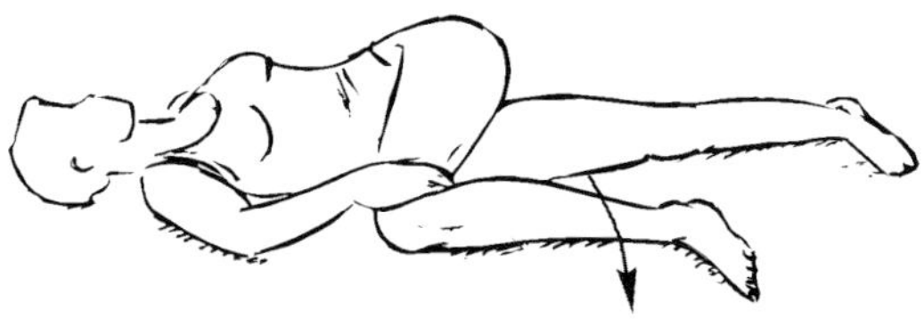

31. Übung

Zielsetzung: Dehnung Gesäß- und schräge Bauchmuskulatur.

Ausgangsposition: Rückenlage, Arme seitlich abgelegt und im rechten Winkel angestellt.

Ausführung: beide Beine zur Seite absinken lassen und bis zum Boden führen. Kopf zur Gegenseite drehen. Beide Schultern bleiben am Boden.

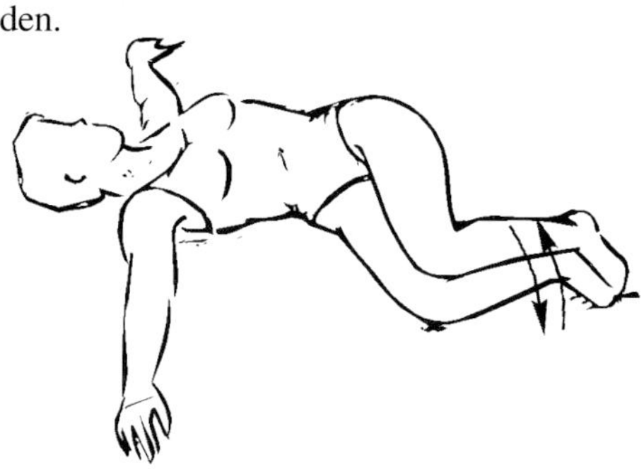

32. Übung

Zielsetzung: Dehnung innere Hüftbeuger (Adduktoren – „Klemmer“/Beinanzieher).

Ausgangsposition: aufrechter Sitz mit weit gespreizten Beinen, Hände vor dem Körper auf den Boden stützen.

Ausführung: Oberkörper incl. Becken nach vorne neigen.

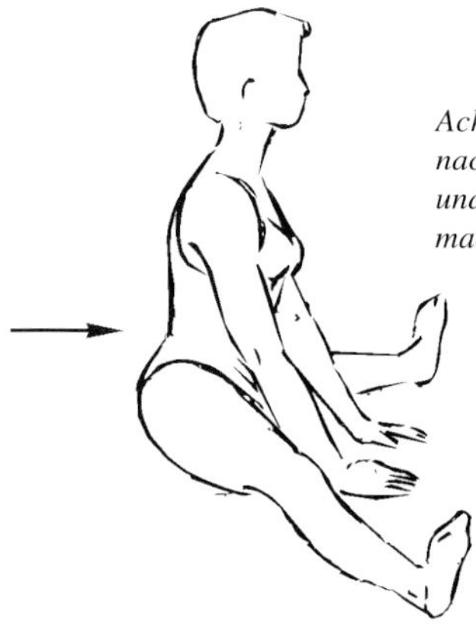

Achtung: Becken nicht nach hinten kippen lassen und keinen Rundrücken machen !

33. Übung

Zielsetzung: wie 32.

Ausgangsposition: ein Bein im Kniestand, das andere Bein nach außen strecken und am Boden ablegen, Fußspitze anziehen.

Ausführung: mit gestrecktem Bein Druck in Richtung Boden ausüben.

34. Übung

Zielsetzung: Dehnung innere Hüftbeuger (Adduktoren-„Klemmer"/Beinanzieher).

Ausgangsposition: aus dem Grätschsitz ein Bein aufstellen.

Ausführung: das Knie des aufgestellten Beines nach außen drücken.

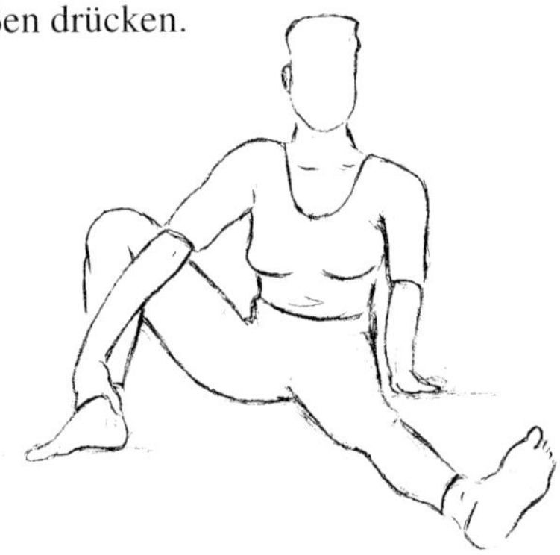

35. Übung

Zielsetzung: Dehnung Adduktoren (Beinanzieher)

Ausgangsposition: Seitgrätschstand, Körpergewicht auf ein Bein verlagern.

Ausführung: Knie bis etwa 90° beugen.

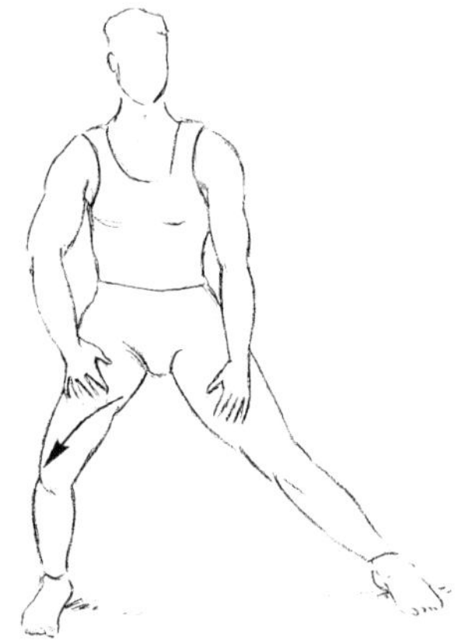

36. Übung

Zielsetzung: Dehnung Adduktoren.

Ausgangsposition: Rückenlage, Arme seitlich ablegen, Beine in den Kniegelenken beugen und nach außen spreizen.

Ausführung: Knie nach außen sinken lassen; Dehnung kann durch Druck der Hände verstärkt werden.

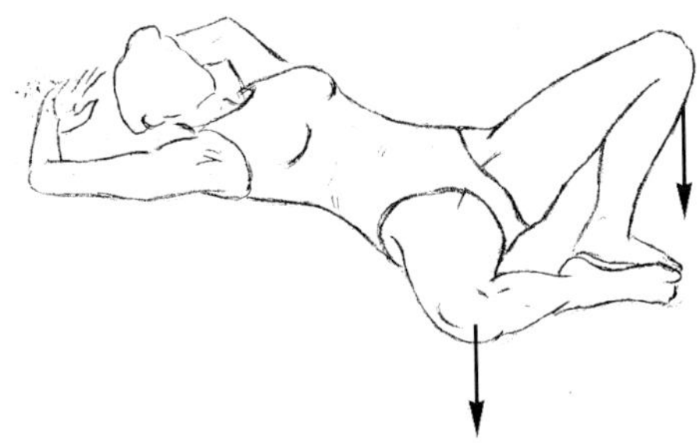

37. Übung

Zielsetzung: Dehnung Adduktoren

Ausgangsposition: aufrechter Sitz, Füße dicht an den Körper ziehen, Fußsohlen berühren sich.

Ausführung: Knie langsam nach außen fallen lassen und mit Ellenbogen weiter in Richtung Boden drücken, Oberkörper aufrecht lassen.

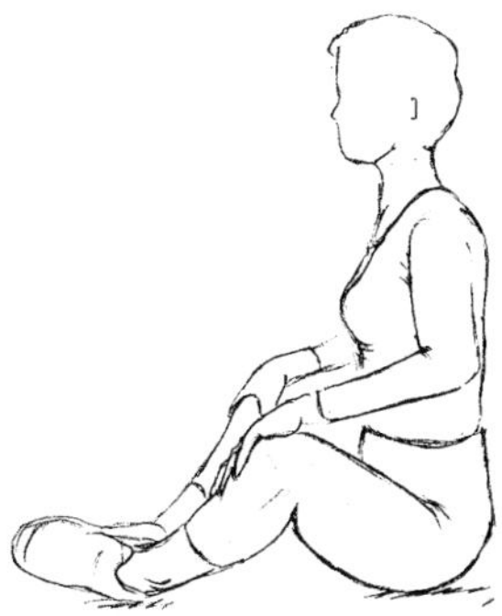

a

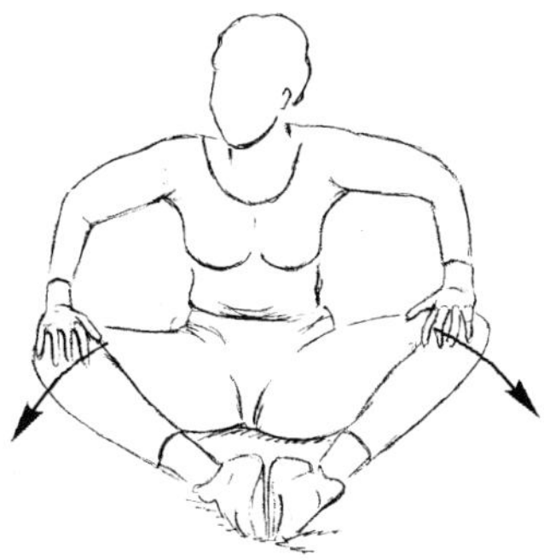

b

38. Übung

Zielsetzung: Dehnung Gesäßmuskulatur (Beinabspreizer).

Ausgangsposition: aufrechter Stand mit gespreizten Beinen.

Ausführung: Körpergewicht seitlich verlagern; nach rechts, wenn linkes Bein vorgestellt ist und umgekehrt.

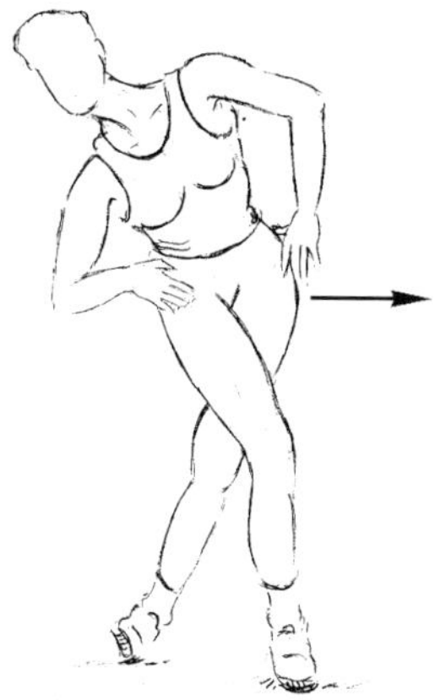

39. Übung

Zielsetzung: Dehnung Wadenmuskulatur, besonders Schollenmuskel.

Ausgangsposition: mit Händen an der Wand abstützen.

Ausführung: Hüfte und Knie beugen, bis Dehngefühl im unteren Bereich der Wadenmuskulatur entsteht. Fersen nicht vom Boden lösen.

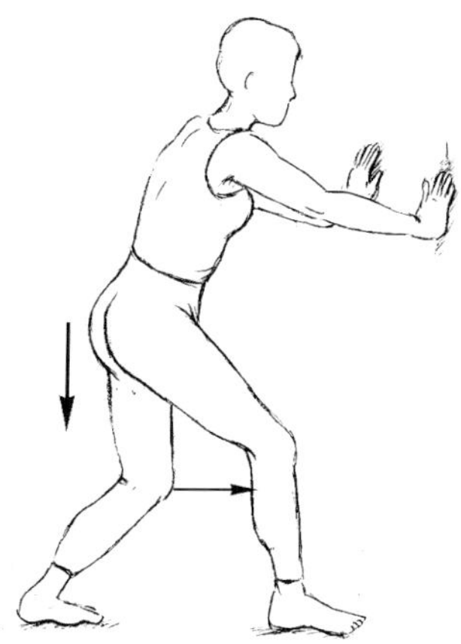

40. Übung

Zielsetzung: Dehnung Wadenmuskulatur, besonders Zwillingsmuskel.

Ausgangsposition: mit Händen an der Wand abstützen, vorderes Bein beugen, hinteres so weit nach hinten führen, daß Fußsohle noch den Boden berühren kann.

Ausführung: hinteres Bein bewußt strecken und Becken intensiv nach vorne drücken.

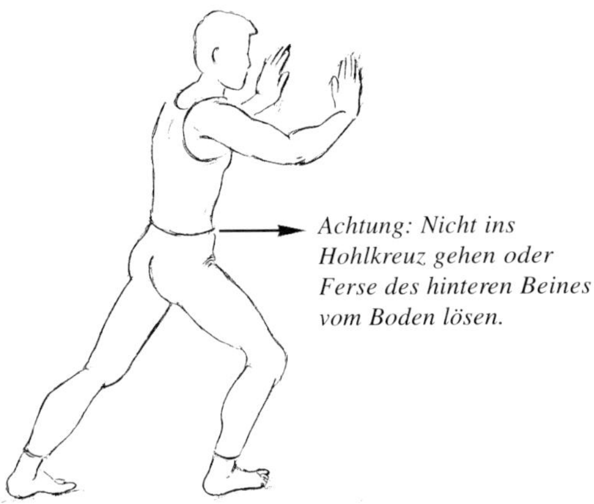

16. Zusammenstellung von Kräftigungsübungen

Beachten: Fast alle Kräftigungsübungen können statisch (in der Endstellung werden die Körperteile gehalten) oder langsam dynamisch vollzogen werden (siehe I.13., Prinzipien des Aufbaus)! Wenn Übungen beidseitig möglich sind, entsprechend üben. Die Zeichnungen und der Text beziehen sich nur auf eine Seite.

1. Übung

Zielsetzung: Kräftigung gerade Bauchmuskulatur (besonders oberer Teil).

Ausgangsposition: Rückenlage, Knie- und Hüftgelenke rechtwinklig gebeugt, Arme vor dem Oberkörper kreuzen.

Ausführung: Oberkörper langsam aufrichten, Kopf bleibt direkte Verlägerung des Oberkörpers (nicht Kinn auf Brust drücken).

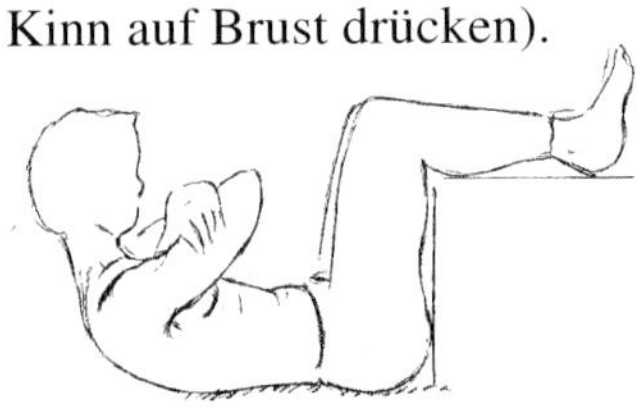

2. Übung

Zielsetzung: wie 1.

Ausgangsposition: wie 1, nur Arme nach vorne strecken.

Ausführung: Oberkörper langsam aufrichten und Hände in Richtung Stuhl drücken.

3. Übung

Zielsetzung: wie 1.

Ausgangsposition: Rückenlage mit angestellten Beinen, Arme nach vorne gestreckt.

Ausführung: Oberkörper langsam aufrichten und Hände an den Beinen vorbei strecken.

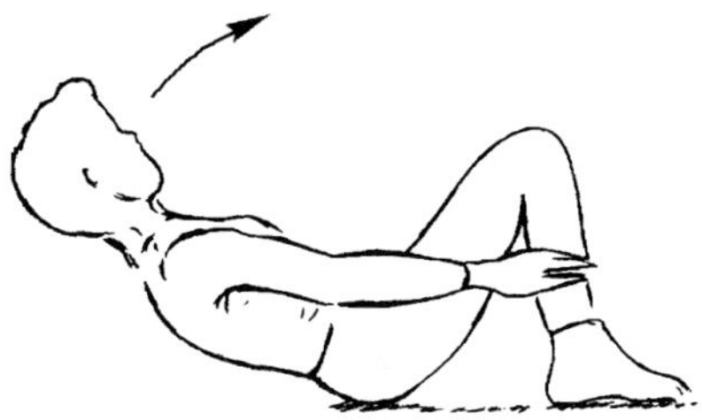

4. Übung

Zielsetzung: Kräftigung gerade Bauchmuskulatur (besonders im Beckenbereich).

Ausgangsposition: Rückenlage mit angestellten Beinen, Arme neben dem Körper gestreckt.

Ausführung: Oberschenkel in Richtung Brustkorb heben, gleichzeitig Gesäß vom Boden lösen.

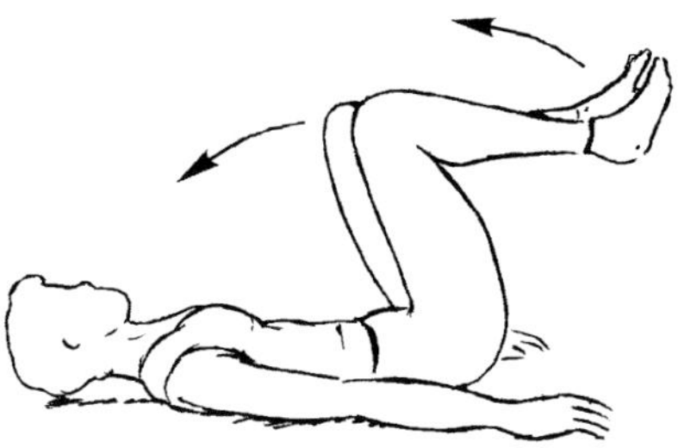

5. Übung

Zielsetzung: Kräftigung innere und äußere schräge Bauchmuskulatur.

Ausgangsposition: Rückenlage, Knie- und Hüftgelenke rechtwinklig beugen, Unterschenkel halten oder auf einen Stuhl legen.

Ausführung: Oberkörper aufrichten, linke Schulter vom Boden lösen und Hände am rechten Oberschenkel vorbeiführen.

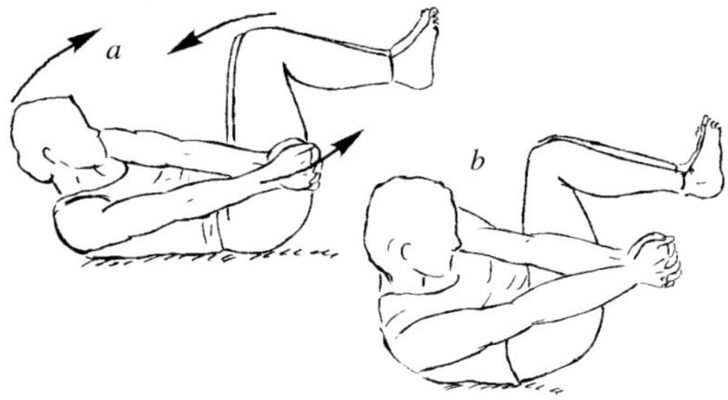

6. Übung

Zielsetzung: Kräftigung schräge Bauchmuskulatur.

Ausgangsposition: Rückenlage, Partner nimmt mit der flachen Hand Druckkontakt mit dem gestreckten Arm des liegenden Übenden auf.

Ausführung: schräg aufrichten und Druck mit dem gestreckten Arm ausüben.

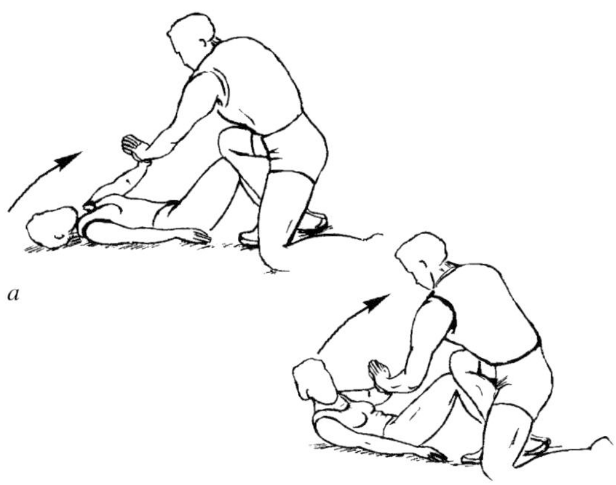

a

b

7. Übung

Zielsetzung: wie 6.

Ausgangsposition: Rückenlage, Arme seitwärts auf dem Boden, Knie- und Hüftgelenke rechtwinklig beugen und Beine leicht öffnen.

Ausführung: Beine abwechselnd rechts oder links am Boden ablegen.

8. Übung

Zielsetzung: Kräftigung gerade Bauchmuskulatur (besonders Beckenbereich).

Ausgangsposition: Rückenlage, Knie- und Hüftgelenke rechtwinklig gebeugt, die gestreckten Arme am Körper ablegen, Handflächen am Boden.

Ausführung: Kopf leicht anheben und Knie senkrecht nach oben anheben, ohne daß sich die Oberschenkel in Richtung Brust bewegen. Durch Druck der Handflächen auf den Boden kann die Übung erleichtert werden.

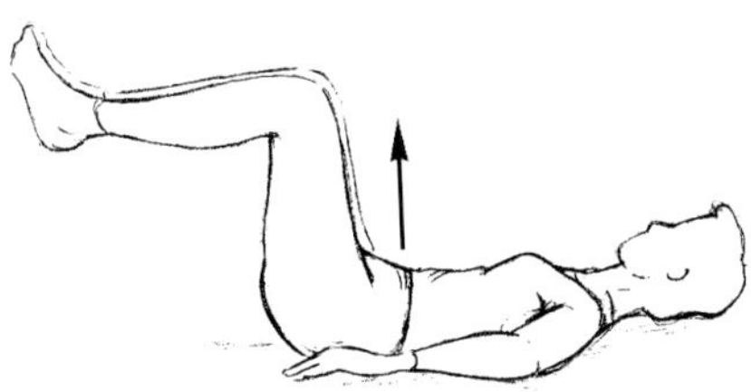

9. Übung

Zielsetzung: wie 8.

Ausgangsposition: Ausgangslage wie 8, nur Handrücken am Boden. Durch Verringerung der Auflagefläche wird die Übung schwerer.

Ausführung: wie 8.

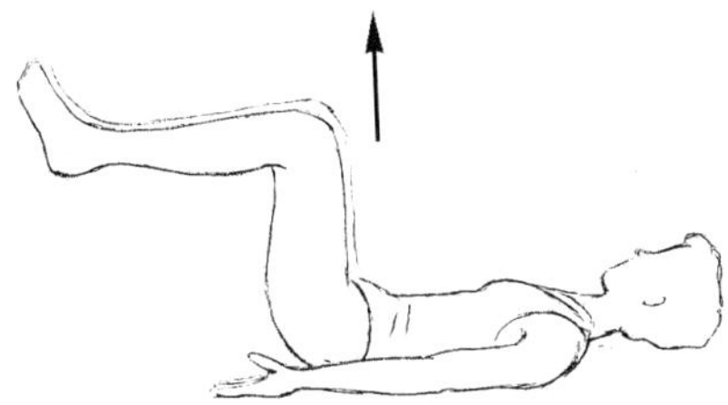

10. Übung

Zielsetzung: Kräftigung Rückenstreckmuskulatur, Schultergürtel- und Gesäßmuskulatur.

Ausgangsposition: Bauchlage auf einem zusammengerollten Handtuch oder einer Decke mit gestreckten Armen und Beinen.

Ausführung: im Wechsel linkes Bein und rechten Arm/rechtes Bein und linken Arm heben.

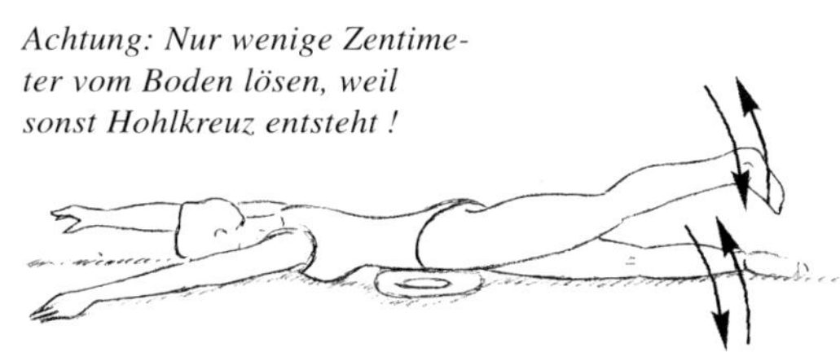

11. Übung

Zielsetzung: Kräftigung Rückenstreckmuskulatur.

Ausgangsposition: Bauchlage auf einem zusammengerollten Handtuch oder einer Decke, Hände hinter dem Kopf verschränken.

Ausführung: Oberkörper und Beine leicht vom Boden heben, Kopf nicht in den Nacken nehmen, sondern Blick in Richtung Boden richten.

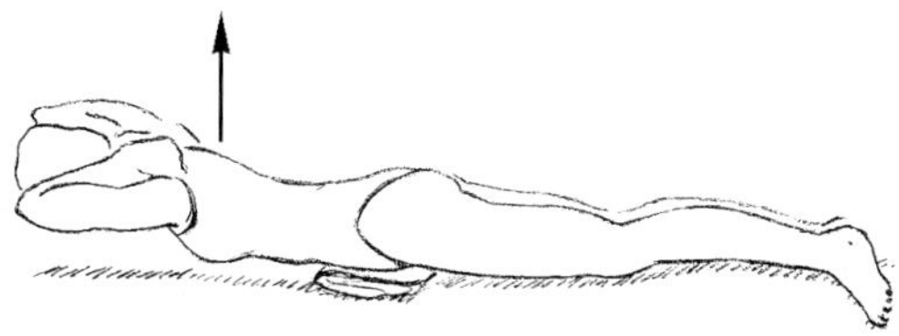

12. Übung

Zielsetzung: Kräftigung Rückenstreckmuskulatur, Schultergürtelmuskulatur.

Ausgangsposition: wie 10, nur Arme nach vorne strecken.

Ausführung: langsames Anheben des Oberkörpers und der Beine, Arme dabei strecken und Kopf nicht in den Nacken nehmen.

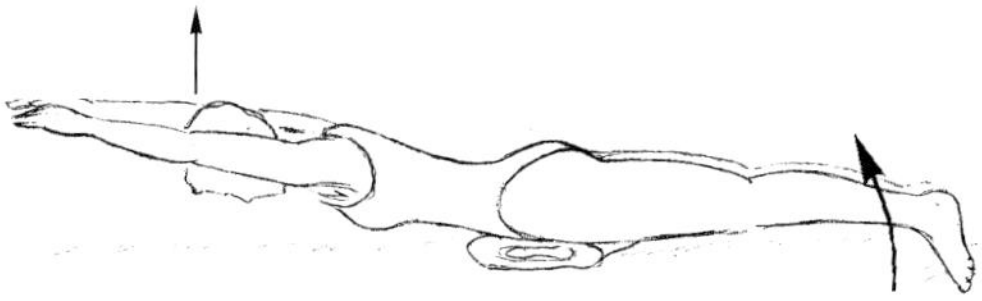

13. Übung

Zielsetzung: Kräftigung Rückenstreckmuskulatur, Gesäß- und hintere Oberschenkelmuskulatur.

Ausgangsposition: wie 12.

Ausführung: nur Beine vom Boden heben und Gesäßmuskulatur anspannen.

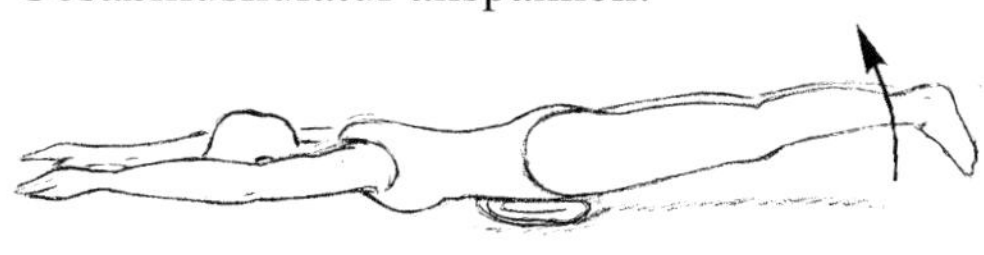

14. Übung

Zielsetzung: wie 13.

Ausgangsposition: Bankstellung.

Ausführung: daraus rechten Arm und linkes Bein/linken Arm und rechtes Bein im Wechsel anheben. Danach sich so zusammenrollen, daß sich Knie und Ellenbogen unter dem Körper berühren.

a

Achtung: Arme und Beine nicht über Schulter- bzw. Gesäßhöhe anheben, weil sonst Hohlkreuz entsteht !

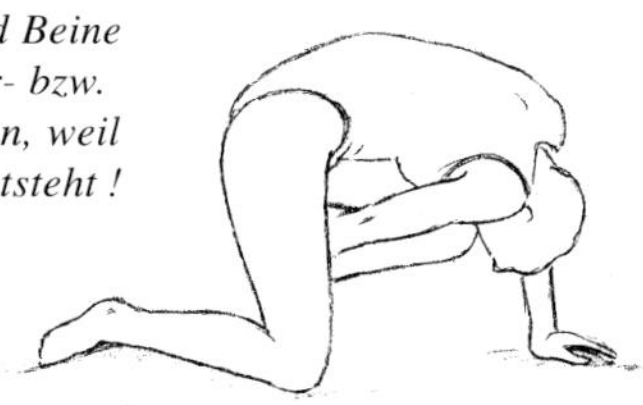

b

15 a. Übung

Zielsetzung: Kräftigung gerade Rückenstreckmuskulatur.

Ausgangsposition: Kniestand, Oberkörper mit gestreckten Armen auf dem Boden ablegen.

Ausführung: Oberkörper frei schwebend halten und Arme wechselseitig heben und senken, Wirbelsäule strecken.

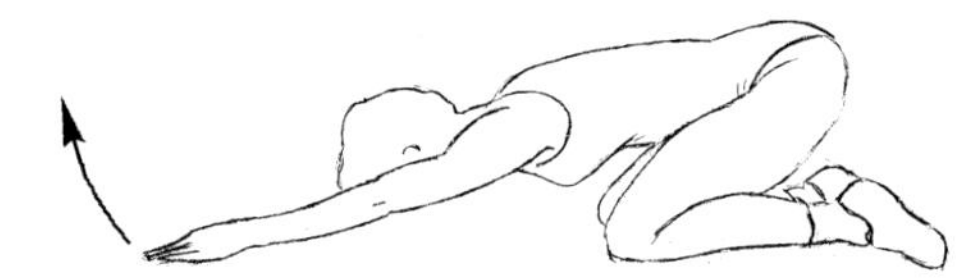

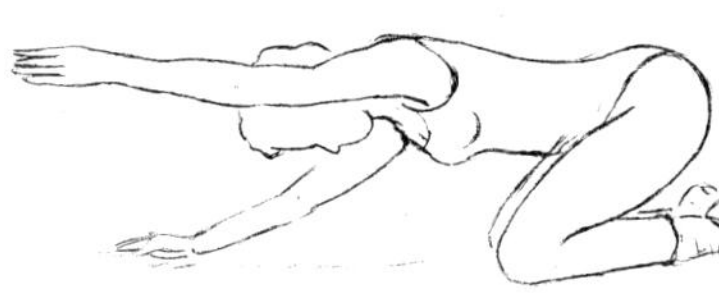

Achtung: Keinen Rundrücken bilden !

15 b. Übung

Zielsetzung: wie 15a.

Ausgangsposition: wie 15a, nur Hände hinter dem Kopf verschränkt.

Ausführung: Oberkörper heben und Wirbelsäule strecken.

Achtung: Keinen Rundrücken bilden !

16. Übung

Zielsetzung: Kräftigung Rückenstreck- und Gesäßmuskulatur.

Ausgangsposition: in Bauchlage auf einem Stuhl, zusammengerolltes Handtuch unterlegen, Arme vor dem Stuhl verschränkt, beide Beine anstellen.

Ausführung: ein Bein langsam in die Waagerechte strecken.

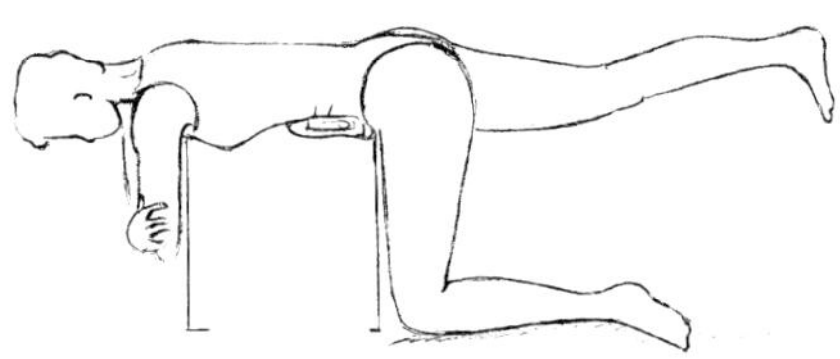

17. Übung

Zielsetzung: Kräftigung Rückenstreckmuskulatur.

Ausgangsposition: wie 16, Handtuch verdikken, so daß beide Unterschenkel nicht den Boden berühren können.

Ausführung: Gesäß senken und beide Unterschenkel anheben, bis die Wirbelsäule gestreckt ist.

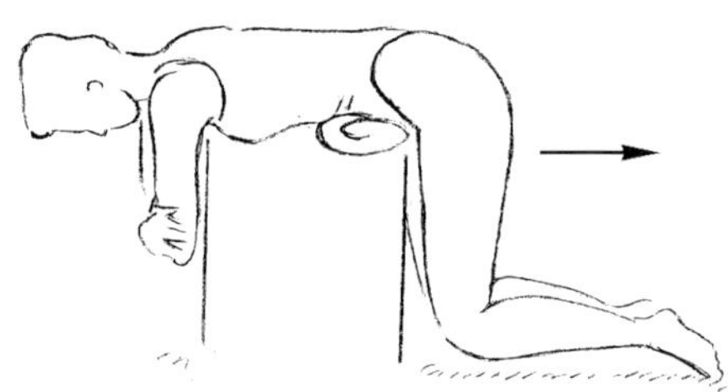

18. Übung

Zielsetzung: Kräftigung Schultergürtel- und Schultergelenkmuskulatur.

Ausgangsposition: Bauchlage, ein Arm ist vor dem Körper mit Handfläche am Boden, der andere Arm mit dem Handrücken am Boden abgelegt.

Ausführung: Arme wechselseitig nach vorne und hinten führen. Bauch- und Gesäßmuskulatur bleibt während der Übung angespannt.

19. Übung

Zielsetzung: Kräftigung Schultergürtel- und Schultergelenkmuskulatur.

Ausgangsposition: Bauchlage, beide Hände halten einen Stab, Hände sind schulterbreit voneinander entfernt.

Ausführung: Arme nach vorne strecken, vom Boden abheben und wieder hinter den Kopf zurückziehen (mehrmals wiederholen). Kopf leicht anheben, Bauch- und Gesäßmuskulatur bleibt während der Übung angespannt.

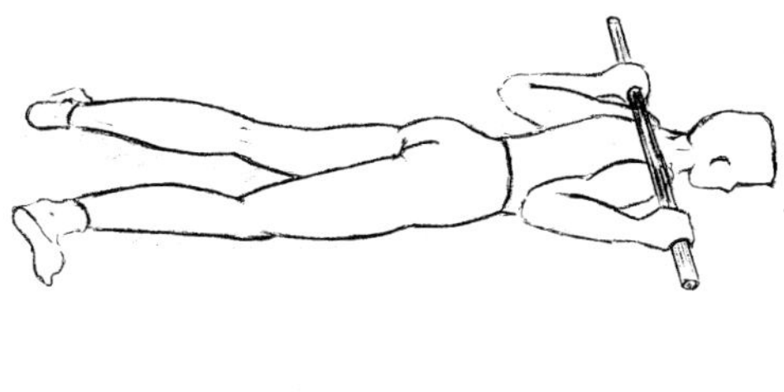

20. Übung

Zielsetzung: wie 19.

Ausgangsposition: Bauchlage, Arme im Ellenbogengelenk ca. 90° beugen und seitwärts vom Körper ablegen.

Ausführung: Arme so hoch wie möglich anheben, so daß sich Schulterblätter nähern. Bauch- und Gesäßmuskulatur anspannen, Kopf leicht anheben und Füße am Boden lassen.

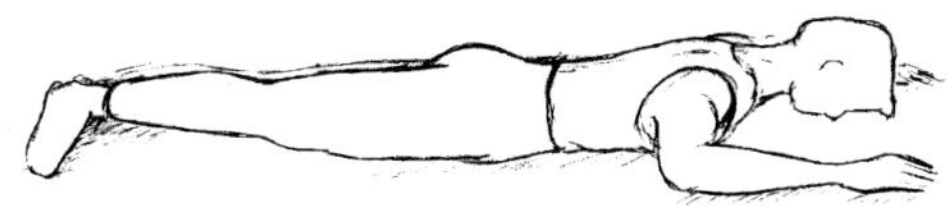

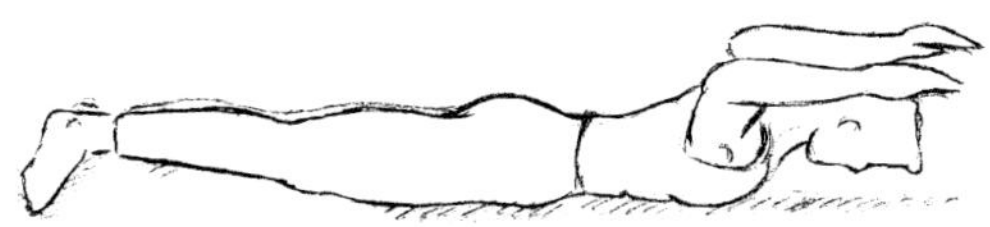

21. Übung

Zielsetzung: wie 19.

Ausgangsposition: Bauchlage, Arme nach hinten neben dem Körper ablegen.

Ausführung: Kopf leicht anheben, Arme so weit wie möglich nach oben führen. Bauch- und Gesäßmuskulatur anspannen, Füße am Boden lassen.

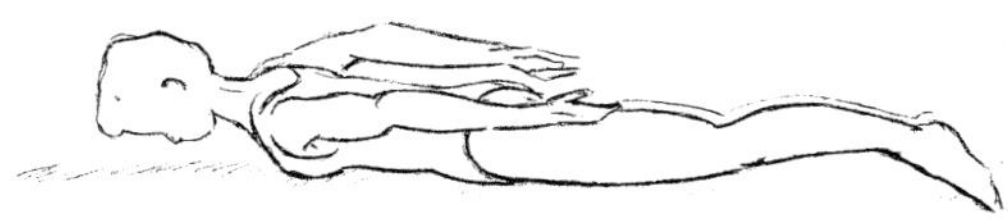

22. Übung

Zielsetzung: wie 19.

Ausgangsposition: an eine Wand lehnen, Arme in Seithalte, Ellenbogen gebeugt, Abstand Wand-Ferse ca. 50 cm.

Ausführung: Hüfte und Brust nach vorne führen, Körper vollkommen strecken, Ellenbogen nach hinten an die Wand drükken.

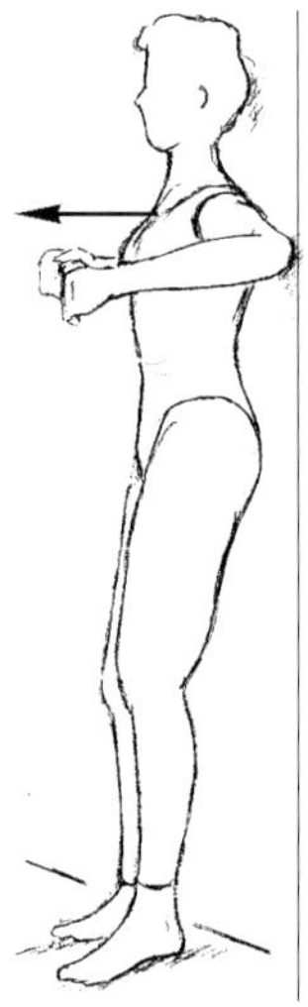

23. Übung

Zielsetzung: Kräftigung Rückenstreckmuskulatur.

Ausgangsposition: Kniestellung beidbeinig, Arme und Beine schulterbreit.

Ausführung: im Wechsel in den „Katzenbukkel" heben und ins Hohlkreuz senken.

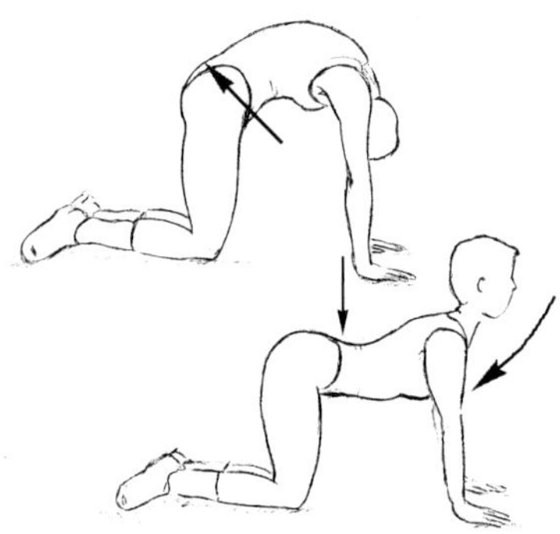

24. Übung

Zielsetzung: Kräftigung Rückenstreckmuskulatur.

Ausgangsposition: Hocksitz mit geöffneten Beinen.

Ausführung: Aufrichten der Wirbelsäule bis zur Endposition. Kinn anziehen und besonders die Lenden- und Halswirbelsäule aufrichten.

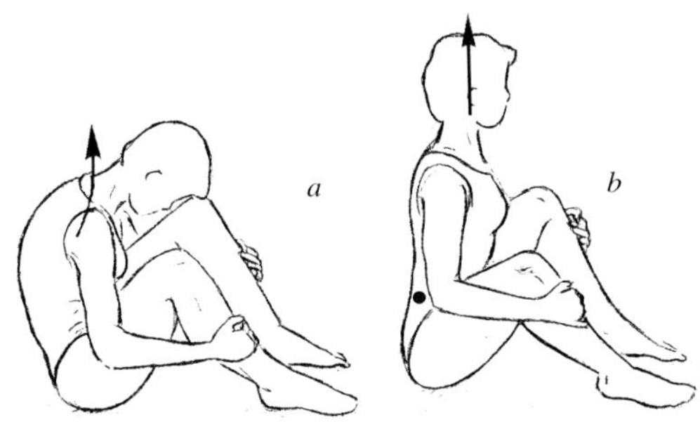

25. Übung

Zielsetzung: Kräftigung Rückenstreckmuskulatur.

Ausgangsposition: Schneidersitz.

Ausführung: Arme strecken.

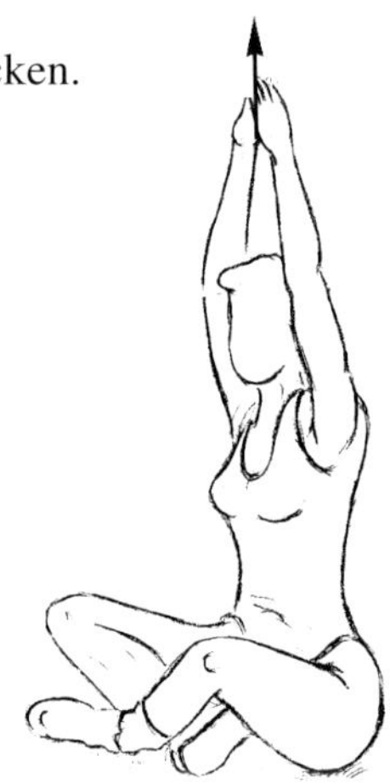

26. Übung

Zielsetzung: Kräftigung der gesamten Muskelkette der Rumpfrückseite.

Ausgangsposition: Rückenlage und Beine anstellen.

Ausführung: Becken anheben, bis eine Linie Kopf-Brust-Becken-Oberschenkel vorhanden ist.

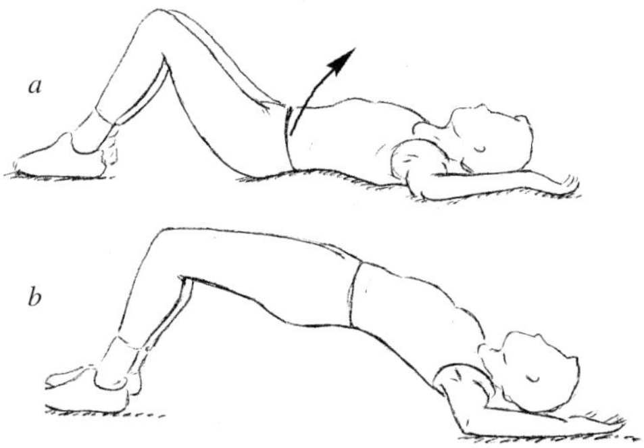

27. Übung

Zielsetzung: Kräftigung der gesamten Muskelkette des Rumpfs und der Beine.

Ausgangsposition: in Rückenlage ein Bein beugen, das andere strecken und nur auf die Ferse stützen.

Ausführung: Becken anheben, Körper ist vom Boden entfernt und ruht nur auf Ferse und Schulterbereich. Hände drücken gegen das gebeugte Knie.

28. Übung

Zielsetzung: Kräftigung Schultergürtel- und Schultergelenkmuskulatur

Ausgangsposition: Rückenlage mit rechtwinklig gebeugten Hüft- und Kniegelenken, Arme in Seithalte und in Ellenbogen gebeugt, Kopf leicht angehoben.

Ausführung: durch den Druck der Ellenbogen gegen den Boden Oberkörper vom Boden anheben.

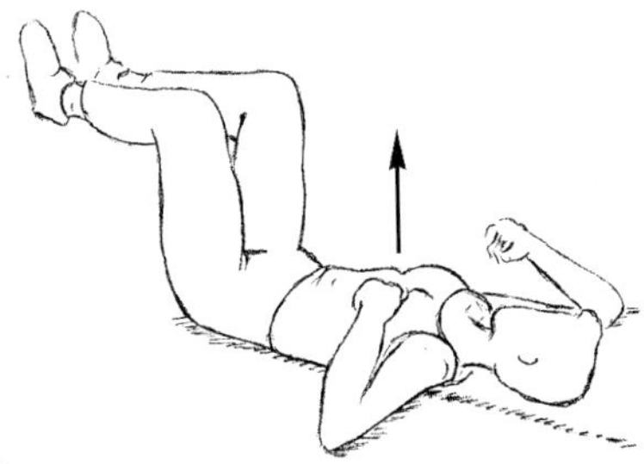

29. Übung

Zielsetzung: Kräftigung Schultergürtel- und Schultergelenkmuskulatur, Einbeziehung der gesamten Muskulatur der Rumpfvorderseite.

Ausgangsposition: Liegestütz auf den Unterarmen mit leicht gebeugten Hüft- und Kniegelenken.

Ausführung: Ganzkörperstreckung vollziehen, so daß der gesamte Körper eine gerade Linie bildet.

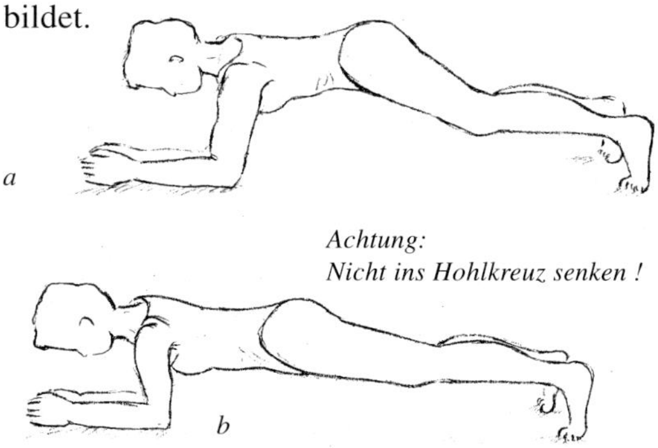

30. Übung

Zielsetzung: Kräftigung Schultergürtel-/ Schultergelenkmuskulatur, Armstrecker.

Ausgangsposition: Langsitz, Fäuste neben Hüftgelenk aufstützen.

Ausführung: Oberkörper nach oben drücken, so daß sich das Gesäß vom Boden entfernt.

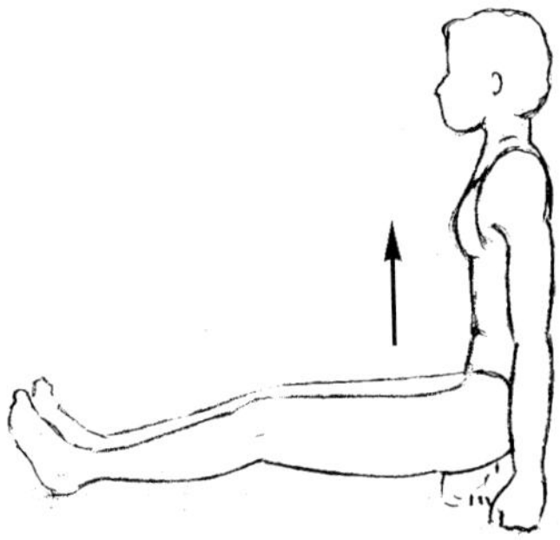

31. Übung

Zielsetzung: Kräftigung Gesäßmuskulatur (Beinabspreizer).

Ausgangsposition: Bauchlage, Arme unter der Stirn verschränken, ein Bein im Kniegelenk beugen.

Ausführung: gebeugtes Bein vom Boden heben.

Achtung: Beine nicht so hoch heben, daß Hohlkreuz entsteht !

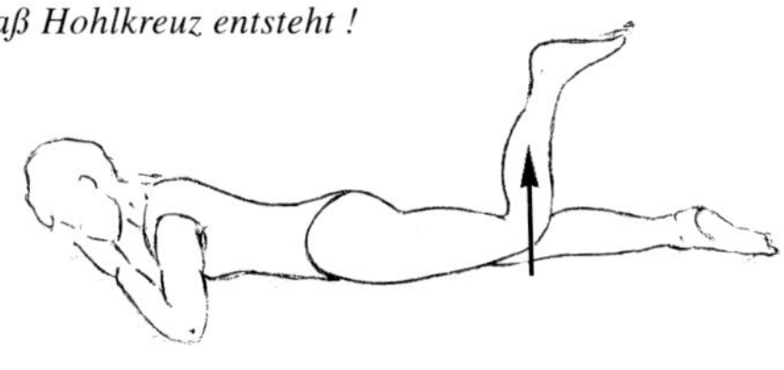

32. Übung

Zielsetzung: Kräftigung Gesäßmuskulatur (Beinabspreizer), unterer Bereich Rückenstreckmuskulatur.

Ausgangsposition: Bauchlage mit rechtwinklig gebeugten Knien, Hände hinter dem Kopf verschränkt.

Ausführung: Oberkörper und Beine heben.

Achtung: Nicht so hoch anheben, daß Hohlkreuz entsteht !

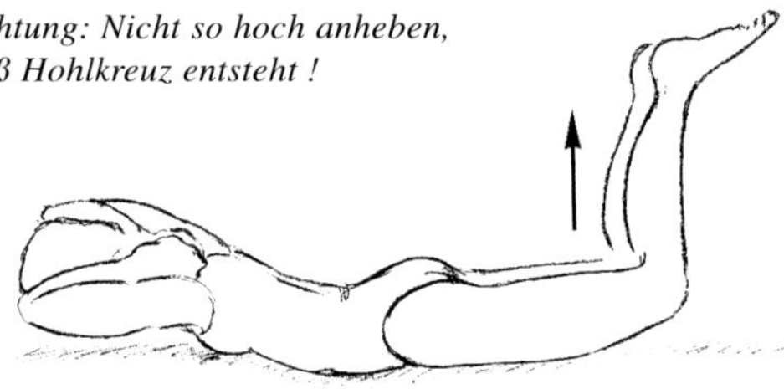

33. Übung

Zielsetzung: Kräftigung Gesäßmuskulatur, unterer Bereich der Rückenstreckmuskulatur.

Ausgangsposition: in Bauchlage auf einem Stuhl, zusammengerolltes Handtuch unterlegen, Arme vor dem Stuhl verschränkt, beide Beine anstellen.

Ausführung: ein Bein mit rechtwinkliger Beugung im Knie anheben.

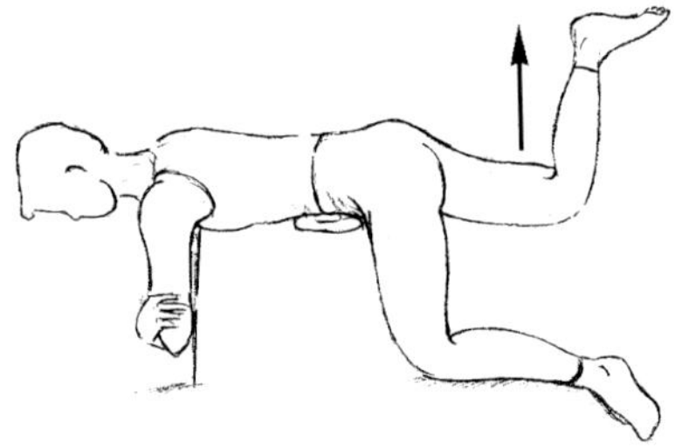

34. Übung

Zielsetzung: Kräftigung der gesamten Muskelkette der Rumpfrückseite, Gesäß- und hintere Oberschenkelmuskulatur.

Ausgangsposition: Bankstellung rücklings auf den Unterarmen.

Ausführung: Hüftgelenk strecken, so daß eine Linie Beine-Oberkörper entsteht.

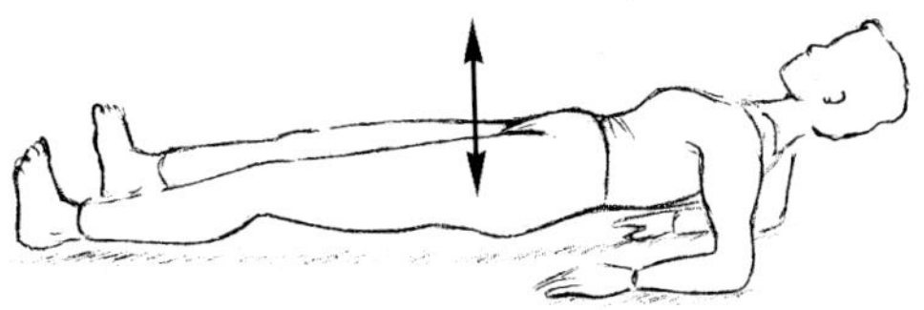

35. Übung

Zielsetzung: Kräftigung Beinabspreizer.

Ausgangsposition: Seitenlage, unteren Arm strecken, Oberkörper mit dem anderen Arm vor dem Körper stabilisieren.

Ausführung: oberes Bein nur so weit abspreizen, daß keine Beugung in der Hüfte entsteht.

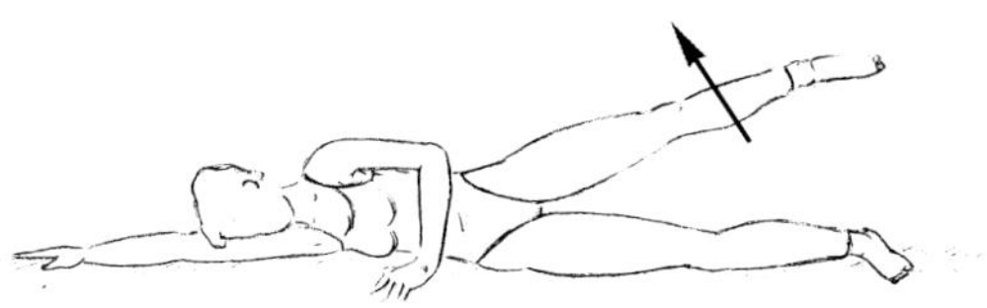

36. Übung

Zielsetzung: Kräftigung Beinabspreizer.

Ausgangsposition: im Stand auf Stuhllehne stützen.

Ausführung: Bein bis 45° abspreizen, Fußspitze anziehen und nach innen drehen.

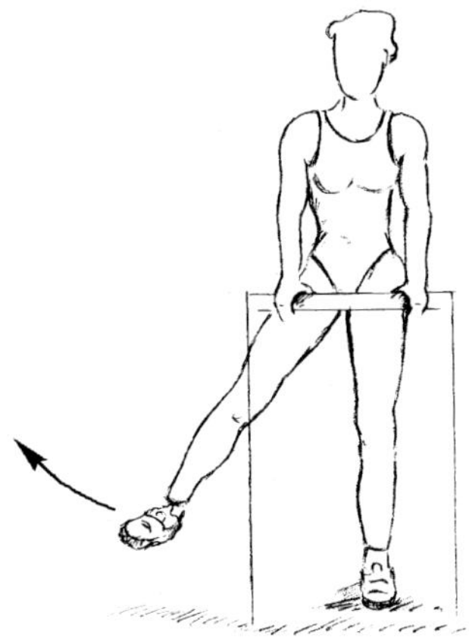

37. Übung

Zielsetzung: wie 36.

Ausgangsposition: Seitenlage, Körper auf unteren Arm stützen, freie Hand stützt vor dem Körper.

Ausführung: Becken anheben, bis obere Körperseite eine Linie bildet.

Achtung: Im Becken nicht abknicken, Ganzkörperstrekkung (vordere/hintere Rumpfseite) muß erhalten bleiben.

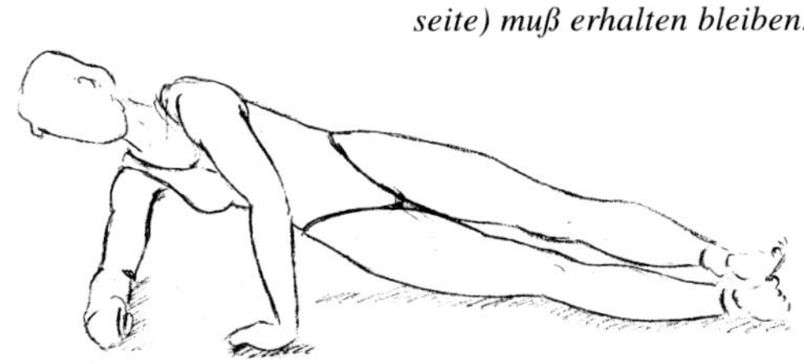

38. Übung

Zielsetzung: wie 36.

Ausgangsposition: Seitenlage, Körper auf unteren Arm gestützt.

Ausführung: Becken anheben, bis obere Körperseite eine Linie bildet.

Achtung: Im Becken nicht abknicken, Ganzkörperstrekkung (vordere/hintere Rumpfseite) muß erhalten bleiben !

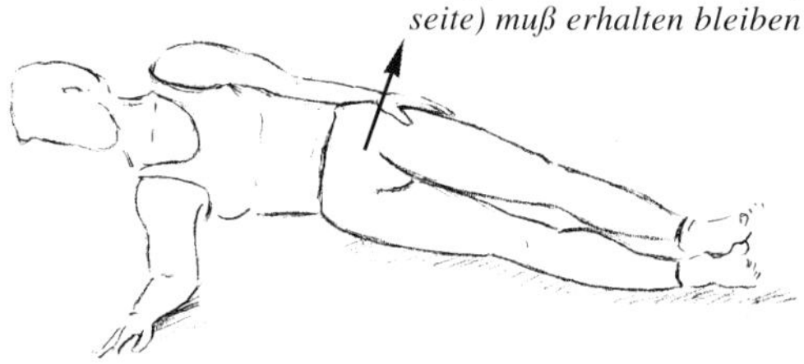

39. Übung

Zielsetzung: wie 36.

Ausgangsposition: wie 38.

Ausführung: wie 38, nur nach erreichter Strekkung oberes Bein anheben.

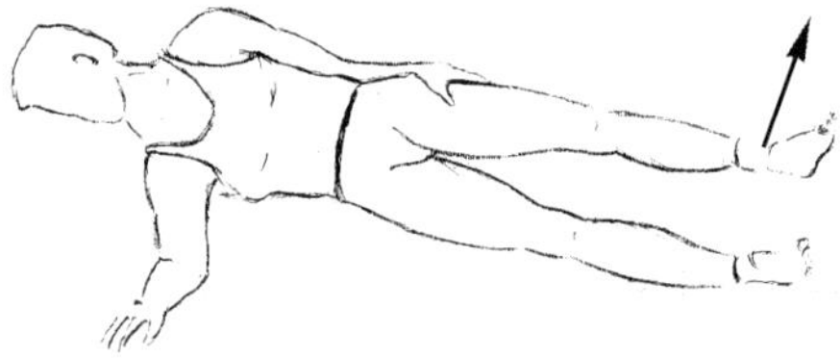

40. Übung

Zielsetzung: wie 36.

Ausgangsposition: Seitenlage, oberes Bein im Hüftgelenk beugen und vor dem Körper aufstellen.

Ausführung: unteres Bein anheben.

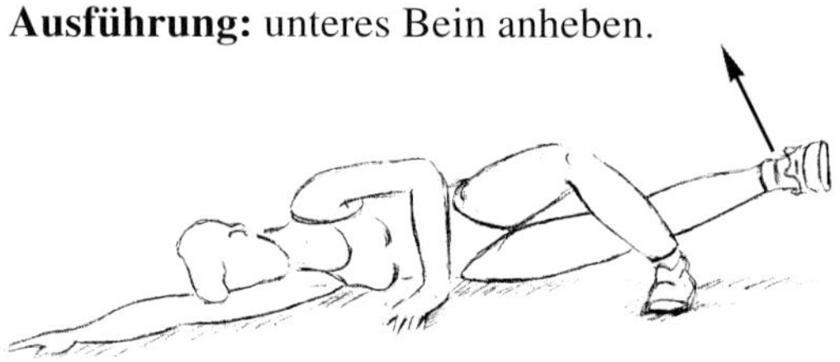

41. Übung

Zielsetzung: wie 36.

Ausgangsposition: Seitenlage, Körper völlig gestreckt.

Ausführung: beide Beine anheben und Beine leicht öffnen.

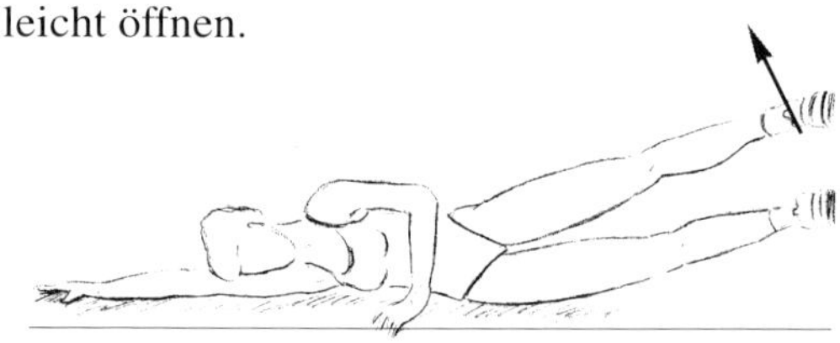

42. Übung

Zielsetzung: wie 36.

Ausgangsposition: Seitenlage, Beine überkreuzen, Körper auf unteren Arm und oberes Bein gestützt.

Ausführung: Becken anheben, unteres Bein so hoch wie möglich anheben (Hüftbeugung vermeiden).

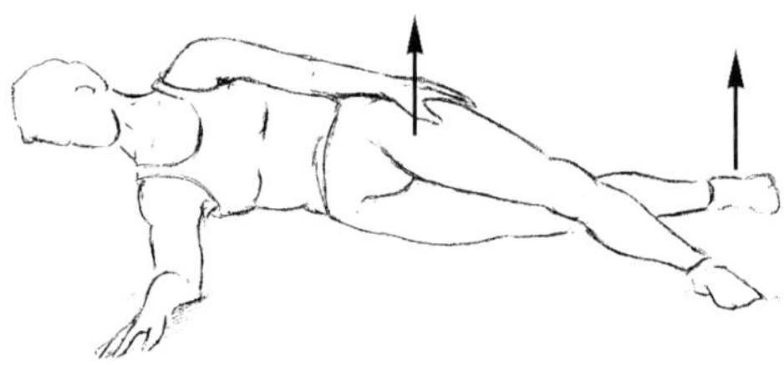

43. Übung

Zielsetzung: wie 36.

Ausgangsposition: Seitenlage, Körper auf unteren Arm gestützt, oberes Bein auf einen Stuhl gestützt, unteres Bein im Kniegelenk gebeugt.

Ausführung: Becken heben, ohne die Hüfte zu beugen, unteres Bein vor dem oberen hochführen.

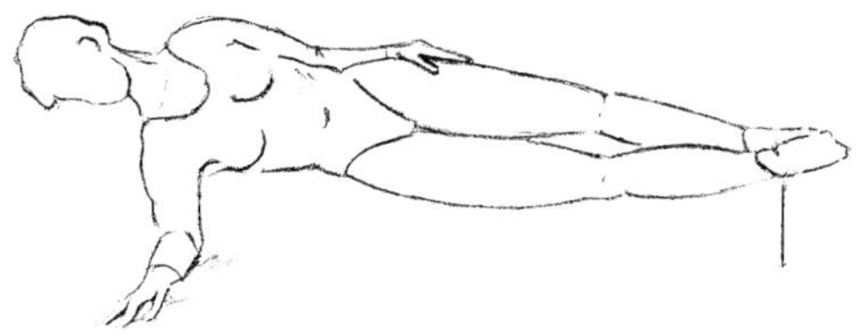

44. Übung

Zielsetzung: wie 36.

Ausgangsposition: wie 43.

Ausführung: unteres Bein an das obere heranführen.

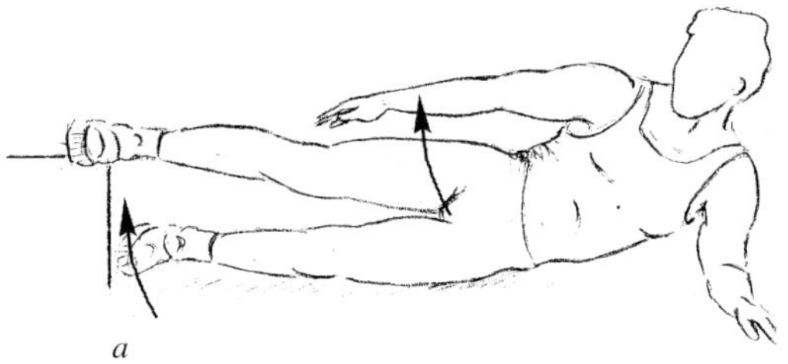

a

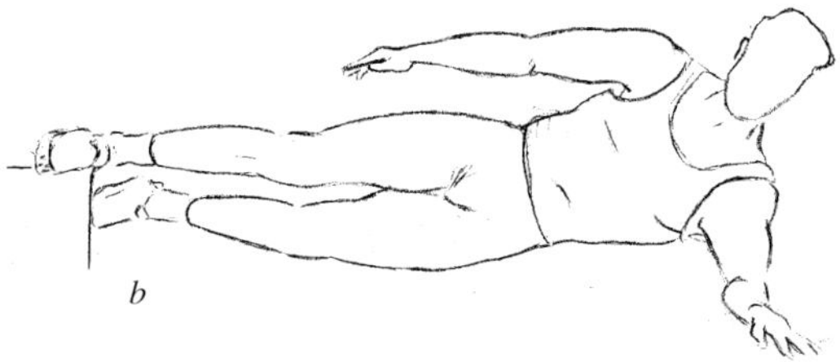

b

45. Übung

Zielsetzung: wie 36.

Ausgangsposition: Seitenlage, unteres Bein im Hüft- und Kniegelenk ca. 90 ° gebeugt.

Ausführung: Bein gegen den Widerstand eines Partners anheben.

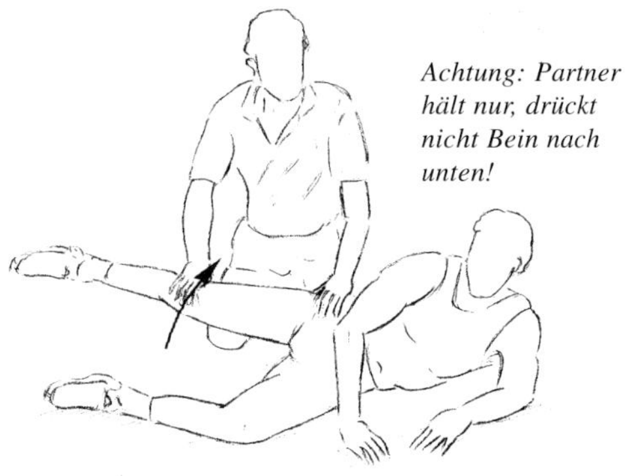

46. Übung

Zielsetzung: Kräftigung seitliche Rumpfmuskulatur (Lendenmuskel).

Ausgangsposition: Seitenlage, oberes Bein liegt gestreckt vor dem unteren auf dem Boden, Hände sind gefaltet vor dem Körper, Kopf bildet die direkte Verlängerung der Brustwirbelsäule.

Ausführung: Oberkörper seitlich anheben.

a

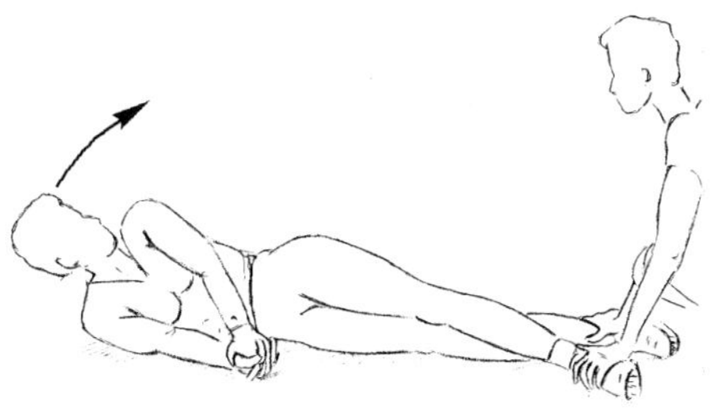

b

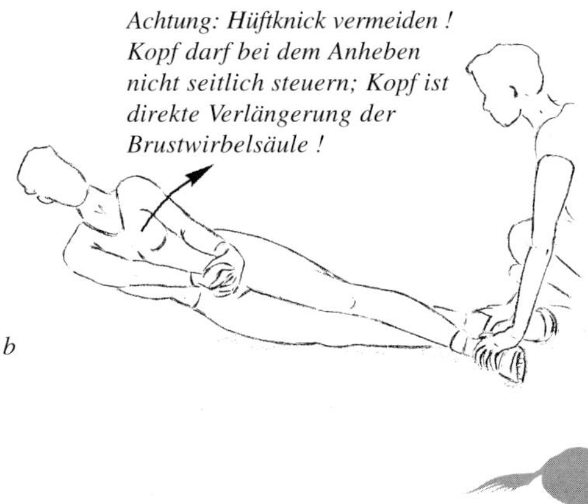

47. Übung

Zielsetzung: Kräftigung vordere Oberschenkelmuskulatur (Kniestrecker).

Ausgangsposition: Fersensitz, Hände in Hüfte gestützt.

Ausführung: langsames Strecken der Knie- und Hüftgelenke bis Kniestand, dann wieder senken.

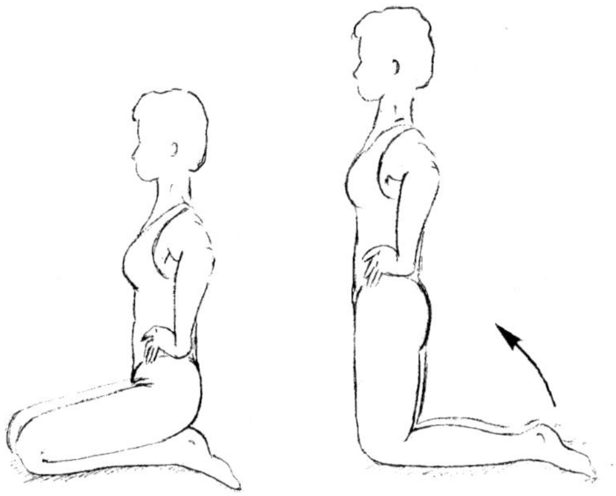

48. Übung

Zielsetzung: Kräftigung vordere Oberschenkel- und Gesäßmuskulatur.

Ausgangsposition: Bankstellung mit vor dem Körper verschränkten Unterarmen.

Ausführung: Kniegelenke bis in die Endstellung strecken und in die Ausgangsstellung zurückkehren, ohne mit den Knien den Boden zu berühren.

Achtung: Hohlkreuz vermeiden !

49. Übung

Zielsetzung: wie 48.

Ausgangsposition: wie 48.

Ausführung: einbeinige Ausführung.

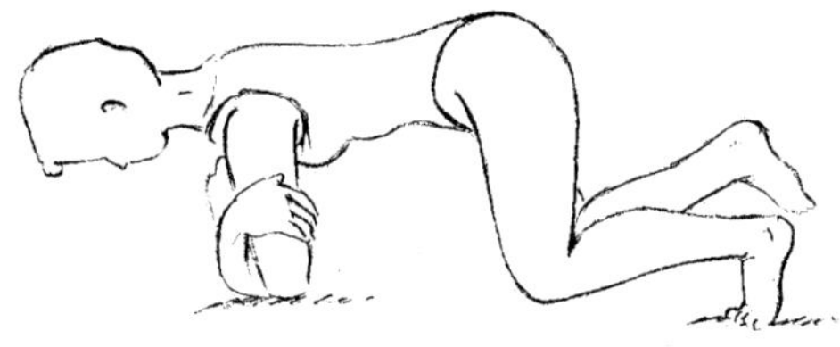

Achtung: Hüfte stabilisieren, nicht drehen !

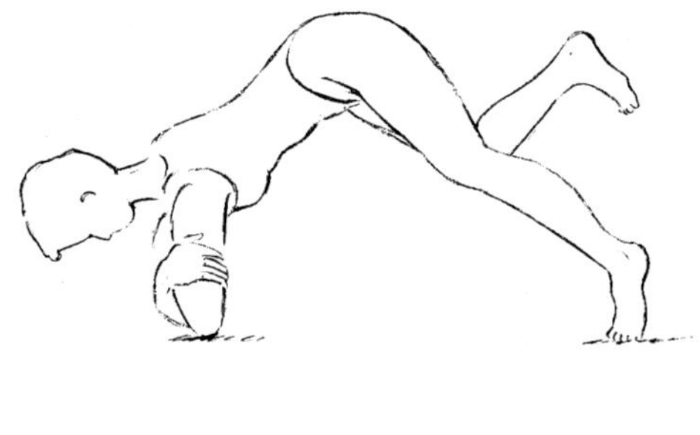

50. Übung

Zielsetzung: Kräftigung Bein- und Gesäßmuskulatur

Ausgangsposition: Stand schulterbreit, Hände hinter dem Kopf verschränken, Fußspitzen beider Füße zeigen leicht nach innen.

Ausführung: vorderes Bein so weit beugen, bis das Knie des hinteren Beines annähernd den Boden berührt, dann wieder vorderes Bein strecken.

Achtung: Das hintere Bein sollte bei der Übung annähernd gestreckt bleiben !

51. Übung

Zielsetzung: Kräftigung hintere Oberschenkelmuskulatur.

Ausgangsposition: Schrittstellung, Gesicht zur Wand, Hände stützen gegen die Wand.

Ausführung: hinteres Bein abheben und beugen und strecken.

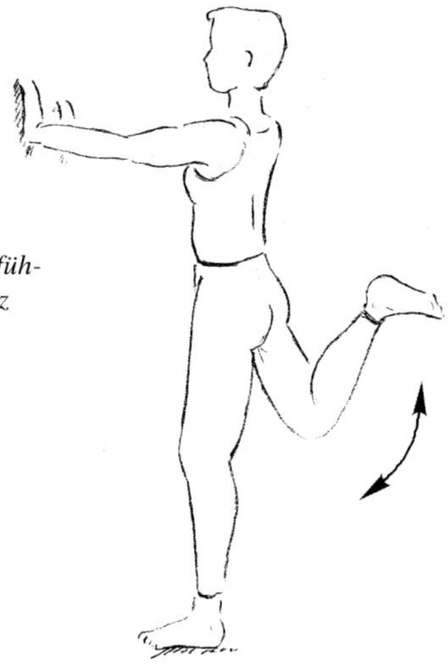

Achtung: Nicht so schwungvoll hochführen, daß Hohlkreuz gebildet wird !

52. Übung

Zielsetzung: Kräftigung hintere Oberschenkelmuskulatur, Gesäßmuskulatur.

Ausgangsposition: Rückenlage, Knie- und Hüftgelenke ca. 90° gebeugt, Fersen auf einen Stuhl gelegt und Oberkörper auf einen Stuhl gestützt.

Ausführung: Gesäß weit vom Boden anheben.

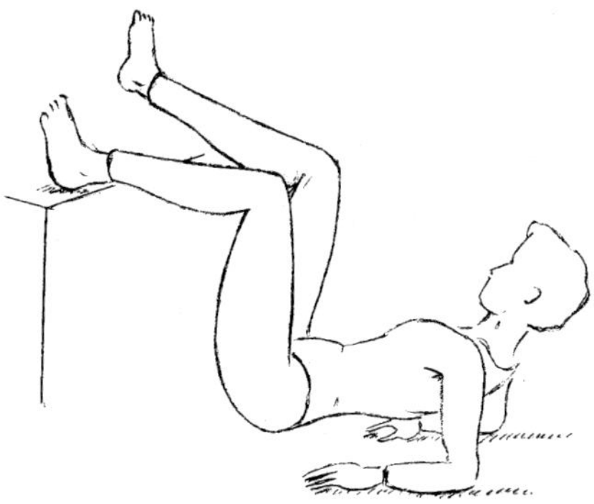

53. Übung

Zielsetzung: wie 52.

Ausgangsposition: wie 52, nur mit einem Bein auf Stuhl stützen.

Ausführung: mit einem Bein Gesäß weit vom Boden anheben.

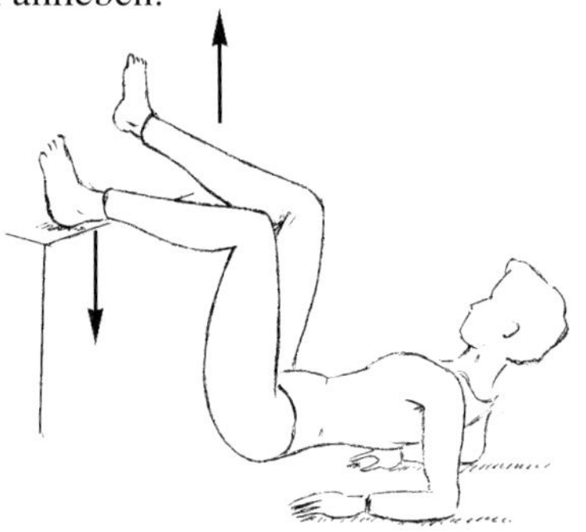

54. Übung

Zielsetzung: Kräftigung Hüftgelenkbeuger.

Ausgangsposition: ein Bein anstellen, das andere Bein im Knie rechtwinklig gebeugt.

Ausführung: Oberschenkel gegen den Widerstand des Partners anziehen, der Füße hält.

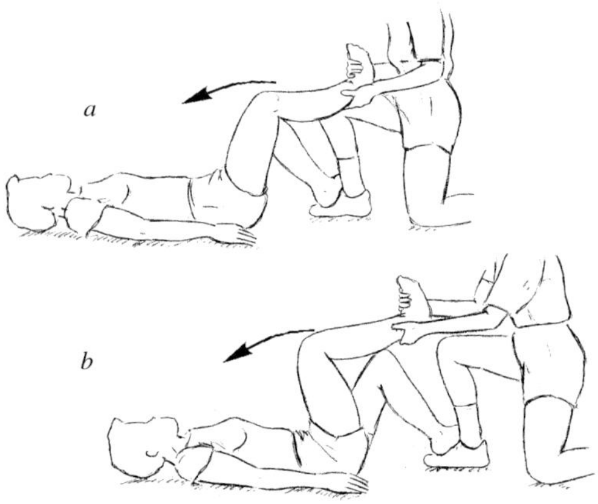

55. Übung

Zielsetzung: Kräftigung der gesamten Muskelkette der Körperrückseite.

Ausgangsposition: Bankstellung rücklings.

Ausführung: Hüfte strecken bis Oberschenkel und Oberkörper eine Linie bilden, dann Gesäß senken.

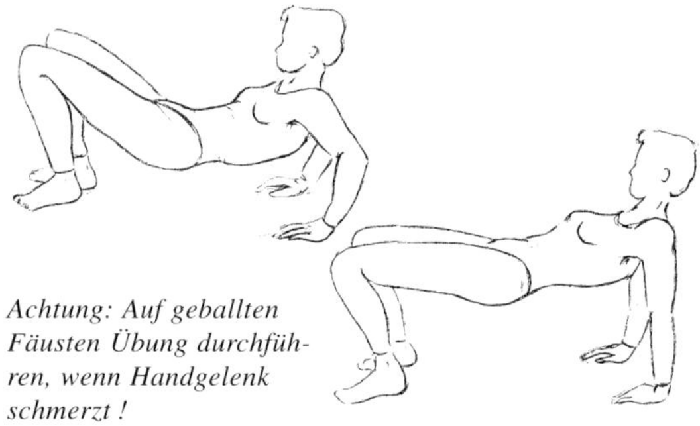

Achtung: Auf geballten Fäusten Übung durchführen, wenn Handgelenk schmerzt !

56. Übung

Zielsetzung: Kräftigung Körperrückseite, hintere Oberschenkel- und Gesäßmuskulatur.

Ausgangsposition: Rückenlage, Oberkörper auf Unterarmen abstützen.

Ausführung: Gesäß langsam heben. Gerade Linie der gesamten vorderen Körperseite.

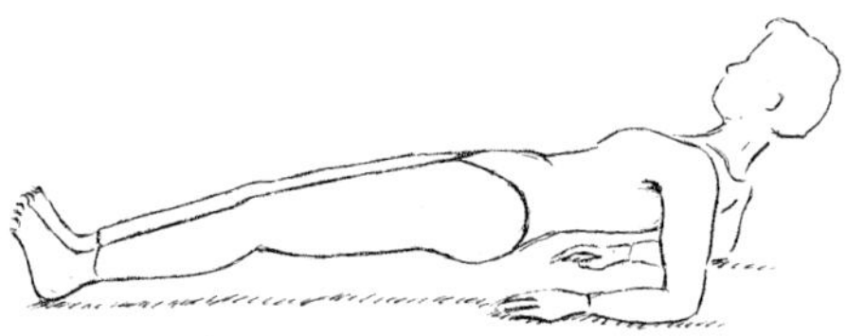

57. Übung

Zielsetzung: wie 56.

Ausgangsposition: wie 56.

Ausführung: Gesäß langsam, auf ein Bein gestützt, heben, gerade Linie der gesamten vorderen Körperseite.

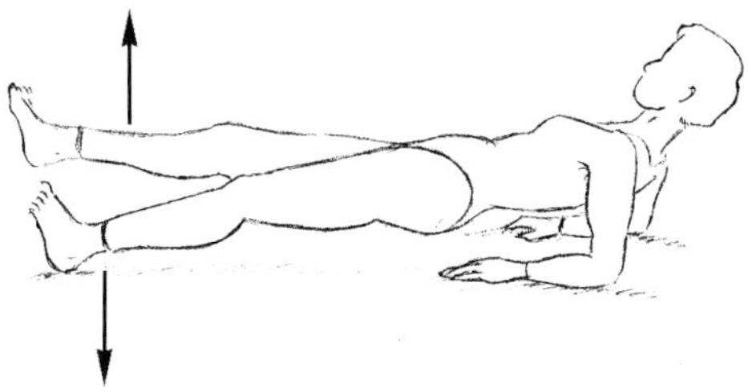

58. Übung

Zielsetzung: Kräftigung Kniegelenkbeuger.

Ausgangsposition: Bauchlage auf Kasten, vorderes Bein bildet zum auf Kasten liegenden einen rechten Winkel.

Ausführung: Ferse gegen leichten Widerstand eines Partners bis zum Gesäß führen.

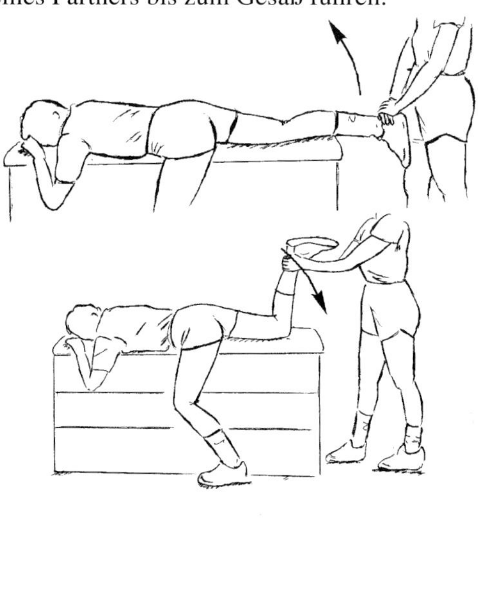

59. Übung

Zielsetzung: Kräftigung der gesamten Muskulatur der Körpervorderseite.

Ausgangsposition: Bauchlage, Oberkörper auf Unterarme stützen.

Ausführung: langsam Gesäß heben und den gesamten Körper auf den Unterarmen und Zehenspitzen abstützen. Einknicken im Schulter- und Beckenbereich vermeiden.

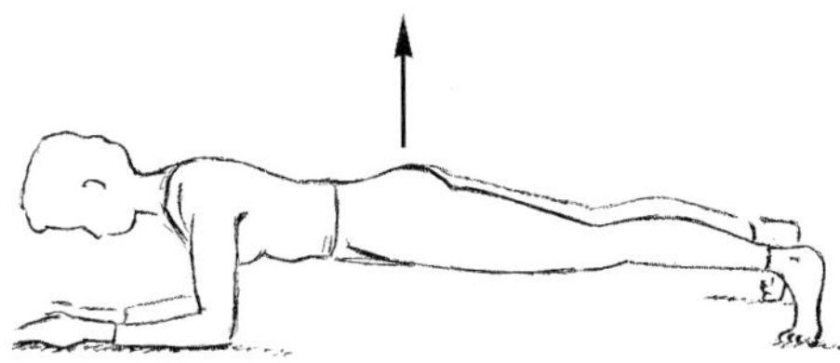

60. Übung

Zielsetzung: wie 59.

Ausgangsposition: wie 59.

Ausführung: wie 59, nur ein Bein vom Boden leicht anheben.

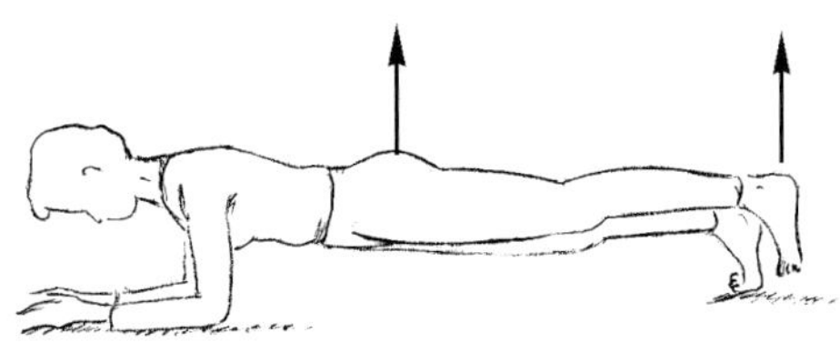

61. Übung

Zielsetzung: wie 59.

Ausgangsposition: wie 59.

Ausführung: diagonales Anheben rechter Arm/ linkes Bein oder linker Arm/rechtes Bein.

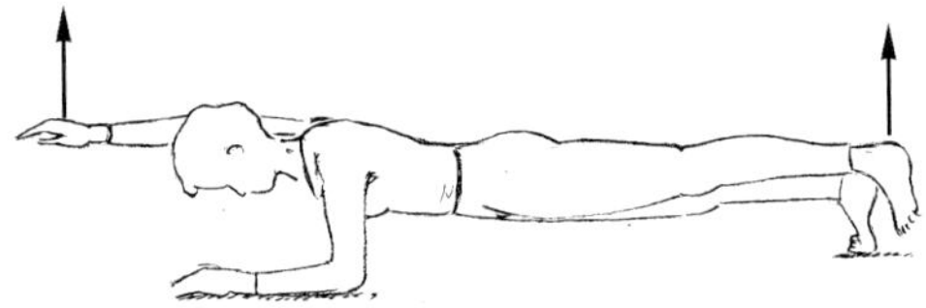

62. Übung

Zielsetzung: Kräftigung Schienbeinmuskulatur.

Ausgangsposition: Stand mit Rücken zur Wand, Fersen sind auf einem Buch angehoben.

Ausführung: Fußspitzen anziehen.

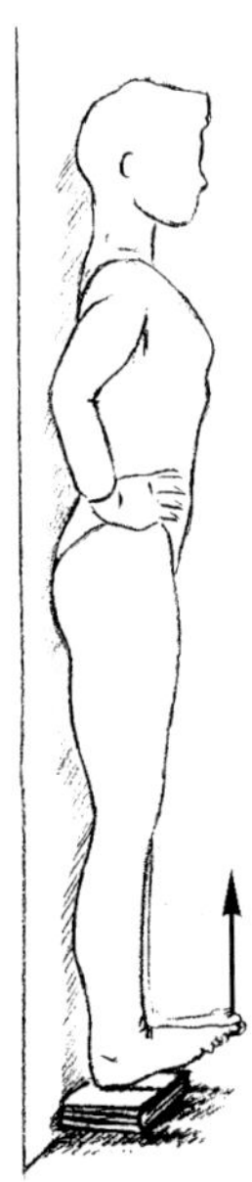

63. Übung

Zielsetzung: Kräftigung Wadenmuskulatur.

Ausgangsposition: einbeiniger Stand an einer Wand, um sich abzustützen.

Ausführung: Ferse anheben.

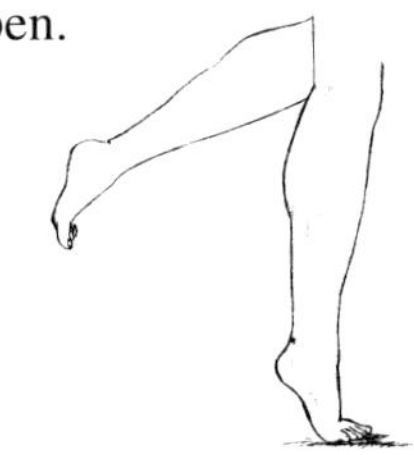

64. Übung

Zielsetzung: Kräftigung Fußgelenkstabilisatoren.

Ausgangsposition: Fuß in Mittelstellung halten.

Ausführung: Fuß gegen Widerstand der Hand nach innen drehen.

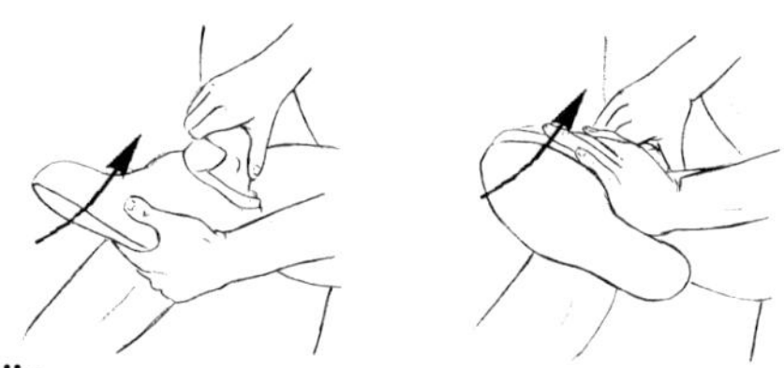

65. Übung

Zielsetzung: wie 64.

Ausgangsposition: Fuß in Mittelstellung.

Ausführung: Fuß gegen Widerstand nach außen drehen.

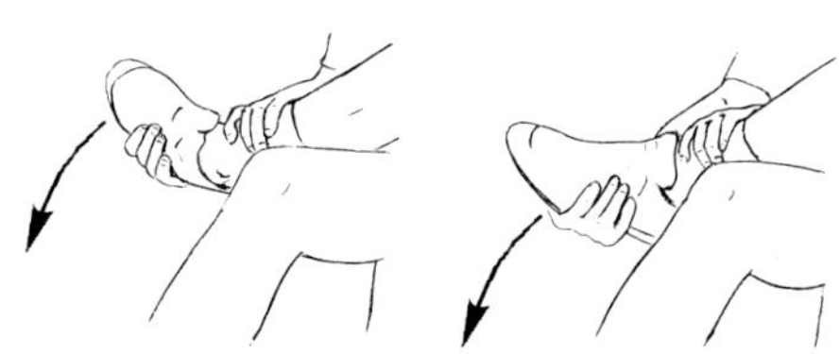

66. Übung

Zielsetzung: Kräftigung Zehenbeuger.

Ausgangsposition: Füße berühren mit der gesamten Sohle den Boden.

Ausführung: mit den Zehen nach vorne ziehen (Zehen einkrallen).

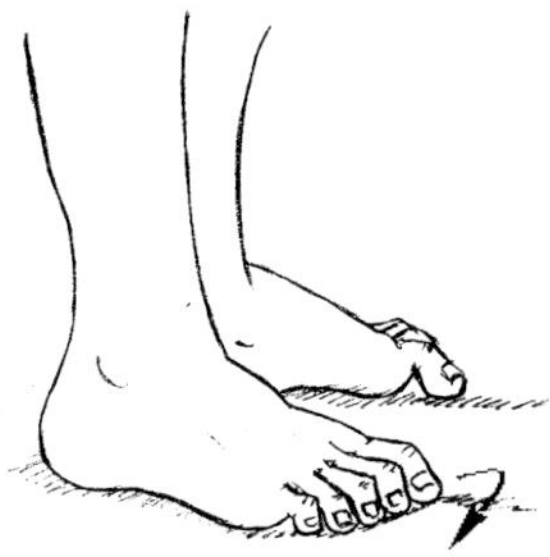

67. Übung

Zielsetzung: Kräftigung Schienbeinmuskulatur.

Ausgangsposition: mit gebeugtem Körper abstützen/rechter Winkel Oberkörper-Oberschenkel-Unterschenkel.

Ausführung:
a) Fuß wird gegen Widerstand des Partners angezogen.
b)Fuß stützt gegen Druck des Partners.

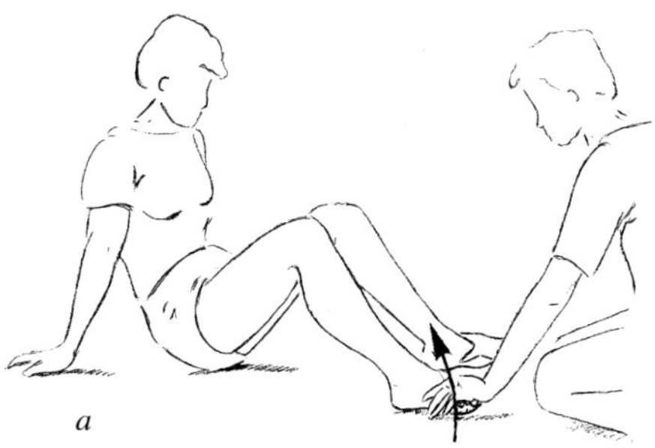

a

b

68. Übung

Zielsetzung: Kräftigung Wadenmuskulatur, Stabilisierung der Sprunggelenke.

Ausgangsposition: Hockstand gegen Wand, Knie ca. 90° gebeugt.

Ausführung: Füße strecken und beugen.

69. Übung

Zielsetzung: Kräftigung Unterschenkel- und Fußmuskulatur.

Ausgangsposition: Stand auf einem Bein.

Ausführung: zweites Bein krallt, spreizt, streckt mit Fußmuskulatur.

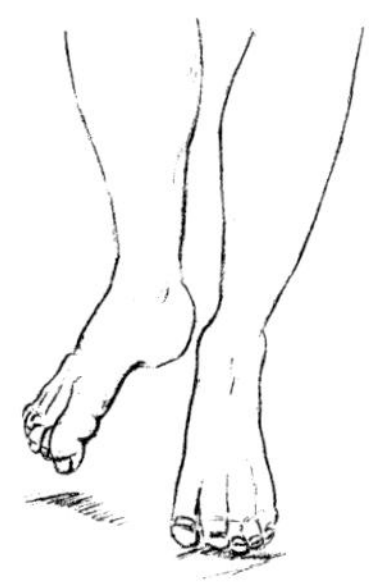

70. Übung

Zielsetzung: Kräftigung Unterschenkel- und Fußmuskulatur.

Ausgangsposition: einbeiniger Stand.

Ausführung: Zehen greifen Seil und lassen es wieder los.

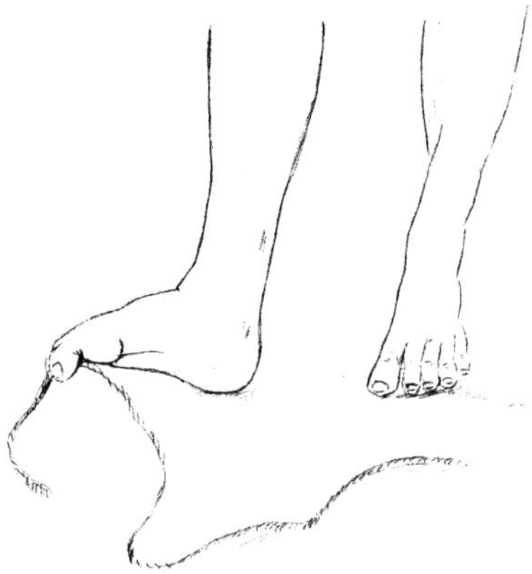

Anregungen für die Zusammenstellungen der Mobilisations-, Kräftigungs- und Dehnungsübungen habe ich gewonnen aus:

Anderson 1982, Balk 1993, Beigel u.a. 1993, Blum/Wöllzenmüller 1987, Evjenth/Hamberg 1990, Fleiß 1991, Freiwald 1991, Gunnari u.a. 1989, Grotkasten/Kienzerle 1991, Hauser-Bischof u.a. 1990, Haxthausen/Leman 1988, Hempel/Ohlert 1991, Höfling/Kaisser 1992, Kempf 1990, Knebel 1986, 1991, Leibold 1988, Lenhart/Seibert 1992, Maehl 1986, Medler/Mielke, Michler/Grass 1993, Pilss-Samek 1991, Preibsch/Reichardt 19989, Pratscher 1992, Reichel 1987, 1992, Reichardt 1991, Reinhardt 1989, 1992, Rieder u.a. 1993, Schmidt/Hillebrecht 1993, Schulz 1983, Spring u.a. 1988

17. Zur Bedeutung des Auf- und Abwärmens für den Reiter

Ist Aufwärmen eine sachliche Notwendigkeit oder nur Ritual ? Führt man irgendwelche Übungen vor Beginn der Sporttätigkeit nur aus, weil man es immer so gemacht hat oder bei anderen beobachten konnte und es deshalb übernommen hat ? Diese Fragen kamen mir, als ich in Vereinen bzw. in Schulen Sportstunden beobachtete. Ich erkannte, daß das Aufwärmen sehr unterschiedlich gehandhabt wurde. Teilweise schienen sich die Sporttreibenden überhaupt nichts aus einer Vorbereitung zu machen, andere wiederum durchliefen eine intensive Vorstartphase, während dritte sich aus meiner Sicht widersinnig aufwärmten.

In der Reiterei ist diese Thematik noch vollkommen außen vor. Das Pferd wird intensiv gelöst (aufgewärmt) und trockengeritten (abgewärmt), der Reiter bezieht diese Erkenntnisse fast gar nicht auf sich. Die Voltigierer sind auf diesem Sektor schon erheblich weiter. Da Reiter, wenn sie entsprechend aufgewärmt sind, erheblich bessere Leistungen vollbringen könnten, halte ich dieses Thema für eine Grundvoraussetzung zur Entwicklung des Bewegungsgefühls. Nur ein entspannter, lockerer, gut aufgewärmter Reiter ist fähig, seine Bewegungen auch auf das Pferd zu übertragen. Nur dann kann ein Dialog weitestgehend ohne Störungen ablaufen. Spitzenathleten absolvieren z. B. ein intensives Vorbereitungsprogramm, weil ihnen bewußt ist, daß ein intensives Aufwärmen für alle nachfolgenden Sporthandlungen einen Verstärkereffekt hat. Dieser Effekt bezieht sich sowohl auf physische wie auf psychische Vorgänge.

Die im folgenden dargestellten Wirkungen sind weitestgehend auch auf das Pferd zu übertragen. Somit erfährt der Reiter auch, was im Organismus des Pferdes abläuft, wenn er die Lösungsphase sachgerecht gestaltet.

Unter Berücksichtigung wissenschaftlicher Erkenntnisse komme ich zu folgenden Forderungen:

- Aufwärmen muß zentraler Bestandteil von Reitunterricht sein !
- Beim Aufwärmen müssen die Funktionsabläufe des menschlichen Organismus konsequenter als bisher einbezogen werden !

17.1 Körperliche und psychische Wirkungen

Wirkungen auf die Herzfrequenz

Beim Übergang von der Ruhe- zur Belastungsphase gibt es eine erste und eine zweite Phase.

In der ersten Phase wird ein steiler Anstieg der Herzfrequenz erreicht, in der zweiten wird die Herzfrequenz an die Leistungsanforderung angepaßt. Beim Untrainierten dauert die 1. Phase 30 Sekunden, demgegenüber gehen die Trainierten bereits nach 10 Sekunden zur 2. Phase über. Um beide Phasen optimal ablaufen zu lassen, ist in besonderem Maße die Vorstartphase von Bedeutung, also die Phase vor Beginn der reiterlichen Belastung. Der gesamte Kreislauf wird durch von der Großhirnrinde ausgehende Reize über Nervenbahnen stärker aktiviert.

Blutdruckveränderungen

Der Anstieg des Blutdrucks läßt sich vorrangig auf die Erhöhung der zirkulierenden Bedarfsblutmenge und die damit verbundene Steigerung des Herzzeitvolumens zurückführen. Milz, Leber und Verdauungstrakt geben Blut an die an der Arbeit beteiligten Organe ab. Andererseits steigt der Blutdruck durch den peripheren Widerstand, d.h., alle Blutgefäße werden eng gestellt, um für die arbeitende Muskulatur das notwendige Blut bereitzustellen. Dies wird durch das Noradrenalin bewirkt, das ebenfalls wie das Adrenalin vom Nebennierenrindenmark und den sympathischen (leistungsorientierten) Nervenendigungen im Augenblick der Leistungssteigerung ausgeschüttet wird.

Wirkung auf das Blutsystem

Während des Aufwärmens nimmt die Menge des zirkulierenden Blutvolumens zu. Somit wird die an der Arbeit beteiligte Muskulatur besser mit den notwendigen Nährstoffen und dem erforderlichen Sauerstoff versorgt. Des weiteren werden anfallende Stoffwechselzwischenprodukte wie z.B. Milchsäure beseitigt, so daß einer Übersäuerung entgegengewirkt und die Arbeitsfähigkeit der Muskulatur nicht negativ beeinträchtigt wird. Die Menge Sauerstoff, die der Reiter innerhalb einer Zeiteinheit aufnehmen kann, stellt z.B. den leistungsbegrenzenden Faktor für Ausdauerbelastungen dar.

Erhöhung der Körpertemperatur

Während des Aufwärmens findet eine Erhöhung der Körper – und Muskeltemperatur statt. Die Hauttemperatur erhöht sich im Verlaufe des Aufwärmens, um ein erhöhtes Ansteigen der Temperatur des Inneren über den Normalwert zu vermeiden. Folgen der erhöhten Körpertemperatur sind Stoffwechselveränderungen. Mit längerem Reiten geht ein erhöhter Wasserverlust einher, der auf Schweißabsonderungen zurückzuführen ist. Der Schweiß verdunstet und läßt Kälte entstehen, die die Erhöhung der Haut- und Körperkerntemperatur reduziert. Unsere normalen Stoffwechselprozesse laufen in etwa bei Temperaturen um 37 °C ab. Diese Temperatur weist unser Körperinneres bei normalen Belastungen auf, jedoch nicht in den Armen und Beinen. Der Temperaturunterschied kann bis zu 5° betragen. Diese niedrige Temperatur in den Extremitäten wirkt sich auf den Sitz- und die Einwirkung des Reiters leistungsmindernd aus. Die optimalen Bedingungen für reiterliche Belastungen liegen bei einer Temperatur von 38,5 – 39 °C.

Atemsystem und „ toter Punkt "

Beim Aufwärmvorgang nimmt die Anzahl der Atemzüge und die Atemtiefe zu, weil sich der Sauerstoffbedarf der arbeitenden Muskulatur erhöht und die gleichzeitig anfallenden Stoffwechselschlacken (z.B. Milchsäure) abtransportiert werden müssen. Üblicherweise erfolgt die Beschleunigung der Atmung erst nach einer Verzögerung zu Beginn der Belastung. Bei Ausdauerbelastungen wird erst nach einer bestimmten Zeitspanne der steady-state erreicht, also der Zustand, in dem Energieaufnahme und Energieverbrauch identisch sind. Dieser Zustand ist wichtig, damit der Reiter problemlos, ohne Konditionsverlust, über einen längeren Zeitraum einwirken kann.

Das Aufwärmen hat für den Reiter den Sinn, dieser Startverzögerung entgegenzuwirken, so daß die Atmung bereits vor der eigentlichen Belastung auf ein ausreichendes Ausgangsniveau gebracht wird und der Reiter bei Beginn der Belastung bestens vorbereitet ist.

Somit wird dem „toten Punkt" im Wettkampf entgegengesteuert, weil durch das Erreichen dieses Punktes in der Aufwärmphase der Organismus sich in der Arbeitsphase sofort umstellen kann und keine Schwächeperiode und Leistungsminderung entsteht.

Verringerung der inneren Reibung der Muskulatur und Reduzierung von Verspannungen/Verletzungen

Durch die Erhöhung der Körpertemperatur wird die Muskelviskosität, d.h. die innere Reibung der Muskeln, vermindert, was für die Vermeidung von Verspannungen, Verkrampfungen und Verletzungen wichtig ist. Ebenso werden die Dehnfähigkeit und Beweglichkeit durch die Erwärmungsprozesse erhöht. Bei niedrigen Außentemperaturen ist die Beweglichkeit und Koordination gestört. Gerade in diesen Situationen ist eine erhöhte Körpertemperatur von Bedeutung, um das Verletzungsrisiko des Reiters zu reduzieren. Wenn das Pferd z.B. erschrickt und zur Seite springt, muß die Muskulatur des Reiters blitzschnell leistungsfähig sein. Bei kalter Muskulatur können dann Zerrungen u.s.w. entstehen.

Beeinflussung der koordinativen Vorgänge und der Reittechnik

Die herabgesetzte innere Reibung, die erhöhte Elastizität und Dehnfähigkeit der Muskulatur durch die erhöhte Körpertemperatur führen unmittelbar zur Verbesserung des Zusammenspiels des Nervensystems mit den Muskeln. Die verbesserte Koordination (Zusammenspiel aller Muskeln) verringert den Ernergieverbrauch, und Ermüdungen treten später ein. Die gesteigerte Entspannungsfähigkeit der arbeitenden Muskulatur wirkt sich besonders bei schnell ablaufenden feinkoordinativen Bewegungen positiv aus. Die Leitungsgschwindigkeit der Nervenbahnen wird erhöht und macht die Rezeptoren (Aufnahmequellen) an den Muskeln, Sehnen, Bändern etc. besonders feinfühlig. Daraus folgt eine Verkürzung der Latenzzeit, also der Zeit, die zwischen Nervenimpuls und Muskelaktion verstreicht, und ein verfeinertes Bewegungsgefühl entsteht für eine besonders feingesteuerte Einwirkung von Schenkeln und Händen. Körperliche Empfindungen werden also vom Reiter schneller wahrgenommen.

Vorbereitung des Kapsel-, Band-, Sehnen- und Knorpelgewebes

Für das Bindegewebe spielt die Erhöhung der Körpertemperatur eine zentrale Rolle. Bereits das Herz-Kreislauf-System braucht eine gewisse Zeit, um sich den erhöhten Anforderungen anzupassen, beim Bindegewebe verlängert sich diese Zeitspanne nochmals. Erst bei Temperaturen von 39 – 40 °C ist eine optimale Zunahme der Elastizität und Plastizität der Fasern von Gelenkkapseln, Bändern, Sehnen und Knorpelgewebe zu erreichen. Die Vorbereitung der Knorpel dauert wegen der geringeren Stoffwechselgeschwindigkeit länger als das Vorbereiten der Muskulatur.

Die Gelenkknorpel werden ausschließlich über die Gelenkflüssigkeit ernährt und haben keinen direkten Anschluß an das Blutsystem. Die Gelenkflüssigkeit wird in der Gelenkinnenhaut erzeugt und in den Gelenkinnenraum weitergeleitet. Durch Bewegung lassen sich die Ernährungsbedingungen in den Gelenkknorpeln verbessern; es kommt zu einer Verdickung der Knorpelschicht auf den Gelenken nach kurzzeitigem Aufwärmen. Nach einer 5-minütigen Bewegung des Gelenks vermehrt sich die knorpelernährende Gelenkflüssigkeit; der Gelenkstoffwechsel wird umfassend angeregt. Dies ist für sportlichen Leistungen wichtig, weil somit einwirkende Kräfte besser aufgefangen werden können. Es werden kurz- und langfristig Verletzungen vermieden. Nach 20 Minuten sind diese Körperbereiche erst optimal eingestellt.

Wirkungen auf die Psyche des Reiters

Neben Optimierungsprozessen im körperlichen Bereich wirkt sich Aufwärmen ebenso intensiv auf die Psyche des Menschen aus. Israel (1977) betont, daß das Aufwärmen zu einer emotionalen Stabilisierung führe. Singer (1975) spricht von einem Senken des Erregungszustands auf ein optimales Niveau, damit sich der einzelne schneller auf seine Aufgabe einstellen kann. Konzag (1977) fand heraus, daß das Aufwärmen Erregungs- und Hemmungszuständen entgegenwirke und Ventilfunktion habe.

Diese Ergebnisse werden auch durch neuere Untersuchungen bestätigt (vgl. Knebel u.a. 1988; Maehl/Höhnke 1988). Insgesamt führt das Aufwärmen zu einem Zustand psychischer Aktiviertheit, der Reiter wird wach. In diesem Zustand bestehen optimale Bedingungen für das Lernen, Üben und Trainieren. Somit wird deutlich, daß das Aufwärmen nicht nur aus körperlichen Aktivitäten besteht, sondern zur mentalen Einstellung des Reiters, zur Verfeinerung seines Bewegungsgefühls dient.

Die allgemeine Aktivierung dient der Eingewöhnung an die Lern- und Leistungssituation und weckt die allgemeine Arbeitsbereitschaft. Die besondere Aktivierung hat die Aufgabe, sich auf die reiterlichen Anforderungen einzustellen.

17.2 Weitere Gesichtspunkte beim Aufwärmen des Reiters

Alter

Je nach Alter des Reiters ändern sich Aufwärmzeit und -intensität. Ältere Reiter müssen behutsamer und langsam steigernd ihre Aufwärmprogramme gestalten, weil sich die Verletzungsgefahr erhöht und der Körper nicht mehr so elastisch und belastbar ist. Im Vergleich zu Kindern und Jugendlichen vollzieht sich die Einstellung der Organfunktionen im vegetativen Bereich langsamer, so daß darin der Grund für die längere Aufwärmzeit zu sehen ist (De Mareés 1979).

Kleidung

Eine entsprechend gute Kleidung ist insofern wichtig, als der Aufwärmeffekt erhalten bleiben muß. Fünf Minuten nach Ende der Aufwärmarbeit ist die Temperatur des Körpers noch unverändert hoch, während nach 45 Minuten Ruhe der positive Effekt des Aufwärmens nicht mehr nachweisbar ist. Aus diesen Gründen kommt der Kleidung und der sinnvollen Bewegung zwischen Aufwärmen und Leistungsanforderung erhöhte Bedeutung zu. Die Qualtität der Kleidung liegt darin, daß sie einerseits die Wärme speichern soll, andererseits ein ausreichendes Schwitzen garantiert sein muß, damit kein Wärmestau entsteht (Keul u.a.1983). Für den Reiter bedeutet dies, daß er sich nach dem Aufwärmen um sein Pferd kümmern kann. Er kann es aus der Box holen, es putzen und satteln, ohne daß der vorher erwirkte Effekt verlorengeht, weil er ständig in Bewegung ist.

Tageszeit

Der Biorhythmus des einzelnen Reiters innerhalb des Tagesablaufs hat Einfluß auf die Aufwärmdauer. Durch den Schlaf werden einzelne Körperfunktionen verringert oder gänzlich ausgeschaltet. In den Morgenstunden dauert es einige Zeit, bis der Reiter seine maximale Leistungsbereitschaft erreicht hat. Insgesamt nimmt die Leistungsbereitschaft bis zum Nachmittag zu. In den Morgenstunden nach dem langen Nachtschlaf sind einzelne Organfunktionen und die Gelenkbeweglichkeit herabgesetzt. Faktoren, die die Aufwärmzeit mit fortschreitender Tageszeit verkürzen, sind die zunehmende Durchblutung und der Anstieg der Körpertemperatur bis zu einem Maximum gegen 15.00 Uhr.

Außentemperatur/Klimatische Bedingungen

Neben der Tageszeit wirken sich unterschiedliche klimatische Bedingen auf die Dauer und Intensität des Aufwärmens aus. Hohe Außentemperaturen verkürzen die Aufwärmzeit, Regen und Kälte verlängern sie. Dabei kann einer Verlängerung der Aufwärmzeit bei kalten Temperaturen durch dem Klima gerechte Kleidung entgegengewirkt werden. Es besteht allerdings die Gefahr, daß man sich bei warmem, schwülem Wetter eher unangemessen aufwärmt als bei kaltem, weil der empfundene Zustand des Schwitzens dem Reiter fälschlicherweise andeutet, er sei bereits genügend vorbereitet. Verletzungen und Leistungsminderungen bleiben nicht aus.

Innere Einstellung und Typ des Reiters

Die Einstellung des Reiters beeinflußt die Dauer und Effektivität des Aufwärmens. Wird die zu absolvierende reiterliche Tätigkeit als besonders bedeutend eingestuft, beschleunigen sich Stoffwechselprozesse. Ausschüttung von Hormonen (Noradrenalin, Adrenalin, u.a.) fördert die Umstellung vom Ruhe- auf den Arbeitsstoffwechsel. Die innere Erregung des Reiters hat erheblichen Einfluß auf die Spannungszustände der Muskulatur und die Eng- und Weitstellung der Gefäße. Vom Typ des Reiters ist es abhängig, ob er mit steigenden oder sich verringernden Erregungsvorgängen reagiert. Jeder kennt Langsamstarter. Bei diesen Reitern (und auch Pferden) muß das Aufwärmen anregend und motivierend aufgebaut werden. Es wird längere Zeit in Anspruch nehmen.

Dauer/Umfang des Aufwärmens

Ein Aufwärmen sollte mindestens 20 Minuten dauern, weil unterhalb einer solchen zeitlichen Vorbereitung kaum Leistungssteigerungen zu erwarten sind. Eine Aufwärmzeit von einer Stunde ist das Maximum, weil darüber hinaus keine zusätzlich positiven Effekte zu erwarten sind. Neben den bereits genannten Daten (Alter/Kleidung/Tageszeit/ Außentemperatur) sollte der körperliche Zustand des Reiters Begrenzungsfaktor von Dauer und Umfang des Aufwärmens sein. Je besser der konditionelle Zustand des Reiters ist, desto länger kann er sich auf die Leistungssituation vorbereiten.

17.3 Arten des Aufwärmens

Allgemeines Aufwärmen

Dabei werden große Muskelgruppen betätigt, wobei die einzelnen Muskeln nicht in unmittelbarem Zusammenhang mit dem Reiten stehen. Es sollen möglichst alle Muskelgruppen des Körpers einbezogen werden, um die Möglichkeiten des Organismus insgesamt auf ein höheres Niveau zu bringen. Diese Übungen müssen hohe Wiederholungszahlen zulassen, damit das Herz-Kreislauf-System entsprechend angeregt wird und die Körperkerntemperatur allmählich bis zum Optimum steigen kann. Dabei sollen keine Muskelgruppen nacheinander belastet werden, um eine Übermüdung zu vermeiden. Die folgenden Übungen mögen als Anregung dienen:

- Laufgymnastik mit Laufformen wie Skippings (Knie anheben);
- Anfersen (Absätze bis zum Gesäß führen);
- Laufen in alle Richtungen (nach vorne/hinten/zur Seite/schräg nach vorne, um möglichst viele Muskeln unterschiedlich zu beanspruchen);
- Hopserläufe; Galopp; Sprunglauf (von links auf rechts springen, dabei die Schritte über die normale Länge ziehen);
- Kombinationen wie Hopserlauf vorwärts mit parallelem, beidseitigem, langsamem Armkreisen;
- Hopserlauf mit Verwringen im Hüftbereich;
- Seitlauf mit Körperverwringung; Laufexperimente wie Fußexperimente (Ballenlauf, Lauf auf ganzem Fuß, Abrollen etc.), Bein-

experimente (hoher Kniehub, kleiner Kniehub etc.), Rumpfexperimente (gerader/gebeugter Oberkörper, Oberkörpervorlage), Hüpf- und Sprungübungen am Ort, Seilsprünge, leichte Sprungübungen an Cavalettis, Schlangenlauf (einer läuft vor, die anderen hinterher), Schattenlaufen (einer läuft, ein zweiter muß genau folgen), etc.

Es können auch kleine Spiele einbezogen werden. Diese sollten zu Beginn jedoch noch keine schnellen Bewegungen fordern.

Während des allgemeinen Aufwärmens sollten zwischendurch Mobilisationsübungen einbezogen werden (siehe Kap. I.14.).

Spezifisches Aufwärmen für den Reiter

In diesem Teil werden die Muskelgruppen vorbereitet, die in unmittelbarem Zusammenhang mit dem Reiten stehen. Somit werden die danach folgenden koordinativen Prozesse vorbereitet. Insgesamt ist hierbei zu bedenken, daß Dehnungs-, Lockerungs-, Kräftigungsübungen und Übungen für die inneren Organe und Entspannung (siehe Kap. I.13.) einbezogen werden.

Nach dem allgemeinen Aufwärmen und der Mobilisation der Gelenke muß zunächst der Muskel gedehnt, gekräftigt, dann gelockert werden, um optimal funktionstüchtig zu sein. Nach Kräftigungsübungen müssen die verkürzten Muskeln wieder gedehnt werden, um unökonomischen Bewegungsabläufen entgegenzuwirken. Übungen für die inneren Organe (Übungen aus dem Teil des allgemeinen Aufwärmens – Kap. I. 17.3) sollen die Körpertemperatur auf dem entsprechend günstigen Niveau halten. Lockerungsübungen (Ausschütteln der genutzten Körperteile) dienen dazu, zu erfühlen, ob noch Verspannungen vorhanden sind.

Dabei ist für den Reitersitz zu bedenken, welche Muskeln zur Abschwächung neigen (sie müssen gekräftigt werden) und welche Muskeln zur Verkürzung neigen (sie müsen gedehnt werden). Sind Beuger und Strecker annähernd gleich stark, ist eine lockere Bewegung möglich. Die Übungen in Kap. I.15. und I.16. sind dabei einzubeziehen. Aus den umfassenden Ausführungen in Kap. I.9. und I.10. kann entnommen werden, welche Muskeln Tendenzen zur Verkürzung oder zur Abschwächung aufweisen.

Insgesamt ist dabei zu berücksichtigen, welche Besonderheiten der jeweilige Reiter aufweist. Je nach Stärken und Schwächen ist das Aufwärmen individuell zu gestalten.

Mentales Aufwärmen

Der Begriff „Aufwärmen" bezieht sich hier nicht auf die Körpertemperatur und den Stoffwechsel. Trotzdem hat diese Vorbereitung für koordinative Prozesse Bedeutung. Gemeint ist das geistige Sich-Vorstellen eines Bewegungsablaufs vor dem danach folgenden Bewegungsvollzug. Dieser geistige Vorgang macht die in den Gehirnzellen gespeicherten Muster der Bewegung später schneller verfügbar.

Passives Aufwärmen

Das Aufwärmen vor darauf folgenden Leistungsansprüchen ist ein aktiver Umstellungsprozeß und kann niemals durch passives Erwärmen (Duschen, Massage, Einreibemittel) ersetzt werden. Die Einreibemittel vermögen den Funktionszustand der energiebereitstellenden Systeme, des Bewegungsapparats und des Zentralnervensystems nicht zu erhöhen. Es wird ein Aufwärmzustand vorgetäuscht, so daß der Reiter glaubt, er sei bereits warm. Weitere aktive Maßnahmen werden nicht vollzogen, so daß das Verletzungsrisiko gesteigert wird. Auch eine Sportmassage kann funktionelles Aufwärmen niemals ersetzen und sollte nur als Ergänzung dienen.

Fehlerhaftes Aufwärmen

Aufwärmen wird oft zu kurz und intensiv durchgeführt, so daß der Reiter nach Aufnahme seiner Übungsstunde, seines Trainings oder Wettkampfs schnell einen „toten Punkt" verspürt. Durch zu geringes Aufwärmen ist die Kreislaufregulation noch nicht abgeschlossen. Der Körper reagiert mit extremer Atmung, weil der Reiter eine hohe Sauerstoffschuld eingeht. Dem Körper steht nicht genügend Sauerstoff zur Verfügung. Er braucht mehr Sauerstoff an dem Ort der Verarbeitung, als über die Transportbahnen herangeschafft werden kann. Außerdem können Dehnübungen methodisch falsch durchgeführt werden (wippendes Dehnen). Des weiteren werden falsche Dehn- und Kräftigungsübungen (siehe Abb. 39 und 40) einbezogen. Es werden keine Dehneffekte erzeugt, wenn die korrekten Ausgangs- und Endstellungen nicht eingenommen werden, so daß die Übungen ihren funktionellen Charakter verlieren. Auch belasten mehrere Übungen dieselben Muskeln hintereinander so hoch, daß bereits in der Aufwärmphase eine Ermüdung entsteht.

17.4 Aktives Entmüden – der Cool-Down-Vorgang

Nach hohen körperlichen Beanspruchungen muß der Organismus langsam in den Normalzustand zurückgeführt werden. Der Cool-Down-Prozeß ist in vielen Sportarten zur Unterstützung von Regenerationsprozessen zur Normalität geworden. Wird der Körper in seinen Normalzustand zurückgeführt, so zeigt er weniger Belastungskennzeichen und ist bei nachfolgenden Anforderungen leistungsbereiter.

Zunächst soll über Ganzkörperübungen wie Auslaufen oder Dehn-Gymnastik der hauptsächlich beanspruchten Muskelbereiche der Abbau von Stoffwechselschlacken im Blut unterstützt werden. Permantes Dehnen soll die Spannungszustände in der Muskulatur herabsetzen und auf das Ausgangsmaß zurückführen. Durch konzentrative Entspannungsübungen soll versucht werden, positive und negative Erlebnisse zu verarbeiten. Als Abwärmmethode kann zum Beispiel das autogene Training oder die progressive Muskelentspannung dienen. Beide Methoden seien kurz beschrieben:

Das **autogene Training** nach SCHULTZ enthält 6 Übungen, die ein Umschalten des Organismus auf einen konzentrativen Entspannungszustand ermöglichen. Der typische Übungsverlauf kann in der Droschkenkutscherstellung, im Liegen oder bei passiv entspannter Sitzhaltung bei geschlossenen Augen beginnen. Er beginnt mit der Ruhetönung, indem sich jeder einzelne mehrmals mental sagt: „Ich bin vollkommen ruhig". (Ziel: Allgemeine Beruhigung von Körper und Psyche). Der Sporttreibende muß sich bei allen Übungen intensiv in die Körperteile hineindenken und -fühlen.

Danach folgen die 6 Übungen:

1. Schwereübung: Der rechte (linke) Arm ist ganz schwer. (Alle Körperteile können in dieser Weise durchgegangen werden.) Ziel: Muskelentspannung, allgemeine Beruhigung.

2. Wärmeübung: Der rechte (linke) Arm ist ganz warm. Einzelne Körperteile können nacheinander einbezogen werden). Ziel: Entspannung der Blutgefäße, Beruhigung.

3. Herzübung: Das Herz schlägt ganz ruhig und gleichmäßig. Ziel: Normalisierung der Herztätigkeit, Beruhigung.

4. Atemübung: Die Atmung ist ganz ruhig und gleichmäßig. Ziel: Harmonisierung und Passivierung der Atmung, Beruhigung.

5. Leib-Sonnengeflechtsübung: Der Leib ist strömend warm. Ziel: Entspannung und Harmonisierung aller Bauchorgane, Beruhigung.

6. Kopfübung: Die Stirn ist angenehm kühl. Ziel: Kühler, klarer Kopf, Entspannung der Blutgefäße im Kopfgebiet, Beruhigung.

Die **Progressive Muskelentspannung** nach Bernstein und Borkovec (1975) umfaßt 16 Muskelgruppen in vorgegebener Reihenfolge, die zunächst angespannt und anschließend wieder entspannt werden. Diese Methode ist beim Abwärmen ebenfalls anzuwenden.

Es soll in Kurzform ein möglicher Weg vorgeschlagen werden, um die Grundfertigkeiten zu erwerben, die nach der Reitstunde oder nach einer Wettkampfsituation angewendet werden können.

Wenn jemand Probleme beim Entspannen hat, sind die nachfolgenden Übungen zunächst zu Hause (an einem ruhigen, ungestörten Ort im Liegen) zu lernen, um sie später auch nach Reitsituationen (auf einem Stuhl oder auch im Liegen) anwenden zu können.

Jede Muskelgruppe wird so lange angespannt, bis die verursachte Spannung wahrgenommen wird, was ungefähr fünf bis acht Sekunden dauert. An diese Zeitspanne muß sich jeder gewöhnen, d.h. der Reiter muß, zunächst durch Zählen der Sekunden, lernen, sie einzuhalten, bis er das Gefühl für diese Zeitspanne entwickelt hat. Es gilt also, eine Spannung zu erzeugen, sie wahrzunehmen und sich danach zu entspannen. Dabei soll sich der Reiter beim Anspannen und Entspannen in den entsprechenden Muskel „hineindenken bzw. hineinfühlen“.

Beim An- und Entspannen soll folgende Reihenfolge der Körperteile gewählt werden:

1. Dominante Hand und Unterarm

2. Dominanter Oberarm

3. Nichtdominante Hand und Unterarm

4. Nichtdominanter Oberarm

5. Stirn

6. Obere Wangenpartie und Nase

7. Untere Wangenpartie und Kiefer

8. Nacken und Hals

9. Brust, Schultern und obere Rückenpartie

10. Bauchmuskulatur

11. Dominanter Oberschenkel

12. Dominanter Unterschenkel

13. Dominanter Fuß

14. Nichtdominanter Oberschenkel

15. Nichtdominanter Unterschenkel

16. Nichtdominanter Fuß
(vgl. Eberspächer 1990, 66)

Es kann davon ausgegangen werden, daß der Abwärmprozeß genauso wichtig ist wie die Aufwärmvorbereitung. Besonders bedeutsam ist die Entlastung der Lendenwirbelsäule beim Reiten.

Wenn Anregungen für Übungsprogramme gesucht werden, sind sie der angegebenen Literatur (Freiwald, Knebel, Maehl/Höhnke) zu entnehmen.

- Aufwärmen ist die „Lösungsphase des Reiters“ !
- Die Herzschlagzahl wird erhöht !
- Der Blutdruck steigt !
- Innerhalb einer Zeiteinheit ist mehr Blut in Bewegung !
- Die Körpertemperatur steigt auf den angemessenen Wert von 38,5 – 39°C !
- Der „tote Punkt“ wird bereits in dieser Phase erreicht !
- Beim Reiten wird er dann später eintreten !
- Das Zusammenspiel der Muskeln wird verbessert !
- Gelenkkapseln, Bänder, Sehnen und Knorpel werden geschont !
- Alter, Kleidung, Tageszeit, Temperatur, Klima und der Typ des Reiters beeinflussen die Aufwärmvorgänge !
- Es gibt allgemeines, spezielles, mentales und passives Aufwärmen !
- Das Abwärmen ist genauso wichtig wie das Aufwärmen !

Autogenes Training oder progressive Muskelentspannung können dazu benutzt werden !

II. Zur Entwicklung des Bewegungsgefühls beim Reiten

1. Was ist eigentlich Bewegungsgefühl ?

Mit dem Bewegungsgefühl im täglichen Leben haben sich u.a. F.M. Alexander, Feldenkrais, zur Lippe und ihre Anhänger und im Sport Autoren wie Leist, Loibl, Trebels auseinandergesetzt. Jeder Fachmann im Sport weiß daher genau, was gemeint ist, wenn von jemandem gesagt wird, er habe ein hervorragendes Bewegungsgefühl. Unter diesem Begriff wird die Fähigkeit eines Sportlers verstanden, sich so zu bewegen, daß vom Beobachter die Bewegungen als harmonisch, zweckmäßig, ökonomisch und elegant wahrgenommen werden. Diese Bewegungen zeichnen sich durch Bewegungsgenauigkeit, Bewegungselastizität, Bewegungsharmonie, Bewegungsfluß, Bewegungsrhythmus aus (vgl. Meinel/Schnabel 1987).

Gemeint ist eine Fähigkeit, sich in einer Bewegungssituation oder im Umgang mit einem Gerät von seinem Gefühl leiten zu lassen.

Was heißt nun Bewegungsgefühl beim Reiten ? Es soll im folgenden eine Außen- und Innensicht unterschieden werden. Zunächst geht es um die Außensicht.

Das Reiten stellt eine Sondersituation dar, weil sich im Gegensatz zu anderen Sportarten zwei Lebewesen miteinander bewegen. Es ist also eine andere Situation, wenn jemand Tennis spielt, d.h. mit einem „toten Gegenstand“ bestimmte Bewegungsziele verfolgt. Beim Reiten kommt es darauf an, sich dialogisch mit einem zweiten Lebewesen so auseinanderzusetzen, daß die Bewegungen beider stimmig, harmonisch, ökonomisch, rhythmisch, fließend, elastisch aussehen.

Bewegungsgefühl beim Reiten hieße im einzelnen:

- Der Reiter muß mit sich so umgehen, daß seine Bewegungen kontrolliert sind bzw. alle äußerlich wahrnehmbaren Bewegungen bezüglich des Bewegungsziels (Reitlektion) sinnvoll erscheinen.

- Der Reiter muß das Pferd kontrollieren; er hat seine Bewegungen so auf das Pferd abzustellen, daß die natürlichen Bewegungsabläufe des Pferdes zur Geltung kommen.

- Der Reiter muß bestimmte Bewegungsmerkmale beherrschen, die für einen Dialog Reiter-Pferd notwendig sind. Er muß ein gutes Tempogefühl besitzen, ein feinfühliges Gleichgewicht (Balance) aufweisen und seinen Körper in sich ständig verändernden Reitsituationen (gleich ob Dressur oder Springen) mit denen des Pferdes so abstimmen, daß ein harmonisches Bild beider Wesen wahrnehmbar ist.

- Er muß sich auf die besonderen Bedingungen des Pferdes einstellen können, für die er in den Bewegungen seines Alltags keinen Vergleich findet. Das Pferd fordert durch seine Artbesonderheiten im Gegensatz zu anderen Bewegungswelten ständig die volle Aufmerksamkeit des Reiters. Der Reiter muß also immer in das andere Wesen

„hineinhorchen", ohne dabei selbst zu verkrampfen. Seine Bewegungen haben sich den Veränderungen des Pferdes anzupassen.

- Unter dieser Anpassung ist folgendes zu verstehen: Der Reiter hat zunächst seinen Willen nicht dem Pferd aufzuzwingen. Dem Reiter muß es um ein Sich-Einlassen auf die Bewegungsabläufe des Pferdes gehen, um nach diesem Sich-Anpassen die optimalen Bewegungsmöglichkeiten des Pferdes „herauszulocken". Der Reiter muß also zunächst ganz vorsichtig auf das Pferd einwirken und erfühlen, wie das Pferd darauf reagiert. Der Reiter muß die Möglichkeiten des Pferdes kennenlernen, um es danach zu veranlassen, sich dem Willen des Reiters unterzuordnen.

- Der Reiter muß im diesem Sinne Objekt- und Subjektrhythmus miteinander verbinden. Darunter ist folgendes zu verstehen:

  Jedes Pferd hat eine ganz besondere Art, sich zu bewegen. Kein Pferd ist mit einem anderen bewegungsmäßig gleich. Diese individuellen Bedingungen sind jedem Reiter als objektiver Rhythmus vorgegeben, dem er sich anpassen muß. Erst wenn er seinen eigenen (subjektiven) Rhythmus den vorgegebenen Bedingungen des Pferdes angepaßt hat, kann er danach auf den Vorgaben des Pferdes aufbauen.

  In diesem Zusammenhang meint Bewegungsgefühl die Fähigkeit des Reiters, etwas koordinativ Anspruchsvolles so zu beherrschen, daß die Bewegungen sicher, ökonomisch und situationsgerecht sind. Bewegungsgefühl in diesem Sinne sind gespeicherte Erfahrungen, die der Reiter im Umgang mit vielen Pferden und Reitsituationen erworben hat. Es ist also das besondere Gefühl für die Bewegungen des Pferdes. Dabei steht nicht eine bestimmte Reittechnik im Vordergrund, sondern der Erwerb von Erfahrungswissen, das sich aus den über Jahre hinweg erlebten Situationen und Empfindungen ergibt.

Nun zur Innensicht des Bewegungsgefühls.

Von Bewegungsgefühl wird auch gesprochen, wenn der Reiter Bewegungserlebnisse hat, die anregend und erregend sind; sie können sogar angstauslösend oder bedrohlich, positiv oder negativ sein. Hier geht es vorrangig um innere Vorgänge, die der Reiter beim Bewegungsvorgang spürt. Im einzelnen können es z.B. folgende Erlebnisse sein:

- Der Reiter erlebt das Geschwindigkeitsgefühl bei Verstärkungen im Trab, beim Mittel- oder starken Galopp, beim Überwinden von breit gebauten Oxern. Die Bewegungen werden von innen als weich, leicht, fließend, harmonisch empfunden.

- Der Reiter spürt die Übereinstimmung seiner Bewegungen mit denen des Pferdes.

- Der Reiter kann in Dressursituationen, die viel Schwung in sich bergen, oder beim Springen das Gefühl des Emporgetragenwerdens empfinden.

- Der Reiter kann jedoch auch einmal das Gefühl der Orientierungslosigkeit spüren, wenn er die Abfolge von Lektionen in einer Dressur vergessen hat. Orientierungslosigkeit kann ebenso beim Springen auftreten, wenn der Reiter durch die ausgeklügelte Linienführung innerhalb eines Parcours die optische Orientierung verloren hat.

- Der Reiter kann aber auch Lust empfinden, wenn er eine Risikosituation glücklich überstanden und das Glück ein wenig aufs Spiel gesetzt hat.

- Der Reiter erlebt eventuell auch das Gefühl der Angst, wenn er sich mit unbekannten Situationen konfrontiert sieht. Jeder Springreiter wird dieses Gefühl kennen, wenn er mit seinem Pferd vorher noch nicht gesprungene Hindernisse überwinden muß, die zusätzlich durch unangenehme Farben verunsichernd für das Pferd sind.

Diese Seite des Bewegungsgefühls beinhaltet also emotionale Erlebnisse. Gemeint sind Gefühlsreaktionen, die zwischen höchster Freude und bedrohender Angst anzusiedeln sind. Doch gerade diese Gefühle machen das Reiten attraktiv, gerade deshalb lassen sich viele Menschen auf das Reiten ein (vgl. Sportpädagogik 14 – 1990 - 4).

Was ist Bewegungsgefühl ?

- Beim Bewegungsgefühl gibt es eine Außen- und eine Innensicht.
- Die Außensicht meint den eleganten Bewegungsfluß und die Bewegungsharmonie eines Reiters.
- Die Innensicht meint innere Erlebnisse durch Bewegungen.
- Es geht um Erlebnisse wie Geschwindigkeitswahrnehmung, die Empfindung des Emporgetragenwerdens, der Übereinstimmung der eigenen Bewegungen mit denen des Pferdes.
- Auch bedrohliche innere Zustände wie Orientierungslosigkeit und Angst gehören dazu.

2. Bewegungsgefühl kontra Muskellehre ?

Der erste Teil des Buches versuchte, eine Einführung in die Muskellehre zu geben, die dem Reiter und Ausbilder einen tieferen Einblick in die Abläufe beim Reiten bieten sollte. Es stellt sich nun nach den Ausführungen über das Bewegungsgefühl die Frage, wie man beide Bereiche sinnvoll verbinden kann oder sogar muß.

In den bisherigen Lehrkonzepten fehlen weitestgehend Ausführungen über beide Seiten des Bewegungsgefühls (Außensicht/Innensicht): Die Bewegungsaneignung im Reiten ist bisher zu wenig unter dem Gesichtspunkt Bewegungsgefühl diskutiert worden. Man scheint gegen alles Subjektive (und Gefühlsmäßige) mißtrauisch zu sein. Dies hängt sicherlich mit der militärischen Tradition der Reitausbildung zusammen, die eine andere Zielsetzung verfolgte als die heutige Reitausbildung.

Aus meiner Sicht dürfen Reiter und Reitausbilder, die sich auf die lebendige Bewegung des Reitens einlassen, das Bewegungsgefühl nicht außer acht lassen. Es ist ebenso wichtig wie die muskulären Grundlagen. Diese bilden nämlich das Fundament, ohne dessen Kenntnis und systematischen Aufbau auch die Entwicklung des Bewegungsgefühls nicht möglich ist. Erst ein optimal muskulär aufgebauter Reiter kann sich so aufs Pferd setzen, daß er die Bewegungen des Pferdes als harmonische Abläufe erspüren kann.

Säße er schief oder fest, kämen die Bewegungen des Pferdes bei ihm als Stöße oder unangenehme Bewegungsübertragungen an. Das Bewegungsgefühl im Sinne harmonischer Bewegung oder auch im Sinne innerer Erlebnisse wie Dynamik oder Emporgetragenwerden würden nicht entstehen.

Wie kommt es jedoch dazu, daß dieser Gesichtspunkt bisher zu wenig Beachtung gefunden hat ?

Diese Tatsache ist nicht alleine eine Besonderheit der Reiterei, sondern des Sporttreibens und der Vermittlung des Sports schlechthin. Der Sport unterwirft sich Kriterien wie Leistung, Spannung, Geschwindigkeit und hat sich einem Bewegungsbegriff ausgeliefert, der nach „objektiven“ Maßstäben drängt. Bewegungsergebnisse werden streng gemessen und verglichen, wobei die Kriterien der Naturwissenschaft als harte Maßstäbe angelegt werden. Naturwissenschaft und Gefühl passen in dieser Hinsicht nicht zusammen, außerdem ist das Bewegungsgefühl wegen seiner komplizierten Zusammenhänge schwer zum Gegenstand wissenschaftlicher Forschung zu machen. In diesem Zusammenhang muß daran erinnert werden, daß der Begriff „Bewegung“ in unserer Kultur zu einseitig interpretiert wird. Wenn wir die englischen Begriffe zugrunde legen, dann kann „Bewegung“ mit „movement“ und mit „motion“ übersetzt werden. „Movement“ bezeichnet eine Ortsveränderung des Menschen, die gemessen werden kann. „Motion“ meint die innere Bewegung, also das, was auch unter Bewegungsgefühl verstanden wird. Diese innere Bewegung ist insgesamt in der westlichen Kultur außer acht geraten. In dem vergangenen Jahrzehnt ist jedoch über die Gesundheitsdiskussion eine andere Sichtweise von Bewegung in den Mittelpunkt gerückt worden. Man mußte einsehen, daß das Streben nach immer neuen Höchstleistungen auch schädigende Wirkungen hat. Deshalb steht auch die Entdekkung des Bewegungsgefühls oder des inneren Auges des Menschen im Mittelpunkt von Konzepten, die im zweiten Teil des Buches behandelt werden sollen.

- Muskellehre und Bewegungsgefühl schließen einander nicht aus !

- Muskellehre bildet die körperliche Grundlage, um das Bewegungsgefühl korrekt auszubilden !

- Der Reiter muß lernen, sich über seine Muskeln von „innen zu sehen“ !

- Bewegung hat eine Außensicht (movement – Ortsveränderung) und Innensicht (motion – innere Bewegung) !

- Der Gesichtspunkt der inneren Bewegung ist bisher zu wenig beachtet worden !

3. Bewegung und Wahrnehmung bilden eine Einheit

Die Möglichkeiten und Grenzen von naturwissenschaftlichen Bewegungskonzepten sind bekannt. Heute kann von einer Renaissance der Bewegungskonzepte gesprochen werden, die Bewegung nicht als rein kausale Handlungsabfolge betrachten. Das Zusammenwirken von Wahrnehmen und Bewegen ist nicht mechanisch zu erklären.

Das Lernen des Menschen, hier das Bewegungslernen im Reiten, darf nicht im Sinne des kybernetischen Regelkreises als reine Informationsverarbeitung angesehen werden. Bewegungslernen bedarf der grundsätzlichen Offenheit und Variabilität menschlichen Handelns. Gerade diese beiden Gesichtspunkte machen die Komplexität menschlichen Bewegungslernens deutlich.

Über seine Wahrnehmung hält der Reiter Kontakt zum Pferd und zur Reitsituation. Diese Wahrnehmung kann als Einfühlung gekennzeichnet werden. Der Reiter spürt das Pferd, wie es auf seine Hilfen reagiert. Er merkt, was er bereits bewirkt und was das Pferd noch nicht umgesetzt hat.

Daraus ergeben sich für den Reiter neue Ziele, die er mit dem Pferd erreichen möchte. Er spürt sofort, ob das Pferd seine Intentionen verstanden hat oder nicht. Das Bewegungsproblem beim Reiten besteht also darin, sich selbst genauer spüren zu lernen und sich in Abstimmung mit den Gegebenheiten der Reitsituation in die Bewegung so einzuspielen, daß die Bewegungen von Reiter und Pferd von übermäßigen Anstrengungen genauso frei sind wie von zu geringer Dynamik. Die gemeinsamen Bewegungen sollen harmonisch und schön werden.

Der untrennbare Zusammenhang von Wahrnehmen und Bewegen ist hoffentlich deutlich geworden. Daraus ergibt sich gleichzeitig der hohe Stellenwert sinnlicher Wahrnehmung für den Reiter in konkreten Bewegungssituationen. Es sind gerade die Nahsinne (Auge, Ohr, Haut, Bewegungssinn, Gleichgewicht), die uns die unmittelbaren Bewegungen des Pferdes spüren lassen. Der Reiter spürt Druck und Zug, Lageveränderungen von Teilen seines Körpers und denen des Pferdes oder auch Veränderungen des gesamten Körpers. Es geht um Beschleunigungsvorgänge, Drehungen, Gewichtsverlagerungen etc..

Es darf nicht beim Spüren alleine bleiben, es muß immer verwoben werden mit den Vorgängen des Bewirkens, also dem Anstreben einer Wirkung, nämlich den gewünschten Bewegungsveränderungen beim Pferd. Spüren und Bewirken im Reiten beziehen sich immer auf einen Auslöser (den sichbewegenden Reiter) auf der einen Seite und das, worauf er wirkt (das Pferd) mit seinen wahrgenommenen Veränderungen auf der anderen Seite.

- Reitenlernen ist kein Reiz-Reaktionslernen !
- Spüren und Bewirken sind die Prinzipien der gemeinsamen Bewegung von Pferd und Reiter !

4. Gefühlvolles Reiten

4.1 Grundzüge des Lernens

Ein Reiter hat in meinem Sinne das Reiten gelernt, wenn folgende Voraussetzungen gegeben sind:

- Er hat erfühlt, zu welchen Veränderungen das Pferd fähig ist und wie er sich diesen Herausforderungen gemäß auf dem Pferd zu verhalten hat. Er handelt mehr koordinativ (mit Hilfe von Gleichgewicht und Rhythmusanpassung anstatt mit übermäßigen mechanischen Hilfen wie dem Ziehen an den Zügeln, dem Klemmen, dem zwanghaft geraden Sitz).

- Er hat zu antizipieren, also vorauszusehen gelernt. In den Situationen des „Spürens und Bewirkens" hat der Reiter Erfahrungen gespeichert, die er bei Situationsveränderungen als Erfahrungswissen abrufen kann, ohne erst lange überlegen zu müssen. Er hat aus den Wahrnehmungssituationen innere Bilder entwickelt, die es ihm ermöglichen, nicht nach Anweisung des Trainers von außen zu reagieren, sondern selbständig die Situationen zu meistern.

- Er ist durch die Vorgänge des „Spürens und Bewirkens" so sensibilisiert, daß er sich auch ohne große Probleme auf andere Pferde einstellen kann. Er wendet nicht mechanistisch Reitprinzipien an, sondern überträgt sie sensibel, indem er erst in das Pferd „hineinhorcht", erfühlt, wie das Pferd auf seinen Willen eingeht, um danach seinen Willen auf das Pferd zu übertragen.

- Ein solches Reitenlernen gründet sich auf das gefühlvolle Einwirken des Reiters auf sein Pferd, so daß der Kopf frei für die Bewältigung von Situationen ist. Durch den Zusammenhang von „Spüren und Bewirken" haben sich so viele innere Bilder entwickelt, daß die Beherrschung des Pferdes nicht vorrangig kopfgesteuert abläuft. Der Reiter führt sein Pferd bewegungslenkend, d. h. er erfühlt bereits an kleinen Veränderungen des Pferdes, was es nicht in seinem Sinne vollziehen will. Diese Widerstände werden für den Beobachter von außen gar nicht sichtbar. Der gefühlvolle Reiter korrigiert sein Pferd nicht erst, wenn der Fehler schon begangen wurde, sondern er erstickt den möglichen Fehler gefühlsmäßig „im Keime". Er ist so geschickt, daß diese von ihm erfühlten Widerstände des Pferdes erst gar nicht sichtbar werden. Wie oft erlebt man auf Turnierplätzen Dressurreiter, die aus dem Viereck kommen und stöhnen, wie „heiß" das Pferd gewesen sei. Die Zuschauer haben das nicht wahrgenommen, weil der Reiter diese Unstimmigkeiten zumeist durch seine Feinfühligkeit tilgen konnte.

- Koordination (vor allem Gleichgewicht und Rhythmus) haben Vorrang vor rein mechanischen Abläufen !

- Der Reiter ist selbständig !

- Durch das Entwickeln von feinfühligen Reitbewegungen über „Spüren und Bewirken" kann sich der Reiter auch auf andere Pferde schneller einstellen !

- Das Bewegungsgefühl ist ausgebildet worden, so daß der Kopf frei ist für die Situation !

4.2 Prinzipien der Vermittlung

- Voraussetzung für die Entfaltung des Bewegungsgefühls ist eine möglichst freie reiterliche Gestaltung der Situation. Spielerische Aufgaben, wie man sie mit Kindern an vielen Orten bereits einsetzt, sollten auch den Erwachsenen angeboten werden. Erst über diese Situationen können auch Erwachsene ohne Sattel (Voltigiergurt als Hilfe sollte vorhanden sein) das Pferd in seinen Bewegungen direkt erspüren. Wenn sie Übungen machen, wie z.B. sich vermehrt auf eine Seite des Pferderückens zu setzen, dann erfühlen sie direkt, was sie damit beim Pferd bewirken. Diese elementaren Situationen können später für das Lektionenreiten genutzt werden.

- Das Bild des Unterrichts, das sich hieraus ergibt, wird nicht mehr durch den Reitlehrer bestimmt, der Vorschriften und Reitformen vorgibt. Der Reitlehrer wird vermehrt Berater oder Moderator, der Reitsituationen nahelegt, die aber Phasen des Suchens, des „Ins-Gefühl-Bekommens" für den Reiter ermöglichen. Der Reitlehrer wird in keiner Weise überflüssig, sondern er „überwacht" die Bemühungen der Reiter. Es wird in der Reiterei immer Phasen geben, die alleine aus dem Gefühl nicht vom Reiter gelöst werden können. In diesen Situationen überprüft der Reitlehrer die Zweckmäßigkeit der Aufgabenstellung und versucht, sie rational für den Reiter zu begründen. Danach darf dieser sich wieder auf sein Gefühl verlassen.

- Sprache bleibt Mittel des Unterrichts. Sie erhält nur eine andere Funktion. Der Reiter muß lernen, in Problemsituationen sein(e) Gefühl(e) dem Reitlehrer mitzuteilen, damit dieser ihm sinnvolle Hilfestellung geben kann.

- Die Sprache des Unterrichts muß bildhaft (metaphorisch) gestaltet werden, um so bessere Vorstellungen beim Reiter hervorrufen zu können.

- Lektionen des Unterrichts müssen nicht als Anweisung formuliert werden, sondern als Aufgaben. Es kann z.B. die Aufgabe des Zirkel-Reitens im Trab gestellt werden, wobei der Ausbilder die Linienführung durch aufgestellte Kegel vorgibt. Dieses Beispiel wird in Kap. II.5.2 vertiefend behandelt. Der Reiter erhält dadurch die Möglichkeit, die Lösung der Aufgabe selbst zu finden. Dabei kann er die folgenden Phasen durchleben:

  (Alle Ausführungen sind so zu verstehen, daß sie immer unter der Aufsicht eines Ausbilders ablaufen, damit dieser in jeder Phase einer Aufgabe eingreifen kann.)

Zunächst **erkundet er die Situation,** weil er auf der Suche nach sinnvollen Lösungsschritten ist. Gelingt ihm die Aufgabenlösung derart, daß er spürt, wie sich das Pferd annähernd auf der Kreisform bewegt, dann **lotet er die Situation aus**. Er möchte wissen, was man über die ersten Lösungsversuche hinaus noch machen kann. Er versucht, die **Situation zu kontrollieren** (auch mit Hilfe der vom Reitlehrer gegebenen Hilfen). Er reitet Zirkel auf beiden Händen und mit unterschiedlichen Tempogestaltungen. Ist er sich mit dem Pferd im Trab einigermaßen sicher, **reizt er die Situation aus**. Er versucht es im Galopp. Wird diese große Zirkellinie beherrscht, **überschreitet der Reiter diese Anfangssituation**. Er legt kleinere Zirkel an, die bereits der 8-m-Volte ähneln. Er möchte herauszufinden versuchen, was man auf gebogenen Linien alles veranstalten kann. Danach **gestaltet er** Teile von Dressuraufgaben, indem der Zirkel mit anderen Lektionen kombiniert wird.

Der Reiter gestaltet somit Reitsituationen, bis er sie im letzten Stadium **selbständig, auch ohne Reitlehrer beherrscht.**

Eine solche Stufung des Handlungsaufbaus haben Loibl/Leist (1990, 25) entwickelt. Diese Stufung kann der Reitlehrer auch für den Aufbau methodischer Schritte im Unterricht übernehmen, indem er über Anregungen die entsprechenden Handlungen bei den Reitern „herauslockt“.

- Zur Entwicklung des Bewegungsgefühls ist eine möglichst freie Gestaltung der Situation nötig !
- Der Reitlehrer wird Berater des Reiters und weist nicht mehr an !
- Der Reitlehrer stellt Aufgaben und gibt keine ständigen Anweisungen !
- Anweisungen geben nur eine Möglichkeit des Lösungsweges vor !
- Aufgaben fordern den Reiter auf, Lösungswege selbst (mit Hilfe des Ausbilders als Berater) zu suchen !
- Die Unterrichtssprache muß bildhaft gestaltet werden !
- Das Vorgehen eines Lernenden hat folgende Stufung:
  - Erkunden der Situation
  - Ausloten
  - Kontrollieren
  - Ausreizen
  - Überschreiten
  - Gestalten bis zum absoluten Verfügen über die Situation.

4.3 Grenzen der sprachlichen Vermittlung

Die folgenden Ausführungen beziehen sich vor allen Dingen auf Reiter, die sich auf dem Weg befinden, ihr reiterliches Bewegungsgefühl aufzubauen. Sie gehören also noch nicht zu den Reitern im fortgeschrittenen Stadium. Für fortgeschrittene Reiter können sprachliche Hilfen ganz anders umsetzbar sein, weil bei ihnen bereits die gefühlsmäßigen Grundlagen entwickelt sind und sie sich nur noch auf die Details zu konzentrieren brauchen, die noch nicht feinkoordiniert ablaufen.

Die Formen der Vermittlung im Sport sind unterschiedlich. Früher glaubte man, der Lehrende müsse alles vormachen, also optisch darstellen, damit der Lernende eine Vorstellung der Bewegung erhält. Diese sollte Grundlage für die eigene Bewegung des Lernenden sein. Danach folgte eine Phase, in der man sich von der Orientierung an dem Ausbilder löste. Man wollte die Lernenden nicht den individuellen Bildern einzelner Lehrenden ausliefern. Das vorgegebene äußere Bild von der Bewegung, das immer schon wieder individuellen Charakter hatte, konnte nicht ohne weiteres übernommen werden.

Es stellte sich außerdem das Problem, daß dem Lehrenden irgendwann aufgrund seines Alters auch Grenzen gesetzt waren, für die Lernenden eine optimale Vorgabe bieten zu können. Es entstand daraufhin die Tendenz zur Vermittlung über die Sprache.

In den 70er Jahren entstanden wiederum Konzepte, die das Prinzip „Vormachen-Nachmachen“ und die Vermittlung über die Sprache ablösten. Man glaubte, über Lehrprogramme dem Lernenden die besten Möglichkeiten für das eigene Nachvollziehen bieten zu können. Es wurden Bildreihen mit Texten verknüpft, um die

Vorteile beider vorherigen Ansätze auszunutzen und die Nachteile möglichst klein zu halten.

Es sollen an dieser Stelle aber nicht noch weitere Konzepte dargestellt und in Frage gestellt werden, weil sie für unseren Ansatz keine Anregungen bieten können.

Bezüglich des Reitens sollen die angesprochenen Methoden befragt werden, ob sie zu dem Ziel führen, Bewegungsgefühl zu entwickeln. Dabei wird insbesondere auf die Methode der Versprachlichung eingegangen, weil diese in der Reiterei hauptsächlich verwendet wird.

Eine vorgeführte Reitlektion hat für einen Reiter nur dann Bedeutung, wenn er bereits Grundlagen dieser Lektion beherrscht. Ansonsten würde er nur die äußere Form der Bewegung erkennen, die dynamischen (gefühlsmäßigen) Zusammenhänge blieben ihm verborgen. Eine dem Reiter annähernd bekannte Reitbewegung erzeugt in ihm den Zwang, sie innerlich mitzuvollziehen, d.h. er kann sich nicht von der vor ihm ablaufenden Bewegung distanzieren, sondern vollzieht sie im Inneren automatisch nach. Dieser Effekt wurde mit Carpenter-Effekt bezeichnet; heute wird er „Bild und Mitbewegung" (Ennenbach 1989) genannt.

Aus dieser Erkenntnis folgere ich für das Prinzip „ Vormachen-Nachmachen", daß neue Reitbewegungen mit dieser Methode kaum vermittelt werden können. Im Reiter entsteht kein inneres Bild, er fühlt die vor ihm ablaufenden Reitbewegungen nicht innerlich nach, wenn er sie nicht schon kennt. Er erhält ausschließlich einen oberflächlichen äußeren Entwurf, dessen inneren Zusammenhang er noch nicht erspüren kann. Außerdem ist die vorgegebene Form schon wieder etwas Individuelles, das von einem anderen nicht gleichförmig nachvollzogen werden kann.

Jeder Reiter und jedes Pferd haben für jede Bewegung nur IHREN optimalen Bewegungsablauf; ein Orientieren an Vorgaben hieße, die individuellen Bewegungsmöglichkeiten teilweise zu tilgen und sich zwanghaft einer vorgeschriebenen Form zu unterwerfen.

Für die Entwicklung des Bewegungsgefühls wäre eine Orientierung an diesem Modell schädlich. Der einzelne Reiter könnte **sein** Bewegungsgefühl nicht erlangen; **er würde nur in eine Form gepreßt.** Wenn das Prinzip „Vormachen-Nachmachen" eine Bedeutung haben soll, dann müssen die demonstrierten Lektionen einen gewissen Bekanntheitsgrad für den Reiter besitzen, damit sich der „Carpenter-Effekt" einstellt, d.h. daß sich innere Bilder als Grundlage für das eigenen Nachvollziehen entwickeln können.

Lehrprogramme durch Bildreihen mit unterlegtem Text haben das Ziel, die optischen Vorgaben so exakt wie möglich zu machen. Einerseits können die Bilder in ihren Details genauer sein als die unmittelbar vorgeführte Bewegung. Andererseits fehlt den Bildern die in der Realität vorhandene Dynamik. Gerade diese ist aber für die Entwicklung des eigenen Bewegungsgefühls eine wichtige Orientierungsgrundlage. Sprachliche Unterlegungen der Bildreihen führen zu denselben Problemen wie die Sprache im gängigen Reitunterricht. Diese soll nun im folgenden bezüglich ihrer Tauglichkeit unter die Lupe genommen werden.

Es wird deshalb so intensiv auf die Vermittlung durch Sprache eingegangen, weil diese Vermittlungsform hauptsächlich praktiziert wird und die meisten Reiter nur über das Ohr lernen dürfen. Vielleicht liegt gerade in dieser Methode der Grund verborgen, warum viele Reiter über Jahre nicht „vom Fleck" kommen und sich gefühlsmäßig nicht verbessern.

Ausbilder und Reiter sollten wissen, daß jeder Mensch ein anderer Lerntyp ist. Je nach eigener Entwicklung haben die einzelnen Menschen durch Vermittlung über unterschiedliche „Informationskanäle“ (Auge/Ohr/Muskelsinn) gelernt und sich daran gewöhnt. Es wird z.B. unterschieden zwischen optischen (über das Auge), akustischen (über das Ohr) und kinästhetischen (über den Muskelsinn) Lerntypen. Diese kann man auch schon daran erkennen, daß sie in ihrer Sprache verstärkt Begriffe aus dem jeweiligen „Kanalbereich“ benutzen, wenn sie sich über denselben Inhalt unterhalten. Dieser Gesichtspunkt soll hier nicht ausgeweitet werden, ist jedoch für die Vermittlung generell wichtig (vgl. Markova 1993). Ein Vermitteln über die Sprache würde also nur den akustischen Lerntyp erreichen, die anderen müßten sich mehr mühen, um die für das Reitenlernen bedeutsamen Informationen zu erhalten. Für ein Sich-Einfühlen in die Bewegung sind dadurch bereits Barrieren aufgebaut.

Außerdem ist nicht jeder Reitlehrer auf demselben Sprachniveau. Derjenige Reiter ist im Vorteil, der das Glück hat, bei einem Reitlehrer Unterricht nehmen zu können, der durch sprachliche Sensibiliät in der Lage ist, die Bewegungen präziser, bildhafter und feinfühliger zu formulieren als ein anderer.

Der Sprache sind Grenzen in der Erfassung und Formulierung von Bewegungsabläufen gesetzt. Mit Worten kann der Reitlehrer Bewegungen immer nur nacheinander formulieren, auch wenn sie gleichzeitig ablaufen. In diesen Situationen werden dann Hilfskonstruktionen verwendet: „Du mußt innen sitzen und gleichzeitig ...“, „...während Du die Zügel annimmst, mußt Du das Pferd im selben Augenblick von hinten ...“. Die Unzulänglichkeit der Sprache ist für Entwicklung des Bewegungsgefühls bereits eine Klippe.

Ein weiteres Problem besteht darin, die dynamischen Momente einer Reitbewegung mit Hilfe der Sprache wiederzugeben. Begriffe wie „weicher annehmen“ oder „nachgeben mit den Zügeln“ u.a.m. werden von jedem Reiter anders verstanden. Es ist schwer, innere Bewegungsabläufe, die die wahrnehmbaren Reiterhilfen auslösen sollen, überhaupt mit der Sprache zu erfassen und sie auch noch so zu formulieren, daß sie dem Reiter eine Verbesserung seiner Feinabstimmung ermöglichen.

Sprache ist generell hinsichtlich der Übermittlung emotionaler Regungen begrenzt; wie soll denn ein Ausbilder das Gefühl, das ein Reiter innerlich wahrnehmen soll, in Sprache umsetzen ? Meistens formuliert der Ausbilder unbewußt **sein Bewegungsgefühl** für die zu reitende Lektion. Dies bedeutet jedoch für den Reiter eine Überforderung, weil der Ausbilder weitaus höher ausgebildet ist als er selbst. Deshalb kann der lernende Reiter solchen Anforderungen nicht spürend nachgehen.

Der Reitlehrer versprachlicht meistens seine inneren Bilder, sein inneres Auge. Dabei muß er bedenken, daß jeder seiner Reiter andere innere Bilder besitzt. Diese gilt es für den Ausbilder aufzuspüren. Eine wahrlich hohe Anforderung !

Der Reitlehrer muß also lernen, **das Bewegungsgefühl des Reiters zu erfassen.** Er muß im Unterricht den Reitschüler „nachreiten“, um durch sein inneres Nachspüren die Bewegungsungenauigkeiten des Reiters selbst zu erfühlen (mit Hilfe seines Bildes und der unweigerlich ablaufenden inneren Mitbewegung). Nur auf diesem Weg kann er erkennen, wo er Veränderungen der dynamischen Abläufe des Reiters vornehmen muß.

Leider werden Ausbilder nicht für diese Art von Unterricht ausgebildet. In den Ausbildungsgängen lernen die Reitlehrer ausschließlich, die äußere Form zu bewerten/zu beurteilen. Dies ist zwar grundsätzlich nicht zu verwerfen, nur ist die hinter der Form sich verbergende Dynamik die entscheidende Ausgangsbasis für eine erfolgreiche Veränderung des Reitverhaltens des Lernenden.

Hinter der Fachsprache und dem Fachjargon der Reiterei verbergen sich Bewegungsanforderungen, die nicht von jedem Reiter erfaßt und umgesetzt werden können. Daher ist es für den Ausbilder notwendig, seinen Reitern zu verdeutlichen, was er mit seinen Begriffen meint. Dies kann vor Beginn jeder Stunde geschehen, damit der Unterricht nicht durch übermäßig lange Erläuterungen gestört wird. Wenn der Reiter dennoch Verständnisschwierigkeiten hat, muß er unbedingt nachfragen, um Lernprobleme zu umgehen. Die noch vor einigen Jahren übliche Regel, daß in der Reitbahn von den Schülern nicht gesprochen werden darf, ist also völlig unsinnig.

Oftmals werden Reiter mit übermäßig vielen Anweisungen überschüttet. Jeder Reiter kann nur eine bestimmte Menge an Informationen aufnehmen. Da jeder auf einem anderen Niveau reitet, müßten die Anweisungen auch in jeder Reitstunde für jeden individuell gestaltet werden.

Man bedenke: Jeder Reiter soll sein Bewegungsgefühl entwickeln !

Daher ist es notwendig zu wissen, daß jeder Reiter nur zwei bis drei neue Bewegungskriterien auf einmal umsetzen kann.

Wenn der gängige Reitunterricht zugrunde gelegt wird, so kann man folgendes unterstellen: Eine hohe Anzahl von Anweisungen des Ausbilders lassen die Entwicklung des Bewegungsgefühls nicht zu, weil der Reiter immer damit beschäftigt ist, die Formvorgaben des Reitlehrers zu erfüllen.

Er wird so davon abgelenkt, sich auf sich selbst und sein Pferd gefühlsmäßig einstimmen zu können. Oft ist es so, daß den Reiter (aufgrund der Anweisungen des Ausbilders) mehrere Gedanken beschäftigen („Was soll ich tun, was soll ich lassen ?") So gut diese Hilfestellungen auch gemeint sind, sie verhindern eher einen Lernfortschritt, als daß sie die gewünschte Korrektur bewirken.

- Über Sprache alleine kann der Reiter nicht lernen !
- Auch Vormachen-Nachmachen reicht nicht aus !
- Filme und Bildreihen haben auch ihre Grenzen !
- Jeder Reiter ist ein anderer Lerntyp !
- Vermittlung über Sprache würde hauptsächlich den akustischen Lerntyp unterstützen !
- Über Sprache können Teilbewegungen nur nacheinander formuliert werden, obwohl sie gleichzeitig ablaufen !
- Die gängige Reitersprache erzeugt Bewegungsbilder, die die im Reiter ablaufenden Prozesse nicht erfassen !
- Die Art der Sprache kann ein falsches Bewegungsgefühl erzeugen !

4.4 Lernen geschieht nicht nur über den Kopf !

Der „Kopf" ist der „bewußte Bestimmer", während das „Gefühl" der „unbewußt automatische Macher" ist. Auf dieses Verhältnis soll jetzt genauer eingegangen werden (vgl. Gallwey 1990).

Wenn Reiter in Höchstform reiten, dann beschreiben die Außenstehenden es oft wie folgt: „Er reitet wie im Traum !" „Er wächst über sich selbst hinaus !" „Er reitet unbewußt !" Diese Äußerungen haben gemeinsam, daß sie einen Zustand beschreiben, der nicht verstandesorientiert ist. Das Reiten geschieht scheinbar intuitiv, der kontrollierende Verstand ist überwunden oder zu einem Großteil außer Funktion.

Dieses Reiten findet jedoch nicht ohne Bewußtsein statt; das würde zu großen Schwierigkeiten führen. Wenn jedoch jemand beim Reiten den Verstand „ausschaltet", dann achtet er mehr auf das Pferd, erfaßt optisch die Hindernisse, spielt die Lektionen innerlich durch. Er stört sich jedoch nicht selbst durch ständige eigene Belehrungen (oder Erfüllung der Anweisungen des Reitlehrers). Er denkt nicht ständig über seine Bewegungen nach: Er reitet so, als wäre er mit sich und dem Pferd alleine auf der Welt, er vergißt die Außenwelt und verschmilzt mit den Bewegungen des Pferdes.

Dieser Reiter reitet bewußt, aber nicht „verkopft". In diesem Zustand spürt der Reiter, wie er muskulär einzuwirken hat. Es scheint alles von alleine zu gehen. Dieses gute Reitgefühl hält solange an, bis der Reiter darüber nachdenkt. Sobald der „Kopf" wieder die Kontrolle übernimmt, verliert er das Gefühl.

Diese Aussagen mögen widersprüchlich klingen, aber sie beschreiben einen Zustand, der erreicht werden kann. Reiter und Pferd werden zu einer Einheit. Diesen Zustand zu erreichen, ist das Ziel des „inneren Reitens". Genau das meint der Titel des Buches: „Bewegungsgefühl: das innere Auge des Reiters".

Um diesen Zustand jedoch in Auseinandersetzung mit einem anderen Lebewesen wie dem Pferd zu erzielen, muß jeder erst einmal lernen, seine eigenen Bewegungen zu erleben. Dazu soll dieses Buch eine Hilfe darstellen.

Wir müssen uns eines natürlichen und wirkungsvollen Prozesses des Lernens wieder erinnern, den viele vergessen haben, den aber alle Menschen durchlebten, als sie gehen und sprechen lernten. Dieser Prozeß spielt sich eher im Unterbewußtsein ab als im verstandeskontrollierten Bewußtsein. Unterbewußt gesteuerte Impulse kommen aus dem Rückenmark und den Stammregionen des Nervensystems, der Verstand hingegen sendet Impulse von der Großhirnrinde aus. Der Mensch (Reiter) muß also die Gewohnheiten verlernen, die ihn daran hindern, daß er etwas „einfach mit sich geschehen läßt" (vgl. Gallwey 1990).

Warum die Auseinandersetzung „Kopf" und „Gefühl" beim Menschen einem „Konkurrenzkampf" gleicht, soll im nächsten Kapitel erläutert werden, wenn es um die Bedeutung beider Gehirnhälften geht. Die linke Gehirnhälfte ist der Verstand, der „bewußte Bestimmer", während die rechte der „automatische Macher" ist. Sprachliche Anweisungen schalten immer die linke Gehirnhälfte (den Verstand) ein, so daß Bewegungslernen (Reitenlernen) zum Problem werden kann. Das sich hinter diesen beiden Teilen des Gehirns verbergende Geheimnis soll durch eine Praxissituation angedeutet werden, die zum nächsten Kapitel überleitet.

Jemand beobachtet einen ihm bekannten Reiter. Es fällt dem Beobachter auf, daß Reiter und Pferd an diesem Tag im wahren Sinne „ein Paar" darstellen. Der Reiter schmiegt sich dem Pferd so an, so daß beide eine Einheit bilden. Es gelingen ihnen Lektionen, die vorher nicht so gelungen aussahen. – Wenn nun der Beobachter den Reiter anspricht und ihn befragt, warum er heute in einer solchen Form mit dem Pferd sei, dann beginnt der Reiter zu überlegen und versucht, Begründungen heranzuziehen. Bei fast allen Reitern sehen danach dieselben Reitlektionen bei weitem nicht mehr so gelungen aus; – mit der guten Form ist es zu Ende. Versucht der Reiter zu wiederholen, was vorher dem Beobachter als besonders gelungen beschrieben wurde, verliert er seinen Rhythmus. Wie ist nun diese Situation zu erklären ?

- Es wird zu viel über den Kopf gelernt, anstatt dem Fühlen mehr Bedeutung zu schenken !
- Der Reiter soll bewußt reiten, aber nicht verkopft !
- Ein ständiges Denken oder Nachdenken stört das Bewegungsgefühl !
- Der Kopf (Verstand) bereitet Vorgänge vor, danach muß das Gefühl die Führung übernehmen !

4.5 Die Bedeutung beider Gehirnhälften beim Lernen

Das menschliche Gehirn ist eigentlich in zwei voneinander getrennte Organe zu unterteilen, die durch das Corpus callosum, das ein Bündel von Nervenfasern ist, miteinander Kontakt haben. Die Funktion beider Gehirnhälften läßt sich so beschreiben, als seien sie zwei unterschiedliche Personen.

Die **linke Gehirnhälfte** sieht wie ein Computer aus und funktioniert entsprechend. Sie zeigt kein Gefühl, ist durch nichts in Rage zu bringen, aber hat die Fähigkeit, große Mengen an Informationen (= Mitteilungen mit Neuigkeitswert) systematisch zu verarbeiten und zu behalten. Sie reagiert auf sprachliche Informationen und ordnet sie so, daß sie jederzeit abgerufen werden können. Sie ist imstande, Daten mechanisch und strukturiert zu wiederholen. Sie betätigt sich nie kreativ. Die linke Gehirnhälfte hat eine hohe Konzentrationsfähigkeit und widersteht jeglichem Ablenkungsmanöver von außen. Sie denkt logisch, analysiert messerscharf, vertraut jedoch nicht einem Gefühl. Die innere Zufriedenheit entsteht verstandesmäßig. Die linke Gehirnhälfte bewegt den Körper nur schwerfällig im Raum und kann Musik nicht in Bewegung umsetzen. Bewegung interessiert sie generell nicht.

Die **rechte Gehirnhälfte** reagiert nicht auf Situationen, in denen es gilt, ein Problem zu verstehen oder zu analysieren. Sie kennt die Richtigkeit und vertraut auf sie. Die rechte Gehirnhälfte ist vergleichbar einem Künstler, der im Augenblick lebt und ihn auskostet. Augen und Ohren werden von ihr zum Aufnehmen von bildhaften und musikalischen Informationen benutzt; sie ist verantwortlich für musikalische und künstlerische Begabung. Sie hat eine hohe

Vorstellungkraft und kann sich schnell an Bilder erinnern. Das Ohr lehnt sie als Aufnahmequelle von Informationen ab, weil sie Aufgaben irritieren, bei denen viele Details zu bedenken sind. Sie wird ausschließlich von Gefühlen gelenkt. Die rechte Gehirnhälfte weiß den Körper auf höchstem Niveau koordiniert im Raum zu bewegen. Ihre Bewegungen sind gelöst und leicht, weil eine gute emotionale Beziehung zwischen ihr und dem Körper besteht. Sie kann sich vollkommen der Musik hingeben. Lesen wird von ihr im Gegensatz zum Schreiben bevorzugt. Gesichter erkennt sie sofort. Die rechte Gehirnhälfte handelt „instinktiv", so daß es durchaus zu undisziplinierten, unkonzentrierten Handlungen kommen kann.

Zusammenfassend kann also gesagt werden: Die **linke Gehirnhälfte** ist für das analytische Denken, für Sprache und logische Vorgänge zuständig. Sie „springt an", wenn klar gegliederte Informationen über das Ohr zu ihr dringen. Die **rechte Gehirnhälfte** ist für das visuelle, auch innere visuelle Gedächtnis zuständig. Raumorientierungen, Gefühle, Körperbewußtsein und Erkennen von Bildern, also von ganzheitlichen Informationen, lassen sie in Kraft treten (vgl. Dennisson 1990[1], 120 f.).

Nun werden die Reaktionen des Reiters, der am Ende des vorigen Abschnitts erwähnt wurde, sicherlich deutlicher. Ein ganz im inneren Gefühl sich bewegender Reiter (rechte Gehirnhälfte) wird im Augenblick des Ansprechens durch den Beobachter aus seinem inneren Zustand herausgerissen: Er fühlt nicht mehr, sondern wird gezwungen, analytisch an sein Handeln heranzugehen. Sofort kann der koordinierte Gesamtzusammenhang zerfallen; die einzelnen Reitbewegungen erscheinen nicht mehr als Ganzes, sondern als nacheinandergeschaltete Teilaspekte.

Aus Gefühlen herausgerissen zu werden, ist identisch mit dem Aufwachen aus einem schönen Traum.

Wenn nun diese Aussagen zugrunde gelegt werden, wird deutlich sein, warum es eine Auseinandersetzung „Kopf" („Verstand") und „Gefühl" gibt und wann sich in der Lernsituation die entsprechende Gehirnhälfte im richtigen bzw. falschen Augenblick einschaltet. Die Ausführungen über beide Gehirnhälften besagen jedoch nicht, daß das Reiten nur über die rechte Hälfte vermittelt werden muß. Es sollte deutlich geworden sein, wann die eine oder andere Gehirnhälfte aktiviert werden sollte, um das Lernen des Reitens zu erleichtern oder die Verbesserung von Reitbewegungen zu unterstützen. Dementsprechend wird in Kap. II.5. der Zusammenhang von Innen- und Außensicht von Reitbewegungen erörtert. Die folgende Übersicht mag noch einmal die unterschiedlichen Funktionen verdeutlichen.

linke Gehirnhälfte	rechte Gehirnhälfte
über das Ohr orientiert	über das Auge (auch innere) orientiert
kurzsichtig	weitsichtig
analysierend	synthetisierend
abstrakt	konkret
rational	emotional
zeitlich	räumlich
objektiv	sujektiv
aktiv	passiv
angespannt	entspannt
der Reihe nach – nacheinander	ganzheitlich – gleichzeitig
mental – verstandesmäßig	intiutiv
wissenschaftlich	künstlerisch
logisch	gefühlsmäßig
in sich zurückgezogen	nach außen gekehrt

(vgl. Dennison 1990[1], 137)

5. Zur Entwicklung des Bewegungsgefühls

5.1 Reitbewegungen von außen und innen sehen lernen

Bei der Wahrnehmung von Reiter und Pferd darf also der Reitlehrer den Reiter und das Pferd nicht nur als sich bewegende **Körper** sehen. Es sind nicht lediglich Körper, die sich dort dressur- oder springmäßig bewegen, sondern eigenständige, individuelle **Wesen**, die sich mit einer Aufgabe auseinandersetzen (vgl. Gordijn in Trebels 1990[1], 12).

Für den Reitunterricht bedeutet das, daß **der Blick auf die individuelle Art des Zusammenspiels von Reiter und Pferd gerichtet werden muß und nicht auf die ausschließlich von außen wahrnehmbaren Bewegungsabläufe.**

Was ist neu an unserer Sichtweise ? Wenn vom Reiten gesprochen wird, dann darf nicht mehr nur die äußere Erscheinung der Pferde und Reiter betrachtet und beurteilt werden. Nur die Fähigkeit, auch ein „inneres Bild" des Reitens erfassen zu können, ermöglicht einen vollständigen Eindruck davon, was Pferd und Reiter darbieten.

Reitbewegung als Problem des Reiters

Die Reiterei unterscheidet zwischen Bewegungshandeln des Reiters und Bewegungsanalyse als Beurteilung der Reitbewegungen durch den Reitlehrer.

Wenn der gängige Reitunterricht betrachtet wird, so zeigt sich, daß der Reiter vom Ausbilder „gelenkt" wird. Mit ihm geschieht etwas, das ein Außenstehender (Reitlehrer) festlegt. Betrachtet man eine Reitstunde kritisch, dann erhält man den Eindruck, daß der Ausbilder das Vorrecht besitzt, über andere zu bestimmen, während diese nur noch Ausführende sind. Läßt sich diese Situation – neben allen bewegungstheoretischen Bedenken – pädagogisch überhaupt noch vertreten ? Welch ein Menschenbild verbirgt sich eigentlich hinter einer solchen Auffassung von Reitunterricht ?

Der Reiter muß sich von innen sehen lernen

Im gängigen Reitunterricht ist der Reiter – wie bereits mehrfach festgestellt – fast ausschließlich Reagierender, d.h. er wird von außen betrachtet und korrigiert, ohne daß er hinsichtlich seiner Reitbewegungen innerlich genügend beteiligt wird. **Er ist passiv. Er begibt sich in die Abhängigkeit der Fähigkeiten des Reitlehrers.**

Die neue Betrachtungsweise sieht den Reiter nicht als jemanden, der passiv angeordnete Sitzhaltungen einzunehmen hat, sondern fordert, daß der Reiter mittels seines „Denkvermögens“ und seines „Bewegungsgefühls“ aktiv in seine Lernprozesse eingreift, indem er sich selbst (in Abstimmung mit dem Reitlehrer) Ziele setzt und soweit wie möglich selbständig anstrebt. Der Reitlehrer ist nicht mehr der allein Korrigierende, sondern beteiligt den Reiter ständig, indem er mit ihm über dessen Bewegungen und die des Pferdes spricht. Anhand der Beschreibungen des Reiters kann der Reitlehrer erkennen, wieweit das Gefühl des Reiters entwickelt ist.

Diese veränderte Sichtweise einer Bewegungslehre von Reiter und Pferd versucht zu ergründen, wie der Reiter sich Bewegungen aneignet und wie er sich mit dem Pferd sensibel abstimmt. Es geht um das Bemühen, das Gefühl der Stimmigkeit der Bewegungen in Einklang mit dem Pferd zu entwickeln, zu sehen, wie sich dieses Gefühl im Ablauf der folgenden Reitstunden verändert und wie der Reiter fähig wird, immer genauer die korrekte Abstimmung mit dem Pferd selbst erfassen zu können.

Diesem Ansatz der Reitlehre liegt ein Verständnis zugrunde, das Reitenlernen als einen grundsätzlich unabgeschlossenen Vorgang ansieht. Der Reiter entwickelt beim Reitenlernen ein „Wertbewußtsein“ bezüglich seiner Bewegungen, (ein sensibles Bewegungsgefühl), das im gängigen Reitunterricht so nicht entwickelt werden kann.

Beim rein anweisungsorientierten Reitunterricht lernt der Reiter zu sehr technisch reiten, d.h. es geht z.B. um das schnelle Übernehmen einer äußerlich korrekten Sitzhaltung, ohne daß diese Sitzhaltung auch mit dem korrekten Bewegungsgefühl übereinstimmen muß. D.h. nicht, daß die Technik des Reitens ausgeblendet wird. Sie wird jedoch nicht mehr bis ins kleinste Detail vorgegeben, sondern entwickelt sich aus dem Gefühl des Reiters, aus seiner Auseinandersetzung mit dem Pferd in unterschiedlichen Reitsituationen.

Diese Ausführungen mögen den Schluß zulassen, es soll nun eine neue Vermittlungstheorie entwickelt werden, die den Reitausbilder überflüssig macht. Ziel soll aber nur sein, ein Bewegungsverständnis in der Reitausbildung zu wecken, das den Reiter mit seinen inneren Vorgängen stärker berücksichtigt.

Der Reitlehrer erhält eine andere Funktion:

> **Er steuert nicht mehr die Bewegung des Reiters mit dem Ziel, eine bestimmte Form des Sitzes zu erreichen, sondern beeinflußt die Prozesse (das Bewegungsgefühl) des Reiters in der Auseinandersetzung mit dem Pferd.**

Das Wechselspiel von Kräften

„Voraussetzung für die Erfahrung meiner zutreffenden Bewegung ist ein regelhaftes wechselseitiges Zusammenspiel zwischen antreibenden (Aktionen des Reiters) und entfachten Kräften (Reaktionen des Pferdes). Diese bestimmen die Möglichkeiten und die Grenzen des richtigen Tuns. Die spezielle Form der Bewegung (von Reiter und Pferd) gestaltet sich erst in der Auseinandersetzung mit den Dingen in der vorgefundenen Welt, sie ist niemals schon da, sondern ensteht im Prozeß dieser Auseinandersetzung. Man kann sich dies veranschaulichen, wenn man betrachtet, wie z.B. Kinder das Rollerfahren, das Radfahren oder Skatebordfahren erlernen. Über die eigene Bewegung wird ein ideales Anschmiegen (Reiter an das Pferd, das Pferd an die Hilfen des Reiters) an die entfachten Kräfte angestrebt" (Trebels 1990[1], 14). Jeder kennt diese Vorgänge von sich selbst, denn Radfahren etc. wird nicht anweisungsorientiert gelernt, sondern entsteht aus der Bewegungssituation heraus gefühlsmäßig durch „Spüren und Bewirken".

Das richtige oder falsche Bewegen haben wir gespürt, bevor wir die Regel (Technik) für die Lösung der Bewegungssituation kannten. Der Sich-Bewegende hat in Bewegungssituationen ein Gefühl für die Richtigkeit seiner Bewegung entwickelt und für den Wert seines Tuns. Genauso muß das Reitenlernen betrachtet werden.

In ländlichen Bereichen war und ist ein solches Vorgehen typisch. Man erprobte in Lebenssituationen das Pferd und hat ein Gefühl für die Richtigkeit der eigenen Handlungen erfahren, ohne daß eine außenstehende Lehrperson ständig Anweisungen gab. Auch heute noch kann beispielsweise anhand bestimmter Reitbetriebe nachgewiesen werden, das ein solches Vorgehen möglich ist und „gefühlsmäßige Erfolge" in hohem Maße erreicht werden. Reitenlernen beginnt in Lebenssituationen, die die sich bewegenden Kinder und Jugendlichen langsam erobern (und Erwachsene auch noch erobern sollten), aus denen sie Gesetzmäßigkeiten für ihr Tun entwickeln. Leider wird ein solches lebenssituatives Konzept selten umgesetzt, weil die meisten Reitanlagen nicht die entsprechende Umgebung besitzen. Auch ein Konzept für Erwachsene sollte sich an einem solchen Weg orientieren, um die Möglichkeit zu bieten, ein Bewegungsgefühl zu entwickeln und daraus die Bewegungsformen zu erschließen.

Der Reiter muß Eigeninitiative in Lernsituationen entwickeln

Eigentlich zuständig für das Lernen von Bewegungen ist **der Reiter selbst,** denn Bewegungslernen muß als ein Dialog zwischen Pferd und Reiter verstanden werden. Indem der Reiter seine Bewegung und die des Pferdes in der Auseinandersetzung und in der entsprechenden Umgebung formt, gewinnt er zugleich ein inneres Bild seiner Reitbewegung und der Bewegungen des Pferdes. Darin enthalten ist die Beurteilung „richtig" oder „falsch" hinsichtlich der Anpassung an die Anforderungen der Reitsituation gemäß seinem Können. Je feiner gefühlt werden kann (je besser sich das Reitgefühl entwickelt hat), desto genauer ist die Beurteilung der eigenen und der Bewegungen des Pferdes als „richtig" oder „falsch".

Der Ausbilder hat sich in solch einer Situation eher als Lernunterstützer für die inneren Prozesse des Reiters zu verstehen und nicht als Anweiser von Techniken.

Welche Vorgänge finden statt ?

Im Verlauf des Aneignungsprozesses entwickelt sich eine angemessene Form der Reitbewegung (Verbesserung des Könnens). Das Bewußtsein der korrekten Reitbewegung entwickelt sich stufenförmig, bemißt sich daran, was der Situation gerecht/nicht gerecht wird. Der Reiter orientiert sich bei seiner Auseinandersetzung mit dem Pferd unbewußt an den Gesetzen der Mechanik; muß er sie von außen dirigiert zwanghaft anwenden, ergeben sich – wie tausendfach erlebt – Umsetzungsschwierigkeiten. Im täglichen Reitunterricht werden ständig Gesetzmäßigkeiten der Biomechanik formuliert (z.B. Schulter vor oder zurück etc.), ohne daß man eine stetige Veränderung des Körperverhaltens beim Reiter feststellen kann. Wie oft fallen diese Reiter wieder in ihre alte Haltung zurück (vgl. Kap. I.8. und I.9.). Warum das so ist, ist sicherlich durch die Ausführungen über die Grenzen der Sprache bei der Vermittlung und über die Funktion beider Gehirnhälften deutlich geworden.

Der Reiter lernt auch ohne Anweisungen

> **Es kann als gesichert gelten, daß der Mensch sich durch die handelnde Auseinandersetzung die objektiven Bedingungen von Bewegungsabläufen ohne äußere Einflüsse eines Lehrers erwerben kann, nur bedarf es dazu einer bestimmten Zeit, bestimmter Lernerleichterungen durch den Ausbilder und entsprechender geistiger, sozialer und gefühlsmäßiger Entwicklungsprozesse.**

Für sie muß wieder Zeit vorhanden sein, um erfolgreich über das Gefühl reiten zu lernen. Wie notwendig jedoch ein guter Ausbilder bleibt, zeigen die Ohnmachtsituationen vieler Reiter, wenn sie alleine reiten und oftmals keine Lösungen für Probleme haben, weil der Reitlehrer fehlt und ihnen nicht sagen kann, was sie zu tun haben. Ein typisches Bild des Nicht-Fühlen-Könnens ist z.B. das Heruntergucken auf die Beine der Pferde beim Durchparieren zum Halten, um über das Auge (von außen) zu erfassen, ob das Pferd geschlossen steht. Normalerweise müßte der Reiter die korrekte Stellung des Pferdes erspüren können, mit dem „inneren Auge" sehen.

Reiten ist jedoch nicht Beliebigkeit !

All diese Ausführungen dürfen nun nicht so verstanden werden, daß das Reitenlernen beliebigen Handlungen des Reiters ausgeliefert ist. Aber es geht um eine klare Absage an die Erwartung, durch sprachliche Kommentare im Sinne von Formvorgaben dem Bewegungslernen im Reiten in jeder Situation förderlich sein zu können. In dem Konzept des „Inneren Reitens" ist folgender Satz von entscheidender Bedeutung:

> **„Die Situation lehrt, nicht die Instruktion. Es gilt den Dingen und den in ihrem Sosein eingelagerten Gesetzmäßigkeiten zu entsprechen, nicht die Gesetzmäßigkeiten als Konstruktionshilfen für die eigene Bewegungsformung zu verwenden" (Trebels 1990[1], 15).**

Man kann oft genug sehen und erfahren, wie wenig Reiter Bewegungsanweisungen von Reitausbildern umsetzen können. Erst wenn sie die Grundsituation beherrschen, wenn sie nicht mehr über die Bewältigung des Pferdes „nachdenken müssen", können auch Einzelheiten über sprachliche Hilfen des Ausbilders gelingen.

5.2 Vermittlungsstrategien eines dialogischen Konzepts

Ein dialogisches Reitkonzept (Gordijn) benötigt auch entsprechende Methoden, um die gesetzten Ziele des Reitens umzusetzen. Der hier entwickelte Lernweg benötigt methodische Verfahren, die anders aussehen als das, was bisher in der sportiven Reiterei üblich war. Dabei dienen diese Vorgehensweisen zunächst dem Entwickeln von Grunderfahrungen, auf die später aufgebaut werden kann, wenn Reiter durch die Begegnung mit dem Pferd ihre Fähigkeiten vertiefen wollen.

Ausgehend von der Grundannahme, daß Reiten ein Dialog zwischen Reiter und Pferd ist, ergeben sich nach Gordijn in Tamboer (1979) und Trebels (1992) folgende drei Methoden:

■ Methode des spontanen Lernens

Mit dieser Methode ist das spontane, unmittelbare und problemlose Eingehen des Kindes/Jugendlichen auf das Pferd gemeint. Ein solcher Zugang ist z.B. das spontane spielerische Umgehen der Kinder mit den Ponys. In früheren Zeiten war diese Art der Auseindersetzung in ländlichen Gegenden eine Normalität. Heute müssen wir diesen spontanen Zugang durch Aufgabenstellungen mehr oder weniger systematisch planen, um Grunderfahrungen im Umgang mit dem Pony oder beim Bewegen auf kleinen Pferden erleben zu können.

Aus diesen Grunderfahrungen werden Erkenntnisse gewonnen, die sich verallgemeinern und später auf Großpferde übertragen lassen. Auch Spätlerner oder Quereinsteiger sollten diese Methode bis zu einem gewissen Grad als Einstieg akzeptieren, um sich zunächst von ihrer „Kopfsteuerung" zu lösen. Erwachsene neigen dazu, zu stark vernunftsmäßig zu reiten, anstatt sich auch durch spielerische Aufgaben (auch ohne Sattel) an die Bewegungen des Pferdes heranzutasten.

Reitlektionen der Dressur und des Springens unter normierten Bedingungen sind Sozial-(Kultur-)produkte, die heute einen direkten, spontanen Zugang schwer möglich machen. Bei dieser Methode geht es um die „Grundlagen des Spürens und Bewirkens", weil jede körperliche Veränderung des Reiters vom Pferd sofort mit einer entsprechenden Reaktion beantwortet wird. Es geht somit um das Erspüren von grundlegenden Funktionszusammenhängen. Reiten im speziellen Sinne ist in dieser Phase kaum möglich, weil Funktionszusammenhänge von klassischen Reitlektionen wohl kaum erfühlt oder erkannt werden können. Für diese Phase des spielerischen Lernens bietet das „Handbuch für Reit- und Fahrvereine" (FN-Verlag) eine Fülle von Anregungen.

■ Methode des Lernens von Absichten

Diese Methode ist zum Erlernen von Lektionen anzuwenden. Dabei wird der direkte Weg zur angestrebten Form der Lektionen umgangen. Mit Lernen von Absichten ist das Lernen durch Nachahmung gemeint; wobei darunter nicht die Nachahmung der Form (typisch für den normalen Reitunterricht) gemeint ist, sondern Nachahmen der Absicht. Nachahmen der Form hieße die Übernahme vorgeschriebener Bewegungsmuster: Haltung von Körperteilen und deren Ortsveränderungen.

Die Fachliteratur bezeichnet derartige Bewegungsformen als „motorische Fertigkeiten" (siehe Kap. I.12.) und betrachtet sie häufig als ideale Bewegungsformen. Diese sogenannten richtigen Bewegungen gibt es jedoch nicht, denn ein solcher Standpunkt ginge von idealtypischen Menschen aus, deren Muskulatur, Gelenksystem, Bänder und Sehnen optimale Bedingungen aufweisen. Demgegenüber meint „Nachahmen der Absicht" die Verwirklichung eines gesetzten Zwecks.

Folgendes Beispiel mag dies verdeutlichen.

Die Absicht wird dem Reiter nur als ein pauschales Bild vermittelt: **Reiten eines Zirkels.**

In seinem Bewegen mit dem Pferd muß der Reiter seine eigene persönliche Bewegungsgestalt innerhalb dieser Reitsituation finden. Der Reitlehrer gibt den Weg des Pferdes z.B. durch aufgestellte Kegel oder eine gezeichnete Linie auf dem Hallenboden vor (eventuell auch Vorreiten oder Darstellung durch Film). Mit dem Reiter werden die zentralen Kriterien abgesprochen, wie er diese Situation mit dem Pferd bewältigen könnte. Danach erfolgt der erste Versuch, diese Aufgabe zu bewältigen.

Die Art der Bewältigung der Situation bietet für den Ausbilder den Einstieg, mit dem Reiter weitere Strategien zu besprechen. Er werden neue Kriterien ausgehend von der ersten Bewältigung der Lektion „Reiten eines Zirkels" mit dem Reiter besprochen und festgelegt. Ausgehend von den auf die Reiterbewegungen antwortenden Pferdebewegungen muß der Funktionszusammenhang Situation-Reiterbewegungen-Pferdebewegungen erspürt werden. Entsprechend den Bewegungen des Pferdes in der Situation müssen Rückschlüsse hinsichtlich der Reiterbewegungen gezogen werden. Dieser angedeutete Weg wird solange gegangen, bis der Reitschüler die Situation sachgerecht gemäß der Reitlehre bewältigen kann.

Die Zügelführung sollte z.B. nicht angewiesen werden, sondern muß als Funktionszusammenhang aus der Situation entwickelt werden. Dem Reiter wird die Form nicht als Anweisung gegeben, sondern er muß die (seine) Form über Funktionszusammenhänge (Aufgabenstellungen) erfahren, also bewußt erleben. Aus den Erfahrungen werden in Zusammenarbeit Reitlehrer/Reiter Rückschlüsse gewonnen, die in der folgenden Wiederholung angewendet werden. Dieser Weg ist Grundlage und Voraussetzung für ein sinnvolles selbständiges Reiten auch ohne den Reitlehrer.

Die Korrektur der Reiterbewegungen soll in der gegebenen Situation und aus ihr heraus erfolgen. Bewegen auf dem Pferd ist immer situationsbezogen und kann nicht formalisiert nach Befehlen geschehen.

■ Methode des Erfindens

Das durch die Methode des Lernens von Absichten gewonnene Einheitserlebnis von Reiter und Situation eröffnet Möglichkeiten, erfinderisch und schöpferisch zu werden.

Es werden Anforderungen neu konstruiert, denen man jetzt das Können, d.h. die Beherrschung des Pferdes ansieht. Er werden aufbauende Lektionen und deren Bewältigungstrategien selbständig entwickelt.

Gefühlvolles Reiten wird also durch erfahrungsorientiertes Lernen angestrebt.

Die drei Methoden haben verdeutlicht, daß ein rein anweisungsorientierter Reitunterricht überwunden werden muß zugunsten von mehr Orientierung an der Erfahrung, um das Fühlen als Grundlage der Beherrschung des Pferdes vertiefender vermitteln zu können. Die vorgeschlagenen drei Methoden sind wie die Lernschritte der anweisungsorientierten Methode klar aufeinander aufgebaut, wobei dem Reiter jedoch mehr Freiräu-

me zur Beteiligung seines Bewegungsgefühls (und seines Kopfes) gegeben werden.

Aus den bisherigen Ausführungen folgere ich eine Grundstruktur des erfahrungsorientierten Lernens (Zusammenfassung):

Erfahrungsorientiertes Lernen hat ebenso wie das anweisungsorientierte Lernen letztendlich das korrekte Reiten als Ziel, nur ist der Weg – wie hoffentlich deutlich geworden ist – ein anderer.

Reiter werden nicht zum Nachahmen einer vordefinierten Bewegungsform veranlaßt, sondern das gemeinsame Verfolgen einer Bewegungsabsicht/eines Bewegungsziels von Reitlehrer und Reiter versucht die Innenbetrachtung der eigenen Bewegung in den Mittelpunkt zu rücken. Es findet kein auf strikte Anweisung aufbauender Unterricht statt, sondern der Reiter wird von Beginn an intensiv an den eigenen Lernprozessen beteiligt. Lernen findet auch bei diesem Modell in Schrittfolgen statt:

- Klärung des Bewegungsproblems
- Klärung der Erfolgskriterien
- Schaffung von Bewegungssituationen mit gestaffelten Schwierigkeitsgraden
- Anerkennung individueller Lösungen
- Bewußtmachen des „inneren Bildes" (Bewegungsgefühls) des Reiters
- Anwendung und Ausweitung gekonnter Bewegungen (vgl. Trebels 1990[1], 19/20).

Klärung des Bewegungsproblems

Im Gegensatz zum anweisungsorientierten Unterricht wird nicht die Form des Reitersitzes und der Aufgabenausführung vorgegeben, sondern das Ziel für eine bestimmte Aufgabe formuliert. **Aufgabe kann sein, auf dem ersten Hufschlag der Halle anzugaloppieren.** Die Vorgabe des Ziels überläßt den einzelnen Reitern Entscheidungsfreiräume bei der Lösung, d.h. sie müssen sich die unterschiedlichen Hilfen (halbe Parade, Stellung, Gewichtsverlagerung auf den inneren Gesäßknochen, innerer Schenkel am Gurt, äußerer Schenkel eine Handbreit hinter dem Gurt, elastisches Mitgehen in der Mittelpositur, Vorgehen mit der inneren Hand, äußere Schulter nicht zurücknehmen) bewußt machen und sich entscheiden, wann, wo und wie sie sie anwenden wollen.

Im anweisungsorientierten Reitunterricht läßt die Bewegungsvorschrift keine andere Lösung als die angeordnete zu. Da der Reitlehrer die Hilfen korrekt vorgibt, dürften die Lernenden eigentlich keine Fehler machen. Trotzdem passieren sie !

Beim erfahrungsorientierten Lernen müssen sich Reiter nun selbst die Hilfen (die sie vorher z.B. im Longenunterricht kennengelernt haben) bewußt machen. Die Entwicklung der Lösungen durch den Reiter (mit Kopf und Gefühl) ist die Grundlage für die Entwicklung eines korrekten Bewegungsmusters. Der Reitlehrer erkennt an dem Gelingen/Nichtgelingen, wo die Reiter Probleme haben. Sie werden in gemeinsamer Absprache beseitigt. Dabei sollen die Reiter zunächst ihre eigenen Bewegungen beurteilen. An dieser Beurteilung setzt der Reitlehrer an und gibt Hilfestellung. Die Reiter werden somit intensiv an den Lösungen beteiligt, so daß sie besser die Bewegungen und Bewegungsfolgen verinnerlichen können. Sie beobachten sich in den Situationen und haben auch die Möglichkeit, ihre Absichten zu ändern. Sie lernen, für sich und das Pferd Entscheidungen treffen zu können; dies ist die Grundlage für die Fähigkeit, auch in Situationen ohne Reitlehrer weitestgehend korrekt reiten zu können. Sie werden zur Mitverantwortung geführt und gelangen auf diese Weise zu einem tieferen Verständnis der Zusammenhänge.

Klärung der Erfolgskriterien

Die Erfolgskriterien, nach denen die Lösung des Bewegungsproblems („mit dem Pferd anzugaloppieren") zu bewerten ist, werden vor dem ersten Versuch nochmals besprochen, damit sie dem Reiter bewußt werden und er zumindest die korrekten Hilfen kennt. Die Beurteilung der Lösung muß jedoch vorrangig vom Reiter (mit Unterstützung des Reitlehrers) selbst vorgenommen werden, weil die Beurteilung der eigenen Leistungen so in den Prozeß der Bewegungsaneignung einfließt und zur Klärung bzw. Verdeutlichung des „inneren Bildes" (des korrekten Bewegungsgefühls) verhelfen kann. (*Gerade dieser Gesichtspunkt wird beim anweisungsorientierten Unterricht außer acht gelassen.*). Über die Mitbeteiligung der Reiterinnen und Reiter werden sie so in die Verantwortung beim Lernen genommen, daß sie langfristig unabhängiger vom Reitlehrer werden, weil sie tiefer in das Bewegungsproblem eindringen und Methoden der Klärung verinnerlichen.

Schaffung von Bewegungssituationen mit gestaffelten Schwierigkeitsgraden

Die Erfahrungs- und Erprobungssituationen in Unterrichtsstunden sollten den einzelnen Reitern die Möglichkeit bieten, sich für Lösungen unterschiedlicher Schwierigkeitsgrade zu entscheiden. Da jeder Reiter (jedes Pferd) andere Fähigkeiten (andere Möglichkeiten und Grenzen) hat, sind unterschiedliche Bewegungssituationen anzubieten und auf ihre positive/negative Wirkung für den jeweiligen Reiter/das jeweilige Pferd zu prüfen (Angaloppieren auf dem Zirkel, gegen die Bande, in der Ecke, an der kurzen Seite/an der langen Seite, etc.).

Die **„gestaffelten Situationen"** sind notwendig, weil jeder Reiter und jedes Pferd andere individuelle Voraussetzungen mitbringen und deshalb andere Lernhilfen benötigen.

Akzeptieren individueller Lösungen

Das Gesagte macht deutlich, daß sich der Reitlehrer in den Vermittlungssituationen zurücknehmen muß. Ziel ist es, daß Bewegungslernen selbst gestaltet wird und stimmig hinsichtlich der eigenen Erfahrungen sein muß. Die Offenheit für die Gestaltung individueller Lösungen kann durch Formvorgaben unterstützt werden; die Bewegungsvorgaben dürfen jedoch nicht zu stark einschränken. Die Lösung von Bewegungsaufgaben der Reiterinnen und Reiter darf nur dann durch den Ausbilder abgelehnt werden, wenn sie entweder dem besprochenen Bewegungsproblem nicht entspricht oder im Widerspruch zu den gemeinsam verfolgten Beurteilungskriterien steht (vorab abgesprochene Abfolge von Hilfen).

Bewußtmachen des „inneren Bildes" (des Bewegungsgefühls) des Reiters

Ziel soll es sein, daß das innere Bild von der Bewegung und von den Bewegungsabfolgen z.B. während des Galopps zunehmend bewußter wird. Das eigene Bewegungsgefühl (das innere Bild) und die äußere Form des Galoppierens sollen ins Bewußtsein gehoben werden.

Der Reitlehrer sollte die Reiter fragen, wie sie die Lösung erfühlt haben. Auf diese Weise gewinnt der Reitlehrer Gewißheit über das Bewegungsgefühl der einzelnen Reiter. Eventuell wird er nach dem äußeren Ablauf der Galoppbewegung die Reitbewegungen der Teilnehmer anders einschätzen, als die Reiter sie selbst erkennen und fühlen. Wenn die Aufmerksamkeit der Reiter bewußt auf bestimmte Abschnitte von Reitlektionen gelenkt wird, eröffnet sich ihnen dadurch die Möglichkeit, eine gezieltere Annäherung an die korrekte Galoppbewegung zu finden. Der Schwierigkeitsgrad der Situationen soll so abgestuft werden, daß die einzelnen Reiter sich aufgrund der Einsicht in die eigenen und Fähigkeiten des Pferdes für einen bestimmten Lösungsweg entscheiden können.

Anwendung und Ausweitung gekonnter Bewegungen

Nach dem korrekten Absolvieren des Galopps soll die Anwendung dieser Lektion in weiteren Situationen vertieft werden. Der Reiter hat die Bewegung nun dadurch zu stabilisieren, daß er sie in immer neuen Lektionszusammenhängen anwendet. Er reizt Situationen so weit aus, wie Möglichkeiten für ihn und sein Pferd bestehen. Er lernt auf diese Weise, die Galopphilfen sicher in sich ständig verändernden (schwieriger werdenden) Situationen anzuwenden. Hier schließt sich der Kreis des von Leist/Loibl (1990) beschriebenen Vorgehens von Menschen in Bewegungssituationen: Ausgangspunkt stellt das Erkunden der Situation dar, Endpunkt bildet das Verfügen über die Situationen.

Diese Art des methodischen Vorgehens ist auf allen Stufen des Könnens zu praktizieren. Nur durch die eigenständige Auseinandersetzung mit der Reitaufgabe kann sich das Bewegungsgefühl des Reiters entwickeln.

- Die Bewegungsabläufe des Reiters müssen im Vordergrund stehen und nicht die anzustrebende Form des Sitzes !
- Der Reiter muß sich von innen sehen lernen !
- Reiten ist ein Wechselspiel von Kräften !
- Aus diesem Wechselspiel gewinnt der Reiter Gesetzmäßigkeiten für sein Handeln !
- Somit lehrt die Situation und nicht die Instruktion !
- Reiten ist jedoch nicht Beliebigkeit !
- Erfahrungsorientiertes Lernen kann als spontanes Lernen, das Lernen von Absichten und erfinderisches Lernen stattfinden !
- Erfahrungsorientiertes Lernen findet verallgemeinert in 6 Schritten statt !

5.3 Prinzipien für gefühlvolle Bewegungen

- Allgemeine Hintergründe zum Fehlgebrauch unseres Körpers

Um das Konzept des „Inneren Reitens" in die Praxis umsetzen zu können, müssen bestimmte Voraussetzungen geschaffen werden, damit dem Reiter die Bewegungen auf dem Pferd gelingen bzw. der Reitlehrer sensibel für die Vermittlung von gefühlvollen Bewegungen wird. Der Mensch bewegt sich zwar automatisch, aber die meisten Bewegungen sind im Sinne eines körpergerechten Handelns falsch.

Bevor in Kap. II.5.4 eine Reihe von Lektionen zur Sensibilisierung des eigenen Körpers bzw. zum bewußten Umgang mit sich selbst beschrieben werden, muß verdeutlicht werden, wie der Mensch (Reiter) generell (auch auf tägliche Bewegungen bezogen) mit sich umzugehen lernen muß. Ohne diese Grundlagen bleiben die praktischen Lektionen für den bewußten Umgang mit dem eigenen Körper wertlos.

Diese Prinzipien und die folgenden Lektionen dienen dazu, stereotype Reaktionsmuster, denen wir heute alle unterliegen, aufzubrechen und in – dem Menschen gemäße – Bewegungen umzuwandeln. Es gilt, Verständnis für den verantwortlichen Umgang mit dem eigenen Körper zu entwickeln und die Wahrnehmung des eigenen Körpers zu verbessern. **Es geht also um das Lernen des Lernens.**

- Der Reiter muß sich selbst entdecken, er muß erfühlen lernen, wie er mit sich umgeht, um zu erkennen, daß die bisherige Art und Weise nicht korrekt ist.

- Er muß die Bedeutung von Kopf, Hals und Rumpf als Ausgangsposition der Organisation der eigenen Bewegungen verstehen lernen. So wie sich diese Körperteile richtig oder falsch bewegen, so bewegt sich auch der gesamte Körper richtig oder falsch.

- Der Reiter muß begreifen, daß falsche Bewegungen nicht nur ein rein körperliches Phänomen sind, sondern sich aus dem Verhältnis von Geist und Körper herleiten lassen. In Kap. I. ist bereits darauf aufmerksam gemacht worden, daß die körperliche Selbststeuerung in unserer Kultur unzuverlässig geworden ist. Das Zentralnervensystem kompensiert Ungleichgewichte aufgrund einer ständigen Überforderung nicht mehr.

- Ziel ist, beim Reiter die Fähigkeit auszubilden, unüberlegte Bewegungsabläufe abzustellen und sensibel für äußere und innere Abläufe zu werden.

Der Reiter unterliegt problematischen Gewohnheiten; er „benutzt sich" weitestgehend unüberlegt. Dieser falsche Gebrauch führt langfristig zu negativen Folgen; er ist auch Hauptgrund für fast alle Krankheiten (weil unsere Kondition stetig verschlechtert wird).

Die Gründe für den falschen Gebrauch des Körpers liegen nicht im Reiten selbst. In diesen Bewegungsbereich reichen Fehler hinein, die im täglichen Leben entstehen. Im täglichen Leben koordiniert der Mensch seine Bewegungen (siehe Kap. I.12.) bei vielen Verrichtungen mangelhaft, weil bestimmte Körperteile zu viele, andere zu wenige Aufgaben übernehmen. Diese Situation führt zu Ungleichgewichten im muskulären und auch im psychischen Bereich (Aus diesen Gründen soll der folgende Praxisteil – Kap. II.5.4 – auch mit täglichen Bewegungsabfolgen beginnen).

Wenn im täglichen Leben bereits Probleme auftreten, dann reichen sie in alle weiteren Lebensbereiche hinein, auch in das Reiten. Deshalb ist es ein Fehlglaube anzunehmen, der Reitlehrer könne durch Anweisungen den Fehlgebrauch (körperliche Fehlhaltungen) von einem Moment zum anderen ändern. Der Reiter mag sich danach zwar körperlich anders hinsetzen, so daß es nach außen so scheint, als säße er richtig. Für diese neue Haltung werden jedoch falsche Muskeln benötigt, was weitere Fehler nach sich zieht. – Es geht also darum, die Wurzel dieses Übels zu erreichen. Dafür benötigt der Reiter u.a. funktionelles Bewegungstraining, Sensibilisierungsübungen nach Alexander, Feldenkrais oder der Kinesiologie, um zu lernen, sich psychisch und muskulär umzustrukturien.

In unserer Kultur leben viele Menschen stark „verkopft". Ziel muß die Entwicklung der körperlichen Koordination sein, bei der der Kopf, also die Intelligenz, zur Wirkung kommen muß, jedoch nicht die ständige Kontrolle übernehmen soll.

Der Vergleich des Menschen mit einem Bootsmastmodell (Kap. I.8.) hat deutlich gemacht, wie die einzelnen Teile unserers Körpers miteinander harmonieren müßten. Trotzdem werden Reiter dazu veranlaßt, nur einzelne Körperteile und nicht zusammenhängende Einheiten (vgl. Kap. I. 8./9.) zu verändern. So kommt es, daß der Hals oder die Schultern die Arbeit übernehmen, die eigentlich der Rücken übernehmen müßte. Als Konsequenz entstehen langfristig Schmerzen, oder der Reiter verändert sich nicht ganzkörperlich, so daß sein Sitz und seine Einwirkung sich auch nicht verändern können.

So wie einzelne Körperteile die Arbeit für andere übernehmen, so übernimmt der Kopf oft die Arbeit für unsere Gefühle und umgekehrt. Dieser unwirtschaftliche Gebrauch der Körperenergien schafft Bewegungs- und psychische Probleme.

Grundlegende Bewegungsprinzipien

■ **Die zentrale Erkenntnis für das Verhältnis von Kopf und Körper ist, daß Kopf, Hals und Rumpf die gesamte Organisation des Körpers übernehmen.**

Die sogenannte „Primärkontrolle" (F.M. Alexander) ist ein sich ständig änderndes (dynamisches) Verhältnis von Kopf und Becken (Körper). Die Bewegungen, die der Kopf einleitet, vollzieht das Becken automatisch nach, genauso reagiert der Kopf im kleinen auf die Bewegungen des Beckens (vgl. Kap. I.7./8./9.).

Kopf, Hals und Rumpf stehen in einem höchst empfindlichen und verletzbaren Verhältnis zueinander. Im Kopf befinden sich das Gehirn, die Augen, die Ohren, die Nase und der Mund; er ist somit Ort der zwei wichtigen Gleichgewichtszentren, dem der Augen und des Gleichgewichtsorgans (Vestibularapparat).

Kopf, Hals und Rumpf bestimmen die gesamte Körperhaltung. Die aufrechte Haltung erweitert den Gesichtskreis, ermöglicht einen lockeren, koordinierten Umgang mit den Armen und ermöglicht feinabgestimmte Handbewegungen. Außerdem steigert die aufrechte Haltung den körpereigenen Energiefluß, weil die Atmung, der Kreislauf, die Verdauung und das Körpergefühl optimal funktionieren können.

Jede Bewegung unseres Körpers wird durch Kopf, Hals und Rumpf kontrolliert und in den ganzkörperlichen, koordinativen Ablauf eingeordnet. Für den Reiter ist es wichtig zu erfahren, daß eine veränderte Haltung des Kopfes im gesamten Körper unterschiedliche Positionen folgen läßt: der Kopf führt, und der Körper folgt.

In diesen Funktionszusammenhang spielen der Steh- und Stellreflex eine zentrale Rolle. Man beobachte eine Katze: Wenn sie eine Maus erspäht, so dreht sie ihr den Kopf zu, und ihr Körper bereitet sich auf das Springen vor. Das nennt man Stehreflex. Es sieht aus, als verlange der Kopf dem übrigen Körper eine für die folgende Handlung notwendige Haltung ab. Verschwindet die Maus aus dem Blickfeld der Katze, so kehrt sie zu einem ausgeglichenen Ruhezustand zurück, wobei das Verhältnis von Kopf, Hals und Rumpf die zentrale Rolle für den folgenden Reflex (Stellreflex) spielt.

Aus diesen Ausführungen folgt: Der Reiter muß das ausgewogene Funktionieren von Kopf, Hals und Rumpf erfühlen lernen. Es geht um die Dehnung der durch bestimmte Gewohnheiten verkürzten Muskeln des Rückens (vgl. Kap. I.6. und I.10.), so daß die Aufrichtung, das Gleichgewicht des Skelett- und Muskelsystems, hergestellt wird. Dieses Gleichgewicht zeigt sich in einem verbesserten Gesamtspannungsverhältnis aller Muskeln.

Daraus folgert automatisch der aufrechte Sitz, wobei eine zentrale Rolle die mit Flüssigkeit gefüllten knorpeligen Bandscheiben haben (Abb. 60). Sind die Bandscheiben unter Spannung, wird die in ihnen enthaltene Flüssigkeit gepreßt, so daß sich die Abstände der Wirbelkörper untereinander derart verändern, daß die Elastizität des gesamten Körpers verlorengeht. Eine vom Kopf ausgelöste aufrechte und entspannte Haltung erhält also die Elastizität des gesamten Körpers.

Der Reiter muß lernen, die Schultern fallen zu lassen, statt sie hochzuziehen. Die angezogenen Schultern sind das sogenannte Schreckmuster. Damit ist eine unter Streß und ständiger Überbelastung entstandene Gewohnheitshaltung gemeint, die den gesamten Körper blockiert. Sie

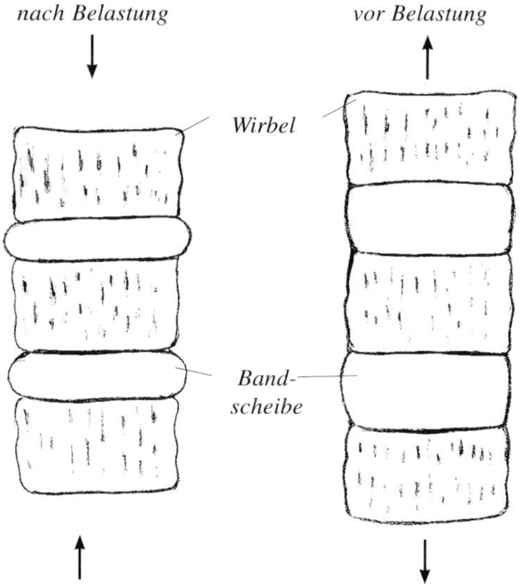

Abb. 60

muß durch entsprechende Veränderung von Gewohnheiten abgebaut werden.

Nur wenn die Primärkontrolle (Steuerung Kopf, Hals, Rumpf) gelingt, kann der Reiter lernen, sich besser wahrzunehmen. Die falsche Kopfhaltung verzerrt die gesamte Körperwahrnehmung. Alle Sinne des Körpers werden gehindert, die richtige Beziehung zur Außenwelt herzustellen (vgl. Ausführungen über Freiheit des Okzipitalgelenks, die alle Gelenke im Körper freisetzt – Kap. I.8.).

Die Wurzel einer besseren Wahrnehmung liegt in der Beziehung zu unserer Innenwelt, insbesondere zu unserem Muskelsinn, unserer muskulären Unterscheidungsfähigkeit (vgl. Kap. I.12.). Eine Störung der kinästhetischen (muskulären) Wahrnehmung führt automatisch zu einem Verzerreffekt unserer Selbstwahrnehmung. Ein schlaffe Haltung oder eine zu „feste“ Körperhaltung lassen die korrekte Selbsteinschätzung über die Wahrnehmung nicht mehr zu (deshalb sind funktionelles Bewegungstraining – Kap. I.13. – 16. – und Lektionen zur Entwicklung des Bewegungsgefühls – Kap. II. 5.4) unbedingt notwendig.

Diese schlechte kinästhetische Wahrnehmung (der schlecht ausgebildete Muskelsinn, die fehlende muskuläre Unterscheidungsfähigkeit) läßt falsche Sitzhaltungen und Einwirkungen auf dem Pferd als richtig erscheinen. Die Sinneswahrnehmung des Reiters muß wieder so weit hergestellt werden, daß der Reiter gefühlsmäßig das Richtige tut, ohne als erstes den Verstand einzuschalten.

Das Gehirn, der Verstand, ist das Instrument, um das Handeln vorzubereiten. Er soll es jedoch nicht ständig begleiten, weil dann die gefühlsmäßige Kontrolle wieder verlorengeht (Kap. II.4.3 und II.4.4). In diesem Zusammenhang ist der Begriff „Innehalten“ eine wichtige Fähigkeit des menschlichen Verstands.

Der Reiter muß lernen, zwischen einem Reiz (Anweisung des Ausbilders) und einer Reaktion (Reiterbewegung) eine Pause einzulegen. Leider wird von vielen Ausbildern verlangt, daß die Reiter sofort ihre Anweisungen umsetzen sollen. Die dann folgenden Reitbewegungen können nichts anderes sein als bereits vorhandene Reiz-Reaktionsmuster oder krampfartige Haltungen. Neue Reitbewegungen bzw. ein Umlernen von eingeschliffenen Mustern ist auf diese Weise nicht möglich.

Der Verstand des Reiters muß lernen, ein Instrument zur Vorbereitung des Handelns zu werden. „Innehalten“ meint in Zusammenhang von Lern- und Umlernprozessen, daß eine Reaktion, die der Reiter zeigen möchte (er möchte gerne dem Wunsch des Ausbilders entsprechen), aufgeschoben wird, bis das innere Bild klar genug entwickelt ist, um es nach außen zu lassen. Man muß sich also unbedingt weigern, seine verstandesmäßige Vorbereitung so schnell wie möglich herauszulassen.

Man denke an das Katzenbeispiel zurück. Was bei der Katze instinktiv abläuft, kann vom Reiter bewußt unter Kontrolle gehalten werden. Das Innehalten der Katze und die Vorbereitung auf das Folgende, sich nämlich auf die Maus zu stürzen, gelingt nur, wenn eine entsprechende Vorbereitung eingeschoben wird, die alle körperlichen Reflexe optimal einstellt. Bei der Katze sind das psychische und muskuläre System so vorbereitet, daß die erzeugte positive Spannung des muskulären Systems nur noch herausgelassen werden muß.

Der Reiter hat also seinen Verstand in der Pause nach dem Reiz (der Aufgabenstellung) so einzusetzen, daß er sich bewußt Zeit läßt, um sich erst einmal geistig (mental – Fähigkeit der linken Gehirnhälfte) auf die Erfüllung der Aufgabe vorzubereiten. D.h. der Reiter spielt die Möglichkeiten der Bewegung so lange im Inneren durch, bis er das Gefühl hat, daß er es schaffen könnte, die Bewegung entsprechend korrekt zu absolvieren. Diese verstandesmäßige Durchdringung führt im Inneren des Reiters (in seinem Nerv-Muskelsystem) zu biochemischen Prozessen, die identisch sind mit denen einer real vollzogenen Bewegung. Das „mentale und autogene Training“ bedient sich dieser wissenschaftlichen Erkenntnisse; warum sollten sie nicht auch für den Reiter nutzbar gemacht werden ?

■ **Quintessenz I:** Der Reiter soll erst gar nicht einen Konkurrenzkampf zwischen dem „bewußten Bestimmer“ (Kopf) und dem „unbewußten Macher“ (Gefühl) (vgl. Kap. II.4.3) aufkommen lassen, sondern die Fähigkeit des „Kopfes“ nutzen, um das „Gefühl“ optimal vorzubereiten. Je besser der „Kopf“ das innere Bild gezeichnet hat, desto besser kann man dem „Gefühl“ freien Lauf lassen.

- **Quintessenz II:** Für Lern- und Umlernprozesse benötigt der Reiter Ruhe, Freiräume für die eigene äußere und innere Gestaltung. Der Reitausbilder unterstützt Probleme bei den inneren Prozessen, d.h. der Reiter kann den Ausbilder jederzeit als Helfenden heranziehen, wenn er bei dem mentalen Erstellen des inneren Bildes Schwierigkeiten hat.

Dieser Vorgang wird mit „Ausrichtung durch Direktiven" (F.M. Alexander) bezeichnet. Auf eine solche Art vorzugehen, ist nicht unbedingt sofort möglich. Besonders schwer ist es, weil der Reiter noch sein Pferd einbeziehen muß. Daher muß der Reiter erst einmal lernen, mit sich selbst so umzugehen, um die erworbene Fähigkeit auch auf dem Pferd umsetzen zu können. Aus diesen Gründen sind die entsprechenden Übungen (Kap. I.13. – 16.) und Lektionen in Kap. II.5.4 von fundamentaler Bedeutung.

Über die „Ausrichtung durch Direktiven" hinaus ist ein weiteres Prinzip des „Umgangs mit sich selbst" wichtig, nämlich Mittel der Umsetzung von Reitbewegungen zu wählen, anstatt Ziele anzustreben. Was bedeutet das ?

Ein Ausbilder fordert den Reiter auf, die linke Schulter zu heben. Diese Aufforderung gibt ein Ziel an; die Mittel dazu werden dem Reiter nicht an die Hand gegeben.

Wenn nun der Reiter und auch der Ausbilder in beiden Kapiteln dieses Buches gelernt haben, wie die äußeren und inneren Abläufe des Reiters funktionieren, dann kann der Reitlehrer dem Reiter genau sagen (oder ihm mit seinen Händen zeigen), mit welchen Körperteilen (Mitteln) er das entsprechende Ziel erreichen kann.

Der Ausbilder dringt ins Innere des Reiters ein, der Reiter erhält Hilfen, um die entsprechenden Bewegungen im Kopf so lange durchzuspielen, bis er das richtige Gefühl entwickelt hat und die Bewegung auszuführen imstande ist.

Um diese Fähigkeit zu entwickeln, Mittel zu wählen, anstatt Ziele anzustreben, muß das selbständige, entdeckende Lernen ermöglicht werden. Nur über die Struktur des erfahrungsorientierten Lernens wird der Reiter befähigt, das „innere Reiten" erlernen zu können.

Die folgenden Lektionen dienen nicht dazu, Bewegungen richtig oder falsch umzusetzen. Sie enthalten Prozesse, die es jedem Reiter ermöglichen, zum ersten Male zu erfahren, was für ihn selbst richtig ist. Es gilt, den Schlüssel zu sich selbst zu finden. D.h. einen Weg zu finden, um zu Bewegungen zu kommen, die sich leicht, bequem und angenehm anfühlen.

Der Einsatz von Kraft zur Erfüllung der Lektionen ist auszuschließen. Deshalb werden die Übungen auch in Positionen absolviert, in der die Schwerkraft weitestgehend ausgeschaltet ist. Der Reiter kann nur unter Ausschluß der Schwerkraft „Sich-Fühlen" lernen, seine Grenzen und auch neuen Möglichkeiten entdecken, weil er nicht den Großteil seiner Muskelkraft dafür aufwenden muß, gegen die Schwerkraft anzuwirken. In solchen Situationen wäre nämlich das Zentralnervensystem so beansprucht, daß es für das „innere Fühlen" keine Sensibilität mehr bereitstellen könnte. Sind gefühlsmäßige Grundlagen entwickelt, kann der Reiter diese neuen Bewegungsqualitäten auch in Situationen unter Einbeziehung der Schwerkraft entwikkeln.

Der Reiter kann die „funktionale Integration" (die Beziehungen der einzelnen Körperteile zueinander – Kap. I.9.) nur dann spüren, wenn er sich sanft, langsam, ohne Druck und Hektik bewegt. Es gilt, Anstrengung zu vermeiden, weil der Reiter dann nichts anderes über das Funktionieren seines Körpers lernen würde. Er lernte, sich anzustrengen. Ziel muß es sein, die eigenen Grenzen zu erspüren und nie mit Gewalt darüber hinauszugehen.

Bei allen Bewegungen muß folgendes beachtet werden (vgl. F.M. Alexander, Feldenkrais):

■ Jede Bewegung sollte **leicht, behutsam, bequem** ausgeführt werden. Die Grenze der Bewegung sollte der Punkt sein, an dem sich eine leichte Spannung aufbaut, bis man ein Ziehen spürt. Wenn der Reiter sich knapp unter dieser Grenze bewegt, wird der Lernerfolg bedeutend gesteigert. Er sollte nie mit Gewalt über diesen Punkt hinausgehen. Der Reiter muß spüren lernen, fast ohne etwas zu tun. Im Mittelpunkt muß das muskuläre „Durchfühlen" bzw. „Durchdenken" der Situation stehen.

■ Bewegungen müssen **langsam** sein, damit der für die langsamen Bewegungen zuständige Gehirnteil, der die Handlungen organisiert, Schritt halten kann. Bei schnellen Bewegungen werden nur vorher automatisch organisierte Handlungsabläufe angeregt bzw. in Gang gesetzt. Ein Veränderung des Verhaltens ist auf diese Weise nicht möglich. Diese Versuche wären mechanisch, ohne Kopf und Gefühl.

■ Was der Reiter tut, muß **für ihn angenehm** sein, damit er Neues lernen und Altes (Unbrauchbares) verlernen kann. Bei Müdigkeit und innerer Unruhe sollte der Reiter aufhören, seine Übungen zu machen. Dies entspricht auch der Situation beim Reiten: Die eigene innere Unruhe würde sich sofort auf das Pferd übertragen und einen Erfolg verhindern.

■ Es gibt keinen von außen bestimmbaren Weg, um Lektionen auszuführen. Jede Lektion ist für den Reiter Gelegenheit herauszufinden, was **für seinen Körper richtig und wichtig** ist. Das eigene Wohlbefinden oder das behagliche Gefühl sollte die führende Größe bei allen Bewegungsvollzügen werden. Treten Schwierigkeiten auf, sollte der Reiter einen Augenblick aufhören und sich ausruhen.

■ Die Bezugsgröße für die eigene Bewegung ist jeder Reiter selbst und **nicht der Vergleich mit anderen.**

■ Man kann die Sensibilität für eigene Bewegungsabläufe nur erhöhen, wenn man die **Anstrengung verringert**. Oder: Je geringer der Reiz, desto stärker ist die Wahrnehmung. Ein Beispiel aus einem anderen Lebensbereich möge dieses Prinzip verdeutlichen: Jemand geht in ein Chinarestaurant und sieht vor sich das Gewürzset stehen. Wenn man nun als erstes Tabasco auf die Zunge streichen würde, wäre der Reiz so groß, daß danach Essig, Salz, Soja ebenso wie Tabasco schmecken würden, obwohl alle einen eigenen Geschmack haben.

Auf Bewegung bezogen folgt daraus: Man muß die kraftmäßige Anstrengung vermindern, um kleine Unterschiede spüren zu können. Leichtigkeit setzt die Muskeln frei, die bei einem kraftmäßigen Einsatz nie zum Tragen kommen würden. Man denke an das Kap. I.8., in dem im Zusammenhang mit dem falschen Umgang mit dem Kopf verdeutlicht wurde, daß beim Bewegen des Kopfes immer die großen Muskelstränge benutzt werden. Sie verspannen die Hals-Nacken-Partie, und die kleinen Muskeln, die am Okzipitalgelenk ansetzen, verkümmern, weil sie nie benutzt werden. Der Reiter muß lernen, unbenutzte Muskelgruppen einzubeziehen.

■ Es ist somit nicht wichtig, daß man etwas tut, sondern *wie* man es tut. Ein und dieselbe Bewegung muß **auf verschiedene Art und Weise** (langsam oder schnell/weich oder kraftvoll) umsetzbar sein, dann erst kann man von einem

Lernerfolg sprechen. Denn wie sollte ein Reiter mit unterschiedlichen Pferden umzugehen lernen, wenn er diese Unterscheidungsfähigkeit nicht hätte. Alle Pferde wollen nicht auf dieselbe Weise geritten werden; sie haben ganz unterschiedliche Voraussetzungen und Möglichkeiten wie die Reiter auch. Erst wenn diese Unterscheidungsfähigkeit des Reiters entwickelt

Zusammenfassung

- Der Schwerkraft sinnvoll entgegenwirken
- Aufgaben erteilen und keine Anweisungen geben
- Innensicht entwickeln
- Aktivierung selten benutzter Muskelgruppen
- Stimulierung beider Gehirnhälten
- Verbesserung des Allgemeingefühls
- Entwicklung eines besseren Bewußtseins von sich selbst
- Kein äußerer Zwang, sondern Orientierung an sich selbst
- Kein Vormachen, sondern eigene Grenzen erkennen und ausweiten
- Bewußtwerden der eigenen Möglichkeiten
- Zurückführung zu den eigenen natürlichen Bewegungsmöglichkeiten
- Erfahren des eigenen Körpers und Entwicklung einer bewußten Kontrolle (ohne Verkopfung)
- Veränderung von falschen Gewohnheiten

worden ist, kann von einem Lernerfolg gesprochen werden. Alles andere bleibt Schematismus und ist nicht erfolgreich auf unterschiedliche Situationen übertragbar.

■ Die Anstrengung muß verringert werden, trotzdem muß sich der Reiter **Mühe geben**. Leider wird in unserer Kultur in allen Sportarten viel zu viel mit Kraft und Anstrengung gearbeitet; – ein Phänomen, das der mittelalterlichen Kraftkultur ähnelt. Gerade darin sind die Hintergründe der meisten Krankheitserscheinungen des Bewegungsapparats zu sehen.

5.4 Lektionen für gefühlvolle Bewegungen

Unsere falschen Gewohnheiten

Die Alltagsbewegungen des Menschen entsprechen nicht mehr seinen körperlichen Gegebenheiten; was Kinder noch können, hat der Erwachsene verlernt. Es haben sich falsche Gewohnheiten eingeschliffen, die den Menschen unsensibel für alle weiteren Tätigkeiten werden ließen.

Wenn nun der Reiter dafür sensibilisiert werden soll, sich gefühlvoll auf dem Pferd zu bewegen und auf das Pferd feinfühlig einzuwirken, dann muß er bereits im Alltag umlernen, um sich auf dem Hintergrund eines insgesamt veränderten Körperbewußtseins auch in anderen Bewegungswelten sensibel verhalten zu können. Deshalb beginnt die Entwicklung der Sensibilität für den Reiter bei den Alltagsbewegungen.

Im Verlaufe der Kindheit werden die Eingriffe der Umwelt in den natürlichen Umgang mit uns selbst so stark, daß das Zentralnervensystem diese Überforderungen nicht mehr automatisch ausgleichen kann. Bei Betrachtung von Kinderbewegungen (Abb. 61 und 62) wird die natürliche Haltung deutlich.

Abb. 61

Das Kind ist vollkommen entspannt, während es sich in Abb. 61 nach einem Gegenstand bückt, um ihn aufzuheben. Der ganze Körper befindet sich im Gleichgewicht. Ebenso nehmen Kinder beim Sitzen eine natürliche Haltung ein, ohne zu verkrampfen. Erwachsenen sind die gezeigten Bewegungsabläufe bereits fremd geworden. Wenn sie sitzen oder sich bücken, treten Fehlbewegungen auf, die das Gefühl für die natürlichen körpereigenen Bewegungsabfolgen systematisch zerstören. Bei den Tieren laufen die Bewegungsprozesse natürlich ab: Der Kopf bestimmt die Bewegung, und der Körper folgt (Abb. 63).

Abb. 62

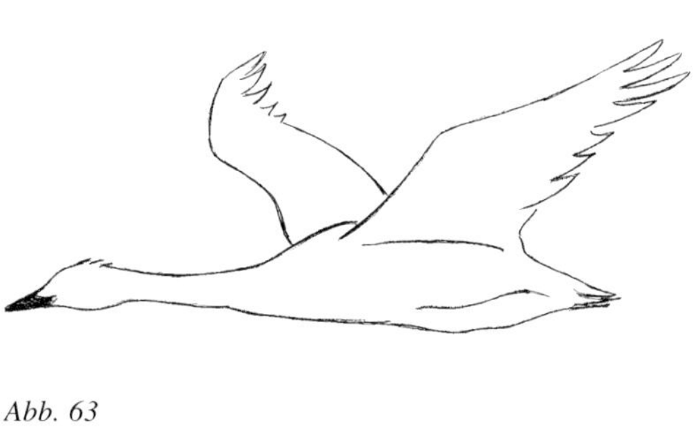

Abb. 63

Die folgenden Abbildungen von typischen Lebenssituationen mögen dieses Problem verdeutlichen. Abb. 64 demonstriert ein häufige Stehhaltung, bei der eine verzerrte Ausrichtung des gesamten Körpers zu erkennen ist. Durch die Haltung, die der Mensch für bequem hält, werden – ohne daß es der einzelne spürt – Muskeln verspannt (Abb. 65). Sitzhaltungen wie in Abb.

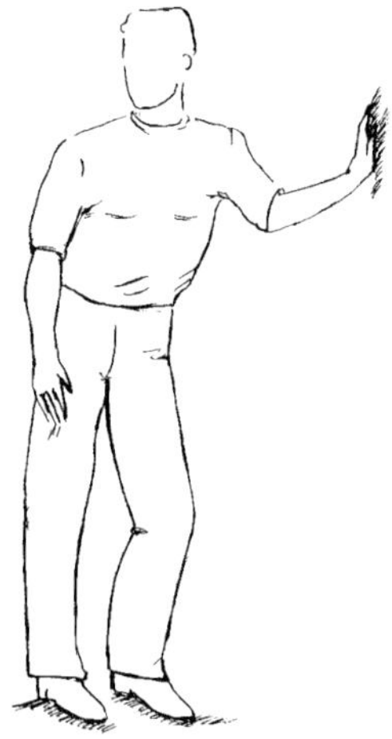

Abb. 64

Abb. 65

66 und 67 können in unserer Umwelt häufig beobachtet werden: Menschen sind scheinbar ent-

Abb. 66

Abb. 67

spannt, ohne Sinale zu spüren, die vor einer allmählichen Verzerrung des gesamten Körpers warnen (vgl. Kap. I.8./9.). Wenn jemand jahrelang z.B. bei Schreibarbeiten eine gekrümmte Haltung einnimmt (Abb. 68), erwirbt er nicht

Abb. 68

nur Haltungsstörungen, sondern greift noch intensiver in seinen Organismus ein: Er wird mittelfristig durch Atmungsstörungen geschädigt. Bei einer solchen Haltung verengt sich der Brustkorb, und die Atmung wird flach. Da die Atmung jedoch Grundlage unseres Lebens ist, mag sich jeder ausrechnen, wie die gesamte Leistungsfähigkeit des Menschen durch solche Fehlbelastungen ständig abnimmt.

Abb. 69

In der Jugend beginnende Fehlhaltungen führen im Alter durch immer stärker werdende Muskelverspannungen zu einem zurückgezogenen Kopf (Abb. 69), der wiederum Lendenwirbelbeschwerden nach sich zieht.

Das Stehen ist bei Kleinkindern zwar noch eine natürliche Haltung, die jedoch durch Sensibilisierung für den Umgang mit dem eignen Körper ständig aufrechterhalten werden muß. Heute stehen fast alle Menschen nicht körpergerecht. Die Stehhaltung in Abb. 70 zeigt eine typische Fehlbelastung. Da die Muskulatur nicht ausbalanciert ist, gleicht der Mensch dieses Defizit durch ein Nach-Vorne-Schieben des Beckens aus. Es entsteht eine hohe Druckbelastung des Lendenwirbelbereichs, die sich auf das gesamte Muskelsystem verzerrend auswirkt; alle Muskeln sind angespannt. Auch die scheinbar entspannte, übliche Stehhaltung in Abb. 71 führt zu Verkrümmungen im Rücken; die Hüfte und der Bauch

Abb. 70

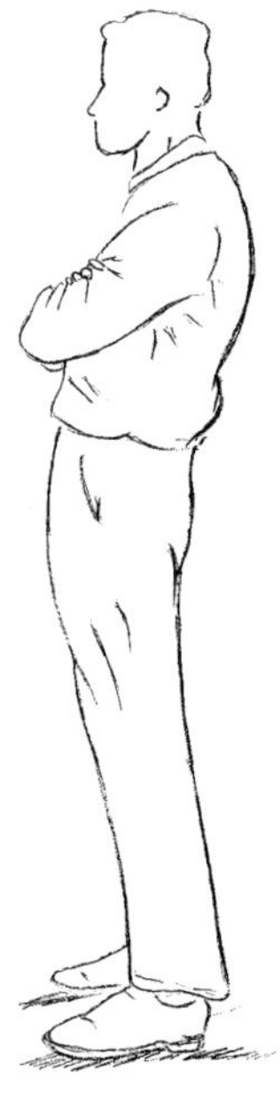

Abb. 71

sind vorgestreckt. Diese Haltung macht müde, und die inneren Organe werden stark belastet.

Die in unserer Gesellschaft ständig zu hörende Anweisung „Halte Dich gerade“ führt unweigerlich zu Haltungen, die vielleicht äußerlich gerade zu sein scheinen, muskulär aber völlig verspannt sind.

Abb. 72 zeigt ein typisches Beispiel für die Unzulänglichkeit der Sinneswahrnehmung. Der Mann glaubt, aufrecht zu stehen, obwohl sein Körper deutlich verkrümmt ist.

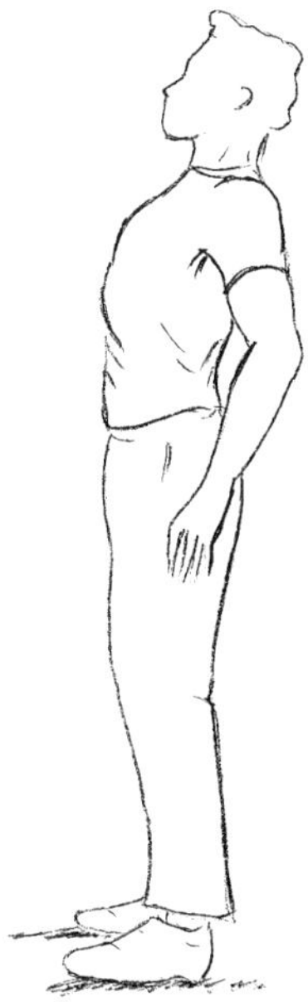

Abb. 72

Gerade dieses Beispiel läßt eine Übertragung auf das Reiten zu. Der Reiter wird im gängigen Unterricht auch immer aufgefordert, sich gerade hinzusetzen. Er versucht, dieser Anweisung gerecht zu werden, verspannt sich jedoch dabei, weil er einem Ziel nachkommen will, ohne die Mittel dafür zu kennen. Der Grund für einen nicht aufrechten Sitz ist immer in den Schwächen bestimmter Körperbereiche zu suchen, die es nicht mehr schaffen, einen harmonischen Zustand des Körperbildes wie bei den beiden Kinderabbildungen herzustellen (Abb. 61/62).

In Kap. II.5.3 ist besonders auf die Steuerungsfunktion von Kopf, Hals und Rumpf hingewiesen worden (Primärkontrolle). In deren Fehlbelastung liegt die Wurzel allen Übels. Abb. 73 verdeutlicht, wie durch eine Überbeanspruchung der großen Halsmuskeln eine Verspannung des gesamten Körpers eingeleitet wird. Bereits das Aufstehen in Abb. 74 verdeutlicht einen allgemein üblichen Mißbrauch des Körpers, der ein Fehlverhalten im Umgang mit ihm darstellt:

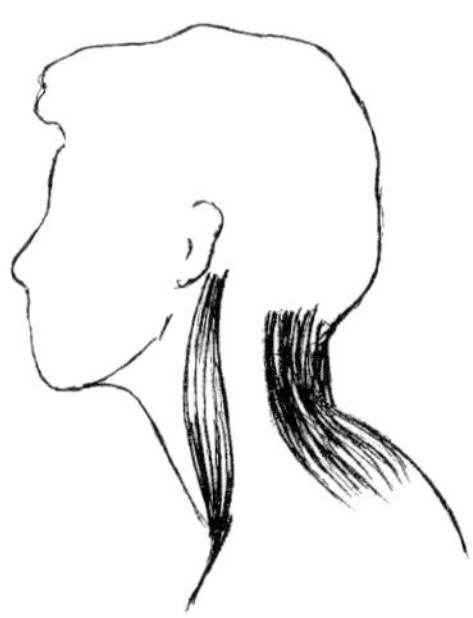

Abb. 73

Der Hals ist steif, der Kopf nach hinten gezogen, der Brustkorb angehoben, der Rücken durchgedrückt und das Gesäß nach hinten weggeschoben. Mehr kann der Mensch nicht falsch machen; er zerstört sich auf diese Weise über Jahre systematisch.

Abb. 74

Da in den Ausführungen über „Prinzipien für gefühlvolle Bewegungsvollzüge" (Kap. II.5.3) die zentrale Bedeutung von Kopf, Hals und Rumpf betont worden ist, beginnen die Lektionen auch mit der Kopfsteuerung (Primärkontrolle) anhand von Alltagsbewegungen.

Lektionen für Bewegungsabläufe des Alltags
(vgl. Autorenteam SVSS 1993, Brennan 1993, Drake 1993, Gelb 1991, Gray 1992, z. Lippe 1979, Park 1994, Reichel 1988, Reinhardt 1992, Riemkasten 1994)

Nicht den Kopf verlieren !

Ein gut ausbalancierter Kopf (Abb. 75) ist Grundvoraussetzung für die Organisation des gesamten Körpers. Die Ebenen von Ohren und Schultern sind gut zueinander ausgerichtet, die Wirbelsäule verläuft gerade. Wegen einer ein-

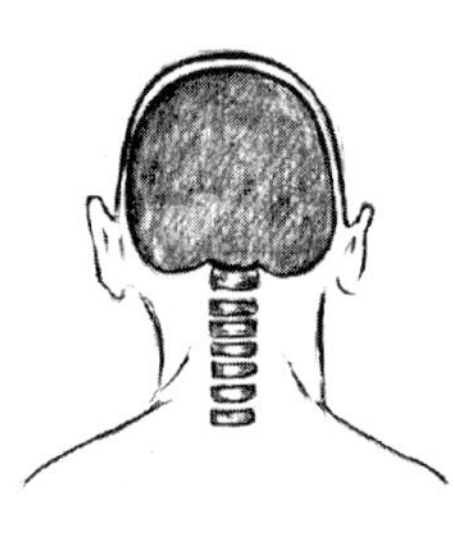

Abb. 75

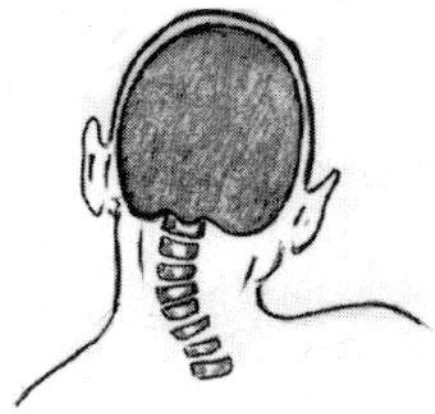

Abb. 76

seitig ausgebildeten Muskulatur wird von vielen der Kopf seitlich getragen (Abb. 76). Dieser verdrehte Hals führt zu Folgeprobleme im Bereich des Brustbeines und des Brustkorbs insgesamt. Es entstehen starke Anspannungen, die zu einem Ungleichgewicht der Muskeln in Nacken und Schultern führen. Ein Reiter z.B. sitzt aufgrund dieser Kopfhaltung immer nur auf einem Gesäßknochen, in diesem Falle links. Die Verformung der gesamten Wirbelsäule nach links wird durch die Kopfneigung nach rechts begünstigt.

Abb. 77 zeigt einen nach hinten und unten gezogenen Kopf. Dadurch wird das Okzipitalgelenk starr. Die aus dem Gleichgewicht geratenen Muskeln üben Zugkraft aus und drücken nach unten auf das obere Ende der Wirbelsäule. Wenn der Hals nach vorne zusammengesunken ist (Abb. 78), entstehen mögliche Verengungen zwischen den Wirbelkörpern der Halswirbelsäule und lassen einen leichten Buckel entstehen. Die Abb. 79 und 80 zeigen den Zustand eines gut balancierten Kopfes mit einem gut

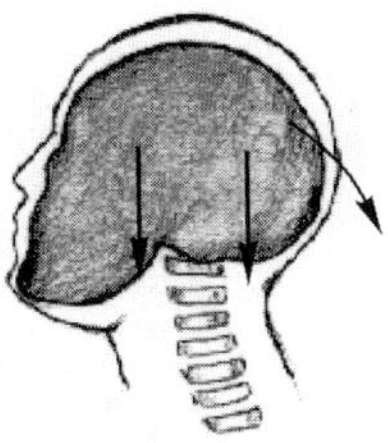

Abb. 77

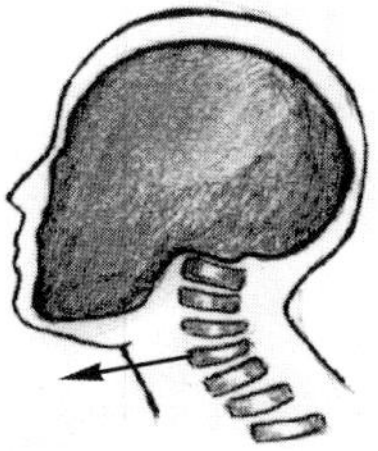

Abb. 78

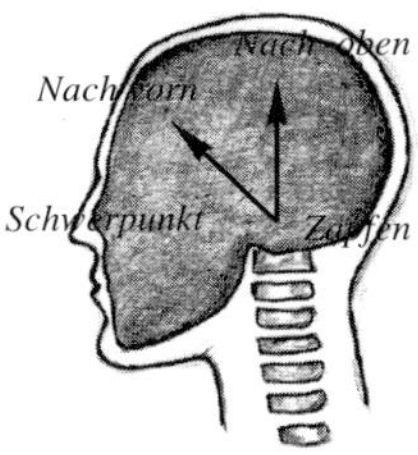

Abb. 79

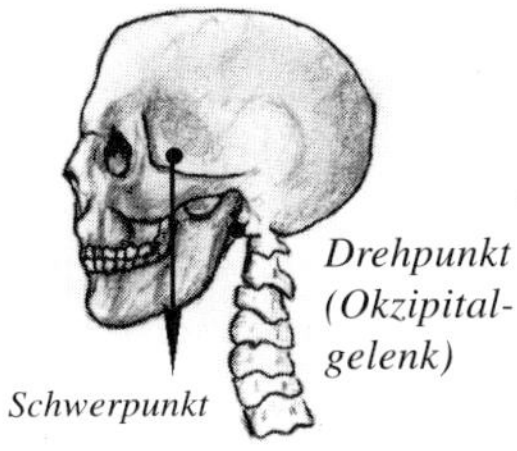

Abb. 80

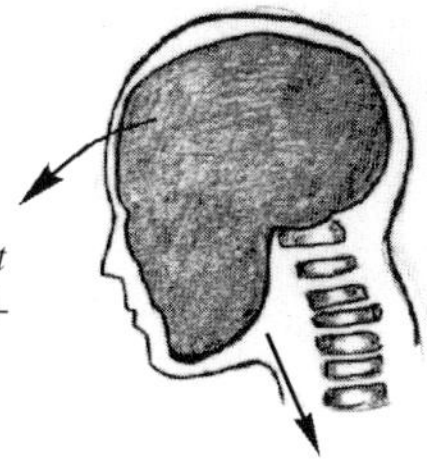

Abb. 81

ausgerichteten Nacken. Alle Muskeln befinden sich bei einer solchen Kopfstellung im Gleichgewicht.

Demgegenüber führt eine Kopfhaltung nach vorne und unten (Abb. 81) zu einer zu starken Streckung des Halses bei gleichzeitiger Spannung im Kinn durch zu stark zusammengezogene Muskeln vorn am Hals. Diese Haltung wird ganz häufig von Reitern eingenommen, wenn sie aufgefordert werden, den Kopf aufrecht zu tragen. Es bedarf viel Sensibilität, um den Kopf aufzurichten und gleichzeitig Lockerheit im Hals und in den Schultern zu gewährleisten. Es wird noch intensiver darauf eingegangen.

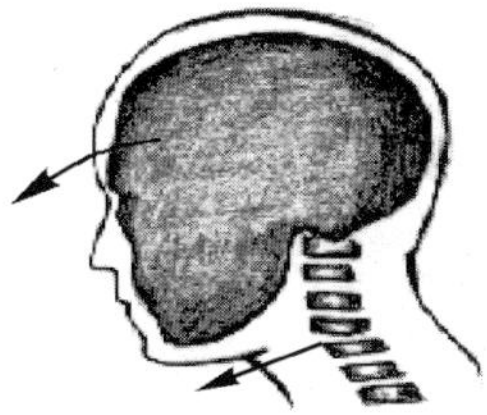

Abb. 82

Abb. 83

Bei einer solchen Haltung wie in Abb. 82 kann zu wenig Anspannung im Hals entstehen. Es kann eine Verschiebung der Wirbel nach hinten stattfinden. Der nach hinten und unten gezogene Kopf (Abb. 83) führt zu Druckzuständen im hin-

Abb. 84

teren Nackenbereich bei gleichzeitiger Dehnspannung der Unterseite des Kinns. Man soll dem Kopf erlauben, auf dem höchsten Punkt des Nackens leicht nach hinten oben zu rollen (Abb. 84). Bei einer Blickrichtung leicht nach unten ist der Kopf nach vorne und oben ausgerichtet. Es ist bereits in Kap. I.9. angesprochen worden, daß diese Kopfhaltung für den Reiter von besonderer Bedeutung ist, um den gesamten Körper gelöst mit den Pferdebewegungen mitschwingen zu lassen. Man bedenke: Ein freies Okzipitalgelenk erlaubt allen Gelenken Freiheit !

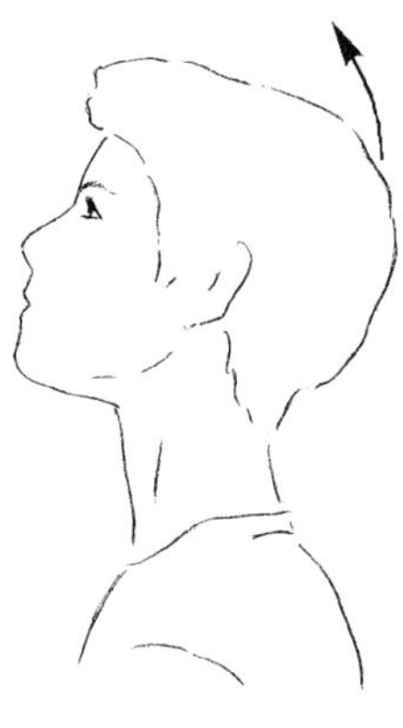

Abb. 85

Abb. 85 verdeutlicht, wie die Augen nach oben blicken, ohne den Kopf nach hinten unten zu ziehen. Er ist nach vorne oben ausgerichtet und läßt somit die gesamte Nackenmuskulatur frei. Der Mensch – besonders der Reiter – muß lernen, die Augen zu bewegen, ohne den Kopf mitzubewegen. Dieser Vorgang ist schwer zu realisieren, weil der Körper meistens den Augen folgt. Für einen Reiter ist es jedoch wichtig, daß er sich aus den Augenwinkeln räumlich orientiert, ohne den Kopf ständig mitwenden zu lassen. Diese Fehlbewegungen würden ständige Sitzveränderungen bedeuten. Das Pferd würde durch die unbeabsichtigten Hilfen verwirrt.

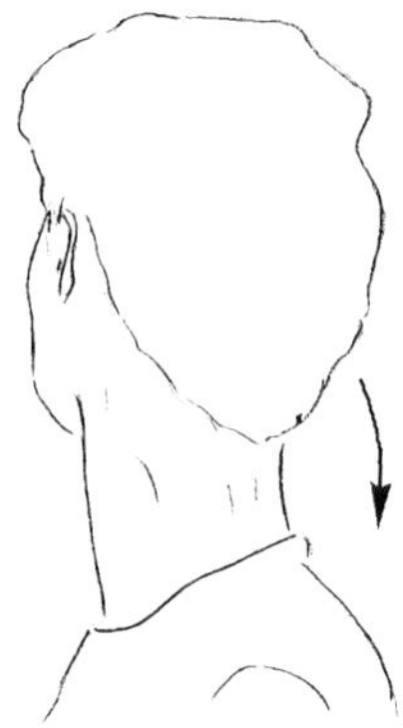

Abb. 86

Die Drehbewegung des Kopfes in Abb. 86 verdeutlicht im Gegensatz zu Abb. 87 a eine Drehbewegung mit nach hinten unten gezogenen Kopf. Wie die kleinen Muskeln, die am Hinterkopf ansetzen, korrekt benutzt werden sollen, verdeutlichen die Abb. 87 a und b. Nur diese Stellung ermöglicht eine

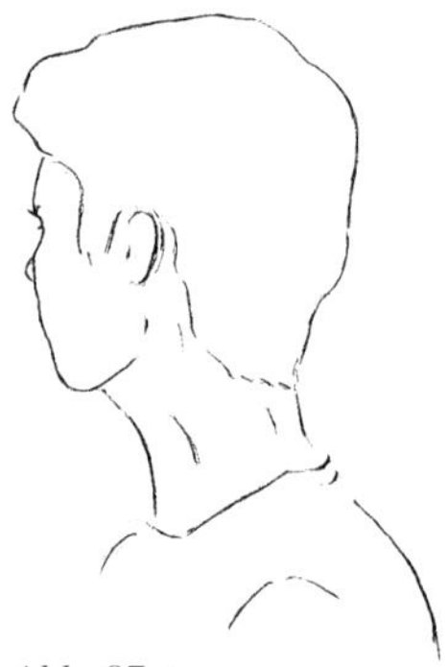

Abb. 87 a

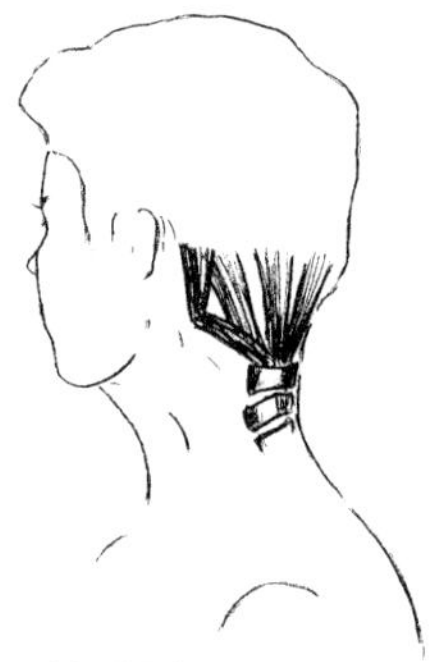

Abb. 87 b

freie Dehbewegung mit vollkommen ausbalancierter Nackenmuskulatur.

Wenn der Mensch sich insgesamt bemüht, seine falschen Gewohnheiten abzulegen, darf er sich nicht erhöhter Konzenztration unterwerfen. Konzentration ist eine geistige Haltung, die leichte Verspannungen im Körper hervorruft. Jeder muß sich bemühen, seine Fähigkeit zur Aufmerksamkeit zu erweitern. Aufmerksamkeit ist ein wacher Zustand. Es geht nicht nur um die normalen Informationen durch die Sinnesorgane, Gedanken und Gefühle, sondern vor allem um die Informationen des kinästhetischen Sinnes (Muskelsinn, muskuläre Unterscheidungsfähigkeit).

Psychologen haben die Anzahl der Wimpernschläge in einer gewissen Zeit als Maß für die Konzentration ermittelt. Bei großer Konzentration hören Menschen oft ganz auf zu blinzeln, bei Beunruhigung oder Erregung hingegen blinzelt der Mensch mehr als normal. In Aufmerksamkeitssituationen erhöht sich bei jedem Menschen der Wimpernschlag leicht. Er wird fähig, sich von innen zu betrachten, ohne den Kopf für die Situation zu verlieren. D.h. er ist wach für Bewegungsabläufe im eigenen Körper und um ihn herum. Konzentration würde die Balance zwischen Ich und Umwelt einseitig in eine Richtung verzerren: Entweder spürt man ausschließlich Dingen im eigenen Körper nach oder erfaßt nur die Umwelt.

Zum Abschluß der Ausführungen über den Kopf (Primärkontrolle) verdeutlicht die Abb. 88 die Direktiven, die sich jeder stets vergegenwärtigen sollte (ohne sie muskulär nachzuvollziehen), um aus seinen falschen Gewohnheiten herauszukommen. Erkenntnisse aus dem mentalen Training haben ergeben, daß sich muskuläre Veränderungen bereits ergeben, wenn der Mensch sich geistig mit ihnen beschäftigt. Biochemisch laufen dieselben Vorgänge ab, als würde man die entsprechenden Muskeln direkt bewegen:

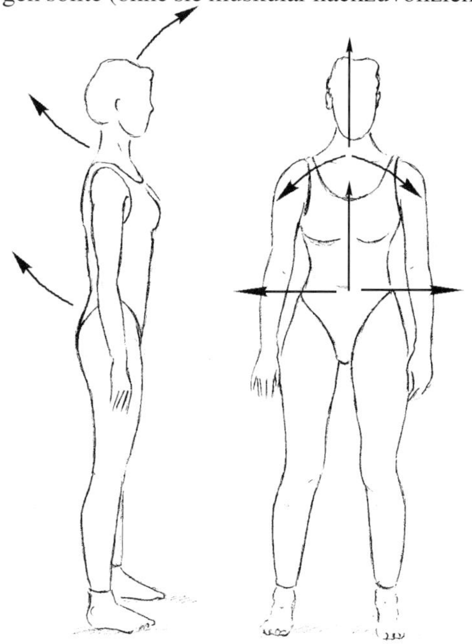

Abb. 88

■ **„Ich lasse den Hals frei, damit der Kopf nach vorne oben gehen kann, um den Rükken längen und weiten zu können." Solche Direktiven führen bei ständiger Vergegenwärtigung nach entsprechender Zeit zu einem veränderten Umgang mit dem Kopf und Rumpf.**

Mißbrauch des Rückens.
Oder: Rücken längen und weiten !

Der Rücken ist für den Reiter bezüglich seiner Gewichtshilfen von zentraler Bedeutung, deswegen muß er sich auch entsprechend intensiv mit ihm auseinandersetzen.

Nach der Erörterung des richtigen Gebrauchs des Kopfes folgen nun Ausführungen für den Umgang mit dem Becken. Wie bereits mehrfach angesprochen, zeichnet das Becken die Bewegungen des Kopfes nach. Wenn der Kopf in den Nacken genommen wird, bildet der Reiter automatisch ein Hohlkreuz.

Abb. 89 verdeutlicht eine übermäßige Wölbung im unteren Rückenbereich, der grundsätzlich zur Verkürzung neigt (vgl. Kap. I.10.). Es ist eine typisch

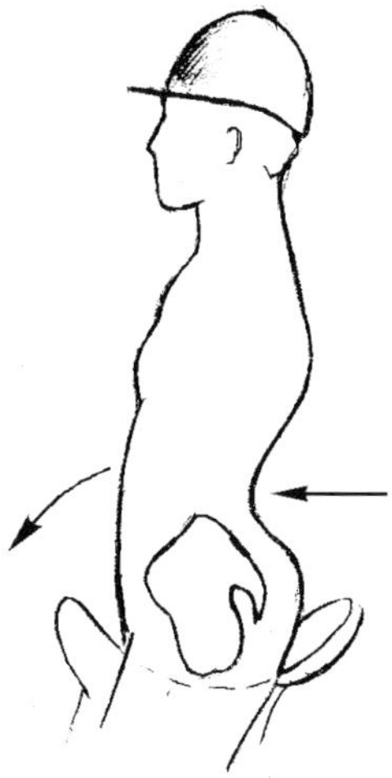

Abb. 89

durchgedrückte Haltung, die oftmals entsteht, wenn der Reiter zum geraden Sitzen aufgefordert wird. Der Reiter reagiert fälschlicherweise mit einer Drehbewegung im Becken. Er läßt es nach vorne kippen, so daß es schräg steht. Der Reiter ist dadurch im Becken „fest“ und kann seine Gewichtshilfen nicht optimal einsetzen.

Es gibt außerdem Reiter, die den Nacken nach vorne fallen lassen (Abb. 90). Der Rücken längt sich daraufhin und macht den Ausbilder auf einen Buckel aufmerksam. Die daraus folgende hohe Festigkeit im Brustwirbelbereich läßt den gesamten Oberkörper nicht mitschwingen; er versteift sich.

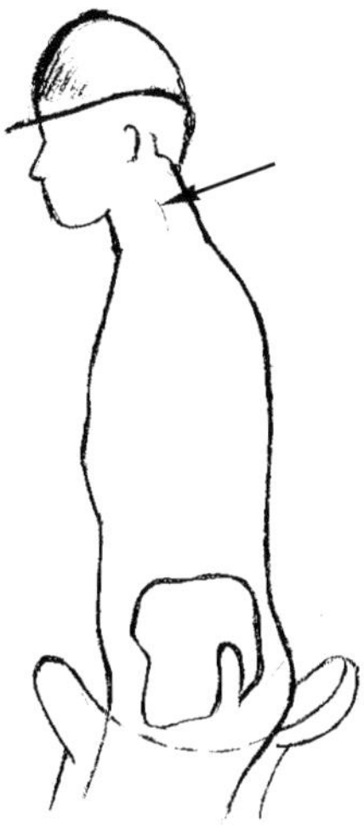

Abb. 90

Leider verfallen Reiter bei der Forderung nach einem geraden Sitz oft in die Haltung der Abb. 91. Der Nacken ist nach hinten gedrückt, die Wirbelsäule ist zu stark gestreckt und das Becken wird „eingezogen“. Diese Haltung ist starr, das Becken kann sich nicht den Bewegungen des Pferderückens anpassen. Konsequenzen sind in den Abb. 92 und 93 zu sehen. Der Rücken verengt sich bei angespannten, hochgezogenen Schultern, oder der Rücken kann sich bei heruntergezogenen Schultern verengen. In solchen Fällen muß sich der Reiter immer die „inneren Befehle“ (Direktiven) geben:

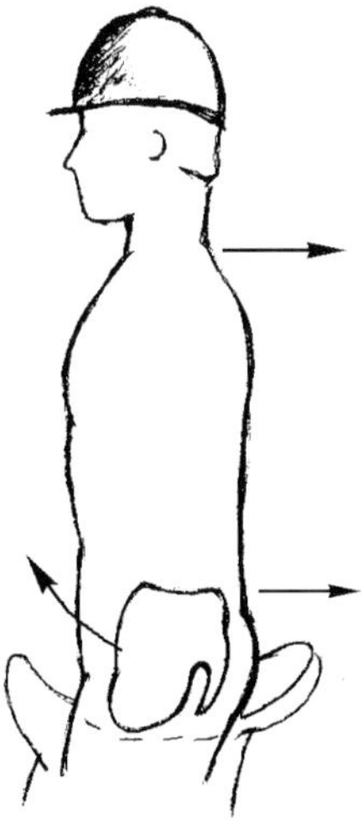

Abb. 91

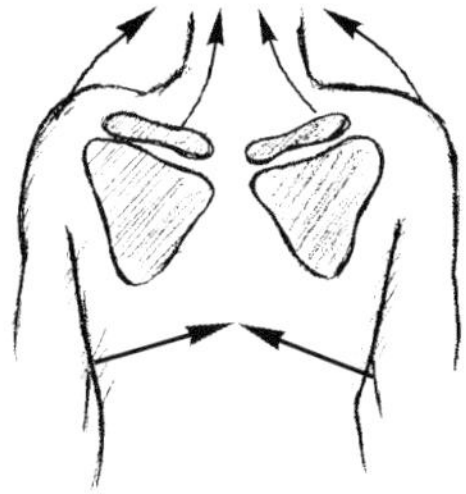

Abb. 92

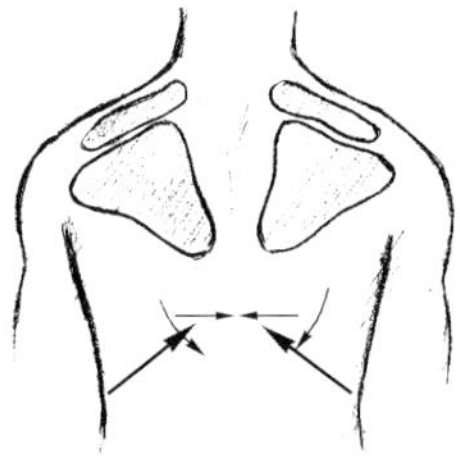

Abb. 93

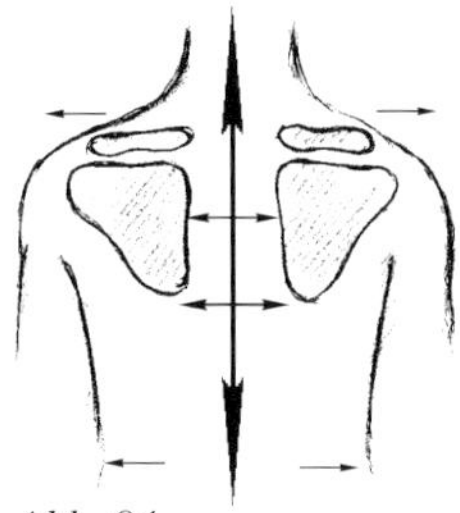

Abb. 94

■ Hals freilassen, Kopf nach vorne und oben „rollen“, damit sich der Rücken längen und weiten kann. Dann entsteht die richtige Haltung (Abb. 94).

Nochmals zusammenfassend der falsche Gebrauch und die korrekte Lösung:

In Abb. 95 verkürzt sich der Rücken durch den vorgestreckten Hals, den nach unten gezogenen Kopf und Rücken. Es findet eine Verengung im Hals-Nakkenbereich und in der Lendenwirbelsäule statt. Der untere Rückenbereich wölbt sich sehr auf, und die Bauchmuskulatur erschlafft.

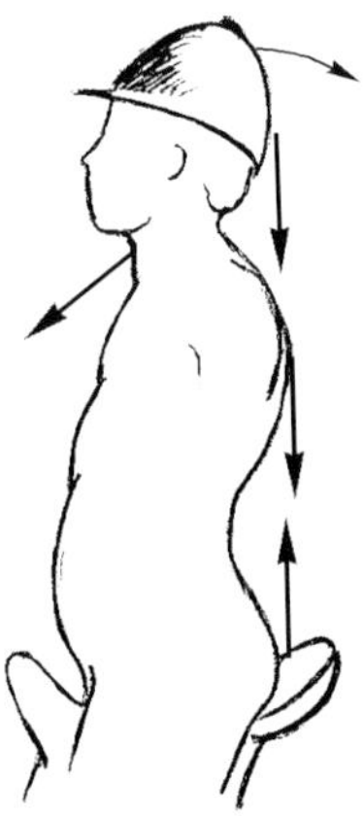

Abb. 95

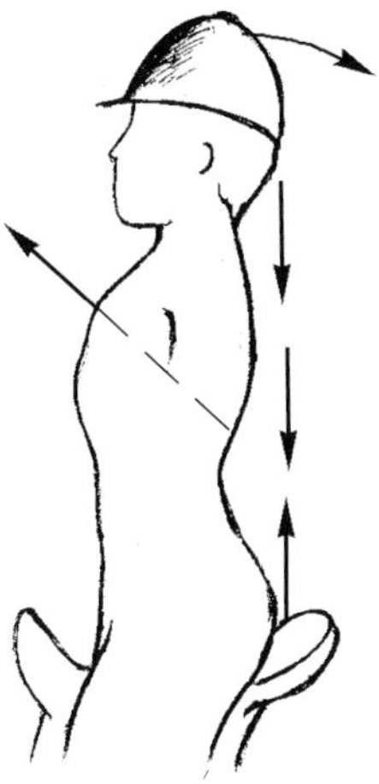

Abb. 96

Abb. 96 zeigt eine Verkürzung des Rückens bei steifem Hals und nach hinten gezogenem Kopf. Das hochgezogene Brustbein führt zu Problemen im mittleren Rückenbereich, wobei sich die Lendenwirbelsäule verbiegt. Abb. 97 zeigt einen nach vorne oben ausgerichteten Kopf, der dem Rücken die Möglichkeit läßt, sich zu weiten. **Die Hals-Nackenmuskulatur soll die Kräfte freilassen, die Schultern sollen fallen.** Das Becken richtet sich als Reaktion auf die Kopfhaltung natürlich auf, so daß die Wirbelsäule eine doppelt geschwungene S-Form aufweisen kann. Nur so sind die Bewegungen des Reiters mit denen des Pferdes in Einklang zu bringen (Dialog: Becken Reiter-Rücken Pferd).

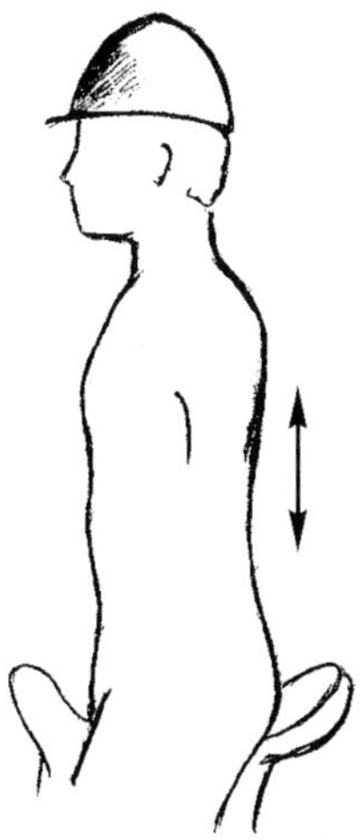

Abb. 97

Reiter können den richtigen Gebrauch des Rükkens auch in der Liegehaltung erfühlen lernen. In der Bodenlage fallen den meisten Menschen Bewegungen leichter, weil sie nicht mehr den Hauptteil ihrer Kraft für die Erhaltung des Gleichgewichts benötigen. Sie werden sensibel für Feinabläufe von Bewegungen; ihnen werden die eigenen Bewegungsabläufe bewußt. Auch in der Rückenlage neigen Menschen zu einer geraden Haltung und glauben, die Haltung sei für sie gut. Abb. 98 zeigt einen Menschen mit nach unten gedrückten Knien, gewölbtem Rücken

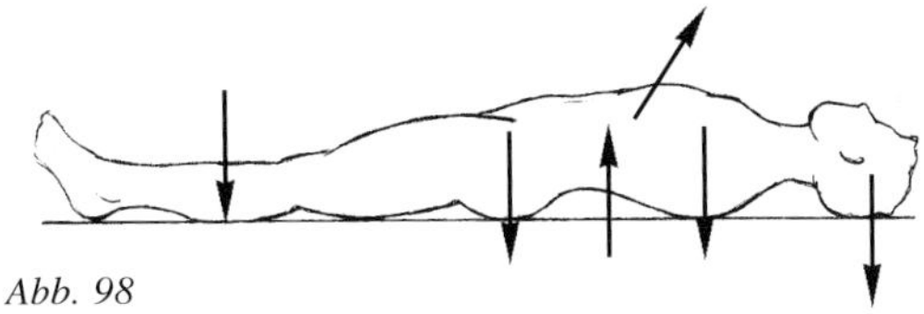

Abb. 98

und starrer Brust durch Anheben des Brustbeines. Diese Lage ist äußerst schlecht.

Die Sensibilität für Veränderungen im Körper kann in einer liegenden Haltung (Abb. 99) er-

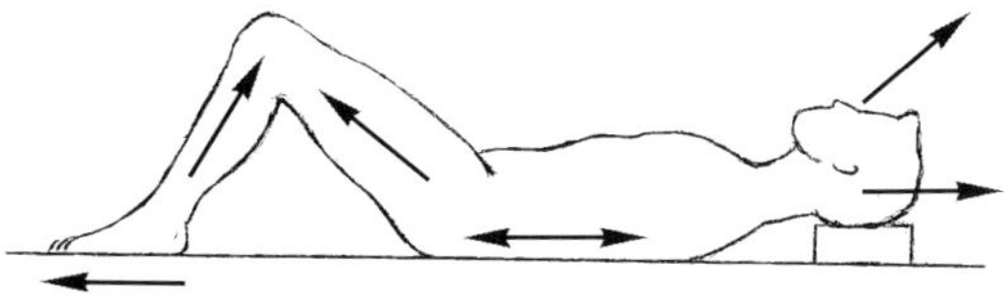

Abb. 99

zeugt werden. Die Beine werden angestellt. Die Knie zeigen zur Decke. Durch die angestellten Beine längen sich die Füße und auch der Rükken, der gleichzeitig durch das direkte Aufliegen auf der Unterlage gestützt wird. Der Kopf ist durch eine Unterlage nach vorn und oben abgestützt. Auf diese Weise finden alle vorher durch Anweisungen ausgelösten Vorgänge statt, man muß dies nur bewußt werden lassen. Die im Stehen, Gehen oder durch andere Tätigkeiten stark gedrückten Bandscheiben können sich regenerieren (vgl. Abb. 100).

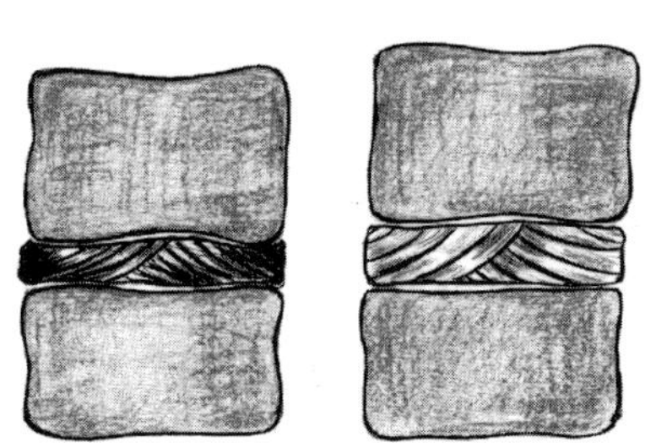

Abb. 100

In dieser Lage können sie sich wieder mit Flüssigkeit füllen, um dem Menschen in der aufrechten Haltung mehr Beweglichkeit zu bieten.

Die Abb. 101 – 103 verdeutlichen die Bedeutung einer Unterlage. Der Hals-Nackenbereich soll stets die direkte Verlängerung der Brustwirbelsäule bilden. Diese Situation ist ausschließlich in Abb. 103 gegeben.

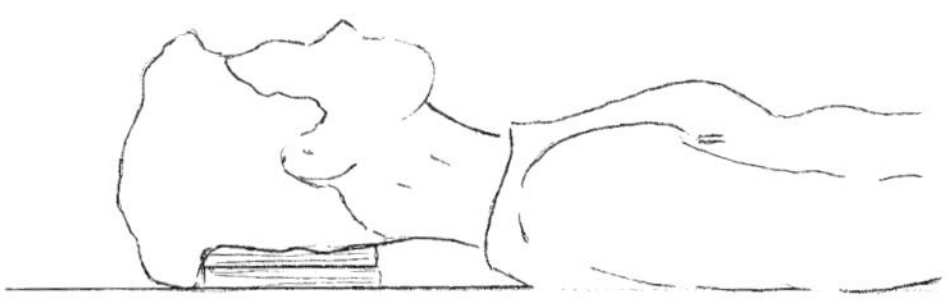

Abb. 101

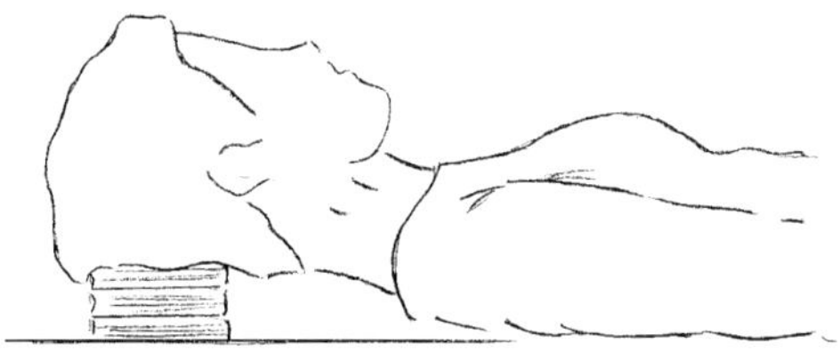

Abb. 102

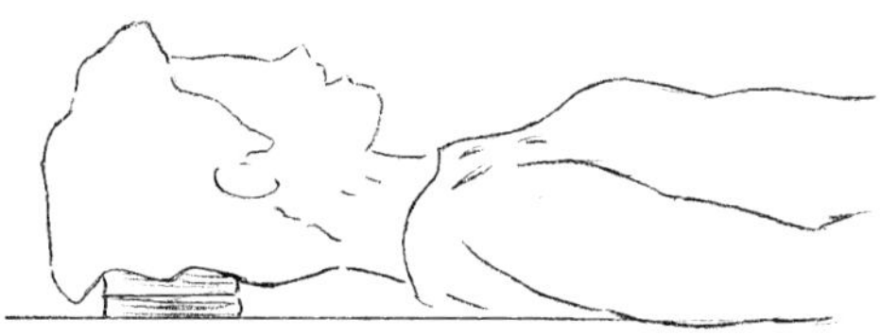

Abb. 103

In Abb. 101 ist die Unterstützung zu gering, während in Abb. 102 die Unterstützung wieder zu stark ist. Der Reiter muß ganz sensibel in sich hineinfühlen, bis er die seinem Körperbau gemäße Unterlage gefunden hat. Eine Hilfe durch eine zweite Person ist am Anfang notwendig.

Der Außenstehende kann genau erkennen, wann die gerade Linie Brust-Hals gefunden ist. Der Reiter mag diese neue Situation oft als ungewöhlich und unbequem empfinden, weil er vorher immer falsch gelegen hat. Er hat ein falsches Gefühl für diesen Körperbereich entwickelt. Für den Reiter ist es wichtig, sich in entsprechenden Situationen (vor dem Reiten/vor einer Prüfung) auf diese Art vorzubereiten. Es wird immer einen ruhigen Platz geben, um sich liegend körperlich und mental auf seinen Sitz vorzubereiten.

In dieser Lage können viele weitere Sensibilisierungsübungen durchgeführt werden, um die natürlichen Bedingungen des eigenen Körpers wiederherzustellen. Die Wirkung hält jedoch nicht ewig an, weil der Mensch danach wieder in seinen Fehlgebrauch verfällt. Sensibilisierungsübungen müssen also ständig wiederholt werden, bis ein hohes Ganzkörpergefühl entstanden ist, das es jedem ermöglicht, sich auch bei aufrechter Haltung körperkonform zu bewegen. Als innere Direktiven gelten in dieser Lage:

■ „Ich lasse meinen Hals frei, damit sich mein Kopf ungehindert zwischen den Schultergelenken herauslösen kann, damit sich mein Rücken längen und weiten kann, so, daß der Rücken mehr und mehr auf dem Boden aufliegen kann" (Drake 1993, 49).

Abb. 104 zeigt eine Lektion, um das Hohlkreuz „auszubügeln".

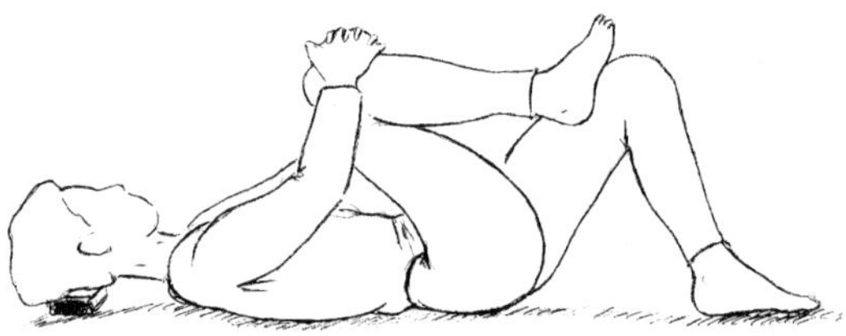

Abb. 104

In der Rückenlage wird ein Knie mit beiden Händen umfaßt und langsam ganz sanft in Richtung Brust gezogen und gehalten. Dabei sollen die Ellenbogen leicht nach außen gestellt werden, um gleichzeitig dem Brustkorb die Chance zu geben, sich zu weiten. Die Atmung verläuft freier. Weder sollen die Ellenbogen krampfhaft nach außen gedrückt, noch die Knie an die Brust gepreßt werden. In der Haltung mit angezogenem Knie soll man zwei Minuten und mehr verweilen. Man wird spüren, wie der Rükken immer mehr Kontakt mit dem Boden bekommt. Dasselbe wird auch mit dem anderen Bein durchgespielt.

Die Lage in Abb. 105 ermöglicht ebenfalls eine Längung des unteren Rückens. Die Grundhal-

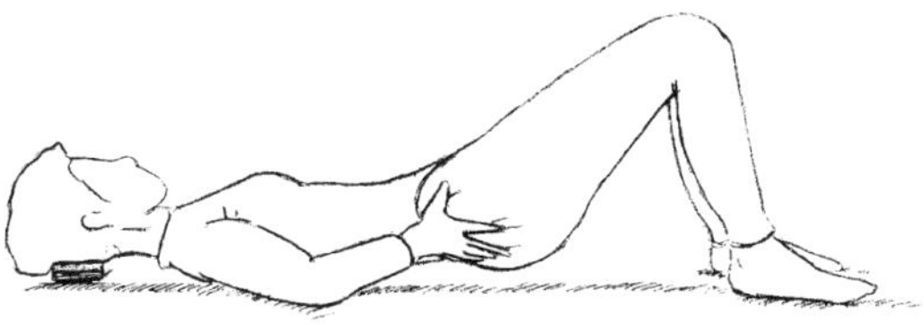

Abb. 105

tung ist wieder eine Rückenlage mit angestellten Beinen. Die Fersen werden fest gegen den Boden gedrückt, die Knie bewegen sich leicht nach oben, so daß sich die Hüfte wenige Zentimeter vom Boden entfernt. Dabei bewegen sich die Knie etwas vom Kopf weg in Richtung Füße, wodurch das Becken leicht gekippt wird. Die Hände können die Bewegung des Beckens leicht unterstützen, wenn man sie unter die Hüften legt. Wichtig ist, daß sich die Muskulatur im Nackenbereich und in der Schulterregion nicht verkürzt. Dieser Vorgang kann mehrmals wiederholt werden. Dabei muß immer wieder bedacht werden, daß die Bewegungen langsam, sanft und ohne übermäßige Kraftanstrengung erfolgen sollen. Ein Längung des oberen und mittleren Rückens erzeugt man durch die Lektion in Abb. 106. Die Hände heben den Kopf vorsichtig an und ziehen die gesamte Wirbelsäule sanft in die Länge. Der Kopf wird wieder abgelegt und der Halsmuskulatur völlige Ent-

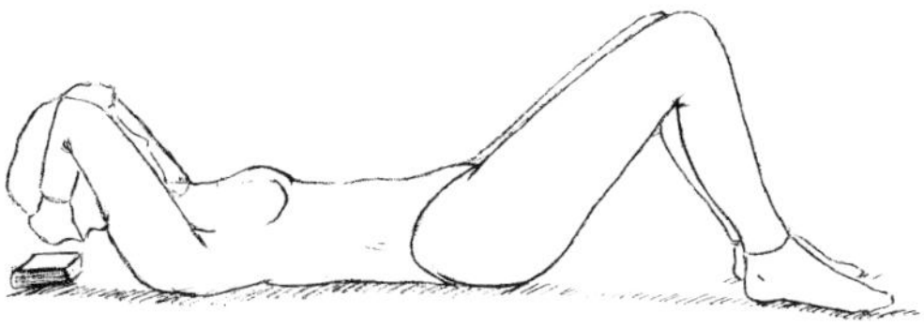

Abb. 106

spannung ermöglicht, indem das ganze Gewicht des Kopfes auf der Unterlage ruht. Danach kann die Bewegung mehrmals wiederholt werden (incl. Pause).

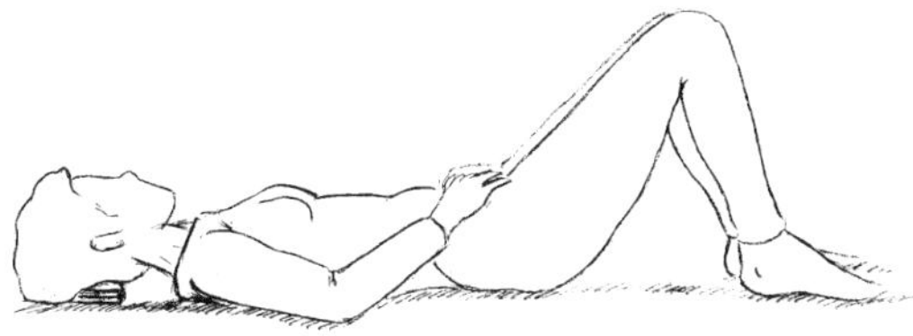

Abb. 107

Abb. 107 verdeutlicht die Haltung der Hände in der Pause zwischen den Lektionen oder zur allgemeinen Entspannung. Sie sollen mit entspannten Fingern auf dem Bauch ruhen; die Ellenbogen sind leicht nach außen geneigt. So können sich Spannungen im Schulterbereich lösen; die Schultern weiten sich und bekommen besseren Kontakt zum Boden. Sie dürfen jedoch nicht krampfhaft in Richtung Boden gedrückt werden. Die Anweisungen für die Hände sind ähnlich der für die Primärkontrolle (Kopf/Nacken/Schulter):

- „Ich lasse die Schultern frei, damit sie sich zur Seite hin weiten können, so, daß sich der Ellenbogen zur Seite hin ausdehnen kann, so, daß sich die Hand ungehindert aus dem Handgelenk herauslösen kann, und damit sich die Finger aus den Hand- und Fingergelenken heraus verlängern können“ (Drake 1993, 49).

Die Anweisungen (mentale Programmierung) für Kopf und Hals können immer wieder mit einbezogen werden, um den Funktionszusammenhang Kopf-Hals- Schultern-Rücken herzustellen. Dabei ist es wichtig, daß die Anweisungen nicht muskulär ausgeführt werden. Sie sind ausschließlich als Mitteilungen des Gehirns an den Körper zu verstehen. Die angesprochenen Körperteile werden entsprechend reagieren.

Eine weitere Haltung in Rückenlage wird in Abb. 108 gezeigt. Die Arme liegen neben dem

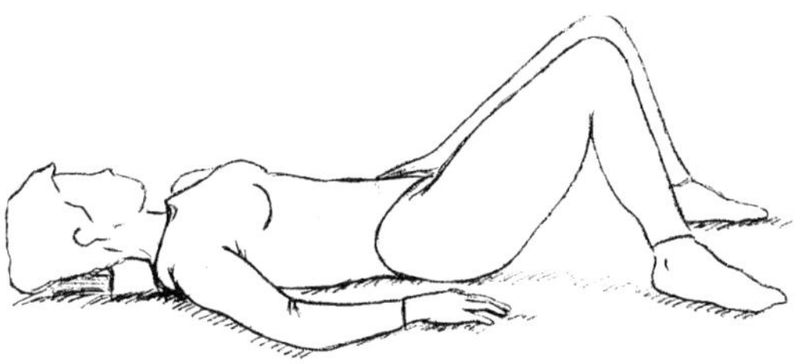

Abb. 108

Körper; die Ellenbogen sind leicht zur Seite gestreckt. Die Handgelenke sind leicht nach innen gewendet; die Unterarme liegen neben dem Körper; der Handteller und die Finger liegen neben dem Körper und zeigen in Richtung Füße. Die Anweisungen lauten:

■ Verhalte Dich so, daß sich „... der Ellenbogen fortgesetzt zur Seite hin ausdehnen kann, so, daß sich die Handgelenke zum Körper hinneigen können, und damit sich die Finger aus den Hand- und Fingergelenken heraus in Richtung zu den Beinen verlängern können" (Drake 1993, 50).

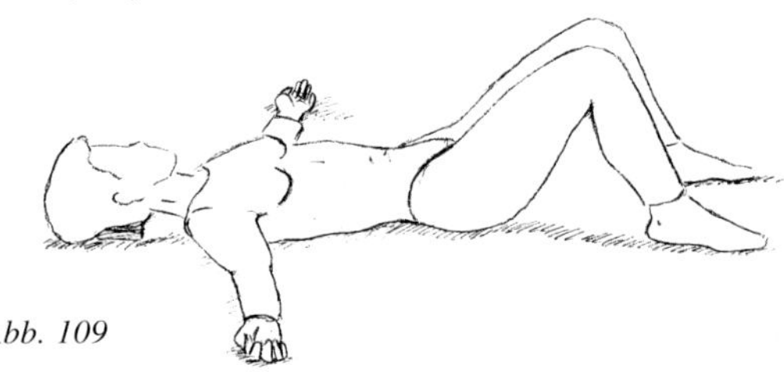

Abb. 109

In der „Kruzifix-Haltung" (Abb. 109) werden die Arme, Handflächen nach oben, zur Seite ausgestreckt. Diese Haltung entspannt und erweitert den Rücken. Gleichzeitig wird durch diese Haltung ermöglicht, daß sich die Schulterblätter voneinander wegbewegen können. Die Anweisungen lauten:

■ „Ich lasse die Schultern frei, damit sie sich zur Seite hin weiten können, so, daß sich die Arme aus den Schultergelenken heraus verlängern können, und damit sich die Finger aus der Hand heraus verlängern können" (Drake 1993, 50).

Die Stellung der Beine ist in Abb. 110 zu sehen. Die Füße sind schulterbreit voneinander entfernt und zeigen leicht nach außen. Die Knie zeigen zur Decke, die Füße sollen 30 – 40 cm vom Gesäß entfernt sein. Das Gewicht des Beins ist gleichmäßig auf die ganze Fußsohle verteilt. Die Anweisungen lauten:

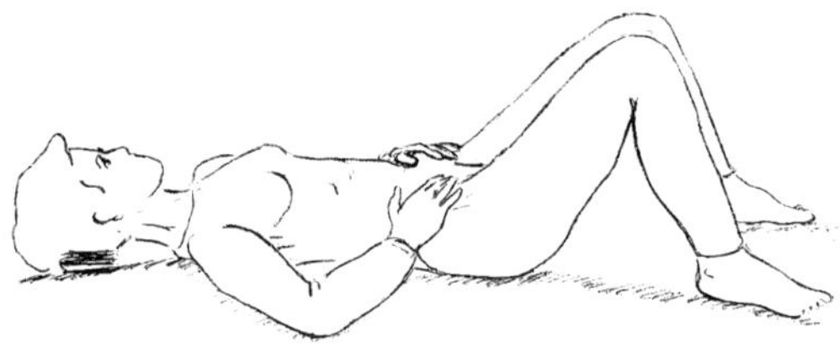

Abb. 110

■ „Ich lasse die Hüfte frei, so, daß das Knie aus dem Hüftgelenk heraus nach oben und aus dem Fußgelenk heraus nach oben zeigen kann (zur Zimmerdecke hin), und ich lasse die Knie ein wenig voneinander weg nach außen zeigen, so, daß sich die Zehen aus dem Fuß- und Zehengelenken heraus verlängern können" (Drake 1993, 52).

Bei akuten Rückenbeschwerden oder starken Verkrampfungen, wie sie immer wieder beim Reiten vorkommen können, empfiehlt es sich,

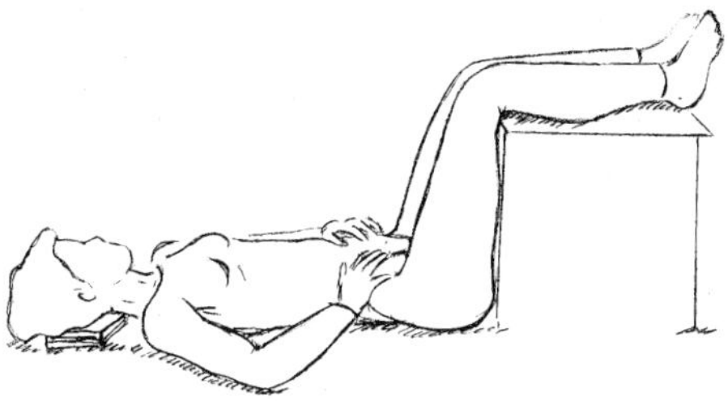

Abb. 111

die Lage gemäß Abb. 111 einzunehmen. Die Unterschenkel ruhen auf einem Stuhl, so daß zwei rechte Winkel entstehen können: Oberkörper-Oberschenkel, Oberschenkel-Unterschenkel. In dieser Haltung wird die Lendenwirbelsäule total entlastet, um Verkrampfungen oder starken Verspannungen entgegenwirken zu können.

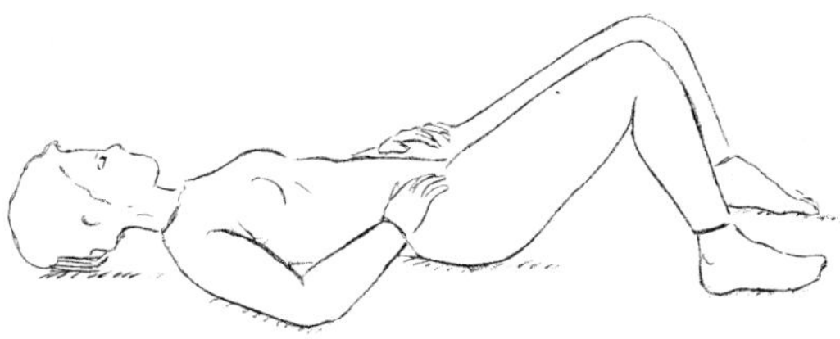

Abb. 112

In einer Position, wie sie Abb. 112 zeigt, kann auch ein Schläfchen gemacht werden. Durch die leicht nach innen gestellten Füße erhalten die Beine Stabilität, die Knie lehnen aneinander.

Die mangelnde Sensibilität für die körperkonformen Bewegungen ist bei vielen Menschen z.B. an der Aufstehbewegung aus der Rückenlage zu erkennen. Durch ein falsches Aufstehen können alle vorher erzeugten positiven Wirkungen wieder zerstört werden. Deshalb ist es wichtig, sich dieses Vorgangs grundsätzlich bewußt zu werden. Alle vorher erörterten Bewegungsabfolgen verbinden sich in dieser Bewegung.

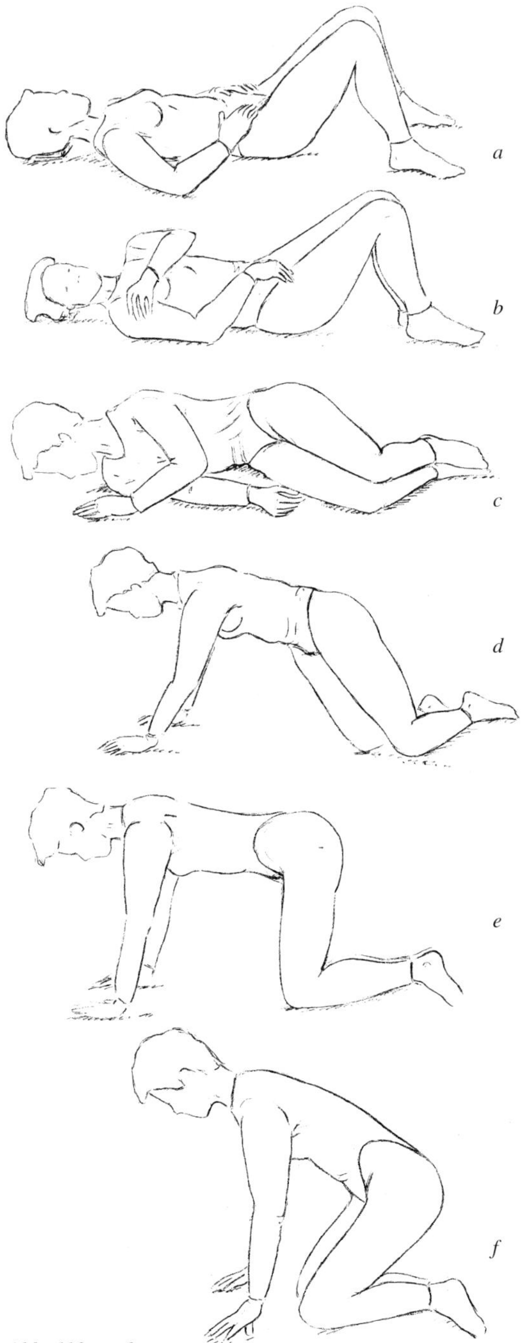

Abb. 113 a – f

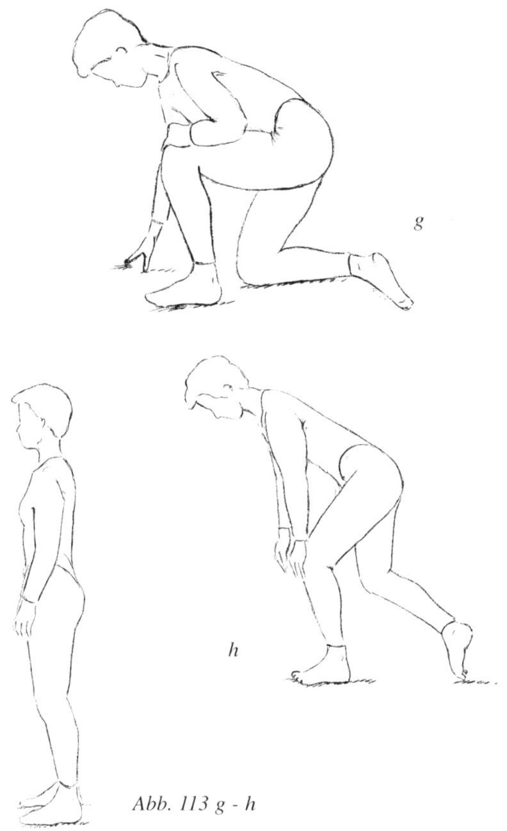

Abb. 113 g - h

Ziel ist es, sich aller Glieder zu bedienen und immer eine Stabilität von Kopf, Schultern, Rumpf, Becken aufrechtzuerhalten. Die Bildreihe in Abb. 113 verdeutlicht diesen Vorgang sehr plastisch.

Das Sitzen fördert die schrecklichsten Gewohnheiten !

Sitzen ist gerade für den Reiter von hoher Bedeutung, denn wenn er auf dem Pferd nicht korrekt sitzt, kann er keine Einwirkung erzielen. Deshalb müssen sich Reiter und Ausbilder mit dieser in der heutigen Zeit häufigsten Haltung vertiefend auseinandersetzen. Wie soll der Reiter auf dem Pferd korrekt sitzen können, wenn er es schon auf einem Stuhl nicht schafft. F.M. Alexander hat einmal gesagt, daß der Stuhl die schlechteste Erfindung des Menschen sei, weil er in erhöhtem Maße schlechte Gewohnheiten fördere. Die meisten Menschen verbringen heute zuviel Zeit im Sitzen und gehen dabei vollkommen falsch mit sich um. Sie sitzen starr und nicht dynamisch. Dadurch entstehen mangelnde Sensibilitäten auch für das Sitzen in anderen Situationen als auf dem Stuhl. Im Sitzen entstehen schlimme Verrenkungen der Muskulatur, so daß sie zwangsläufig unsensibel auch für andere Situationen werden muß. „Sitzen" als Reitanweisung ist eben nicht starr, obwohl dem Anfänger durch den Begriff „Sitzen" diese Vorstellung übermittelt werden kann. Ein Reiter sitzt jedoch auf dem Pferd erst dann, wenn er imstande ist, seine Bewegungen mit denen des Pferdes so abzustimmen, daß sie ineinander verschmelzen. Der Reiter sitzt im Gleichgewicht, wenn er mit allen Ungleichgewichtssituationen des Pferdes mitzugehen versteht. Doch wie soll ein Mensch ein solches Bild verstehen können, wenn er im täglichen Leben nicht für eine dynamische Sitzhaltung sensibilisiert wird.

Sitzen, Hinsetzen und Aufstehen sind komplizierte Vorgänge, die erfahren werden müssen, um sie auch auf die Reithaltung korrekt übertragen zu können.

Wie soll denn ein Reiter entspannt auf einem Pferd sitzen, wenn er es noch nicht einmal im täglichen Leben auf einem starren Gegenstand gelernt hat.

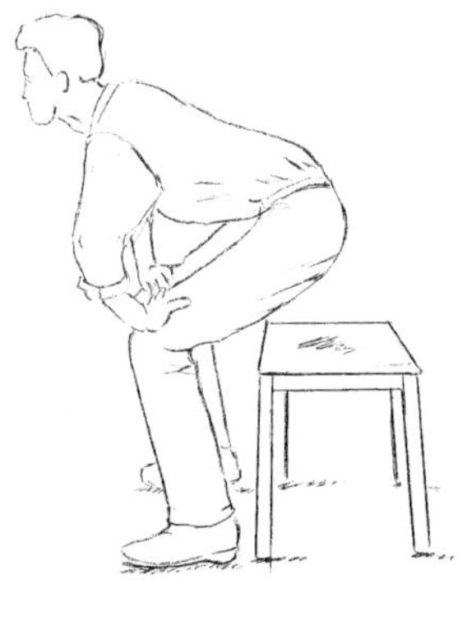

Abb. 114

Abb. 114 deutet bereits einen katastrophalen Umgang

mit dem Körper an (vgl. Abb. 74 mit den Erläuterungen). Das Aufstehen läßt viele falsche Gewohnheiten entstehen, denen entgegengewirkt werden muß. Sitzen als starre Form wird in Abb. 115 (A und B) deutlich. Es werden typische Muster des falschen Umgangs gezeigt. A zeigt das übliche Zusammensacken des Körpers nach hinten über einen 90° Winkel (Oberkörper-Oberschenkel) hinaus. B dokumentiert die falsche Vorstellung vom geraden Sitzen. Die Brust wird zu stark angehoben, es entsteht ein Hohlkreuz, und der Winkel Oberkörper-Oberschenkel ist unter 90°. Einen guten Zustand des Sitzens verdeutlicht C. Der Winkel beträgt 90° und läßt einen dynamischen Sitz zu, weil durch diesen Winkel die körpereigenen Schwingungen aller Muskeln ermöglicht werden. Abb. 116 verdeutlicht richtiges Sitzen und richtiges Bewegen im Sitzen. Eine insgesamt ausgewogene Haltung stellt auch die Abb. 117 dar.

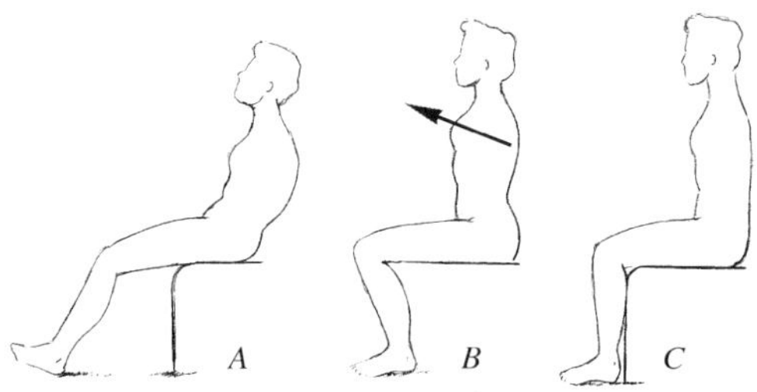

Abb. 115

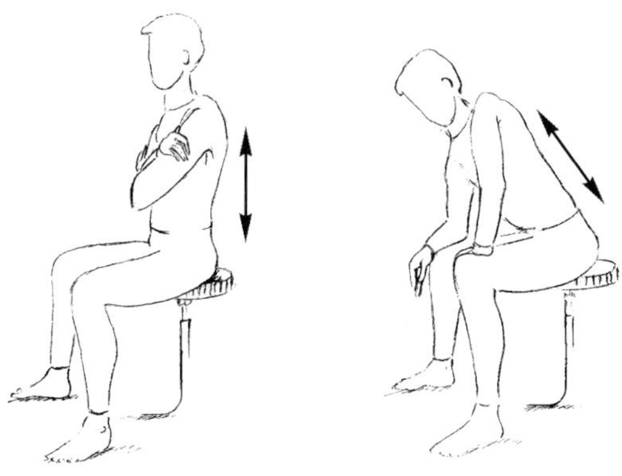

Abb. 116

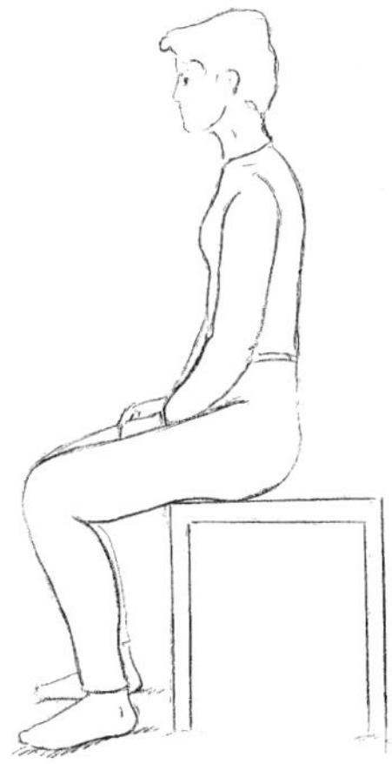

Abb. 117

Abb. 118 läßt demgegenüber erkennen, wie sich durch das Übereinanderschlagen der Beine das Becken verschiebt und die Wirbelsäule verdreht wird. Auch die übliche gebeugte schädliche Sitzhaltung (Abb. 119) ist jedem bekannt. Sie wird meistens als bequem empfunden. Das in Abb. 120 dargestellte Kippeln deutet an, daß die Person auf der Suche nach einem besseren Sitz ist. Sie scheint zu erfühlen, daß eine Neigung nach vorne angenehmer ist als eine starre Sitzhaltung.

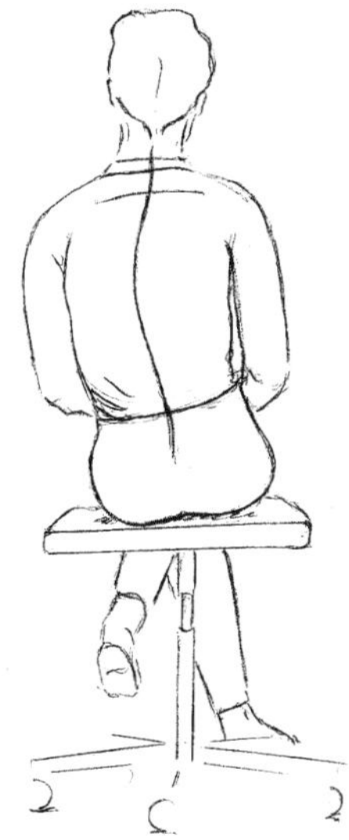

Abb. 118

Abb. 119

Um das Kippeln zu umgehen, kann der

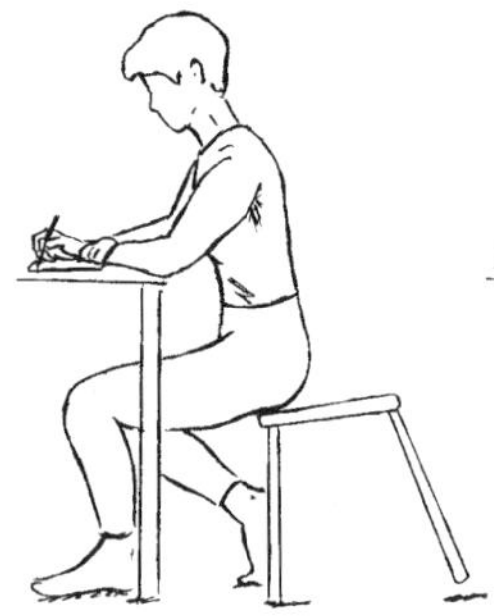

Abb. 120

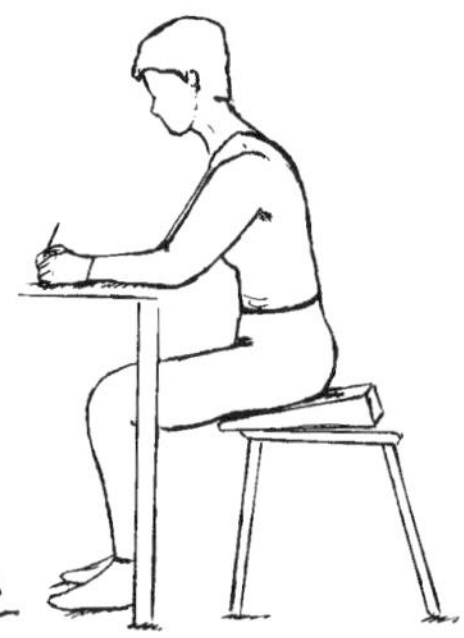

Abb. 121

Sitz auf dem Stuhl durch ein Keilkissen verbessert werden, das hinten überhöht ist. Durch die Aufrichtung des Beckens zeichnet der Kopf diese Bewegung im Kleinen nach: Der Rücken wird verlängert. Diese Verlängerung wirkt sich auch positiv auf das Verhältnis von Kopf und Schultern aus. Dabei sollen die Knie etwa hüftbreit voneinander entfernt sein. Alleine diese Öffnung stabilisiert das Becken und läßt den Körper nicht mehr Zusammensinken.

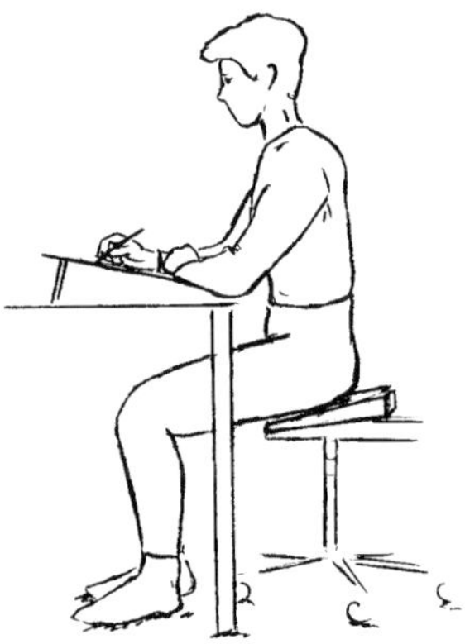

Abb. 122

Die Verwendung eines nach vorne geneigten Hockers und die Benutzung einer Schreibunterlage führt zu der alten Stehpulthaltung (Abb. 122). Wie in Abb. 123 deutlich zu sehen ist, zieht die schräg verlaufende Schreibunterlage den Blick des Menschen so natürlich auf sich, daß die Augen leicht nach vorne unten schauen und somit das Okzipitalgelenk frei wird. Der gesamte Bereich Kopf-Nacken-Schultern wird von Verspannungen befreit. Wenn das Schreibgerät noch so geführt wird, daß man es nicht gegen den Mittelfinger drückt (Abb. 124), ist das Handgelenk vollkommen locker. Übrigens eine Notwendigkeit für gefühlvolles Reiten (Zügelführung) !

Abb. 123

Abb. 124

Nur wer sich im täglichen Leben durch ständige Direktiven an die beschriebene Haltung gewöhnt, ist auch imstande, sich auf dem Pferd so hinzusetzen, daß eine dynamische, rhythmische Einwirkung möglich wird.

Durch Arbeit an der Wand kann der Mensch für natürliche Körperabläufe wieder sensibilisiert werden. Die Füße sind etwa 30 cm voneinander entfernt, der Abstand Hakken-Wand beträgt etwa 5 – 7 cm. Bevor feinfühlige Bewegungen an der Wand vollzogen worden sind, entspricht die Körperhaltung annähernd dem Bild in Abb. 125. Der Kopf ist nach hinten-unten gezogen, der Nacken nach vorne ge-

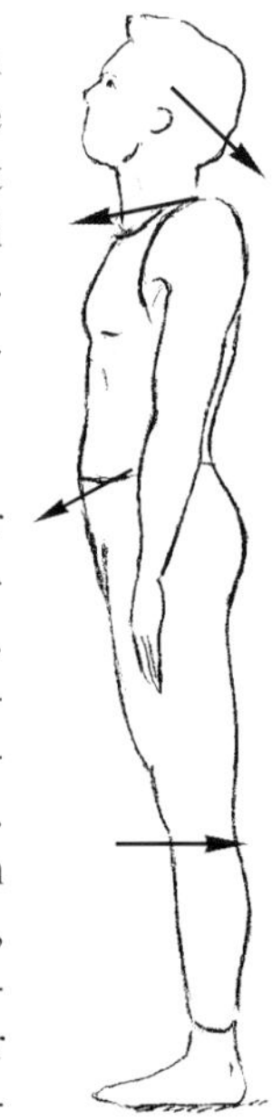

Abb. 125

streckt. Das Becken ist nach vorne geneigt, und die Knie sind nach hinten durchgedrückt.

Es werden nun langsame, sanfte und fließende Bewegungen (auf und ab) an der Wand gemacht, um Veränderungen vom Kopf bis zum Rücken zu erzeugen. Durch die Stützhaltung werden nicht alle Muskeln für die Aufrechterhaltung des Gleichgewichts benötigt. Der Reiter kann seine Aufmerksamkeit somit auf die entstehenden Veränderungen lenken; er wird sich über diese Bewegungen seines Körpers bewußt. Erst danach ist er fähig, auch bewußt seinen Körper auf dem Pferd einzusetzen (Insgesamt geben die Pfeile nur grundständige Bewegungsrichtungen an. Die Pfeile dürfen niemals als Richtungsdogma verstanden werden.).

Was geschieht nun während der Auf-und-Ab-Bewegungen, worüber wird sich der Reiter bewußt (Abb. 126) ?

Der Kopf gerät immer mehr in Richtung vorne-oben, der Nacken dehnt sich, der Rükken lockert sich nach hinten, und die Knie wandern nach vorne über die Zehen hinaus. Der Bauch wird gelockert, jedoch nicht eingezogen. Ein Einziehen würde sofort den Aufbau von Spannungen unterstützen. Die Beine bewegen sich in dieser Lektion, ohne daß die Beziehung zwischen Nacken und Kopf gestört wird. Durch den gesamten Vorgang wird ein besserer Gleichgewichtszustand erreicht; die Spannung in allen Muskelbereichen wird ausgewogen. Das

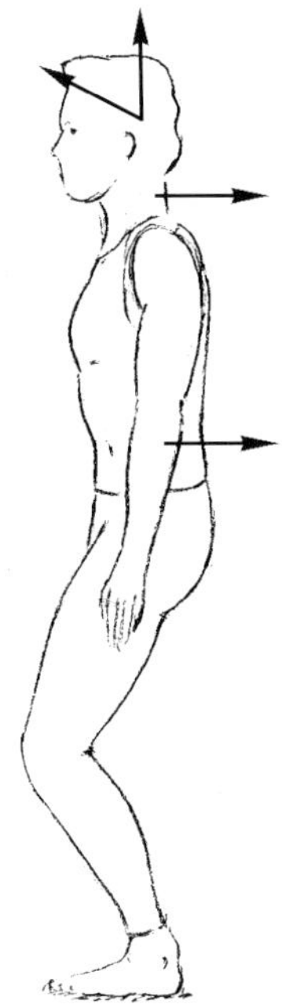

Abb. 126

Endergebnis ist in Abb. 127 zu erkennen. Der Kopf wird nach vorne-oben getragen, der Rücken hat sich gelängt, die Knie sind leicht nach vorne gebeugt.

Die gut ausgeführte „Affenstellung“

Diese Haltung ist auch auf dem Pferd immer wieder nachzuvollziehen, kann jedoch von vielen Reitern nicht korrekt eingenommen werden. Besonders steife Reiter gewinnen durch das Reiten in der „Affenhaltung“ an Lockerheit, weil alle Gelenke einen hohen Freiheitsgrad erreichen. Der Reiter selbst muß sich für diese Haltung sensibilisieren, bzw. der Ausbilder muß Kriterien für eine mögliche Korrektur von außen über die Sprache gewinnen. Er kann auch Veränderungen an der Haltung des Reiters mit Hilfe seiner Hände vornehmen.

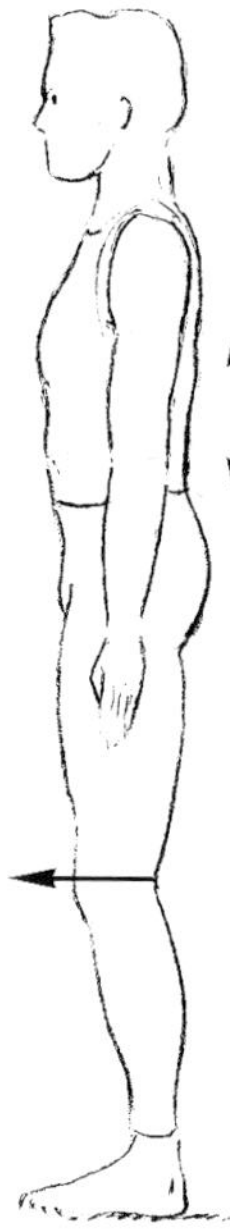

Abb. 127

Abb. 128 zeigt diese Stellung. Es wird deutlich, daß die Knie über die Zehen hinausragen, damit der Rücken sich längen kann.

In Abb. 129 wird deutlich, daß die Hüften wie in Scharnieren hängen und nach hinten gehen. Die Knie bleiben jedoch vorn, der Kopf gewinnt bei dieser Haltung Freiheit in drei Richtungen. Eine Möglichkeit der Überprüfung der korrekten Haltung ist dadurch gegeben, daß Unterschenkel und Oberkör-

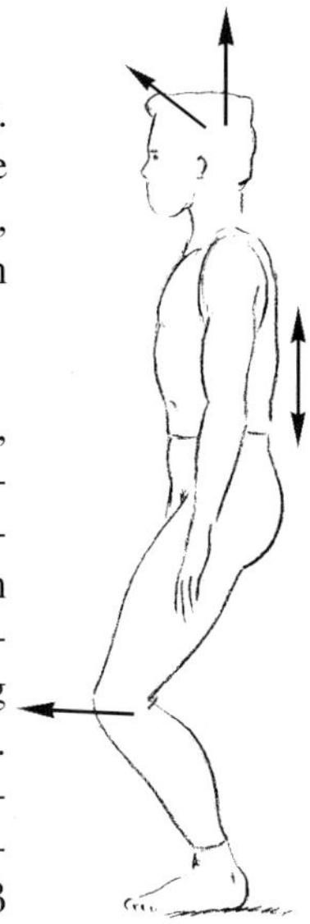

Abb. 128

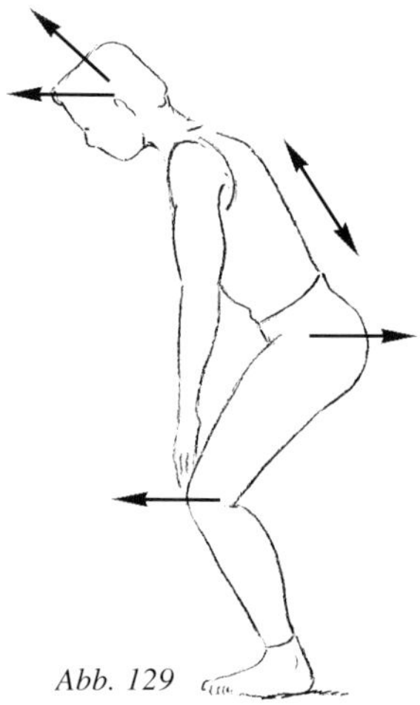

Abb. 129

per parallel verlaufen müsen. Genau dieser Verlauf ist bei vielen Reitern im Entlastungs- oder leichten Sitz nicht vorhanden.

Die Abb. 130 verdeutlicht Fehlhaltungen, die auch auf dem Pferd zu beobachten sind. Es sind schlechte Versuche, die Affenhaltung einzunehmen aufgrund

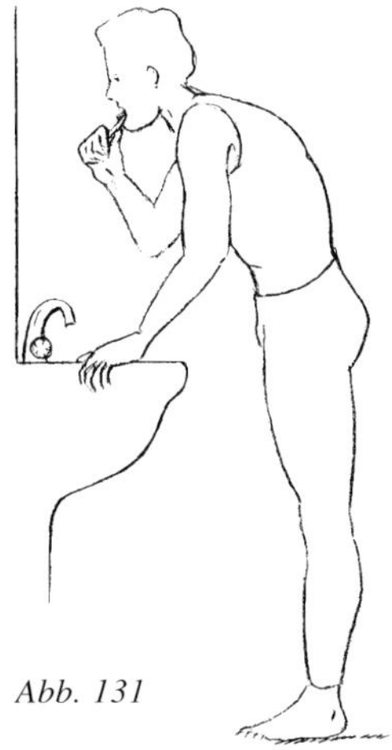

Abb. 131

daß kein Einsatz der Gelenke an Hüften, Knien oder Füßen erfolgt. Die Knie sind durchgedrückt, der Kopf nach hinten-unten gezogen. Die gesamte Körperelastizität ist durch eine solche Haltung gestört.

Die Abb. 132 – 134 verdeutlichen den Zusammenhang von „Affenstellung“ und Hinsetzen. Die Direktiven sind durch die Pfeile

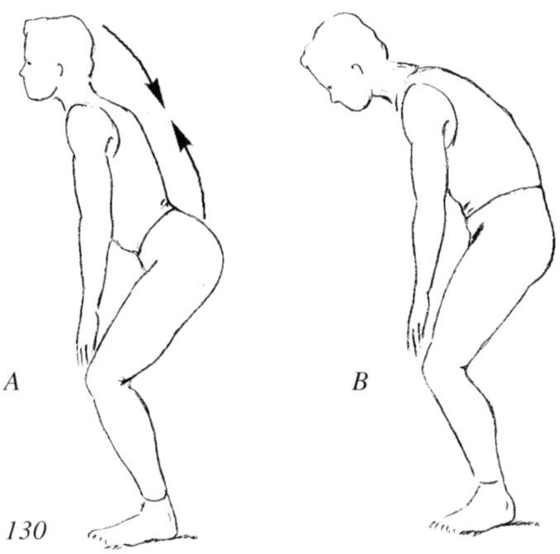

Abb. 130

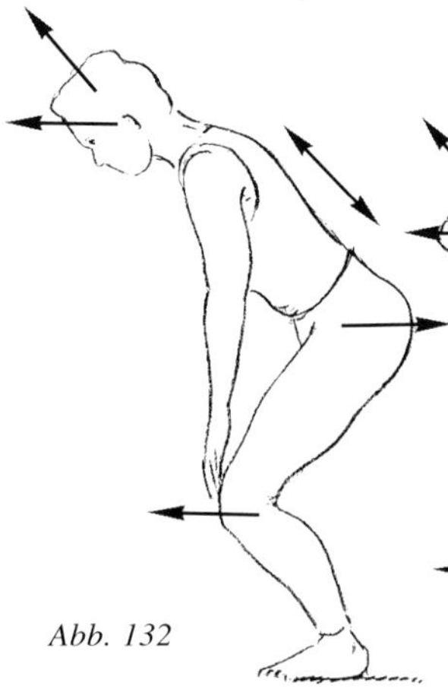

Abb. 132

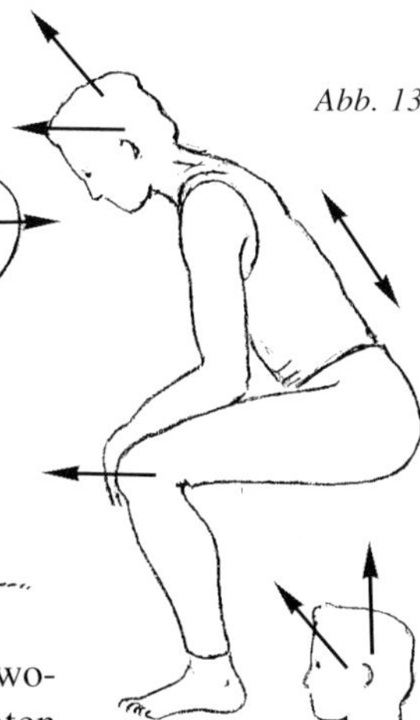

Abb. 133

nicht gut balancierter Muskulatur. A zeigt eine Krümmung der Wirbelsäule; der Kopf wird nach hinten-unten gezogen und leitet ein Hohlkreuz ein. Die Knie sind zwar gebeugt, die Wirbelsäule jedoch gekrümmt, anstatt in den Scharnieren des Hüftgelenks zu hängen. Der gesamte Kopf-Hals-Rückenbereich verkürzt sich, so daß ein solcher Reiter nicht locker mit den Pferdebewegungen mitschwingen kann. Er wirkt ständig den Bewegungen des Pferdes entgegen. B zeigt die Haltung in entgegengesetzter Richtung mit gekrümmtem Rücken. Es entstehen ähnliche Störungen des Bewegungsablaufs. Die Abb. 131 zeigt noch einmal zusammenfassend,

markiert. Die Ausgewogenheit des gesamten Körpers wird sichtbar. Abb. 135 a – d demonstrieren das richtige Aufstehen, während Abb. 136 typische Fehler sichtbar macht.

Abb. 134

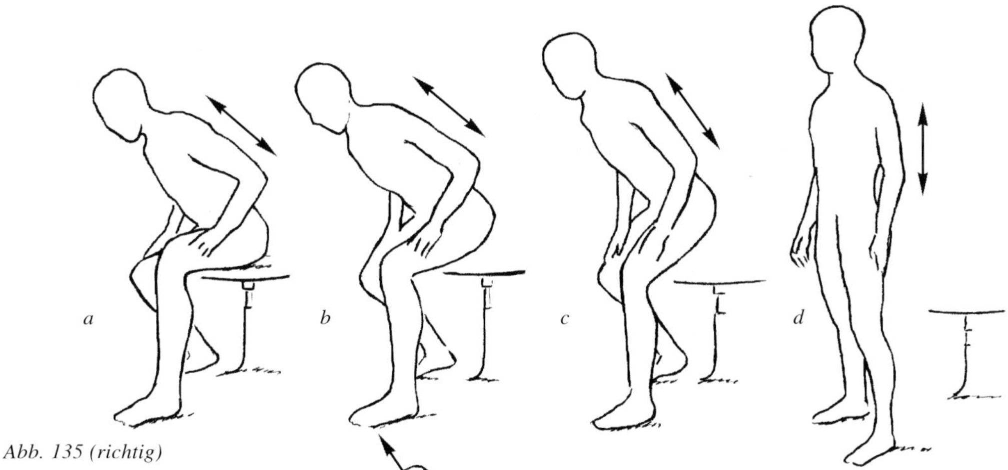

Abb. 135 (richtig)

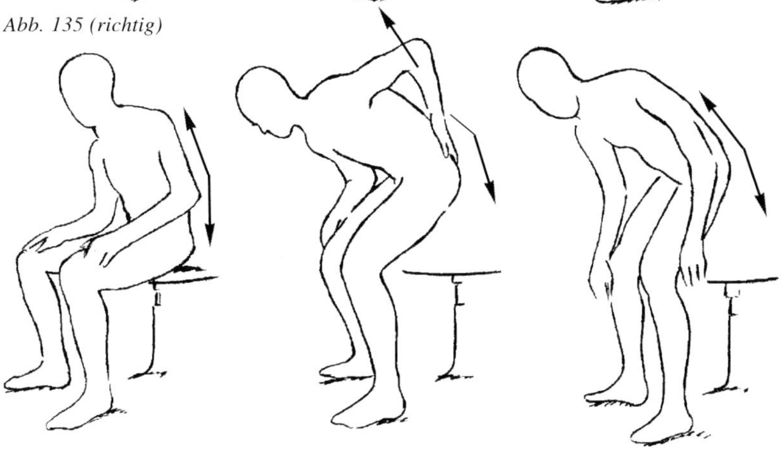
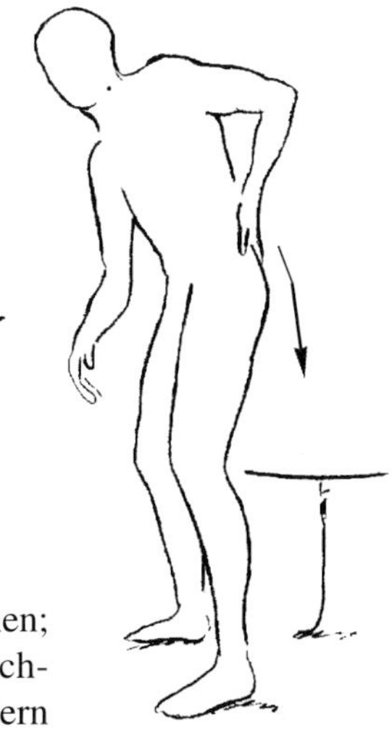

Abb. 136 (falsch)

Die Haltung in der Affenstellung kann auf fast alle Lebenstätigkeiten übertragen werden (Bükken, Tragen, Anheben etc.). Später folgende Darstellungen werden dies verdeutlichen. Auch das richtige Stehen will gelernt sein. Auf Turnierplätzen trifft man immer häufiger Reiter und Zuschauer an, die über Rückenprobleme im Stehen klagen. Abb. 137 – 139 verdeutlichen typische Fehlhaltungen. Zunächst fällt das nach vorne geschobene Becken und das daraus entstehende Hohlkreuz auf. Der Druck im Lendenwirbelbereich wird erhöht, der Kopf krampfhaft nach vorne geschoben. Der Körper ist vollkommen unter Spannung. Auch die Rückansicht läßt ein Hohlkreuz erahnen; die Beine sind durchgedrückt, die Schultern und Arme krampfhaft gehalten, weil die Daumen leicht nach außen zeigen. Die Handflächen verlaufen parallel zueinander, was nicht der natürlichen Plazierung der Gelenkkugel des Oberarmes in der Gelenkpfanne des Schultergelenks entspricht. Abb. 139 zeigt ein verkrampftes Geradestehen.

Abb. 140 und 141 dokumentieren eine ausgewogene Haltung im Stehen. Die Füße stehen nebeneinander leicht nach außen, der Rücken ist „gelängt“ und „geweitet“, die Handflächen zei-

Abb. 137

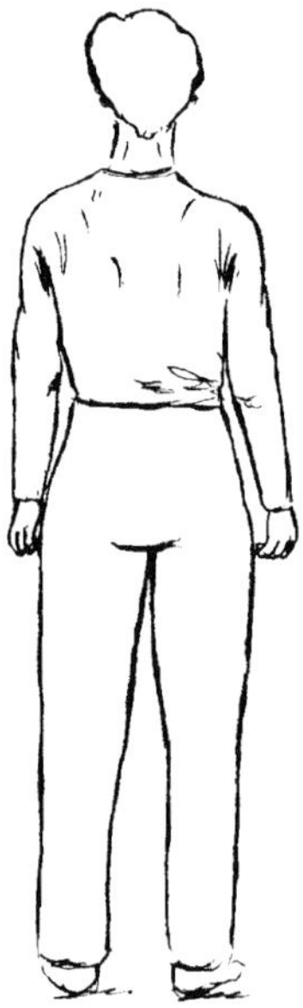

Abb. 138

Abb. 139

gen nach innen, die Beine sind leicht gebeugt, so daß die Lendenwirbelsäule entlastet ist.

Gehen will gelernt sein !

Gehen ist ebenso neu zu lernen wie alle bisherigen anderen Haltungen auch. Korrekte Gehbewegungen lassen sich nur aus einer ausgewogenen Haltung im Stehen entwickeln, bei der die Füße leicht voreinandergestellt sind (Abb. 142). Aus der Haltung in Abb. 143 kann sich kaum ein körpergerechter Gang entwickeln. Das Gewicht ist nicht gleichmäßig verteilt, das Becken

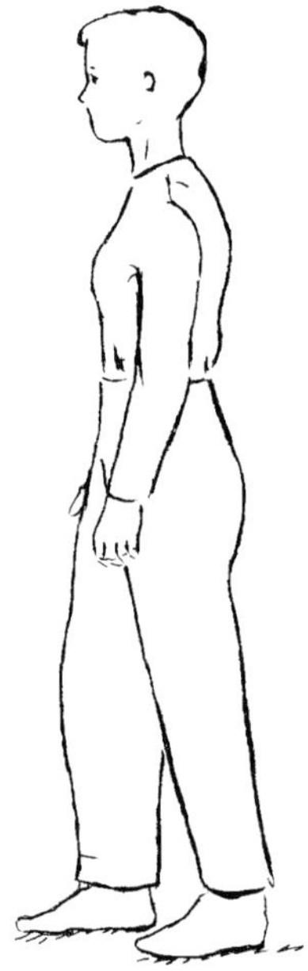

Abb. 142

Abb. 143

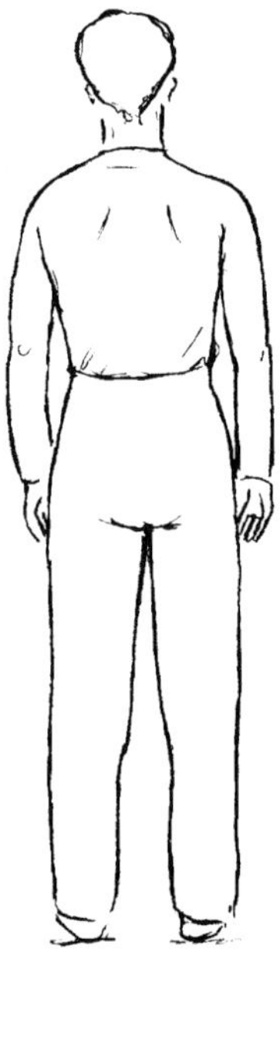

Abb. 140

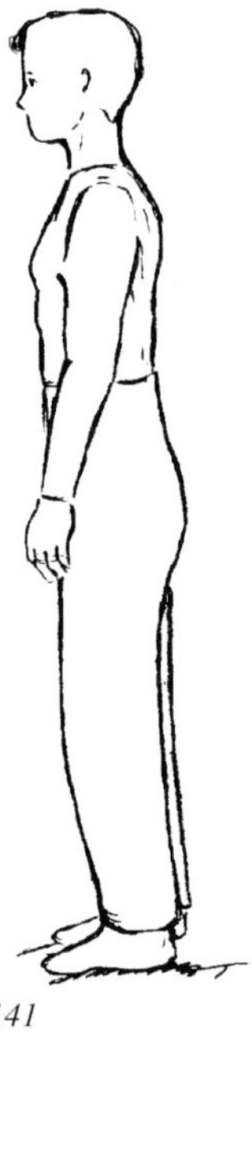

Abb. 141

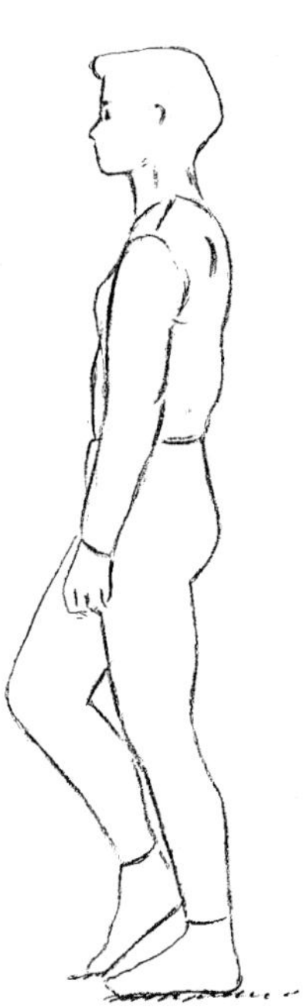

Abb. 144

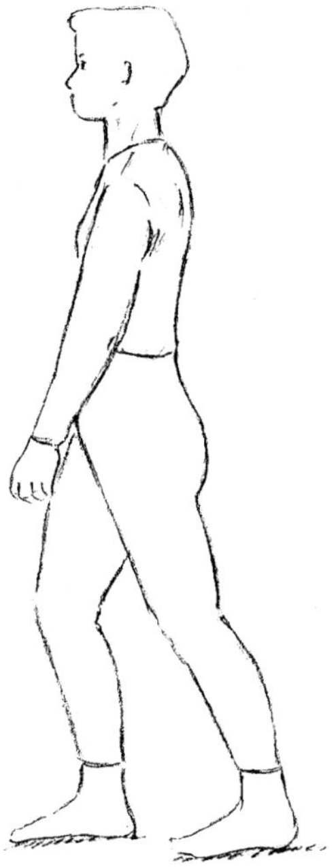

Abb. 145

ist nach links verschoben, und somit reagiert die Wirbelsäule mit einer Verdrehung.

Abb. 144 und Abb. 145 verdeutlichen, wie man nicht laufen sollte. Das Bein führt die Bewegung an, der Rücken bleibt hinter der Bewegung, und das Körpergewicht fällt schwer auf das vordere Bein, so daß eine übermäßige Belastung aller Gelenke entsteht. Man sollte es den Vögeln nachmachen (siehe Abb. 63). Ein nach diesem Muster verbesserter Gang zeigt sich in den Abb. 146 und 147. Der Kopf führt die Bewegung an (er leitet sie ein), und der Körper folgt; erst dann kommt das Bein. Der Blick ist leicht nach vorne unten gerichtet. Das falsche Gehen wird besonders beim Treppensteigen deutlich: Es kann zu einem Kraftakt werden, wenn der Körper

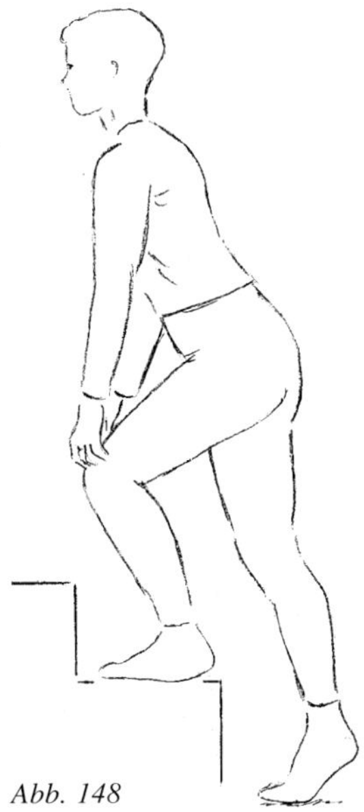

Abb. 148

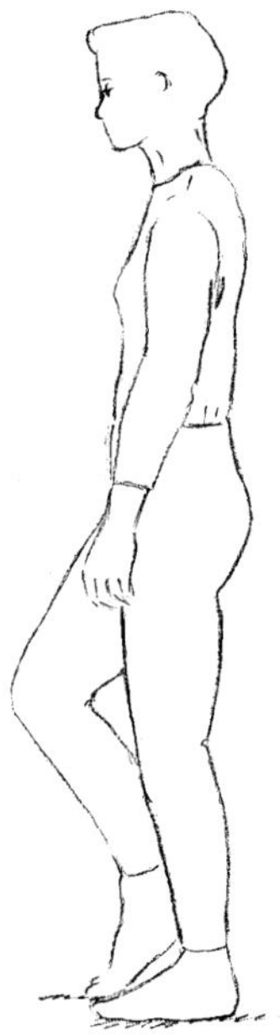

Abb. 146

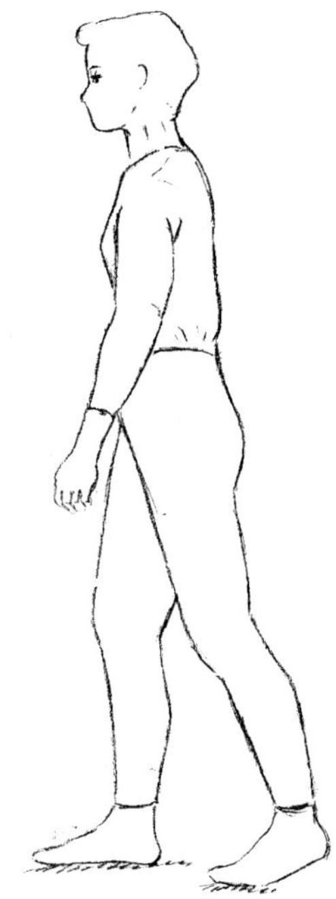

Abb. 147

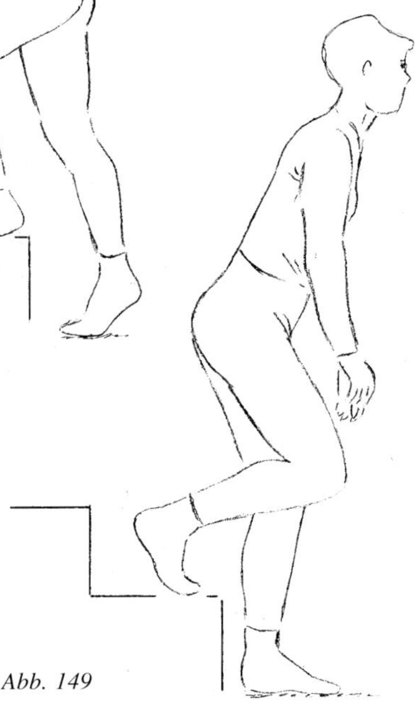

Abb. 149

Abb. 150

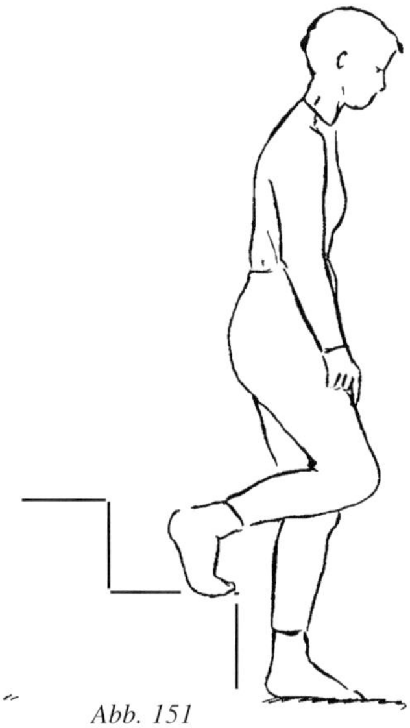

Abb. 151

Abb. 152: Zähneputzen

Abb. 153: Hose anziehen

Abb. 154: Schuhe zubinden

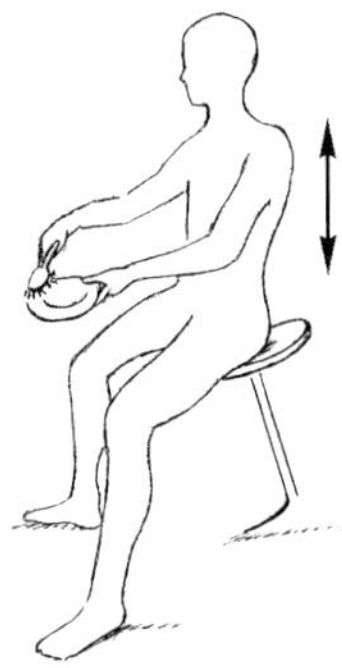

Abb. 155: Geschirrspülen

Abb. 156/157: Staubsaugen richtig/falsch

nicht korrekt behandelt wird, wie es in den Abb. 148 und 149 zu sehen ist. Mit einem nach hinten-unten gezogenen Kopf, leichtem Hohlkreuz wird jede Bewegung zu einem Kraftsteigeakt. Das gesamte Gewicht lastet auf dem vorderen Bein und muß – ähnlich dem Gewichttraining mit einer Hantel im Nacken – hochgedrückt werden. Wenn jedoch der Kopf führt, die Kopf-Hals-Rückenlinie ausgerichtet ist, fühlt sich das Treppensteigen federleicht an. Man sollte es einmal ausprobieren; der Unterschied fühlt sich so an, als ob man von einem Augenblick zum anderen mehrere Kilo abgenommen hätte (Abb. 150, 151).

Richtige Bewegungen im Alltag !

Die Abb. 152 bis 168 zeigen Alltagsbewegungen, wie sie korrekt auszuführen sind. Es wird deutlich, daß in allen Situationen das Prinzip der „Affenstellung“ aufrechterhalten wird. Es sind plastische Demonstrationen für einen sensiblen Bewegungseinsatz bei täglichen Verrichtungen, wobei korrekte Haltung beim Kopf beginnt, sich über den Nacken, die Schultern und den Rükken bis hin zu den Füßen erstreckt.

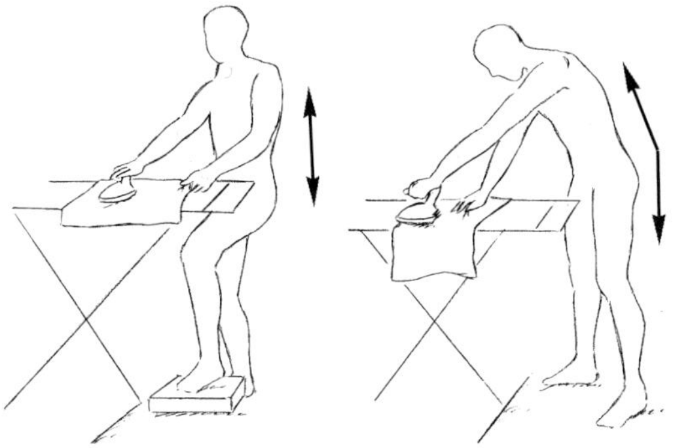

Abb. 158/159: Bügeln richtig – Entlastung der Lende durch eine Fußbank/rechts falsch

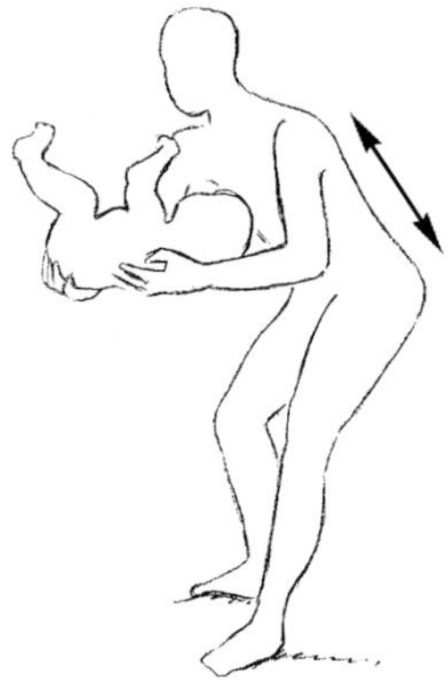

Abb. 160: Halten eines Babys

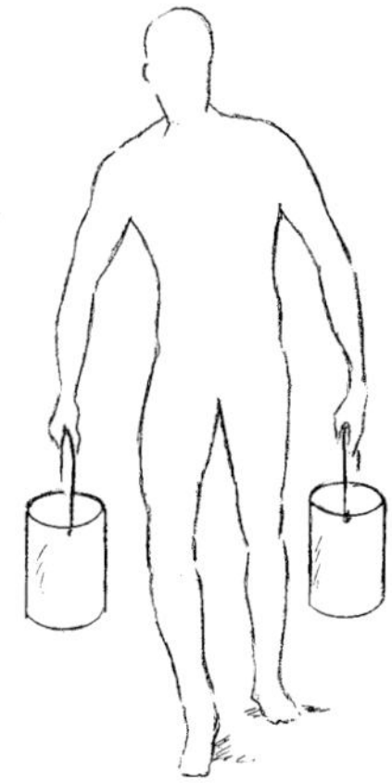

Abb. 161: Ausgewogenes Tragen von Lasten

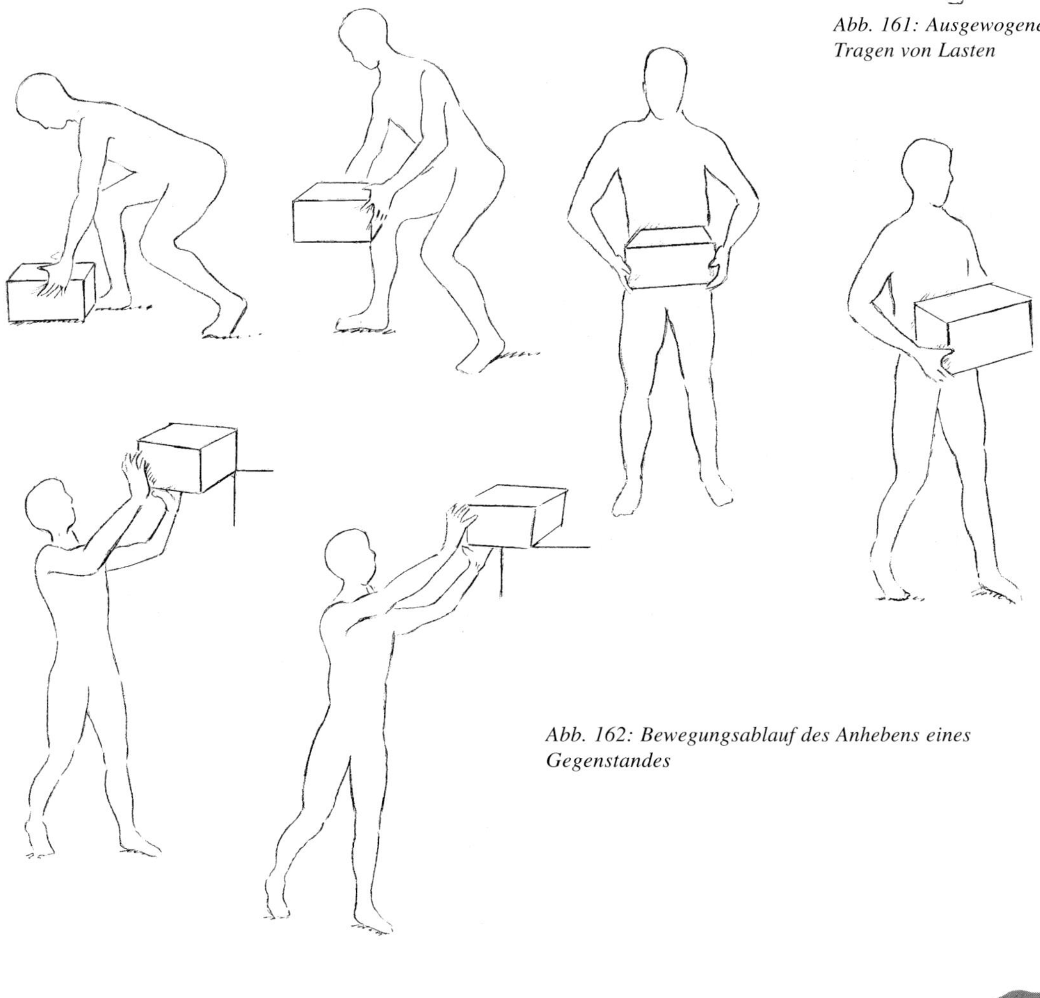

Abb. 162: Bewegungsablauf des Anhebens eines Gegenstandes

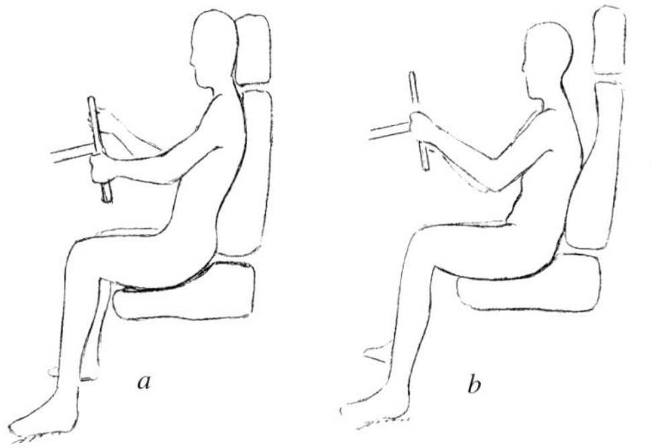

Abb. 163: a) Autositzhaltung richtig/b) falsch

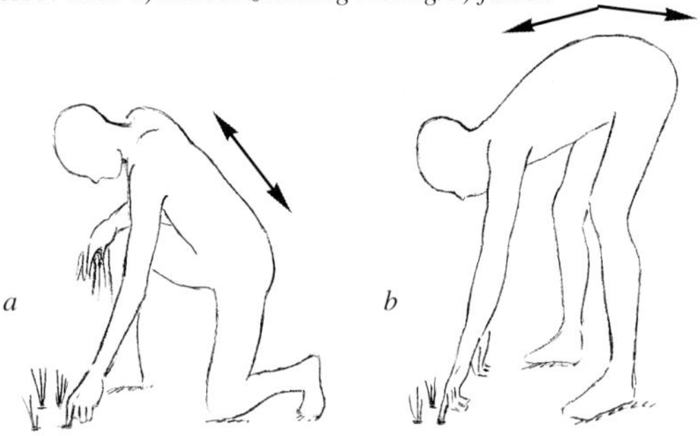

Abb. 164: a) Gartenarbeit richtig/b) Gartenarbeit falsch

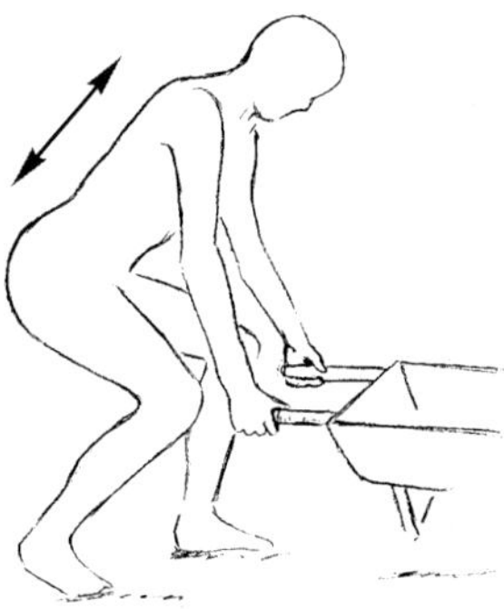

Abb. 165: Schubkarrefahren richtig

Abb. 166 a – d: richtiges Schaufeln

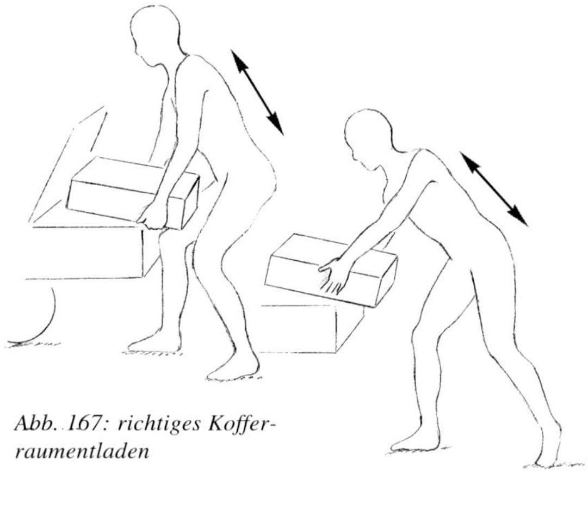

Abb. 167: richtiges Kofferraumentladen

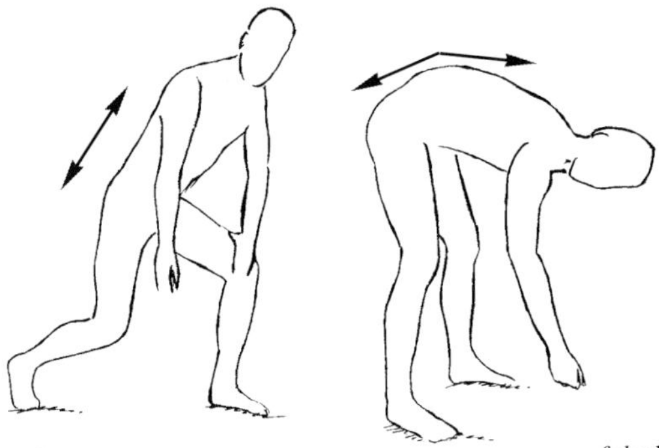

richtig *falsch*

Abb. 168: Bücken

Natürliches Atmen wiederherstellen !

Man sieht bei Springreitern oft, daß sie nach einem Ritt von annähernd einer Minute stark schnaufend und verschwitzt den Parcours verlassen. Sie haben während des Ritts weitestgehend den Atem angehalten, gepreßt und somit ihre Leistungs- und Konzentrationsfähigkeit gemindert. Oft sind Einwirkungsfehler am Ende des Parcours die Folge, so daß aus dieser mangelhaften Einwirkung auch Fehler des Pferdes resultieren.

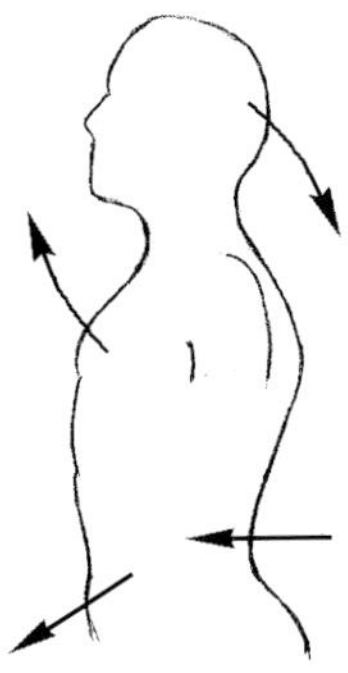

Abb. 169

Abb. 169 verdeutlicht ein schlechtes Kopf-Hals-Verhältnis, ein hochgezogenes Brustbein durch mögliche Überaktivität des Zwerchfells. Der Bauch ist schlaff, und der eingezogene Rücken kann nicht stützen.

Abb. 170 zeigt ebenfalls eine Störung der Beziehung Kopf-Hals-Schulter. Die Rippen sind nach außen gedrückt und festgehalten, das Zwerchfell ist nach außen und unten gepreßt. Abb. 171 bildet ein

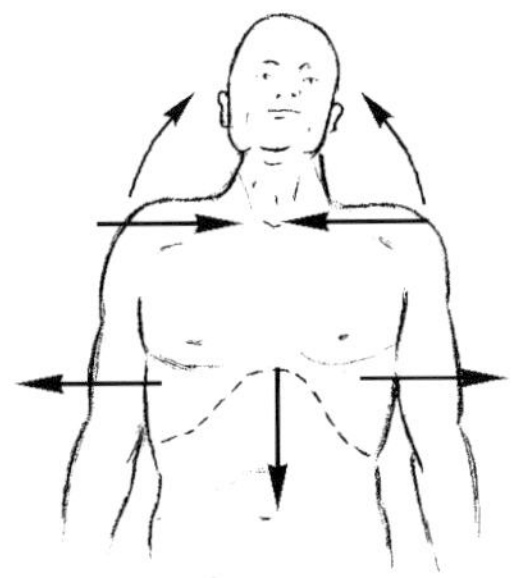

Abb. 170

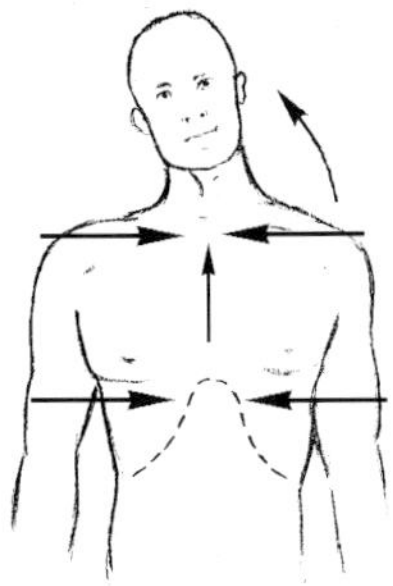

Abb. 171

häufiges Muster der Rippen ab, die in einem verengten Zustand festgestellt sind. Die Atmung findet zu weit oben im Brustkorb statt und ist zu flach.

Abb. 172

Damit richtig geatmet wird, muß der Reiter folgende Abläufe bedenken (Abb. 172):

- gute Kopf-Hals-Beziehung aufrechterhalten,
- Brustbein nicht beteiligen,
- „gelängter und geweiteter" Rücken; Schultern sind nicht beteiligt, sie sind entspannt,
- erfühl- und erkennbare Bewegung besonders im unteren Rippenbereich.

Dabei ist gemäß Abb. 173 eine gute Aufrichtung wichtig, wobei die Bewegung des Zwerchfells im unteren Brustbereich kaum wahrnehmbar ist. Die Bauchmuskeln übernehmen Stützfunktion, sind aber nicht intensiv angespannt.

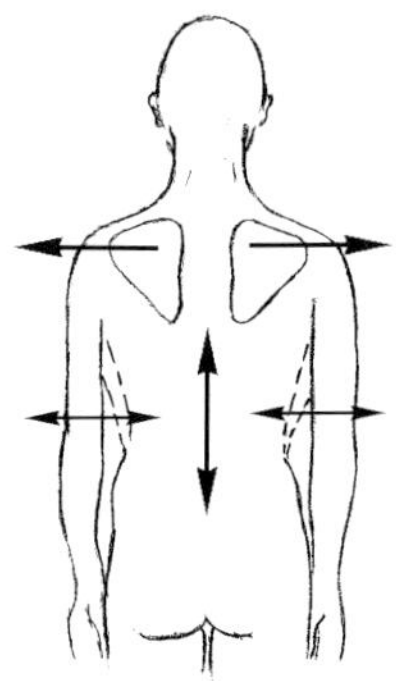

Abb. 173

Zusammenfassung:

Abb. 176 verdeutlicht den menschlichen Körper in Blöcken. Diese Blöcke sollen möglichst optimal zueinander stehen, so daß eine symmetrische Haltung entsteht:

- Ohren und Schultern liegen auf parallelen Ebenen,
- die Wölbung der Taille ist auf beiden Seiten gleich,
- das Becken ist gerade.

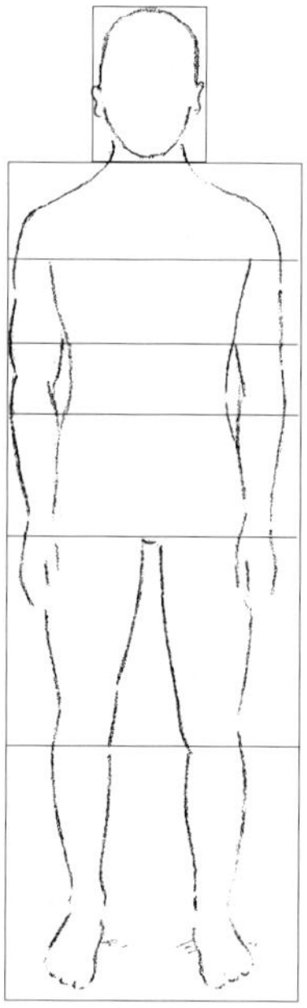

Abb. 176

Typische Verstellungen sind in den Abb. 174 und 175 erkennbar. Abb. 174 A zeigt noch einmal von der Seite, wie eine ausgewogene Haltung auszusehen hat. Dagegen sind in B starke Verschiebungen der Blöcke erkennbar:

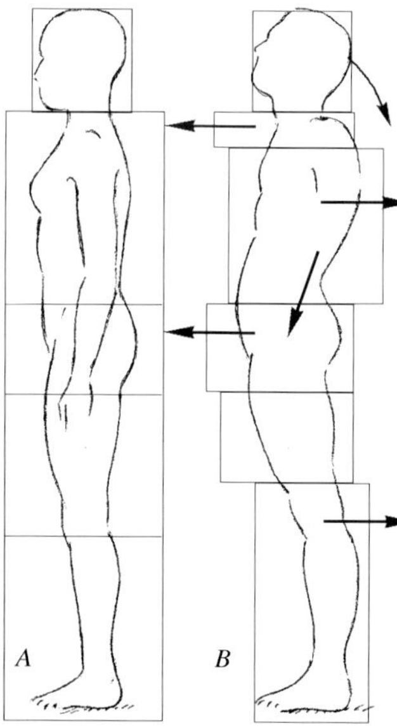

Abb. 174

- der Kopf ist nach hinten-unten gezogen, das Kinn nach vorne-oben geschoben,
- das Körpergewicht ist im Beckenbereich nach vorne verlagert,
- die Knie sind nach hinten durchgedrückt.

Abb. 175 verdeutlicht

- einen verschobenen Kopf,
- schiefe Schultern,
- einen zur Seite geneigten Brustkorb,
- nach außen gestreckte Hüfte,
- durchgedrückte Knie.

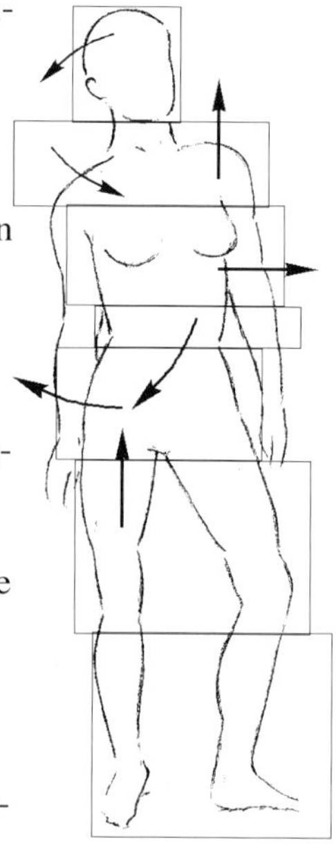

Abb. 175

Der Mensch ist bei entsprechender Körpersensibilisierung durchaus imstande, sich noch so natürlich wie ein Kind zu bewegen. Abb. 177 verdeutlicht diesen Zustand.

Abb. 177

Bewegungsprinzipien für Alltagsbewegungen

- Nicht den Kopf verlieren !
- Den Rücken längen und weiten !
- Den Hals, die Schultern, die Hüfte freilassen !
- Sensibel und flexibel sitzen lernen !

- Sitzen ist ein dynamischer Prozeß !
- Die Affenstellung befreit von Spannungen !
- Gehen lernen und den Kopf richtig tragen !
- Natürliches Atmen wiederherstellen !

Lektionen zur tieferen Sensibilisierung (vgl. Alon 1993, 74 – 183, 1995)

Das Becken macht den Rücken mobil beim „Gehen auf den Schultern“

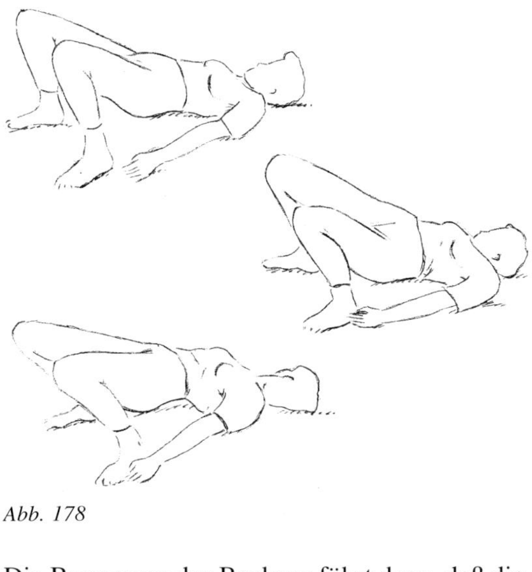

Abb. 178

Die Bewegung des Beckens führt dazu, daß die Schulterblätter gelöst und entspannt sind: Sie ordnen sich der gesamten Rückenlinie unter. Der obere starre Bereich des Rückens ist gegen den Boden gedrückt und wird durch die Integration in die Gesamtbewegung gelockert. Die Arme werden dabei auch freier.

Beziehung zwischen Beinen und Rücken herstellen

Abb. 179

In dieser Lektion wird die Beziehung zwischen Beinen und Rücken erfühlbar. Mit den weichen Dehnübungen, die langsam und sanft mehrmals durchgegangen werden, wird die widerspenstige Beinmuskulatur nicht gestreckt, sondern die Rippen und Wirbel in ungewohnter Form mobilisiert. Aus dieser Veränderung wird der Rükken gelängt, so daß man auch bei Beugevorgängen keine Schwierigkeiten mit den Beinen hat.

Die Hände werden zum kindgemäßen Kriechen benutzt

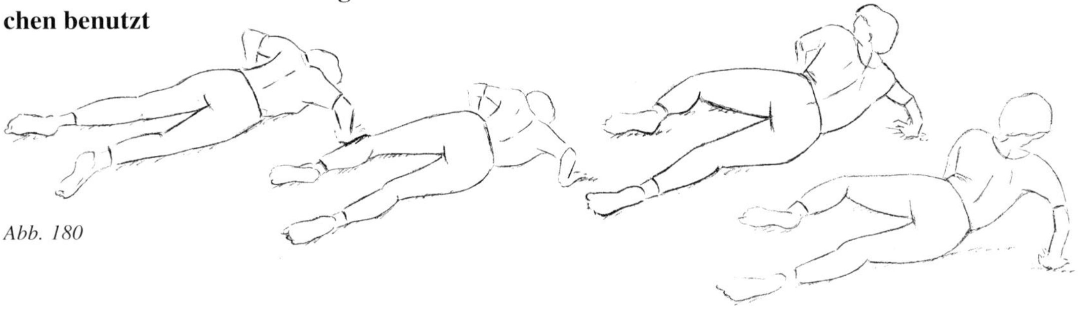

Abb. 180

Das Drücken der Handfläche bei gebeugtem Handgelenk gegen den Boden löst eine Streckung des Ellenbogens aus, wölbt die Schulter auf und dreht die Wirbelsäule wie eine Spirale. Das Brustbein wird mobilisiert. Der Arm übernimmt die frühere Funktion des „Vorderbeines" und führt zu höherer Bewegungsqualität im Oberkörper.

Das Bein aktiviert den Rücken

Abb. 181

Die Bein-(Knie-)bewegungen nach innen und außen, mit der Bewegung der Wirbelsäule und entgegengesetzt, mobilisieren viele Möglichkeiten des Funktionszusammenhangs Bein-Becken-Rücken-Kopf. Das Ergebnis ist beim anschließenden Gehen durch hohe Leichtigkeit und Elastizität spürbar.

Auf einer Gesäßhälfte dynamisch sitzen

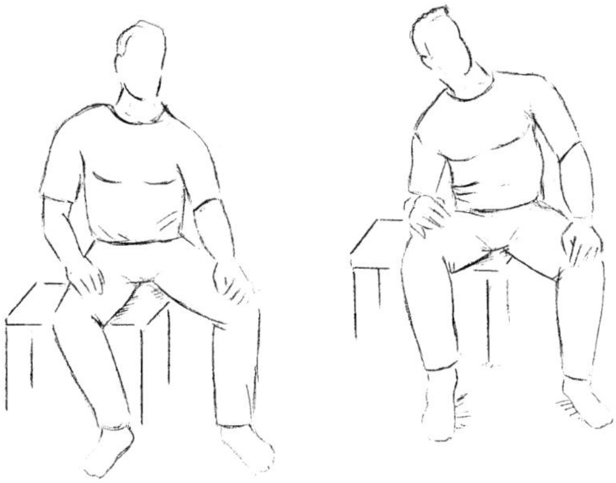

Abb. 182

Sitzen ist keine starre Haltung, sondern immer dynamisch. Stereotype Sitzmuster sind dadurch zu durchbrechen, daß mit einer Hälfte des Bekkens über den Stuhl hinausgerutscht wird. Die freie Körperhälfte wird langsam sanft angehoben und gesenkt. Diese Veränderung spürt man als angenehme Neuigkeit für die Ordnung des gesamten Körpers.

Kriechen wie zu Urzeiten

Abb. 183

Das seitliche Anziehen des gebeugten Knies mobilisiert die Hüfte durch den Widerstand des Bodens. Das Kriechen macht die Wirbelsäule wieder darauf aufmerksam, wie sie sich drehen muß, um den Füßen die richtige Stellung zum richtigen Gehen zu geben. Der Schritt kann dann weich aufgefangen werden, der Körper ist imstande, sich wieder gefühlvoll abzudrücken. Diese Bewegungen übertragen sich bis zum Kopf, der in eine bequeme Position gerät, um optimal Informationen aufnehmen zu können.

Aus dem Knien zum Sitzen

Abb. 184

Durch den Übergang vom Knien zum Sitzen wölbt sich der untere Rücken stark auf, wenn der Kopf in den Nacken genommen wird (Fehlorganisation Kopf-Hals-Schultern-Rücken). Das Neigen des Kopfes nach unten rundet den Rükken. Durch das Kombinieren einer neuen Bewegung zwischen Kopf und Becken wird die Gesamtbewegung elastischer, leichter. Das Überkreuzen eines Knies vor dem anderen verdeutlicht noch intensiver die Notwendigkeit des nach hinten gerundeten Rückens bei der Vorwärtsbewegung.

Entgegnung einer widerspenstigen Bewegung

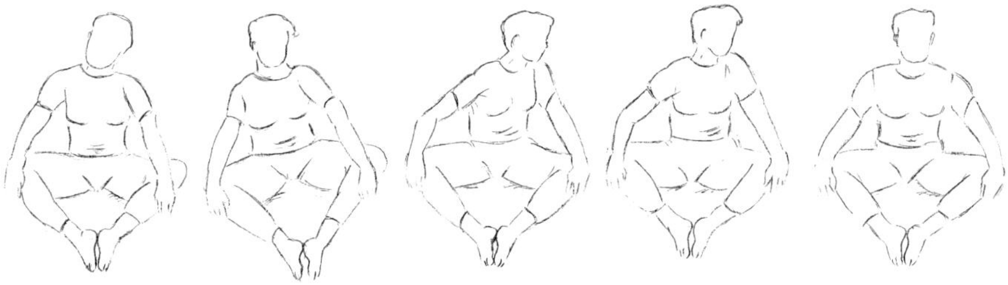

Abb. 185

Es ist schwierig, den Kopf zur Schulter hin zu bewegen. Man spürt oft Verspannungen. Leichter fällt es, wenn sich nicht nur der Kopf zur Schulter, sondern gleichzeitig die Schulter in Richtung Kopf bewegt. Durch das Herstellen dieser Einheit werden natürliche Abläufe des gesamten Körpers wiederhergestellt. Wenn sich die Annäherungen Kopf-Schulter eingespielt haben, wird die Bewegung des Kopfes insgesamt freier.

Wiederherstellen der Natürlichkeit

Abb. 186

Durch die Funktion des Aufsetzens aus einer liegenden Position mit dem Gesicht zum Boden wird die Fähigkeit des Organismus gefördert, sich in Raum und Zeit rhythmisch zu organisieren. Wenn der fließende Rhythmus des Aufrichtens von rechts oder links aufgenommen wird, werden alle Einzelfunktionen des Organismus verfeinert. Es entsteht der biologische Takt.

Dynamische Drehungen um die Längsachse

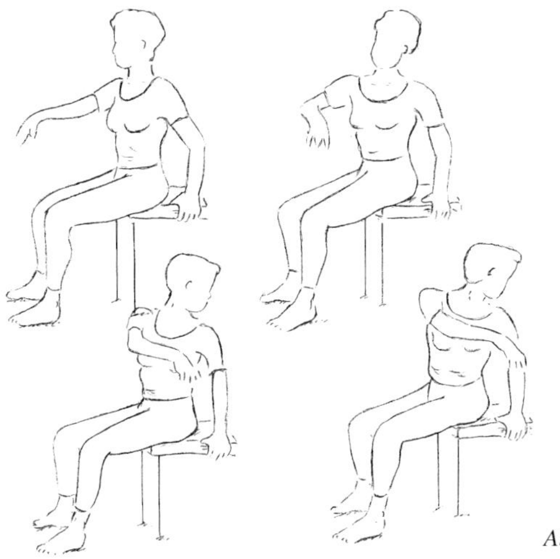

Abb. 187

Nur der Mensch ist fähig, sich um seine Längsachse zu drehen. Diese Fähigkeit soll genutzt werden, um Bewegungsmöglichkeiten aufzufrischen. Der Arm wird in Schulterhöhe gehalten, die Augen verfolgen die Hand: Die Bewegungen werden ganz sanft und ohne Überwindung von Widerständen vollzogen. Wenn muskuläre Spannungen entstehen, wird nicht über sie hinweg gearbeitet. Die Bewegung verläuft von der Körpermitte bis hinter den Körper und zurück. Bei jeder neuen Bewegung wird eine Ausweitung der Drehbewegung feststellbar; der Körper gewinnt schnell an Mobilität. Die Lektion wird nach beiden Körperseiten ausgeführt. Nach einigen Wiederholungen weitet sich das Blickfeld extrem nach hinten.

Entblocken alter Verbindungen

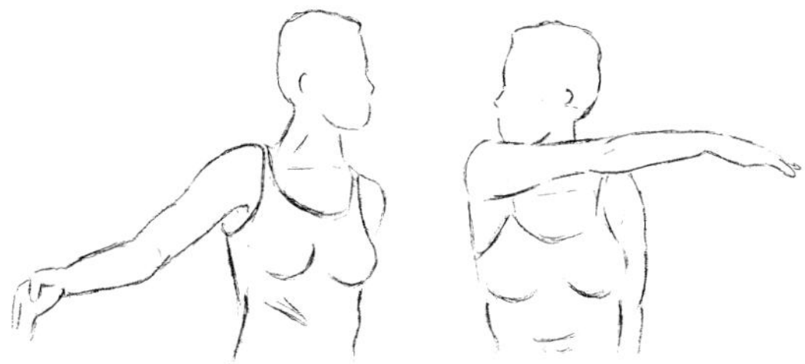

Abb. 188

Der Arm wird in Schulterhöhe vor dem Körper gehalten. Der Arm dreht sich sanft nach außen, der Kopf dreht sich dabei in die entgegengesetzte Richtung. Diese Bewegungen werden mehrmals mit dem rechten und linken Arm gemacht. Danach werden Kopf und Arm nicht entgegengesetzt geführt, sondern der Arm „wickelt" den Kopf ein. Wenn der rechte Arm mit der Hand nach links geführt wird, wendet sich der Kopf nach rechts (beim linken Arm umgekehrt). Nach einer bestimmten Zeit kann man seinen Blick extrem nach hinten wenden. Die gesamte Hals-Schulterpartie entspannt sich, weil das starr gewordene Brustbein mobilisiert worden ist. Da der Mensch nicht mehr wie ein Kleinkind kriecht, wird es im Alltag nicht aktiviert.

Bewegungen durchströmen den Körper beim Krabbeln

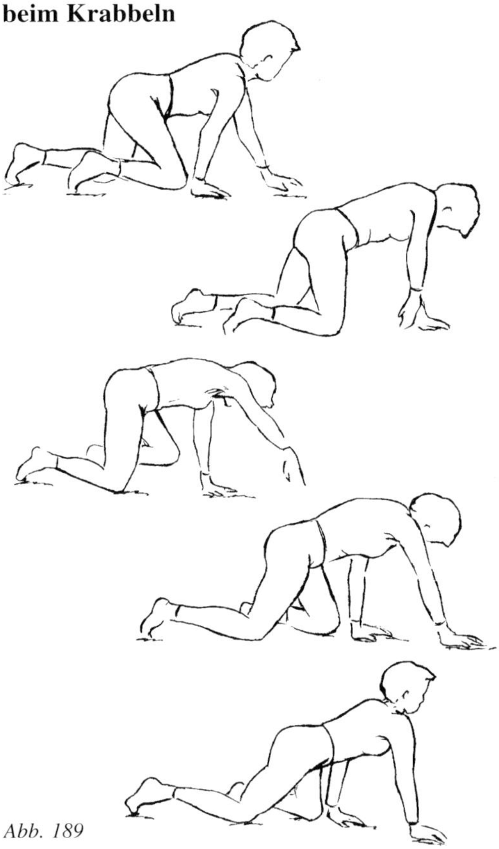

Abb. 189

Das diagonale Sich-Bewegen beim Krabbeln erzeugt einen Bewegungsfluß im Körper, so daß sich alle Teile in diese Gesamtbewegung einordnen. Die Kraftlinien fließen vom Hinterbein zum diagonalen Vorderbein, zurück zum Hinterbein derselben Seite und wieder zum diagonalen Vorderbein. Die Druckbelastungen durch Arme und Schulterblatt gegen den Boden übertragen sich auf die Wirbelsäule und mobilisieren die oberen Brustwirbel intensiv.

Rolle entlang der Wirbelsäule

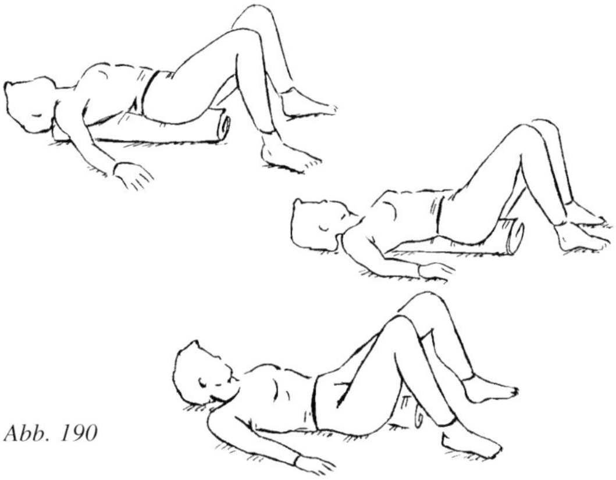

Abb. 190

Durch das Liegen auf einer zusammengerollten Decke bekommt nach einiger Übungszeit jeder Wirbel Bodenkontakt. Der Brustkorb wird durch das Hin- und Herrollen auf der Rolle gelockert. Die diagonalen Möglichkeiten des Körpers werden wieder entdeckt, die für das koordinierte freie Gehen wichtig sind. Beim Liegen danach auf dem flachen Boden wird man überrascht sein, wie flach der Rücken geworden ist.

Lösung von Nackenverspannungen

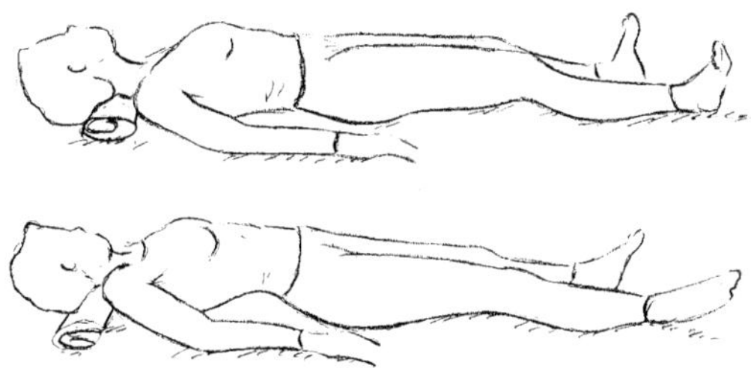

Abb. 191

Da der Kopf unaufhörlich dafür zuständig ist, den gesamten Körper im Gleichgewicht zu halten, neigt er zu starken Verspannungen. Der Körper kann nur auf einem festen Untergrund ausruhen. Die Rolle muß aus einem Material bestehen, daß einerseits fest genug ist, um genügend Stützfunktion zu übernehmen, andererseits weich genug, um sich der Form des Nakkens anzupassen. Über die Lösung der Nackenverspannungen wird der gesamte Körper elastisch, weil das Okzipitalgelenk frei wird.

Rolle unter dem Schulterblatt

Abb. 192

Die Beine sind angestellt und „rollen" durch das langsame Hin- und Herbewegen den steifen Rücken so, daß er sich insgesamt lockern kann. Besonders die steifen Stellen zwischen den Schulterblättern werden „entblockt".

„Scheuern an einem Baumstumpf"

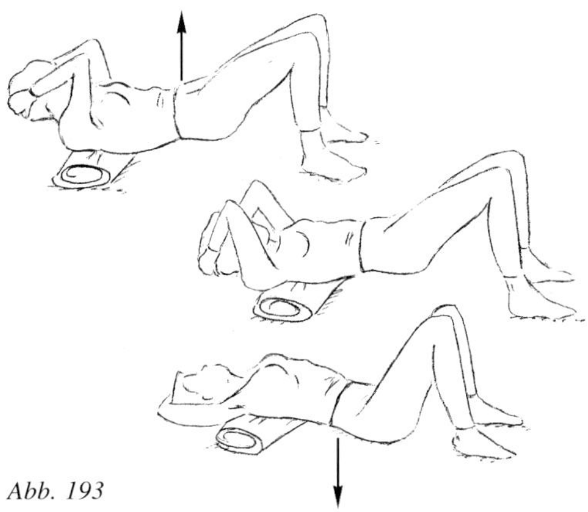

Abb. 193

Wie wenn sich ein Tier an einem Baumstumpf reibt, so können durch diese Lektion die Teile der Wirbelsäule mobilisiert werden, die im Stehen äußerst schwer zu erreichen sind. Eine eingerollte Decke liegt unter den Schulterblättern. Mit gefalteten Händen wird der Kopf aus der Neigung nach hinten, die durch das leichte Drücken der angestellten Beine mit hochgehobenem Gesäß unterstützt wird, langsam in Richtung Brust gezogen. Dabei senkt sich das Gesäß wieder in Richtung Boden. Dadurch entsteht im Brustwirbelbereich erhöhte Mobilität.

Rolle quer unter dem Becken

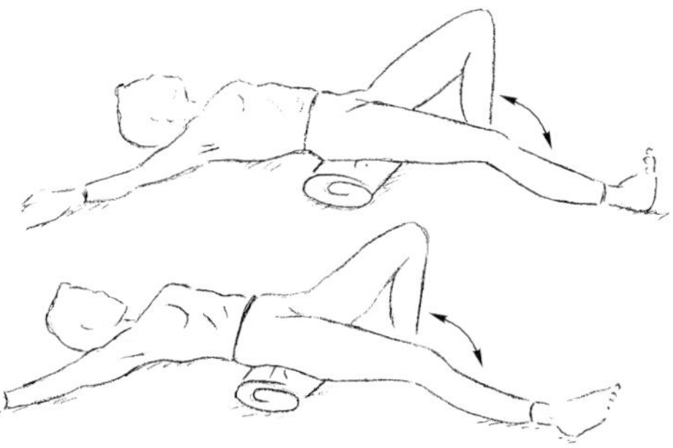

Abb. 194

Durch die Rolle unter dem Kreuzbein wird die Wölbung des unteren Rückens nach innen und außen verstärkt. Durch kreisende Bewegungen des Knöchels wird das Becken weich und elastisch in unterschiedliche Positionen gebracht. Der gesamte Rücken paßt sich mit der Zeit den Veränderungen des Beckens an.

Die Rundung genießen

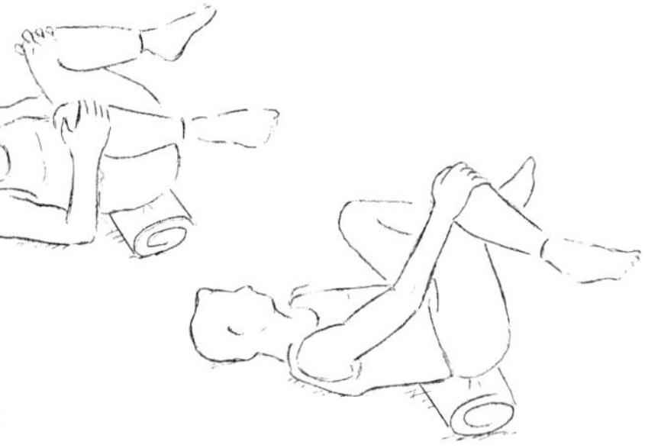

Abb. 195

Die Rolle erzeugt unter Zuhilfenahme der angezogenen Knie die größtmögliche Rundung im unteren Rücken. Die Knie werden in unterschiedliche Haltungen gebracht. Darin soll einige Sekunden verharrt werden. Die Knie bringen die Wirbel in Stellungen, die der Mensch sonst nicht mehr kennt.

Komplexe Lektionen zur Sensibilisierung

Die folgenden Übungen entstammen der Feldenkrais-Methode (Alon 1993, Alon 1995, Feldenkrais 1978, 1985, 1990, 1994, Walterspiel 1989, Wildmann 1995, vgl. Zemach-Bersin/Reese 1992, 30 – 123)

Alle Übungen sollen 5 – 10mal wiederholt werden.

Lektion 1: Beweglichkeit

Ausgangsposition:

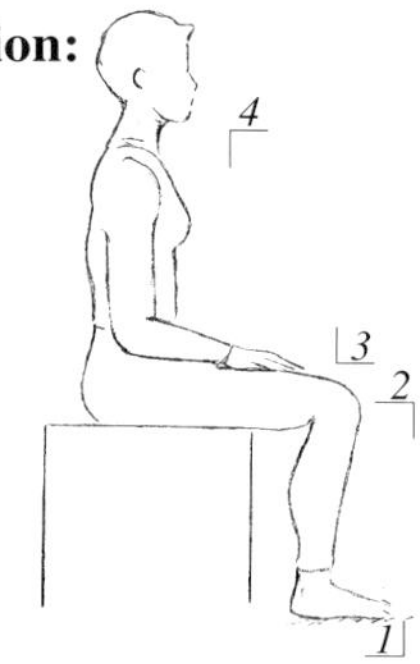

Sie sitzen auf dem vorderen Teil eines Hockers, legen die Hände auf die Oberschenkel. Die Füße ruhen schulterbreit auseinander, der Körper bildet 4 rechte Winkel: Füße-Unterschenkel; Unterschenkel-Oberschenkel; Oberschenkel-Oberkörper; Oberkörper-Kinn.

1) Drehen Sie den Oberkörper langsam nach rechts, den Blick ebenfalls in die Richtung wenden. Danach wieder zurückdrehen und geradeaus schauen und entspannen.

- Die Bewegungen sollen angenehm und leicht sein.

- Nicht über Widerstände hinaus drehen und schauen.

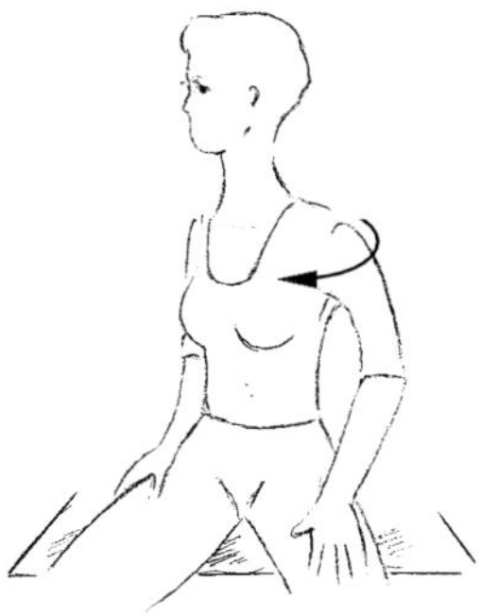

- Wenn Sie das erste Mal nach rechts schauen, merken Sie sich die Stelle, bis zu der Sie schauen können. Diese Stelle benötigen Sie als Bezugspunkt, um später zu erkennen, wieviel gelenkiger sie geworden sind.

2) Ihre Augen fixieren einen Punkt, der sich direkt vor Ihnen befindet. Die Augen schauen ruhig geradeaus, während Sie Kopf und Oberkörper nach rechts drehen. Dann wenden Sie sich wieder in die Ausgangstellung zurück.

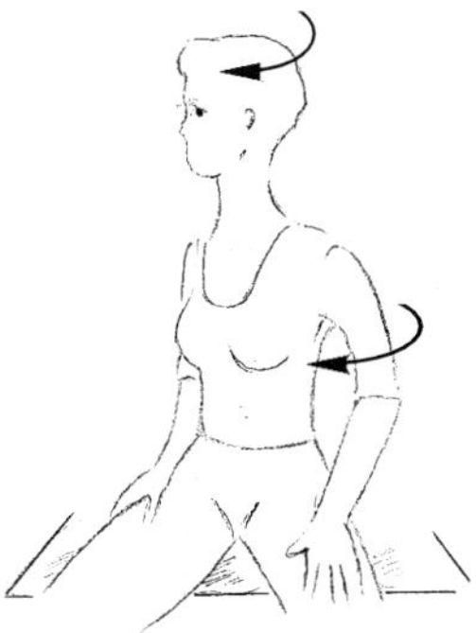

- Keine Überanstrengungen unternehmen, nicht über Widerstände hinwegdehnen.

- Beim Drehen ausatmen, um die Bewegung zu erleichtern.

- Nacken, Schultern und Oberkörper entspannen.

3) Drehen Sie nochmals den Oberkörper einschließlich Augen langsam nach rechts. Können Sie nun bereits weiter schauen ?

4) Halten Sie Kopf und Augen in der Mittelposition, einen Punkt geradeaus fixieren, drehen Sie den Oberkörper langsam nach rechts, ohne den Kopf mitzudrehen.

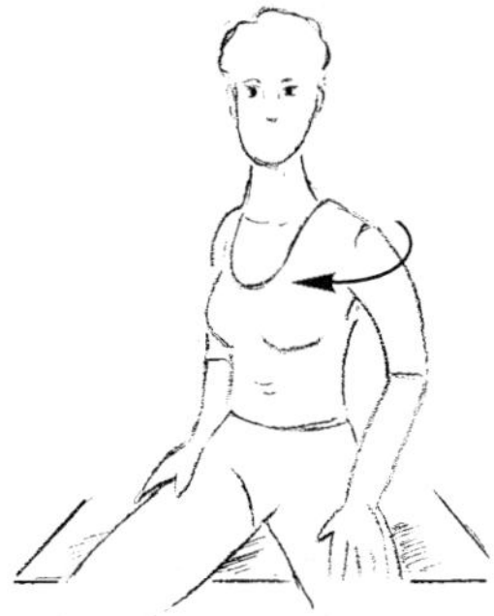

- Drehungen langsam vollziehen. Beim Drehen ausatmen.

- Kiefer, Nacken und Schultern entspannen. Fühlen Sie, wie Ihre rechte Schulter nach hinten und Ihre linke nach vorne geführt wird ?

5) Drehen Sie den gesamten Oberkörper (einschließlich Kopf und Augen) nach rechts, kehren Sie wieder in die Ausgangsposition zurück, und entspannen Sie. Spüren Sie, wie die Bewegung nach rechts immer leichter und angenehmer wird ? Fühlen Sie den Unterschied zwischen rechter und linker Schulter ? Spüren Sie die Entspannung der linken Seite ?

6) Ihre Füße sind weiterhin flach am Boden. Bewegen Sie Ihr linkes Knie ganz sanft nach vorn.

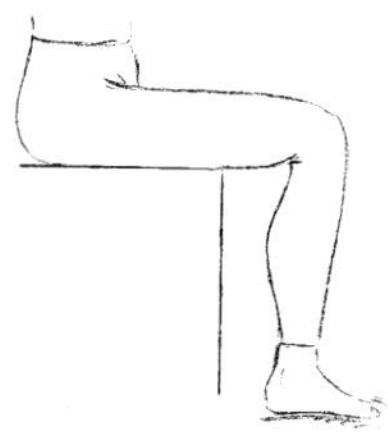

- Vollziehen Sie die Bewegung ganz klein.

- Entspannen Sie dabei das linke Bein.

- Beobachten Sie, wie Ihr Rücken, die Schultern und der Kopf sich ein wenig nach rechts mitdrehen.

7) Wenn Sie das linke Knie nach vorne bewegen, unterstützen Sie die Bewegung durch eine Drehung des Oberkörpers nach rechts.

- Spüren Sie, wie Sie beim Drehen ein wenig größer werden ?
- Atmen Sie beim Drehen aus, um den Brustkorb beweglicher zu machen.
- Spüren Sie, wie sich beim Drehen Ihr Bekken weich mitbewegt ?
- Spüren Sie, wie sich Ihre linke Seite (von Kopf bis Becken) entspannt.

8) Drehen Sie den Oberkörper langsam nach links, wenden Sie den Blick ebenfalls in die Richtung. Drehen Sie wieder zurück, schauen Sie geradeaus, und entspannen Sie.

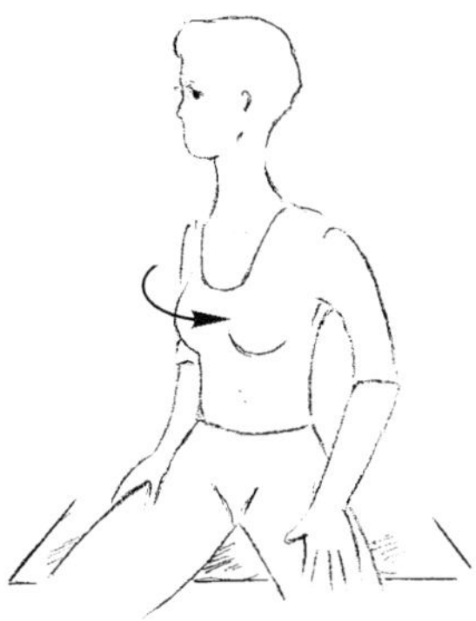

- Die Bewegungen sollen angenehm und leicht sein.
- Nicht über Widerstände hinaus drehen und schauen.
- Wenn Sie das erste Mal nach links schauen, merken Sie sich die Stelle, wie weit sie schauen können. Diese Stelle benötigen Sie als Bezugspunkt, um später zu erkennen, wieviel gelenkiger sie geworden sind.

9) Ihre Augen fixieren einen Punkt, der sich direkt vor Ihnen befindet. Die Augen schauen ruhig geradeaus, während Sie Kopf und Oberkörper nach links drehen. Dann wenden Sie sich wieder in die Ausgangsstellung zurück. Keine Überanstrengung unternehmen, nicht über Widerstände hinwegdehnen.

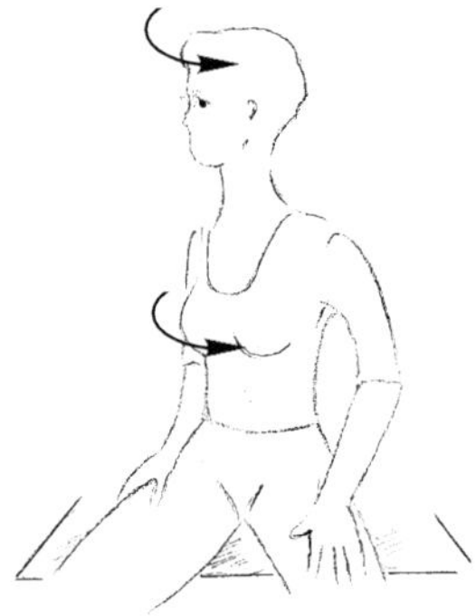

- Beim Drehen ausatmen, um die Bewegung zu erleichtern.
- Nacken, Schultern und Oberkörper entspannen.

10) Drehen Sie nochmals den Oberkörper einschließlich Augen langsam nach links. Können Sie nun schon weiter schauen ?

11) Kopf und Augen in der Mittelposition halten, Punkt geradeaus fixieren, Oberkörper langsam nach links drehen.

- Drehungen langsam vollziehen. Beim Drehen ausatmen.
- Kiefer, Nacken und Schultern entspannen. Fühlen Sie, wie Ihre linke Schulter nach hinten und Ihre rechte nach vorne geführt wird ?

12) Drehen Sie den gesamten Oberkörper (einschließlich Kopf und Augen) nach links, kehren Sie wieder in die Ausgangsposition zurück, und entspannen Sie.

Spüren Sie, wie die Bewegung nach links immer leichter und angenehmer wird ? Spüren Sie die Entspannung der rechten Seite ?

13) Ihre Füße sind weiterhin flach am Boden. Bewegen Sie Ihr rechtes Knie ganz sanft nach vorn.

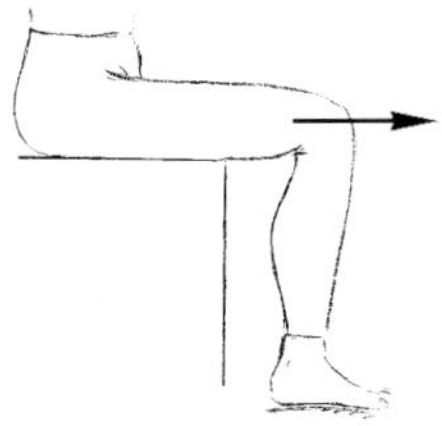

- Vollziehen Sie die Bewegung ganz klein.
- Entspannen Sie dabei das rechte Bein.
- Beobachten Sie, wie Ihr Rücken, die Schultern und der Kopf sich ein wenig nach links drehen.

14) Wenn Sie das rechte Knie nach vorne bewegen, unterstützen Sie die Bewegung durch eine Drehung des Oberkörpers nach links.

- Spüren Sie, wie Sie beim Drehen ein wenig größer werden ?
- Atmen Sie beim Drehen aus, um den Brustkorb beweglicher zu machen.
- Spüren Sie, wie sich beim Drehen Ihr Becken weich mitbewegt ?
- Spüren Sie, wie sich Ihre rechte Seite (von Kopf bis Becken) entspannt ?

15) Führen Sie Ihr linkes Knie leicht nach vorn und drehen Sie Ihren Oberkörper nach rechts. Kehren Sie in die Ausgangsposition zurück, führen Sie Ihr rechtes Knie nach vorn, und drehen Sie den Oberkörper nach links.

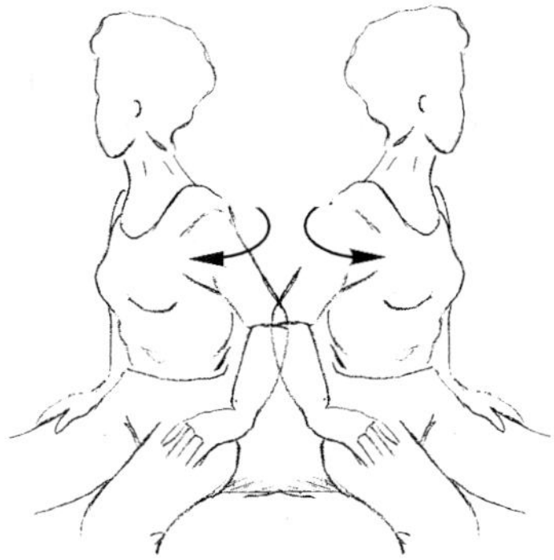

- Die Bewegungen sollen sanft und fließend sein.
- Ihre Hände gleiten auf den Oberschenkeln, wenn Sie sich nach rechts und links drehen.
- Ihre Beine sollen entspannt sein.

16) Fixieren Sie Ihren Kopf und die Augen auf einen Punkt geradeaus. Drehen Sie den Oberkörper nach rechts und links.

- Entspannen Sie Gesicht, Hals und Schultern.
- Atmen Sie fließend, und halten Sie Ihre Füße am Boden.

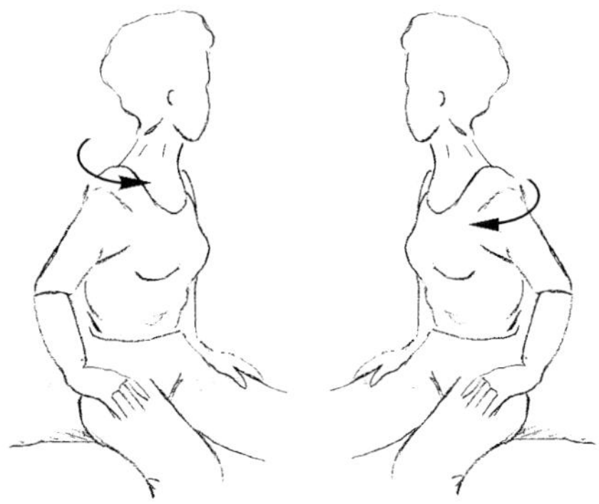

17) Drehen Sie Ihren Oberkörper und das Becken nach rechts, während Sie Ihren Kopf nach links drehen. Danach drehen Sie Ihren Oberkörper und das Becken nach links, während Sie Ihren Kopf nach rechts drehen.

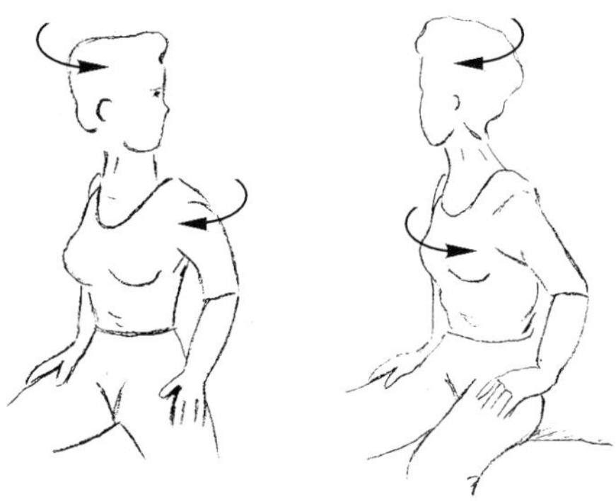

- Machen Sie alle Bewegungen weich und langsam.
- Dehnen Sie nicht mit Kraft über Widerstände hinweg.
- Kiefer, Nacken, Schultern und Becken sollen entspannt sein.
- Atmen Sie fließend in die Dehnbewegung hinein.

18) Stellen Sie jetzt die Fortschritte fest: Führen Sie Ihr linkes Knie nach vorn, und drehen Sie den Oberkörper nach rechts. Dann führen Sie das rechte Knie nach vorn und drehen den Oberkörper nach links. Alle Bewegungen sollen ohne Kraftanstrengung erfolgen.

- Vergleichen Sie die Drehbewegung mit Ihrem ersten Versuch. Können Sie erheblich weiter nach rechts und links drehen und schauen ?
- Sie sind ohne Kraftanstrengung gelenkiger geworden !
- Spüren Sie beim Sitzen, wie sich Ihr Gewicht gleichmäßig auf Ihre beiden Gesäßknochen verteilt ?
- Fühlen Sie sich ein wenig größer und leichter ?
- Ihre Muskeln sind entspannt, und Ihre Haltung ist aufrechter, weil sich keine Muskeln mehr festhalten !
- Ihr gesamter Körper ist elastischer geworden und kann anschließend besser mit der Pferdebewegung mitschwingen !

Lektion 2: Massage für den Rücken

Vor Beginn der Lektion:

Legen Sie sich auf den Rücken, und gehen Sie quasi mit Ihrem inneren Auge Ihren Körper durch. Lassen Sie sich ein paar Minuten Zeit dafür. Sie sollen feststellen, wie die einzelnen Körperteile auf dem Boden aufliegen. Beginnen Sie mit dem Kopf, und hören Sie mit den Füßen auf.

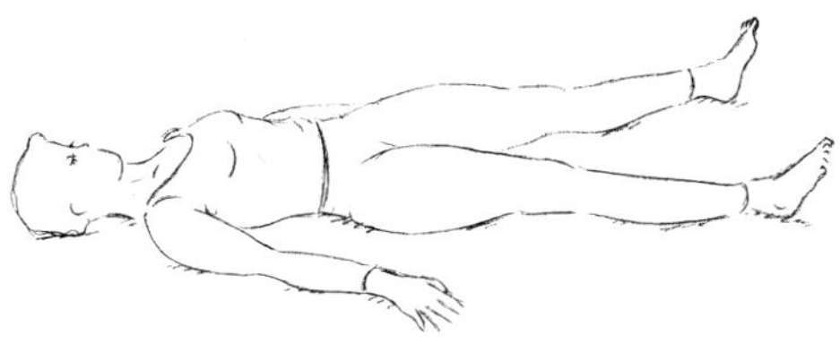

Ausgangsposition:

Stellen Sie Ihre Beine in der Rückenlage auf, Füße stehen schulterbreit voneinander entfernt. Heben Sie Ihren rechten Fuß an, und führen Sie mit der linken Hand das rechte Knie in Richtung Oberkörper. Halten Sie das Knie, und legen Sie Ihre rechte Hand unter den Kopf.

Beachten Sie folgende Merkmale bei allen Bewegungen:

- Bewegungen weich und langsam ausführen.
- Nur kleine Bewegungen vollziehen; Sie müssen das Knie nicht mit Kraft bis zum Kopf ziehen.
- Kommen Sie nach jeder Bewegung wieder in die Ausgangsposition zurück; der Kopf soll auf dem Boden ruhen.
- Atmen Sie bei der Zusammenführung beider Bewegungen (Knie und Kopf) aus; Sie machen es sich dadurch leichter.
- Der Ellenbogen soll beim Führen des Kopfes nach vorne zeigen.
- Stützen Sie Ihren Kopf mit der rechten Hand.
- Spüren Sie bei den Bewegungen und in Ruhestellung, wie weit sich der Rücken zum Boden senkt.

1) Heben Sie Ihren **Kopf** mit der rechten Hand, und führen Sie den rechten Ellenbogen langsam in Richtung rechtes Knie. Gleichzeitig führen Sie mit der linken Hand das rechte Knie in Richtung rechter Ellenbogen.

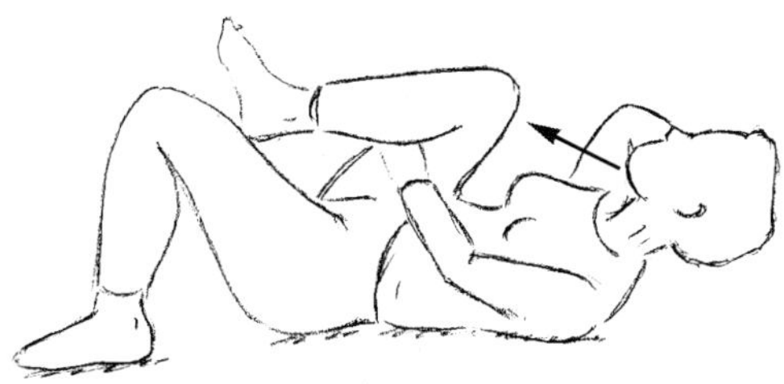

2) Führen Sie die gleichen Bewegungen aus, nur führen Sie nun das **Kinn** in Richtung rechtes Knie bzw. das Knie in Richtung Kinn.

3) Führen Sie die gleichen Bewegungen aus, nur führen Sie die **Stirn** in Richtung rechtes Knie bzw. das Knie in Richtung Stirn.

Wenn Sie die Bewegungen 1 – 3 gemacht haben, strecken Sie sich auf dem Boden aus, und gehen Sie Ihrem Gefühl nach. Hat sich bereits einiges an Ihrer Lage im Vergleich zur Ausgangslage vor Beginn der Lektion verändert ?

4) Die gleichen Bewegungsabfolgen gehen Sie nun mit der anderen Körperhälfte durch. Nacheinander werden Kopf, Kinn und Stirn in Richtung linkes Knie geführt.

Kopf

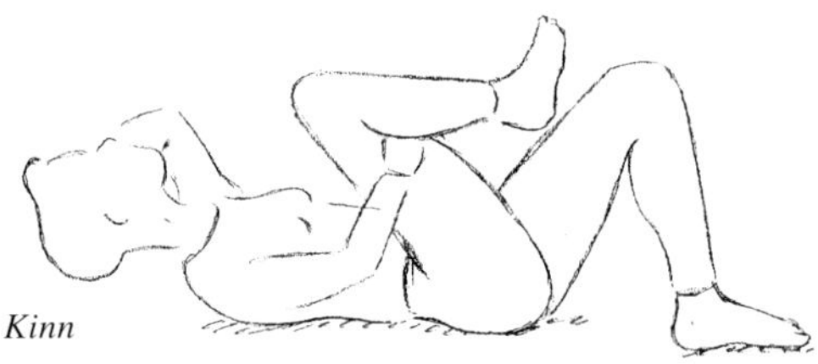

Kinn

Stirn

Danach ruhen Sie sich wieder auf dem Boden aus und spüren, ob sich bereits weitere Änderungen in der Auflage Ihres Körpers ergeben haben. Stellen Sie sie nur fest, aber ändern Sie nichts daran, indem Sie sich bewußt anders hinlegen wollen.

Änderung der Ausgangslage:

Ihre linke Hand umfaßt den Kopf, während die rechte Hand das rechte Beim umfaßt. Die Bewegungen verlaufen nun nicht gradlinig, sondern diagonal.

5) Heben Sie nun Ihren **Kopf** mit der linken Hand an und führen Sie den linken Ellenbogen langsam in Richtung rechtes Knie: Gleichzeitig führt die rechte Hand das Knie gegen den linken Ellenbogen.

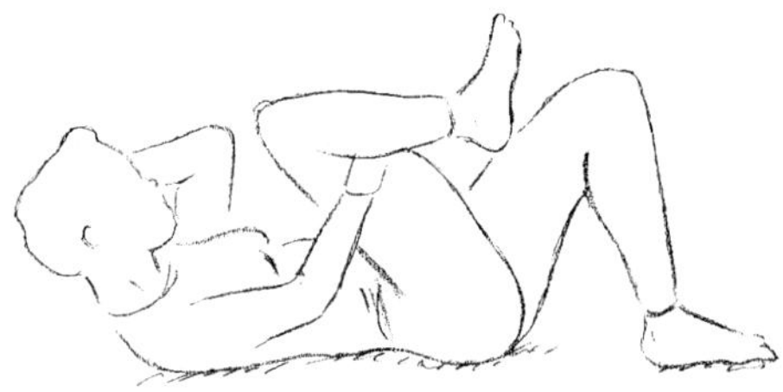

6) Machen Sie die gleichen Bewegungen, nur führen Sie nun das **Kinn** in Richtung rechtes Knie bzw. das Knie in Richtung Kinn.

7) Machen Sie die gleichen Bewegungen, nur führen Sie nun die **Stirn** in Richtung rechtes Knie bzw. das Knie in Richtung Stirn.

Wenn Sie die Bewegungen 5 – 7 durchgegangen sind, strecken Sie sich auf dem Boden aus, und gehen Sie Ihrem Gefühl nach. Hat sich bereits einiges an Ihrer Lage im Vergleich zur Ausgangslage vor Beginn der Lektion verändert ?

8) Die gleichen Bewegungsabfolgen gehen Sie nun mit der anderen Körperhälfte durch.

Nacheinander werden Kopf, Kinn und Stirn in Richtung linkes Knie geführt.

Danach ruhen Sie sich wieder auf dem Boden aus und spüren, ob sich bereits weitere Änderungen in der Auflage Ihres Körpers ergeben haben. Vergleichen Sie Ihren Kontakt mit dem Boden, den Sie jetzt haben, mit dem vor Beginn der Lektion. Vielleicht hat sich Ihr Rücken seit Jahren nicht mehr so entspannt.

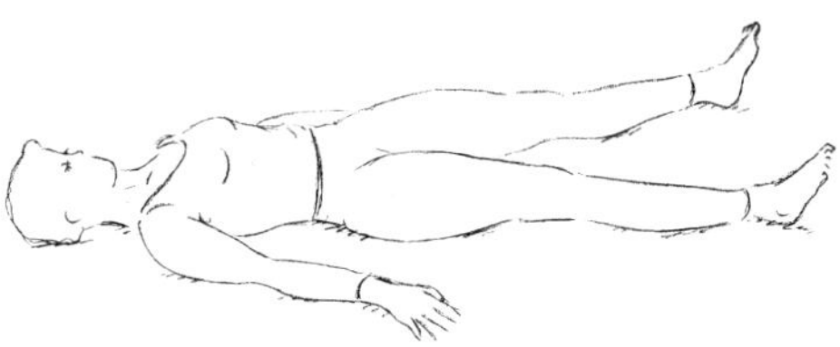

Gehen Sie nun einige Schritte, und erspüren Sie Ihre Hüftgelenke und Ihren Gang. Ihre Hüftgelenke bewegen sich nun sicherlich leichter, und Ihr Gang ist auch müheloser.

Lektion 3: Elastische Wirbelsäule

Ausgangsposition:

Sie sitzen auf dem vorderen Teil eines Hockers, legen die Hände auf die Oberschenkel. Die Füße ruhen schulterbreit auseinander, der Körper bildet 4 rechte Winkel: Füße-Unterschenkel; Unterschenkel-Oberschenkel; Oberschenkel-Oberkörper; Oberkörper-Kinn.

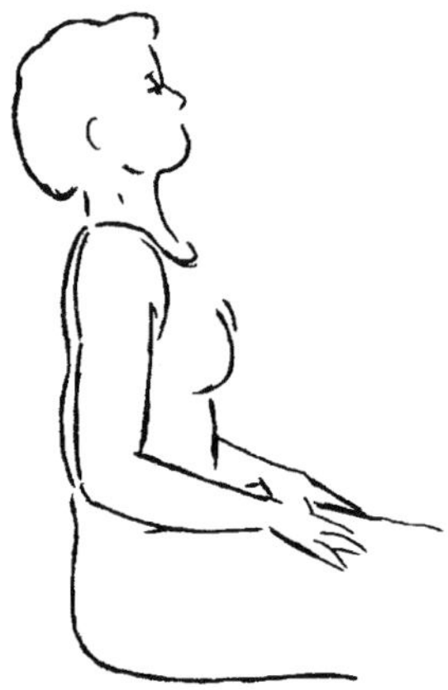

1) Heben Sie langsam und ohne Kraftanstrengung Ihren Kopf und Ihre Augen in Richtung Decke. Führen Sie Ihren Kopf nicht über Widerstände hinweg. Merken Sie sich einen Punkt an der Decke, bis zu dem Sie mühelos

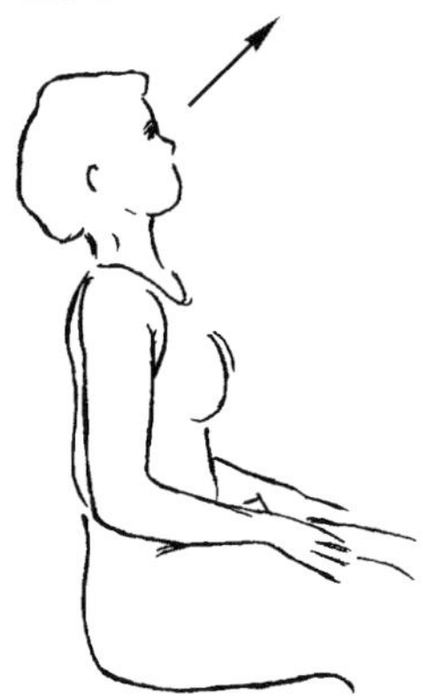

schauen können. Später werden Sie Ihre Fortschritte an diesem Punkt messen.

2) Heben Sie Ihren Kopf leicht an. Schauen Sie dabei gleichzeitig mit den Augen zum Boden.

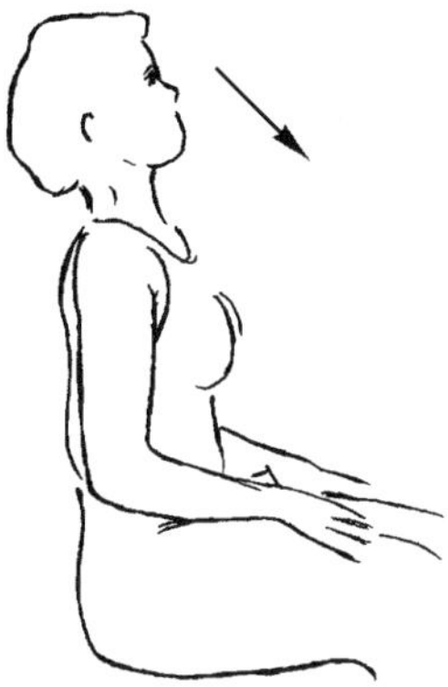

- Vollziehen Sie die Bewegungen langsam und weich.

- Wenn Kopf und Augen sich in entgegengesetzte Richtung bewegen, sind Kopf und Nacken eingeschränkt.

- Entspannen Sie sich, wenn Sie die Bewegungen 5 – 10mal gemacht haben.

3) Heben Sie Ihren Kopf und die Augen an, und schauen zur Decke. Biegen Sie gleichzeitig Ihren Rücken durch.

- Ist Ihr Rücken bereits elastischer ?

- Ist der Punkt an der Decke schon weiter nach hinten gewandert ? Können Sie also schon höher schauen ?

4) Geben Sie diese Haltung langsam auf, schauen Sie in Richtung Boden, und runden Sie Ihren Rücken ein wenig, bevor Sie wieder in die Ausgangslage zurückkehren.

5) Neigen Sie Ihren Kopf nach unten, lassen Sie Ihren Rücken rund werden. Schauen Sie dabei aber gleichzeitig mit den Augen nach oben.

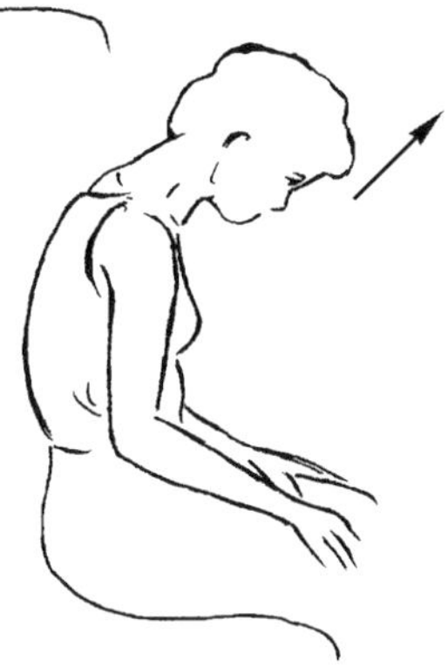

- Auch jetzt sind die Bewegungen von Kopf und Nacken wieder eingeschränkt.

- Entspannen Sie sich danach ein wenig.

6) Heben Sie Ihren Kopf und die Augen wieder an, und schauen Sie in Richtung Decke. Biegen Sie Ihren Rücken ganz weich durch.

- Schauen Sie ohne Anstrengung.

- Können Sie nun schon wieder weiter schauen ?

7) Senken Sie Ihren Kopf leicht nach vorn, Ihr Kinn ruht natürlich in Richtung Brustkorb. Drücken Sie langsam und weich Ihren Rücken durch.

- Der gesamte Oberkörper soll entspannt sein.
- Spüren Sie, wie das Becken leicht nach vorn kippt ?
- Atmen Sie tief.

8) Schauen Sie noch einmal nach oben unter die Decke, und spüren Sie, wie sich Ihr Rücken elastisch biegt. Spüren Sie, wie leicht und ohne Anstrengung der Kopf zu bewegen ist und sich der Punkt unter der Decke immer weiter nach hinten verlagert.

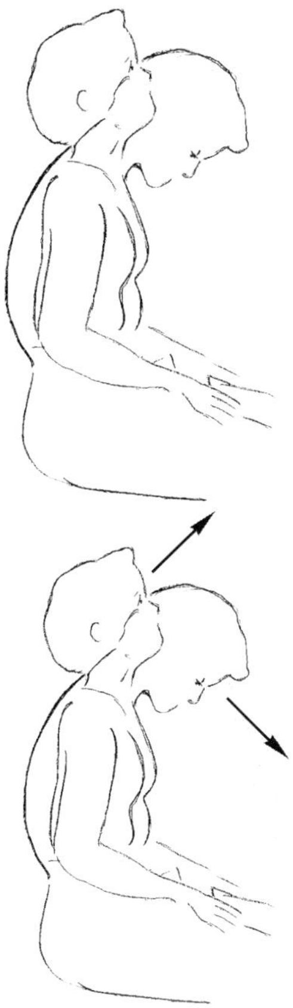

9) Heben Sie langsam Ihren Kopf und Ihre Augen nach oben, und biegen Sie Ihren Rücken weich durch. Senken Sie danach den Kopf und die Augen langsam, und krümmen Sie Ihren Rücken.

Wenn Sie nach oben schauen, werden Sie folgendes feststellen:

- Die Schulterblätter nähern sich einander.
- Der Bauch entspannt sich und wölbt sich nach vorn.
- Das Becken kippt ein wenig nach vorn.
- Der Brustkorb hebt sich und geht in Richtung Decke.
- Der Körper fühlt sich ein wenig länger an.

Wenn Sie nach unten schauen, werden Sie folgendes feststellen:

- Der Brustkorb sinkt zusammen.
- Die Schultern und Ihr Rücken sind gekrümmt.
- Das Becken kippt nach vorn.
- Der Körper fühlt sich kleiner an.

10) Drehen Sie den Oberkörper nach rechts in eine bequeme Haltung. Heben Sie dann den Kopf und die Augen in Richtung Decke, und biegen Sie den Rücken weich durch. Danach senken Sie den Kopf, schauen in Richtung Boden und krümmen dabei den Rücken. Bleiben Sie bei den Bewegungen nach rechts gedreht.

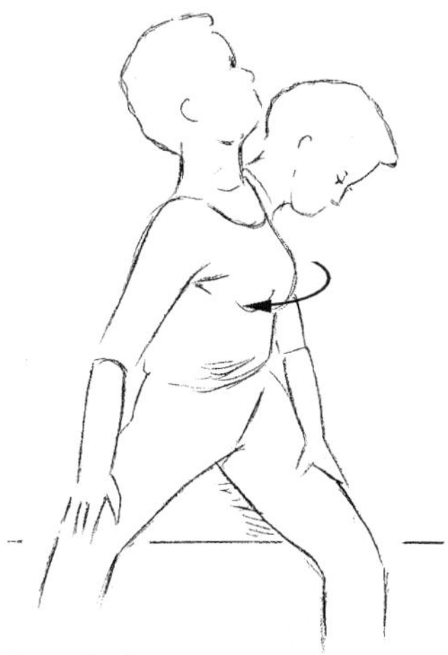

11) Machen Sie die gleichen Bewegungen wie unter 10) nach links.

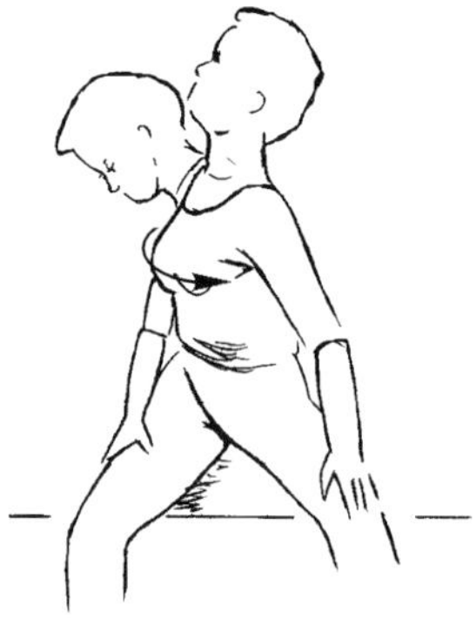

12) Verbinden Sie beide Bewegungen (nach rechts drehen und unter die Decke schauen – nach links drehen und unter die Decke schauen) miteinander als fließende Bewegungen. Spüren Sie dabei, wie sich der Körper im einzelnen verändert ?

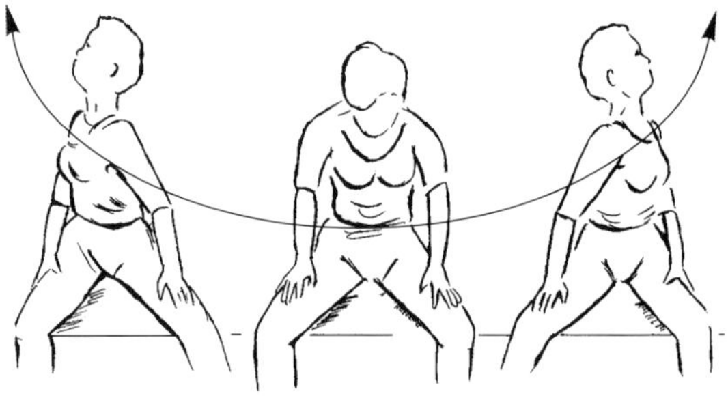

13) Machen Sie die Ausgangsbewegung noch einmal. Messen Sie nun abschließend Ihre Fortschritte. Sie werden spüren, wie sich die Kopfbewegung mit Leichtigkeit und ohne große Anstrengung vollziehen läßt. Sie werden aufrechter und gleichmäßiger auf Ihren Gesäßknochen sitzen.

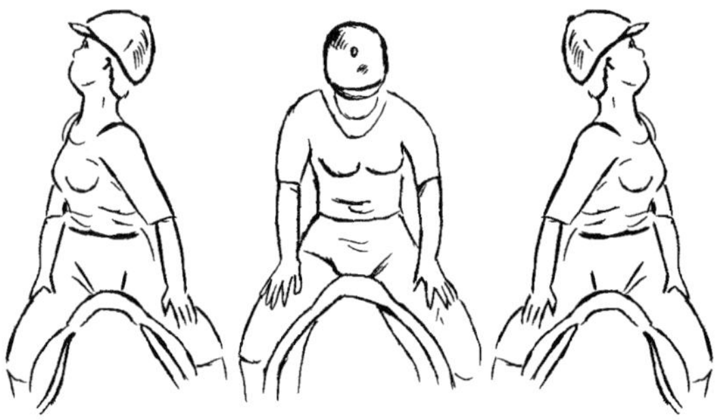

Lektion 4: Lockere Schultern

Ausgangsposition:

Sie sitzen auf dem vorderen Teil eines Hockers, legen die Hände auf die Oberschenkel. Die Füße ruhen schulterbreit auseinander, der Körper bildet 4 rechte Winkel: Füße-Unterschenkel; Unterschenkel-Oberschenkel; Oberschenkel-Oberkörper; Oberkörper-Kinn.

1) Heben Sie die rechte Schulter ein wenig an, und kehren Sie in die Ausgangsposition zurück.

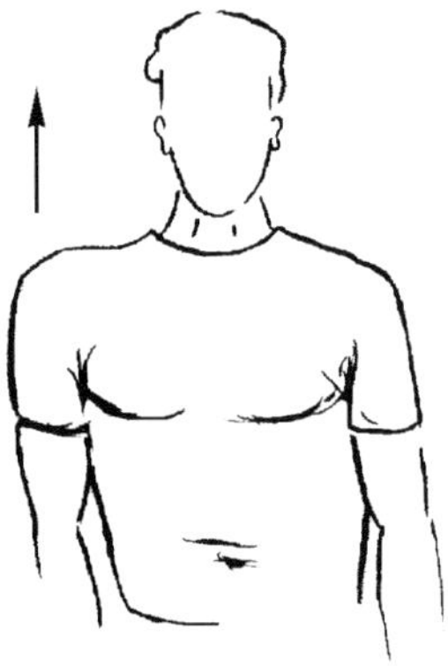

- Sie sollen die Schulter anheben, ohne die Muskeln der Arme zu benutzen. Die Arme sollen locker hängen bleiben.
- Entspannen Sie Brustkorb und Rücken.
- Atmen Sie fließend.

2) Beim Anheben der rechten Schulter kommen Sie mit dem Kopf der Schulter entgegen und kehren in die Ausgangsposition zurück. Vermeiden Sie ein Drehen des Kopfes.

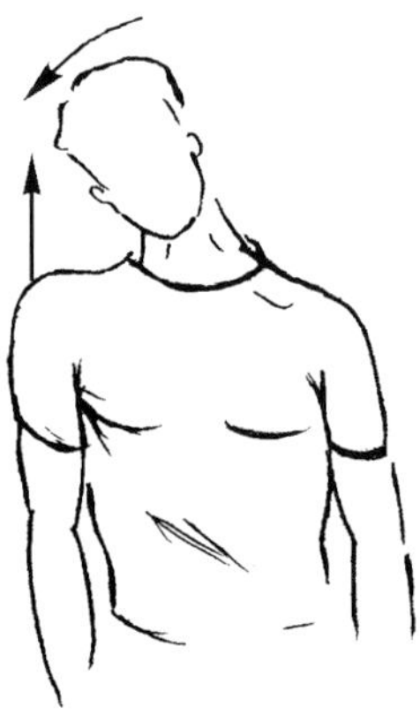

3) Heben Sie nun Ihre rechte Schulter wieder alleine an. Spüren Sie, wie es nun leichter fällt ?

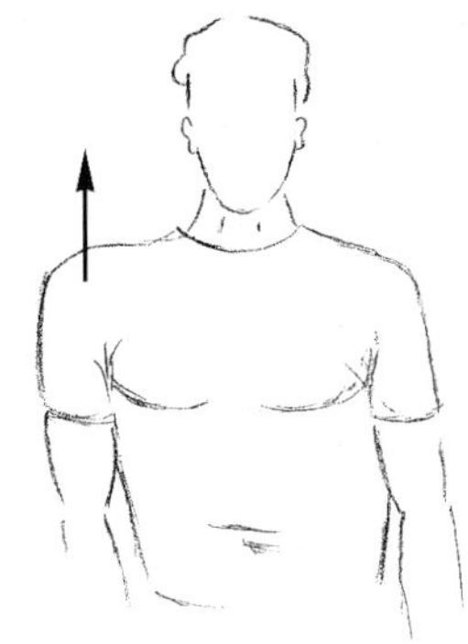

4) Senken Sie nun Ihre rechte Schulter, und kehren Sie zur Ausgangsposition zurück. Ihre Bewegungen sollen klein und langsam sein. Sie müssen spüren, wie sich die Rippen auf der rechten Seite ein wenig zusammenschieben, wenn die Schulter gesenkt wird.

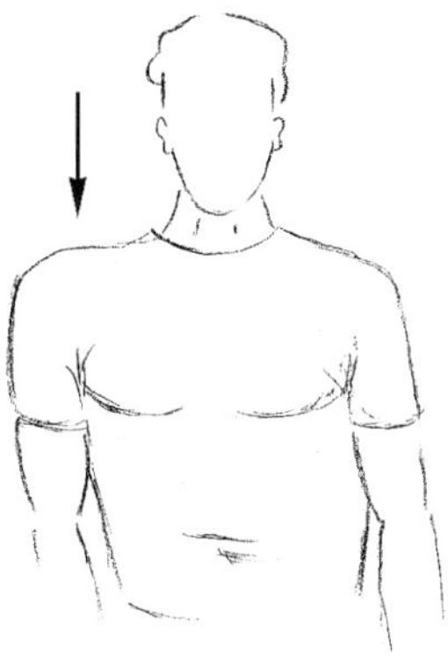

Verbinden Sie beide Bewegungen (Anheben und Senken) miteinander. Die Gesamtbewegung muß langsam, fließend und weich sein. Entspannen Sie danach.

5) Bewegen Sie Ihre rechte Schulter ein wenig nach hinten, und kehren Sie in die Ausgangsposition zurück. Auch diese Bewegungen sollen klein, langsam und leicht sein.

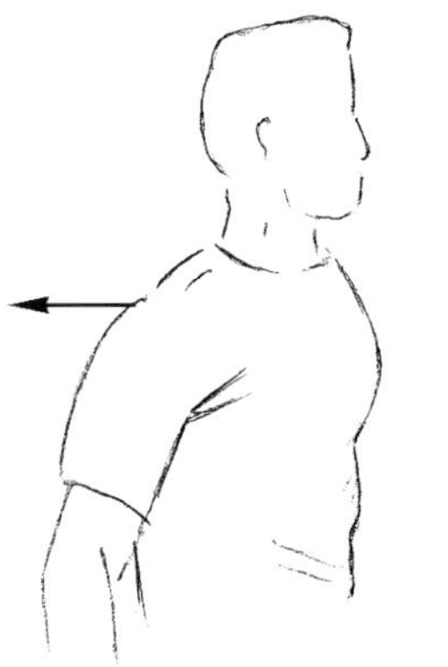

6) Bewegen Sie Ihre rechte Schulter nach vorne, und kehren Sie in die Ausgangsposition zurück. Vergleichen Sie beide Bewegungen miteinander. Fällt die Bewegung nach hinten leichter oder schwerer als die Bewegung nach vorn ? Stellen Sie es nur fest, aber ändern Sie nichts daran.

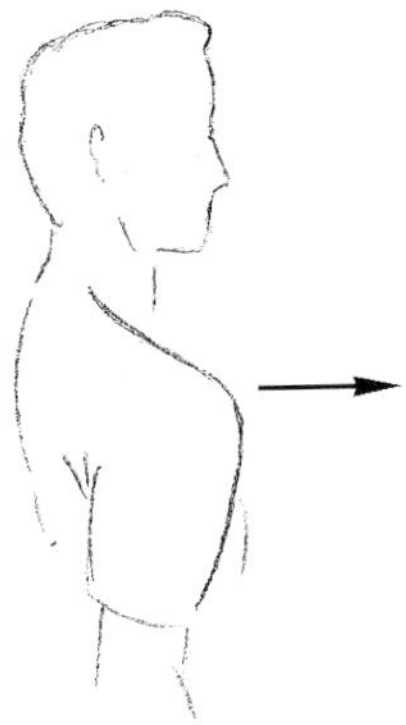

7) Verbinden Sie die Bewegung nach hinten und vorn miteinander.

8) Wenn Sie die Schulter nach vorn bewegen, drehen Sie den Kopf ein wenig nach rechts und kehren in die Ausgangsposition zurück.

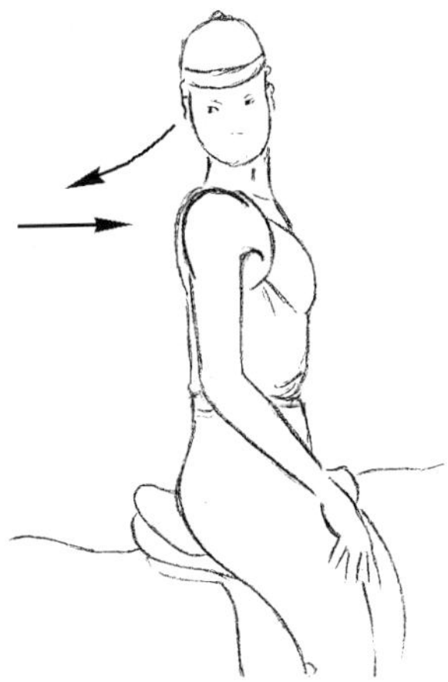

9) Bewegen Sie die Schulter wieder nach vorn, ohne den Kopf entgegengesetzt zu bewegen. Spüren Sie, wie sich Ihr Kopf automatisch ein wenig nach links dreht ?

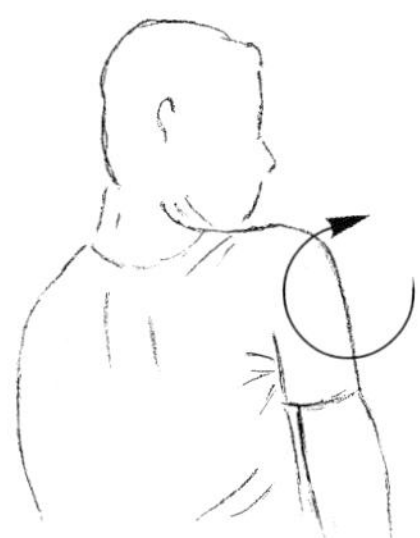

10) Drehen Sie die rechte Schulter kreisförmig im Uhrzeigersinn.

Die Bewegungen sollen klein und leicht sein; es darf kein kraftmäßiger Einsatz zu spüren sein.

11) Kreisen Sie in entgegengesetzter Richtung. Spüren Sie, wie sich dabei Kopf, Nacken, Brustkorb, Rücken und das Becken automatisch ein wenig mitbewegen.

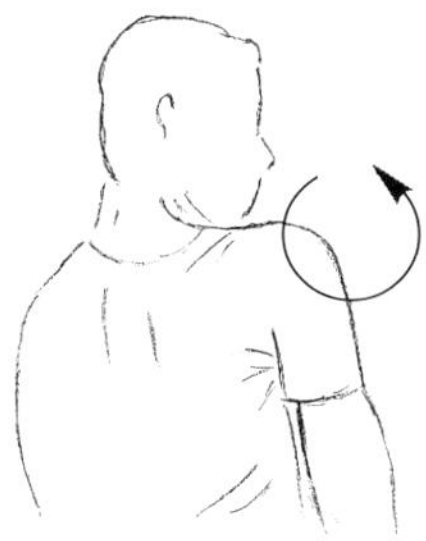

12) Dieselben Bewegungen werden in identischer Reihenfolge auch mit der linken Schulter durchgespielt.

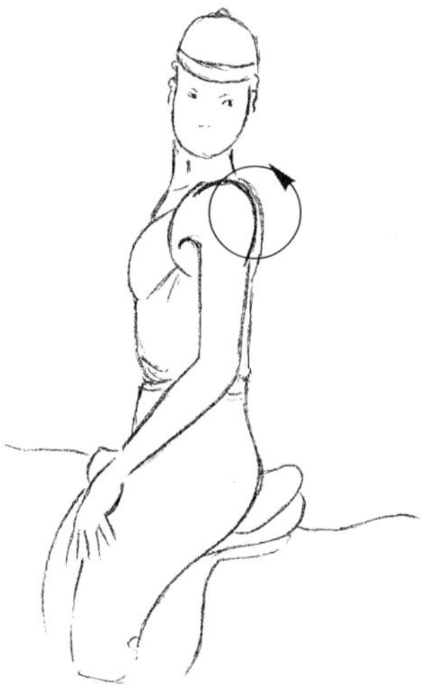

Lektion 5: Entspannte Schultern und Hüften

Ausgangsposition:

Sie können dieselben Übungen auch nacheinander in der Seitenlage machen (rechte Winkel Unterschenkel-Oberschenkel, Oberschenkel-Oberkörper, Oberkörper-Kinn). Der obere Arm ruht locker entlang dem Oberkörper, und das Handgelenk liegt etwa auf Höhe des Hüftgelenks.

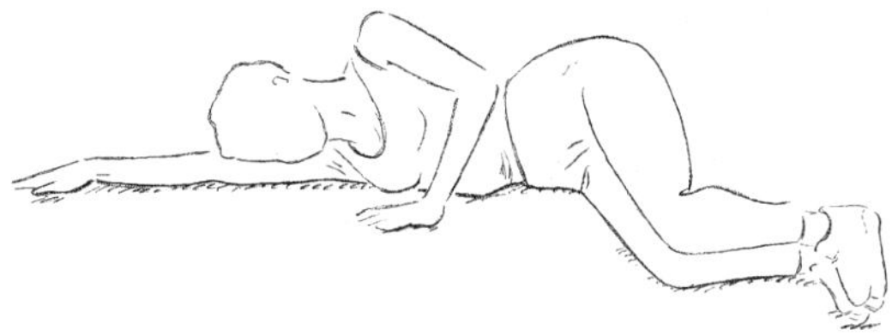

Bewegungsabfolgen:

Zunächst können die gleichen Bewegungen mit der Schulter gemacht werden. Danach sollen die gleichen Bewegungen auch mit dem Hüftgelenk ausgeführt werden. Dabei darf die freie Hand die Bewegungen des Hüftgelenks unterstützen.

Wenn die eine Seite geübt hat, legen Sie sich auf den Rücken. Heben Sie nur beide Arme und Beine ein paar Zentimeter nacheinander an. Sie werden spüren, daß sich Arm und Bein der vorher bewegten Körperseite leicht anheben lassen, während sich Arm und Bein der anderen Seite ganz schwer anfühlen. Wenn Sie danach auch die andere Körperseite üben, fühlen sich beide gleich leicht an. Wenn Sie sich ein wenig mit mentalen Prozesen auskennen, sollten Sie nach dem Üben auf der einen Seite danach die andere Seite nur mental üben lassen. Sie legen sich auf die vorher bewegte Körperseite, schließen die Augen und vollziehen im Geiste mit der Schulter und dem Becken Kreisbewegungen nach vorn und hinten.

Alle Bewegungen werden mindestens 10mal wiederholt. Wenn Sie sich danach wieder auf den Rücken legen, Arme und Beine leicht anheben, hat sich der Unterschied zwischen der linken und rechten Seite nur durch die Vorstellung der Bewegung ausgeglichen.

Bitte beachten:
Alle Bewegungen 10mal ausführen.

Lektion 6:

Mobilisierung des Beckens

Ausgangsposition:

Sie sitzen auf dem vorderen Teil eines Hokkers, legen die Hände auf die Oberschenkel. Die Füße ruhen schulterbreit auseinander, der Körper bildet 4 rechte Winkel: Füße-Unterschenkel; Unterschenkel-Oberschenkel; Oberschenkel-Oberkörper; Oberkörper-Kinn.

1) Kippen Sie Ihr Becken langsam und weich ein wenig nach hinten, so daß sich Ihr Rücken leicht krümmt. Danach kippen Sie das Becken nach vorn, so daß sich der Rücken ein wenig durchbiegt. Bewegen Sie sich fließend, weich und ohne Kraftanstrengung. Atmen Sie bei jeder Kippbewegung aus. Sie spüren, wie sich Ihr Körpergewicht auf den Gesäßknochen verlagert. Es ist eine Rollbewegung wie auf einer Kufe. Sie werden bei den Kippbewegungen spüren, wie der Kopf die Beckenbewegungen in kleinerem Umfang nachvollzieht.

Wenn das Becken nach vorne kippt, nähert sich das Kinn der Brust; wenn es nach hinten kippt, entfernt es sich von der Brust.

Beide Kippbewegungen nach vorne und hinten werden weich miteinander verbunden.

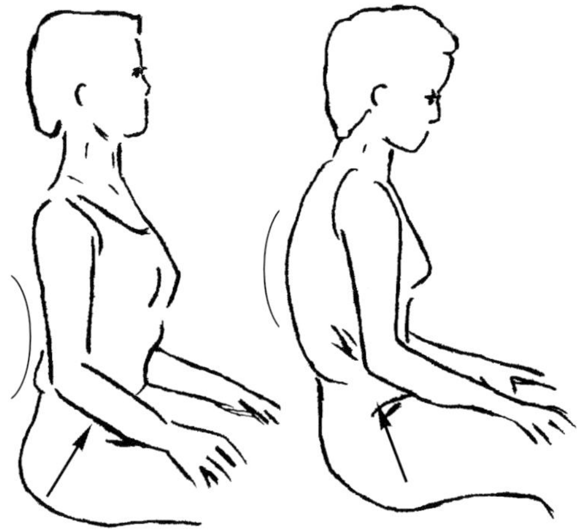

2) Kippen (rollen) Sie das Becken langsam und weich in Richtung linkes Knie. Sie werden spüren, wie sich Ihr Körpergewicht auf den linken Gesäßknochen verlagert und die rechte Gesäßhälfte angehoben wird. Dies entspricht der einseitigen Gewichtshilfe beim Reiten. Der Rükken wird ein wenig gebogen, der Kopf dreht sich geringfügig nach links, und der Körper richtet sich auf. Die linke Schulter bewegt sich bei der Kippbewegung automatisch ein wenig nach hinten, während die rechte sich ein wenig nach vorn bewegt.

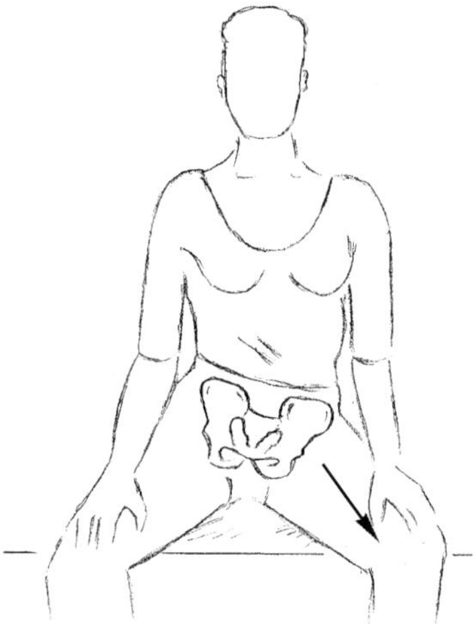

3) Kippen (rollen) Sie Ihr Becken ein wenig in Richtung rechtes Knie. Das Gewicht ruht auf der rechten Gesäßhälfte, die linke wird angehoben, der Kopf dreht sich geringfügig nach rechts, und der Körper richtet sich auf. Die rechte Schulter bewegt sich bei der Kippbewegung automatisch ein wenig nach hinten, während die linke sich ein wenig nach vorn bewegt.

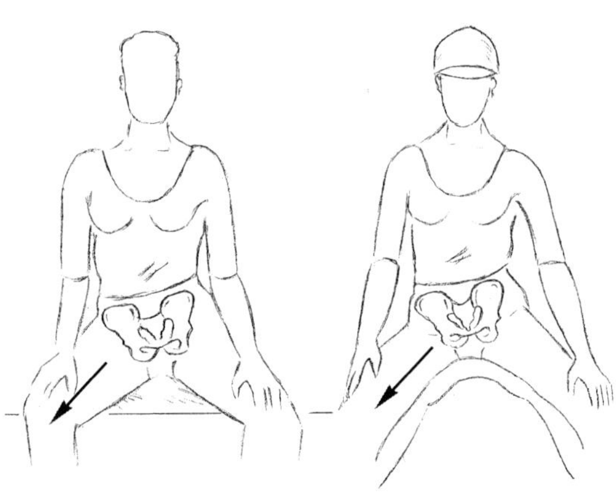

4) Beide Kippbewegungen werden miteinander verbunden. Zunächst kippt das Becken in Richtung linkes Knie, danach in Richtung rechtes. Bei den Kippbewegungen schieben sich die Rippen auf der entsprechenden Seite enger zusammen. Der Kopf geht mit den Beckenbewegungen immer ein wenig mit. Bemühen Sie sich, die Kippbewegungen in beide Richtungen gleich weich und leicht zu vollziehen. Es wird am Anfang nicht leicht sein, weil jeder Mensch eine Lieblingsseite hat, die er bevorzugt. Deshalb werden sich die Kippbewegungen zu Beginn nicht nach beiden Seiten gleich anfühlen.

Bei den folgenden Bewegungen müssen Sie sich vorstellen, ein Zifferblatt wäre auf Ihren Hokker gemalt.

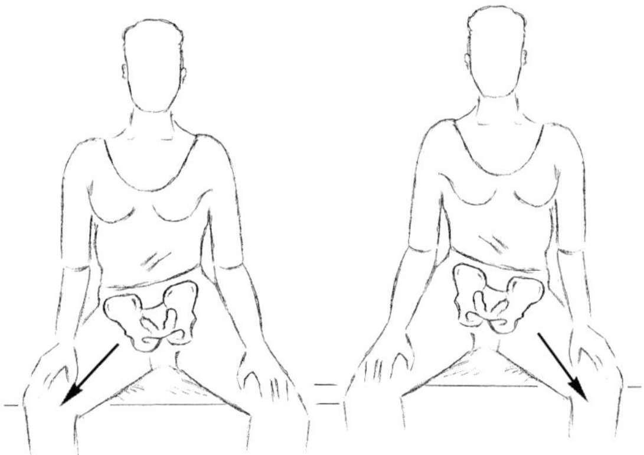

- Wenn Sie das Becken nach hinten kippen, kippen Sie es auf die 6.
- Wenn Sie das Becken nach vorne kippen, kippen Sie es auf die 12.
- Wenn Sie das Becken in Richtung linkes Knie kippen, kippen sie es auf die 9.
- Wenn Sie das Becken in Richtung rechtes Knie kippen, kippen Sie es auf die drei.

Bei allen Bewegungen fließend atmen !

5) Kippen Sie das Becken auf die 6; Ihr Rücken ist gekrümmt. Lassen Sie das Becken langsam und weich auf die 3 rollen. Kehren Sie zur 6 zurück.

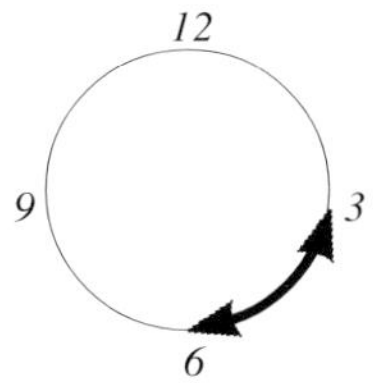

6) Kippen Sie das Becken auf die 12; Ihr Rücken ist leicht durchgebogen (Hohlkreuz). Lassen Sie das Becken langsam auf die 3 rollen. Kehren Sie zur 12 zurück.

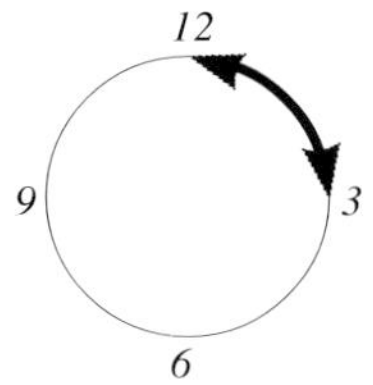

7) Rollen Sie das Becken ganz langsam von 6 nach 12 und wieder zurück. Vollziehen Sie im Geiste nach, bei welcher Stunde Ihr Becken gerade angelangt ist. Werden Sie sich dieser Zeiten bewußt. Sie werden spüren, wie Kopf, Brustkorb und Rücken der Beckenbewegung folgen.

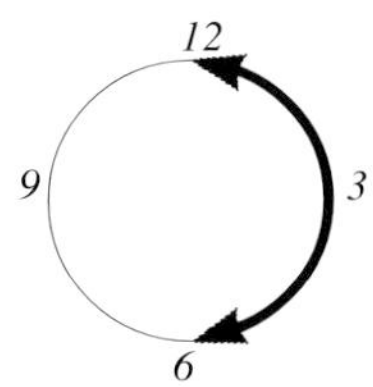

8) Kippen Sie das Becken auf die 6; Ihr Rücken ist gekrümmt. Lassen Sie das Becken langsam und weich auf die 9 rollen. Kehren Sie zur 6 zurück.

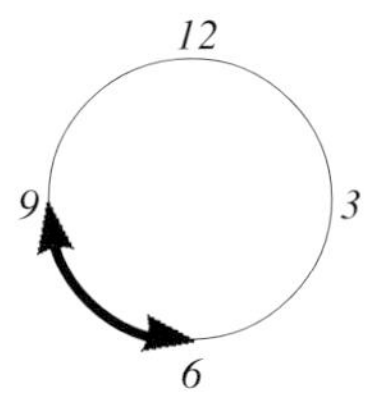

9) Kippen Sie das Becken auf die 12; Ihr Rücken ist leicht durchgebogen (Hohlkreuz). Lassen Sie das Becken langsam auf die 9 rollen. Kehren Sie zur 12 zurück.

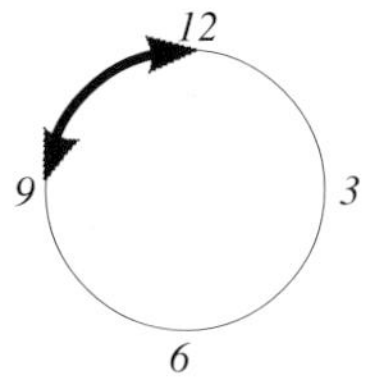

10) Rollen Sie das Becken ganz langsam von 6 nach 12 und wieder zurück. Vollziehen Sie im Geiste nach, bei welcher Stunde Ihr Becken gerade angelangt ist. Werden Sie sich dieser Zeiten bewußt. Sie werden spüren, wie Kopf, Brustkorb und Rücken der Beckenbewegung folgen.

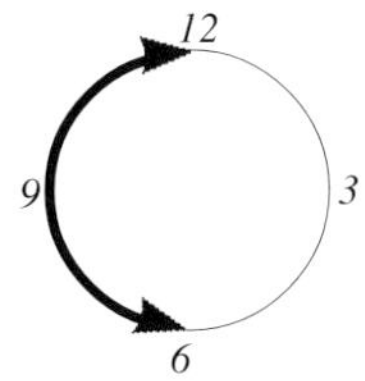

11) Kippen Sie das Becken auf die 12. Lassen Sie das Becken langsam im Uhrzeigersinn auf dem Zifferblatt rollen. Werden Sie sich jeder Uhrzeit bewußt, auf der sich das Becken gerade befindet. Wenn sich einige Stellen nicht angenehm anfühlen, versuchen Sie nicht, mit Kraft dagegen anzugehen. Durch die Wiederholungen werden auch diese Stellen immer angenehmer.

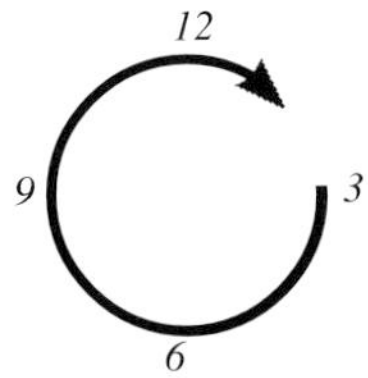

12) Kippen Sie das Becken auf die 12. Lassen Sie das Becken langsam entgegengesetzt zum Uhrzeigersinn auf dem Zifferblatt rollen. Werden Sie sich jeder Uhrzeit bewußt, auf der sich das Becken gerade befindet. Wenn sich einige Stellen nicht angenehm anfühlen, versuchen Sie nicht, mit Kraft dagegen anzugehen. Durch die Wiederholungen werden auch diese Stellen immer angenehmer.

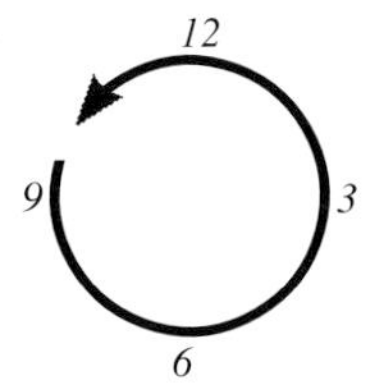

Lektion 7 für Fortgeschrittene:

Mobilisierung des Beckens

Ausgangsposition:

Man sitzt im Stütz (siehe Zeichnung), ruht auf den Unterarmen oder liegt flach auf dem Boden. Die Beine sind in allen Lagen angezogen, die Fußsohlen berühren einander. Alle in Lektion 6 aufgezeigten Bewegungen können in den drei Haltungen nach Belieben ausgeführt werden. Zwischendurch legen Sie sich immer flach auf den Boden, um festzustellen, wie sich Ihre Ganzkörperlage ständig verändert. Nach einigem Üben wird sich das Becken in Richtung Boden senken; vielleicht sogar flach aufliegen.

Lektion 8:

Der Körper in der Balance

Ausgangsposition:

Sie sitzen auf dem vorderen Teil eines Hockers, legen die Hände auf die Oberschenkel. Die Füße ruhen schulterbreit auseinander, der Körper bildet 4 rechte Winkel: Füße-Unterschenkel; Unterschenkel-Oberschenkel; Oberschenkel-Oberkörper; Oberkörper-Kinn.

1) Neigen Sie Ihren Kopf langsam und weich ein wenig zur rechten Schulter und kehren Sie zur Ausgangsposition zurück.

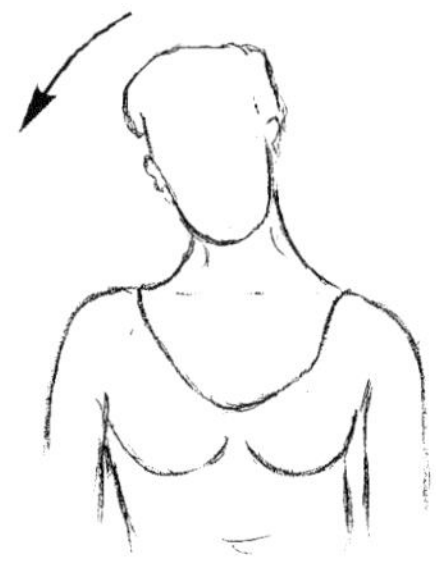

- Die Bewegungen sollen klein und leicht sein.
- Nacken, Schultern und Brustkorb entspannen.
- Atmen Sie bei jeder Dehnbewegung aus.
- Beachten Sie, wie sich die Rippen auf der rechten Seite zusammenschieben.

2) Verlagern Sie Ihr Gewicht auf die linke Gesäßhälfte, indem Sie Ihre rechte Gesäßhälfte leicht anheben. Kehren Sie zur Ausgangsposition zurück.

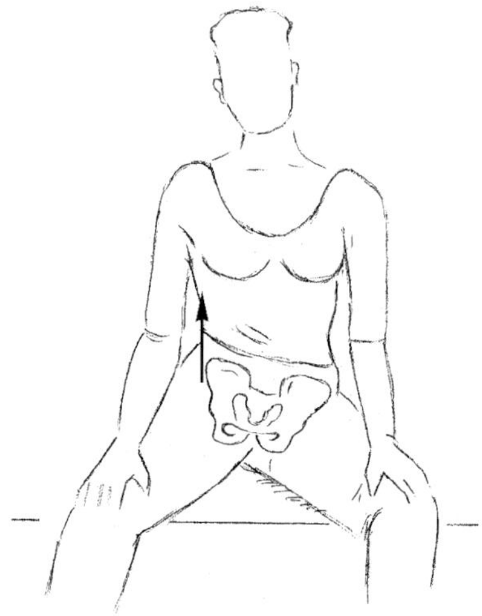

- Der rechte Fuß drückt weich gegen den Boden, wenn die rechte Gesäßhälfte angehoben wird.

- Beachten Sie, wie sich die Rippen auf der rechten Körperseite zusammenschieben. Der Kopf neigt sich ein wenig nach rechts.

3) Vollziehen sie die beiden unter 1 und 2 beschriebenen Bewegungen gleichzeitig: Neigen Sie den Kopf nach rechts, und heben Sie die rechte Gesäßhälfte leicht an.

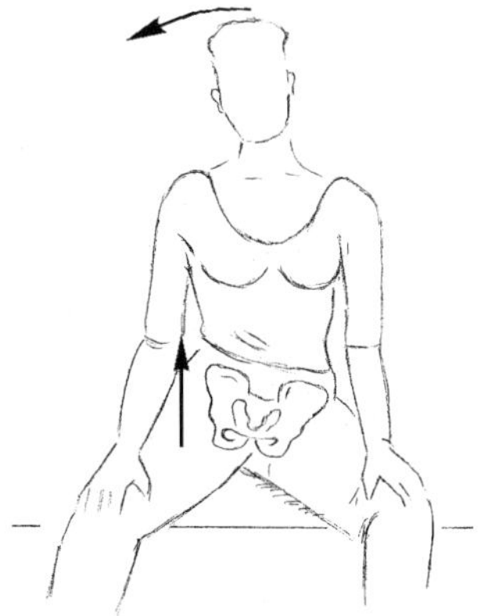

- Die Bewegungen sollen leicht und fließend sein.

- Beachten Sie, daß sich Ihre Wirbelsäule zu einem C verformt.

4) Neigen Sie danach mehrere Male den Kopf nach rechts, und kehren Sie zur Ausgangsposition zurück. Spüren Sie, um wieviel Nacken und Brustkorb bereits beweglicher geworden sind ?

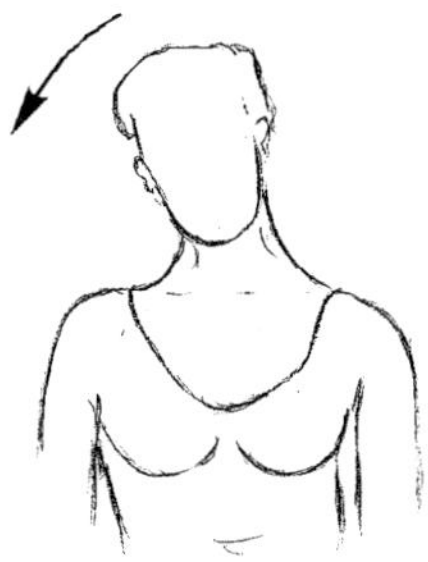

- Wie empfinden Sie die Länge des Nackens und Rückens auf der rechten Seite ? Ist Sie ein wenig länger als die linke ? Sitzen Sie nun intensiver auf dem rechten Gesäßknochen ?

5) Gehen Sie die Bewegungen von 1 – 4 ebenfalls mit Ihrer linken Körperhälfte durch.

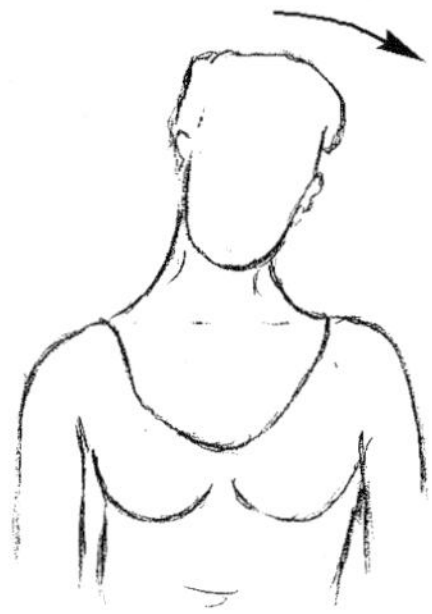

- Neigen Sie zunächst nur den Kopf nach links, und kehren Sie in die Ausgangsposition zurück.

- Heben Sie das Gewicht Ihrer linken Gesäßhälfte langsam und leicht an, und kehren Sie in die Ausgangsposition zurück. Drücken Sie dabei den linken Fuß weich in den Boden.

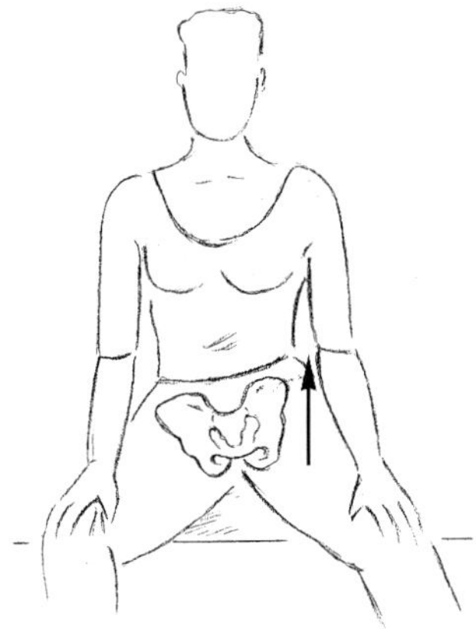

- Verbinden Sie das Neigen des Kopfes nach links mit dem Anheben der linken Gesäßhälfte. Kehren Sie immer wieder in die Ausgangsposition zurück.

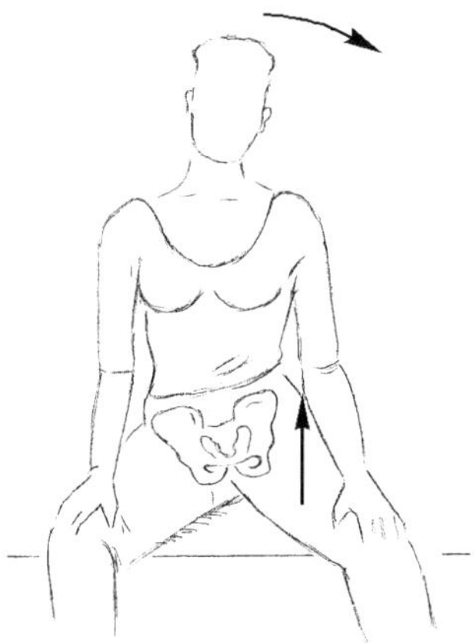

Überprüfung: Neigen Sie nur den Kopf in Richtung linke Schulter, und kehren Sie zur Ausgangsposition zurück. Ist diese Bewegung bereits leichter geworden ?

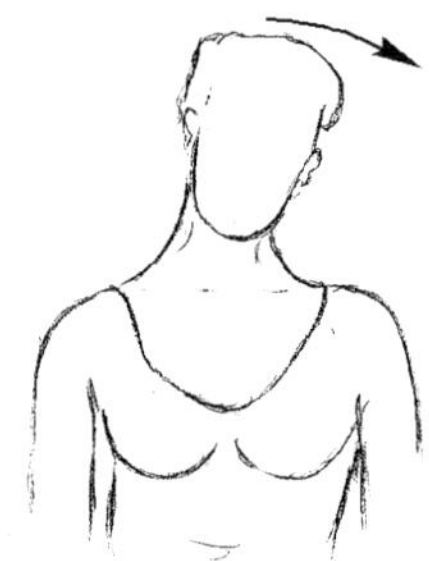

6) Neigen Sie den Kopf nach links, und heben Sie gleichzeitig die rechte Gesäßhälfte an. Kehren Sie zur Ausgangsposition zurück. Die Bewegungen sollen langsam und fließend sein.

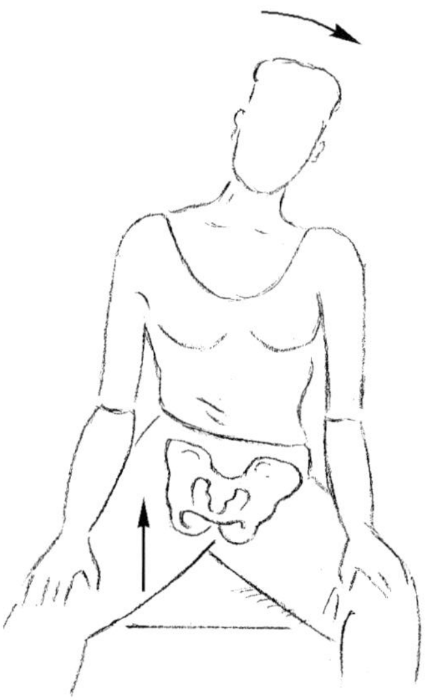

7) Neigen Sie den Kopf nach rechts, und heben Sie gleichzeitig die linke Gesäßhälfte an. Kehren Sie zur Ausgangsposition zurück. Die Bewegungen sollen langsam und fließend sein.

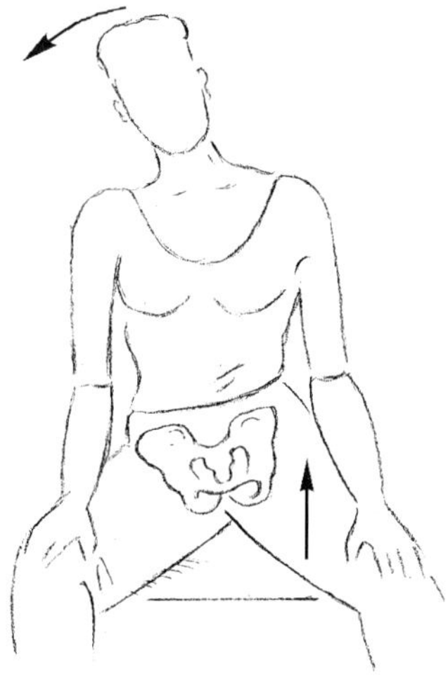

8) Neigen Sie nun den Kopf nach rechts und links. Spüren Sie, wie Sie beweglicher geworden sind ?

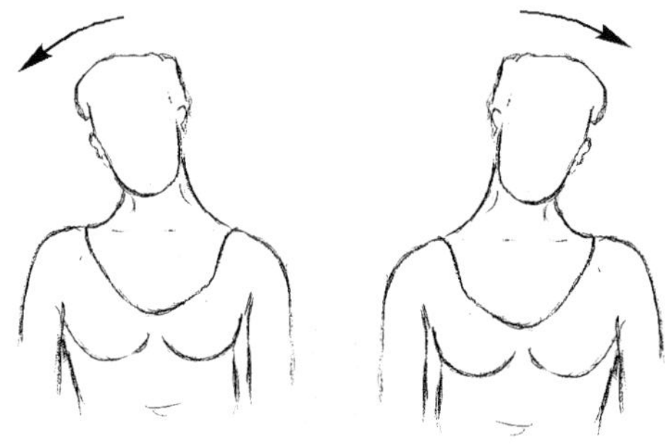

9) Verbinden Sie zwei Bewegungen: Neigen Sie den Kopf nach links, und heben Sie die rechte Gesäßhälfte an. Gehen Sie langsam und weich in die entgegengesetzte Richtung, neigen Sie

den Kopf nach rechts, und heben Sie die linke Gesäßhälfte an.

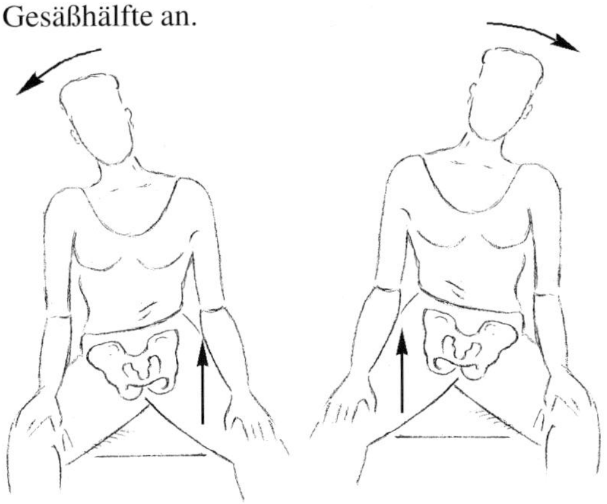

- Spüren Sie Unterschiede in den Bewegungen ? Fällt Ihnen die Bewegung zu einer Seite leichter ? Spüren Sie, wie sich Ihr Gewicht von einer Seite auf die andere verlagert ?

10) Sitzen Sie aufrecht, und schauen Sie geradeaus. Heben Sie abwechselnd die linke und rechte Gesäßhälfte an. Ihr Becken soll langsam und weich von einer Seite zur anderen schaukeln. Die Bewegungen sollen ineinanderfließen. Spüren Sie, wie sich Ihre Wirbelsäule im unteren Teil biegt ?

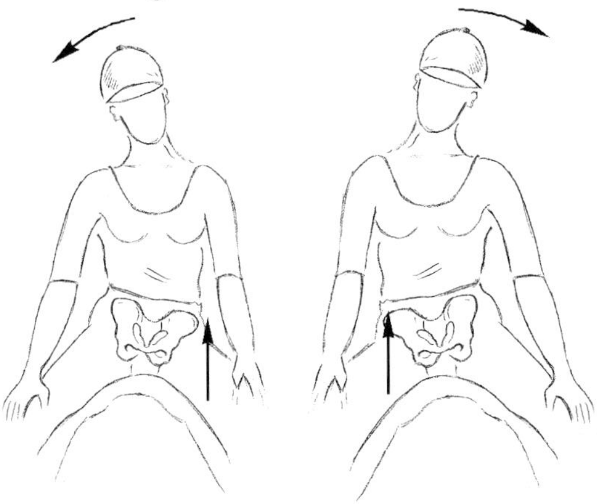

11) Überprüfen Sie Ihre Fortschritte, indem Sie Ihren Kopf mehrere Male nach rechts und links neigen. Spüren Sie die Erweiterung Ihrer Beweglichkeit ?

Lektion 9:

Tiefe Atmung

Ausgangsposition im Liegen: Sie liegen auf einer weichen Matte auf dem Rücken. Ihre Arme ruhen bequem neben dem Körper. Ihre Beine sind aufgestellt und schulterbreit voneinander entfernt.

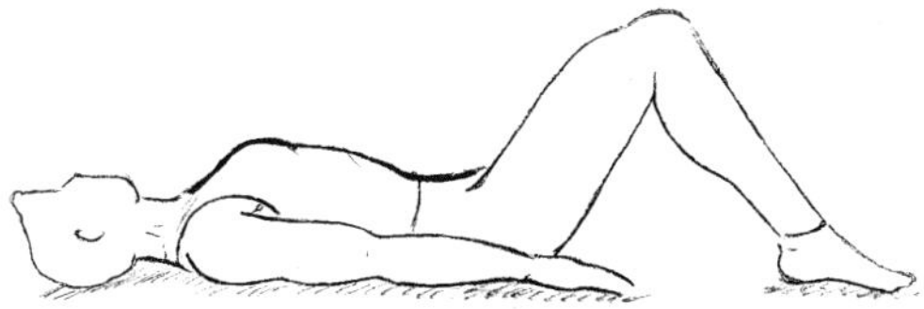

1) Atmen Sie ein, und ziehen Sie dabei langsam Ihren Unterleib (zwischen Nabel und Schambein) ein. Die Ausatmung erfolgt normal.

- Atmen Sie durch die Nase ein und aus.
- Atmen Sie normal wie sonst auch.
- Spüren Sie das Dehnen des Brustkorbs beim Einatmen.

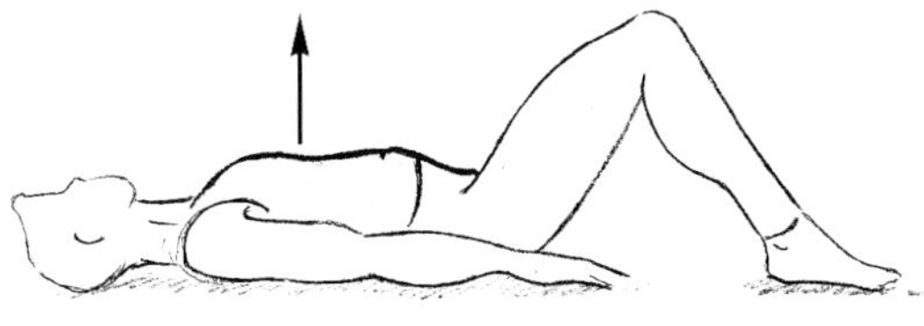

2) Atmen Sie normal ein. Beim Ausatmen drükken Sie die Luft nach unten, so daß sich der Unterleib dehnt und größer wird.

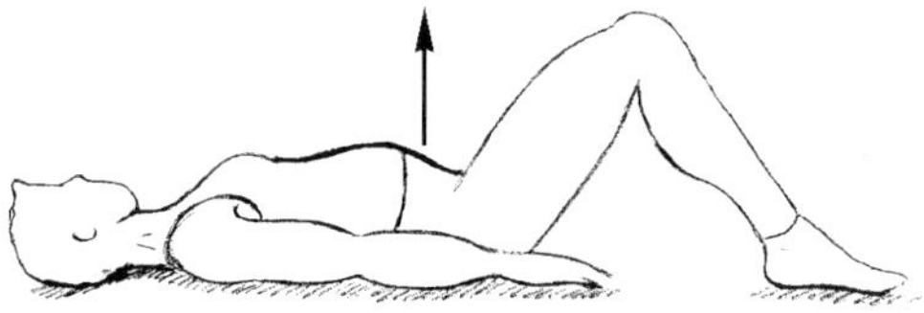

- Lassen Sie Ihre Hände auf dem Unterleib ruhen, um zu spüren, wie er sich ausdehnt.

- Spüren Sie, wie Ihr Brustkorb beim Ausatmen flacher wird.

- Wenn Sie beim Ausatmen den Unterleib dehnen, ist dann eine Seite stärker als die andere gedehnt ?

3) Ziehen Sie beim Einatmen Ihren Unterleib ein, und weiten Sie Ihren Brustkorb. Dehnen Sie beim Ausatmen den Unterleib, und senken Sie Ihren Brustkorb.

- Die Bewegungen sollen weich und fließend sein.

- Nur durch langsame Bewegungen können sich Schultern, Bauch und Beine entspannen.

- Wird der Brustkorb nach allen Seiten hin ausgedehnt ?

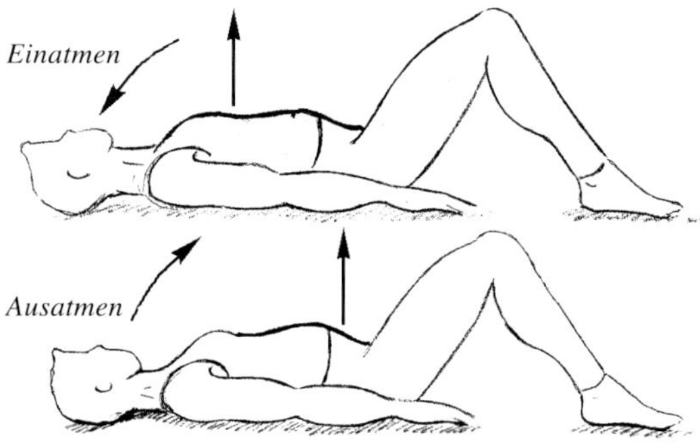

4) Ziehen Sie beim Einatmen Ihren Unterleib ein, und bemühen Sie sich, in die rechte Seite Ihres Brustkorbs zu atmen. Beim Ausatmen pressen Sie die Luft in die linke Seite Ihres Unterleibs.

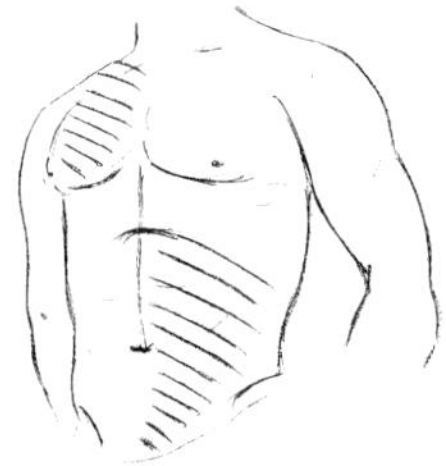

- Spüren Sie den diagonalen Ablauf dieser Bewegung ?

- Konzentrieren Sie sich beim Einatmen auf die rechte Seite des Brustkorbs und beim Ausatmen auf die linke Seite des Unterleibs. Kontrollieren Sie die Bewegung mit Ihren auf den Unterleib gelegten Händen.

Legen Sie eine kurze Pause ein. Spüren Sie bereits Unterschiede zwischen rechtem und linkem Brustkorb, rechter und linker Seite des Unterleibs ?

5) Ziehen Sie beim Einatmen Ihren Unterleib ein, und atmen Sie in die linke Seite Ihres Brustkorbs. Beim Ausatmen pressen Sie die Luft in die rechte Seite Ihres Unterleibs.

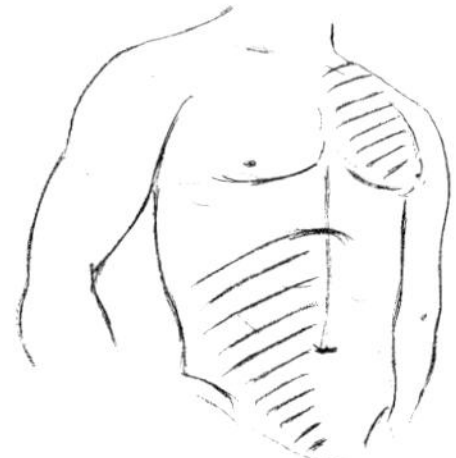

6) Ziehen Sie zum Abschluß des ersten Teils der Lektion den ganzen Unterleib ein, und lassen Sie Ihren Brustkorb anschwellen. Dehnen Sie

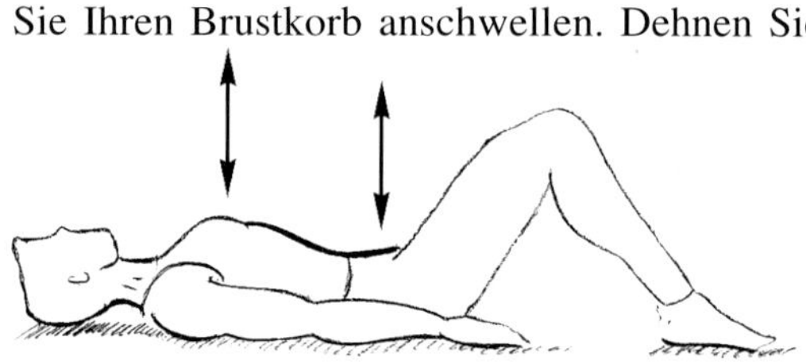

beim Ausatmen Ihren ganzen Unterleib, und senken Sie den Brustkorb.

- Spüren Sie, wie sich nun Unterleib und Brustkorb leichter dehnen ?
- Spüren Sie das Heben beim Einatmen und das Senken des Kopfes beim Ausatmen ?

Veränderung der Ausgangsposition für den zweiten Teil der Lektion:

Sie sitzen auf dem vorderen Teil eines Hockers, legen die Hände auf die Oberschenkel. Die Füße ruhen schulterbreit auseinander, der Körper bildet 4 rechte Winkel: Füße-Unterschenkel; Unterschenkel-Oberschenkel: Oberschenkel-Oberkörper; Oberkörper-Kinn.

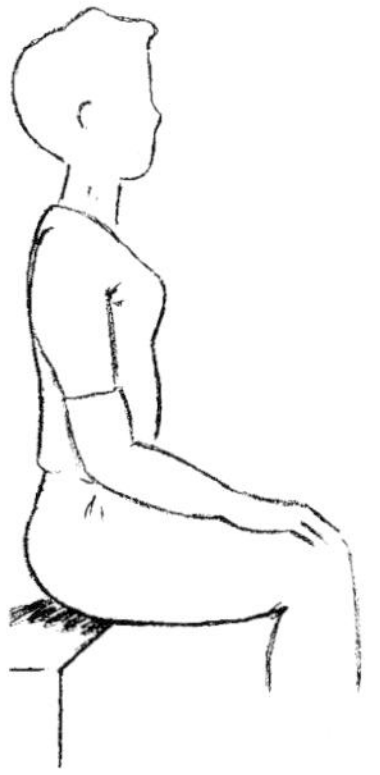

7) Neigen Sie Ihren Kopf nach vorne. Ihr Kinn senkt sich in Richtung Brust, ohne eng zu werden. Ziehen Sie beim Einatmen Ihren Unterleib ein, und dehnen Sie Ihren Brustkorb. Beim Ausatmen lassen Sie Ihren Brustkorb zusammenfallen, und dehnen Sie Ihren Unterleib. Beim Ausatmen soll möglichst der gesamte Körper zusammensinken und sich beim Einatmen etwas aufrichten.

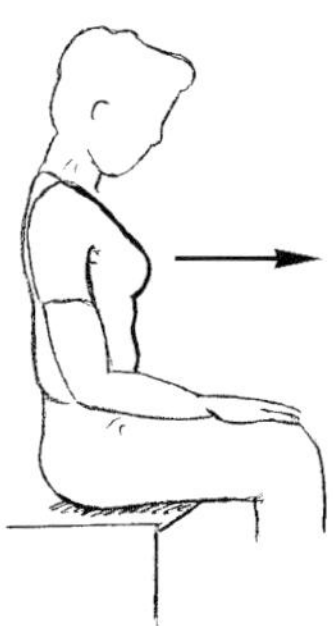

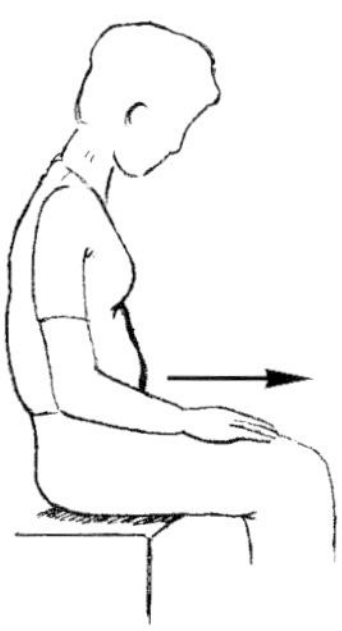

8) Atmen Sie ein, und ziehen Sie langsam Ihren Unterleib ein; heben Sie Ihren Kopf, schauen Sie dabei nach oben. Beim Ausatmen dehnen Sie Ihren Unterleib, senken Ihren Kopf und schauen nach unten auf den Boden.

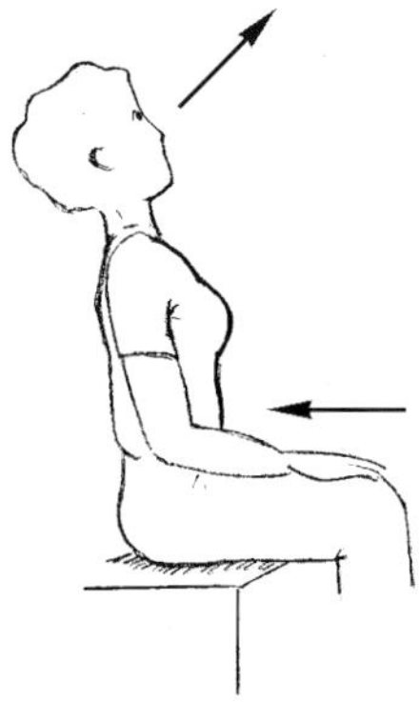

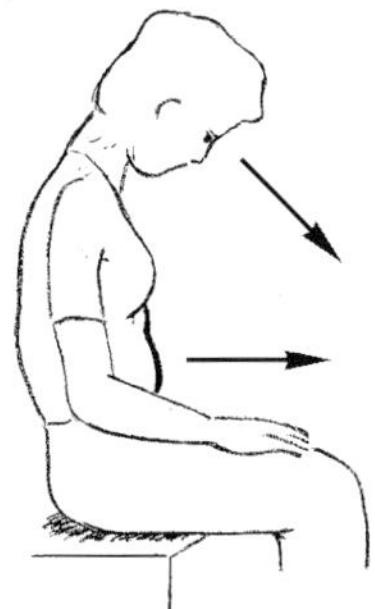

- Durch die Kopfbewegungen hebt und senkt sich Ihr Brustkorb.
- Spüren Sie, wie sich die Atembewegungen auf Ihre Wirbelsäule auswirken? Sie biegt sich beim Einatmen ein wenig und krümmt sich beim Ausatmen.

9) Kreuzen Sie bei dieser Übung Ihre Arme vor der Brust. Ihr linker Arm liegt quer über der Brust, die Hand berührt die unteren Rippen auf der rechten Körperseite. Ihr rechter Arm liegt über Ihrem linken Arm und Ihre rechte Hand unter Ihrem linken Ellenbogen in der Nähe der unteren Rippen.

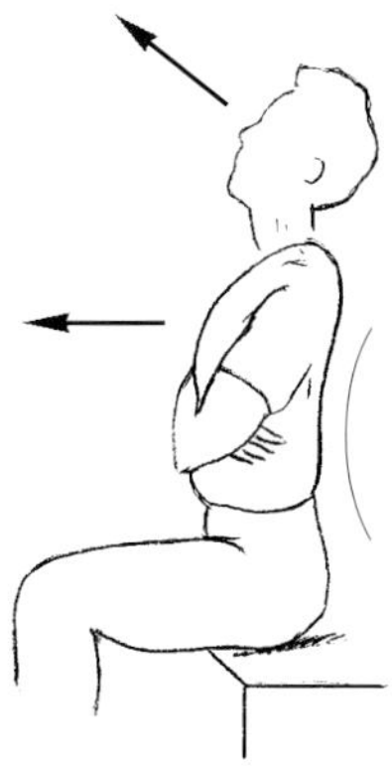

Sie atmen ein, ziehen Ihren Unterleib ein, nehmen den Kopf in den Nacken, schauen nach oben und dehnen den Brustkorb. Sie atmen aus, dehnen Ihren Unterleib, senken den Kopf, schauen nach unten und lassen Ihren Brustkorb zusammensinken.

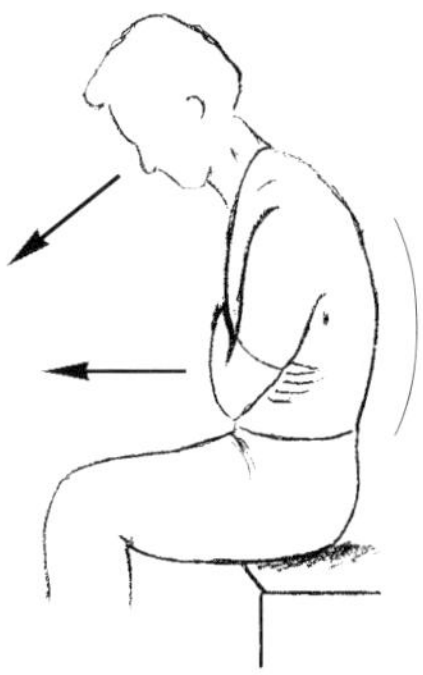

- Der gesamte Körper soll möglichst entspannt sein.
- Beobachten Sie beim Atmen durch Ihre Arme die Bewegungen des Brustkorbs. Er wird in seinen Bewegungen durch die Arme eingeengt.
- Spüren Sie die leichte Schaukelbewegung von Rücken und Becken ?

10) Wechseln Sie die Arme, und vollziehen Sie die gleiche Bewegung wie unter 9 angegeben mit anders gelegten Armen.

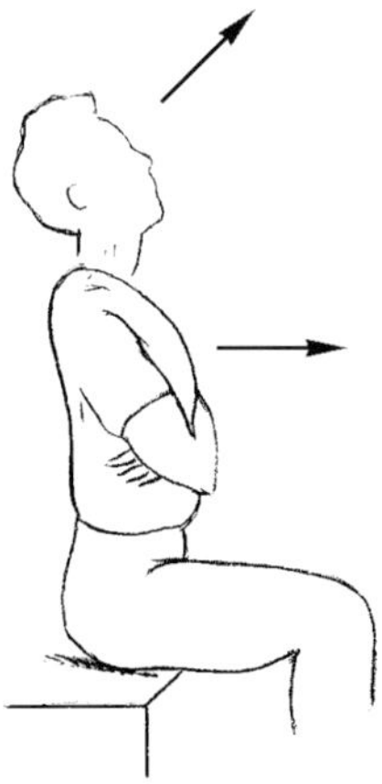

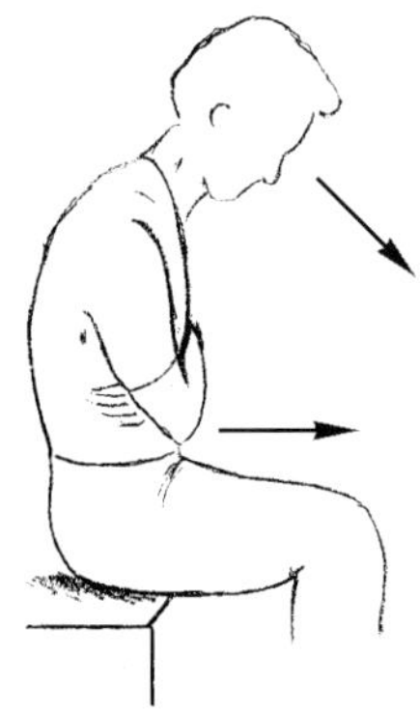

11) Sie atmen ein, ziehen den Unterleib ein, heben den Kopf und schauen nach oben. Sie atmen aus, dehnen langsam Ihren Unterleib und senken Ihren Kopf, um nach unten zu schauen.

- Spüren Sie, wie sich Ihr Brustkorb nun leichter dehnt ?
- Spüren Sie die höhere Elastizität Ihrer Wirbelsäule ?

12) Wenn Sie sich auf einem Hocker nach hinten setzen und Ihren Rücken stark krümmen, dann spüren Sie, wie Ihr Brustkorb zusammensinkt und Ihre Atmung eingeengt ist. Sie spüren außerdem, wie die Beweglichkeit des Nackens eingegrenzt ist.

13) Sie sitzen auf der vorderen Kante eines Stuhls und biegen Ihren Rücken leicht durch. Ihr Gewicht ruht auf beiden Gesäßknochen. In dieser Haltung können sich Nacken, Schultern und Bauch entspannen, und die Atmung ist frei.

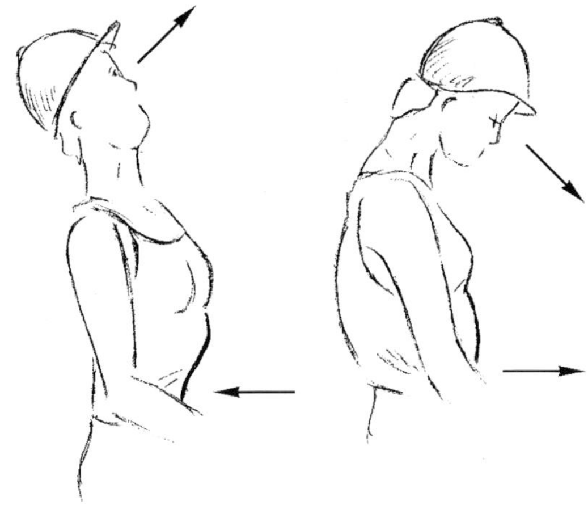

Lektion 10: Bewegliche Füße

Ausgangsposition:

Sie sitzen auf dem vorderen Teil eines Hockers, legen die Hände auf die Oberschenkel. Die Füße ruhen schulterbreit auseinander, der Körper bildet 4 rechte Winkel: Füße-Unterschenkel; Unterschenkel-Oberschenkel; Oberschenkel-Oberkörper; Oberkörper-Kinn.

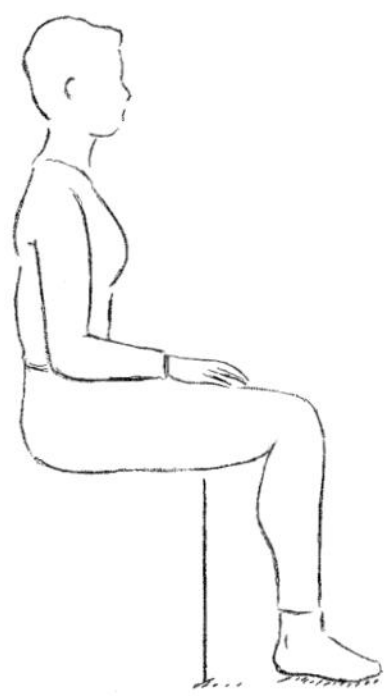

1) Heben Sie Zehen und Ballen Ihres rechten Fußes in Richtung Decke, und kehren Sie zur Ausgangsposition zurück – die Ferse bleibt dabei am Boden.

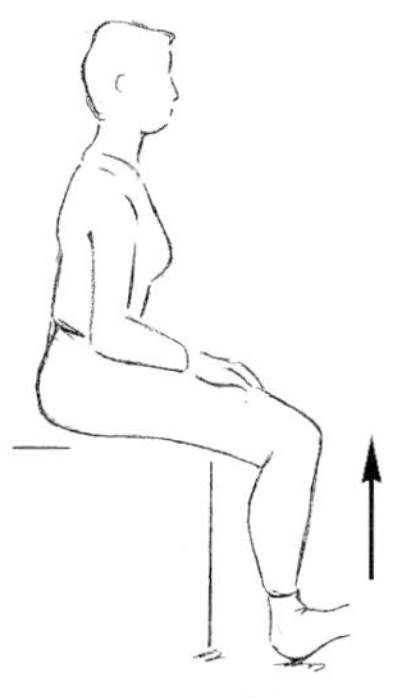

- Überdehnen Sie nicht, sondern heben Sie den Fuß nur leicht an.
- Entspannen Sie Ihr rechtes Bein. Heben Sie Zehen und Ballen nicht so weit an, daß Verkrampfungen im Beinbereich entstehen.
- Beobachten Sie, wie sich die Bewegung des Fußes bis in das Knie- und Hüftgelenk überträgt.

2) Heben Sie die rechte Ferse an, und kehren Sie zur Ausgangsposition zurück.

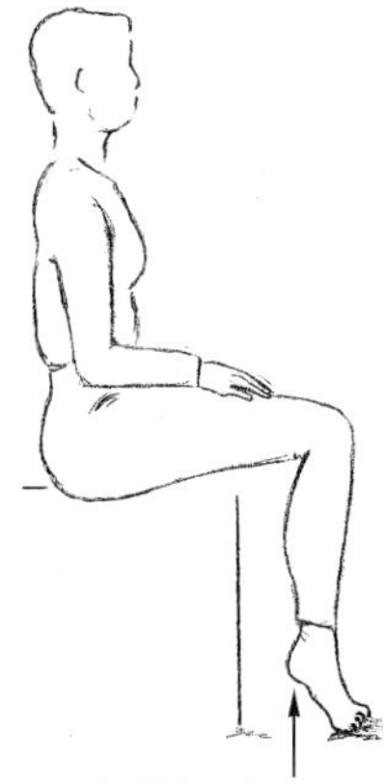

- Der Ballen bleibt am Boden.
- Verkürzen Sie die Wadenmuskeln nicht stark.
- Ist beim Anheben der Ferse der Druck auf alle Zehen gleichmäßig verteilt ?
- Beobachten Sie, wie sich die Bewegung des Knöchels auf Ihr Knie, das gesamte Bein und bis zum Rücken überträgt.

3) Heben Sie im Wechsel die Zehen/den Ballen an, und kehren Sie zur Ausgangsposition zurück. Heben Sie danach die Ferse an, und kehren Sie zur Ausgangsposition zurück. Verbinden Sie beide Bewegungen langsam und weich miteinander.

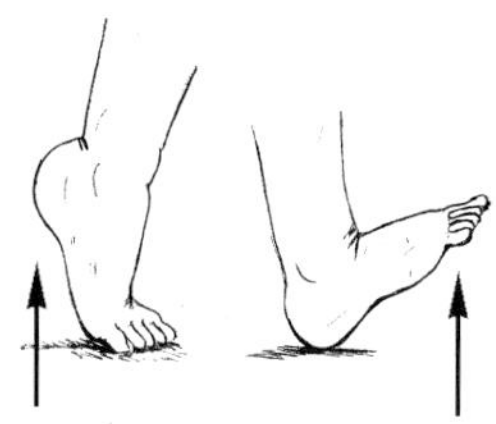

4) Vollziehen Sie die Bewegungen unter 1 – 3 auch mit dem linken Fuß.

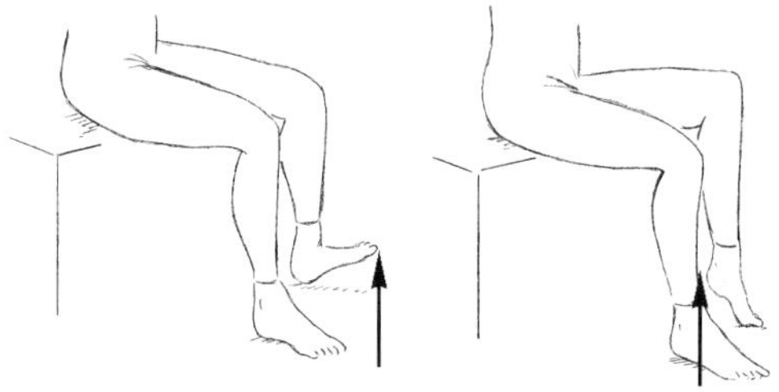

5) Heben Sie die Innenkante Ihres rechten Fußes langsam und leicht an, und kehren Sie zur Ausgangsposition zurück.

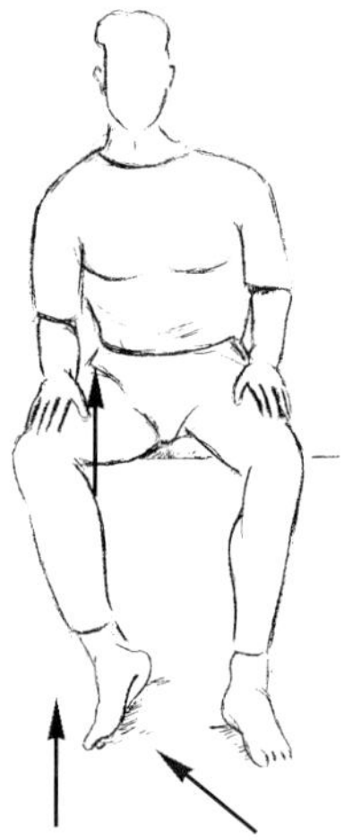

Erleichtern Sie sich die Aufgabe, indem Sie mit dem Anheben der Innenkante die linke Gesäßhälfte ein wenig anheben.

6) Heben Sie die Außenkante Ihres rechten Fußes leicht an, und kehren Sie zur Ausgangsposition zurück. Erleichtern Sie sich die Aufgabe, indem Sie die rechte Gesäßhälfte ein wenig anheben.

7) Verbinden Sie beide Bewegungen miteinander: Heben Sie die Innenseite des rechten Fußes mit Unterstützung der linken Gesäßhälfte leicht an, kehren Sie zur Ausgangsposition zurück. Heben Sie die Außenkante des rechten Fußes mit Unterstützung der rechten Gesäßhälfte leicht an, und kehren Sie in die Ausgangsposition zurück. Ihr Körper gerät in eine Art Schaukelbewegung.

8) Vollziehen Sie die gleichen Bewegungen mit dem linken Fuß:

- Anheben der Innenkante mit Unterstützung der rechten Gesäßhälfte.

- Anheben der Außenkante mit Unterstützung der linken Gesäßhälfte.

- Verbinden Sie beide Bewegungen miteinander. Ihr Körper gerät in eine Art Schaukelbewegung.

9) Nehmen Sie Ihren rechten Fuß leicht nach vorn, heben Sie die Zehen leicht an, und lassen Sie Ihren rechten Fuß im Uhrzeigersinn kreisen.

- Bis wohin übertragen sich die kreisförmigen Fußbewegungen ? Spüren Sie Bewegungsübertragungen im Hüftgelenk, im Becken oder im Rücken ? Lassen Sie es zu, daß der gesamte Körper (Rücken-Nacken-Brustkorb-Schultern) sich an dieser Kreisbewegung beteiligt.

10) Vollziehen Sie alle Bewegungen wie unter 9, nur wählen Sie mit dem Fuß die Drehrichtung entgegen dem Uhrzeigersinn.

11) Vollziehen Sie dieselben Bewegungen wie unter 9 und 10 mit dem linken Fuß.

Gehen Sie ein wenig umher. Beobachten Sie, wie sich Ihre Füße, Beine, Hüften entspannt haben und leicht anfühlen.

6. Sitz- und Gefühlsübungen auf dem Pferd

6.1 Gefühlvolles Sitzen an der Longe

Bei den gängigen Sitzübungen an der Longe werden die Reiter oft zu starr in eine Form gepreßt. Sie sollen sich aufrichten, die Beine strecken, etc. Dabei wird zu wenig daran gedacht, daß durch diese Streckungen die Reiter erst recht steif und fest werden. Ein übertriebenes Strecken der Beine kann das Becken blockieren. Bei Sitzübungen an der Longe ohne Bügel dürfen die Reiter nicht dazu veranlaßt werden, ihre Arme gemäß der korrekten Zügelführung zu halten bzw. die Fußspitzen anzuziehen. Wenn die Hände ohne Zügel korrekt gehalten werden, benötigt der Reiter weitestgehend andere Muskeln, als wenn er die feine Verbindung mit dem Pferdemaul hat. Auch das Anziehen der Fußspitzen ohne Bügel führt dazu, daß das gesamte Bein fest wird. Der Reitersitz wird unruhig.

Der weiche Kontakt mit den Steigbügeln reicht aus, um Absatz und Fußspitze in ihre natürliche Haltung zu bringen. Das künstliche Anziehen ohne Bügel blockiert das Bein. Ohne Bügel sollen die Beine so gehalten werden, wie sie natürlich fallen, wodurch die Fußsohle annähernd parallel zum Boden ist.

Bei Sitzübungen an der Longe (bzw. beim Abreiten mit leicht anstehendem Zügel) können die Übungen unter II.5.4. (Komplexe Lektionen zur Sensibilisierung 1/3/4/6/8/9, 2. Teil/10) weitestgehend problemlos ausgeführt werden, um sich auf dem Pferd optimal auf die späteren reiterlichen Aufgaben vorzubereiten.

Kontrastübungen an der Longe ermöglichen dem Reiter, fühlend herauszufinden, was für ihn im Augenblick die optimale Sitzposition ist. Kontrastübungen können im Schritt, Trab und auch Galopp ausgeführt werden. Dabei nimmt der Reiter jeweils extreme Positionen im Sattel ein. Im Schritt, Trab und Galopp sitzt der Reiter im Sattel, er rutscht nach links und rechts, bis er gerade noch das Gleichgewicht halten kann. Er beugt seinen Oberkörper so weit wie möglich nach vorne und hinten. Durch die extremen Belastungen in den unterschiedlichen Situationen findet der Reiter danach seine optimale Haltung leichter heraus. Sein Körper dankt es ihm, wenn er wieder gemäß seinem augenblicklichen Körperbau und Bewegungsgefühl sitzen darf. Ähnliche Übungen können auch im leichten Sitz im Schritt, Trab und Galopp gemacht werden.

Das Einnnehmen der Affenstellung (leichter Sitz in der normalen Haltung) und nach oben hinten gezogenen Kopf (um das Okzipitalgelenk freizumachen) führt in relativ kurzer Zeit zu einem elastischen Grundsitz, weil diese Haltung die optimalen Bedingungen für alle Gelenke im Körper herstellt.

An der Longe sollte auch das Einnehmen der korrekten Kopfhaltung im Schritt, Trab (Aussitzen) und Galopp eingeübt werden. Nicht der Blick geradeaus ist der korrekte, sondern der leicht unter die Horizontale gerichtete (Freimachen des Opkzipitalgelenks). Wird die korrekte Stellung des Kopfes eingenommen, dann kann der Reiter sich optimal in die Bewegungen des Pferdes einfühlen; er schwingt mit ihnen mit und wirkt nicht gegen sie.

6.2 Sitzübungen, die die Bewegungen des Pferdes erfühlen lassen

Wenn der Reiter nicht fühlt, was unter ihm vor sich geht, kann er auch nicht mit korrekten Schenkel-, Zügel- und Gewichtshilfen einwirken. Erst wenn ihm die Bewegungsabläufe des Pferdes gefühlsmäßig „bewußt“ sind, ist es ihm möglich, die Zügel- und Schenkelhilfen als Unterstützung und nicht als Verhinderung der Pferdebewegungen anzuwenden.

Die folgenden Übungen dienen dazu, sich der Bewegungen des Pferdes bewußter zu werden, bis sie im weiteren Verlauf verinnerlicht werden, sich also gefühlsmäßig verankern. Bei den folgenden Übungen hält der Reiter seine Augen geschlossen, um sich optisch nicht ablenken zu lassen, sondern sich nur nach innen gefühlsmäßig zu konzentrieren.

1) Der Reiter beugt sich zum Pferdehals und berührt mit den Händen die rechte und linke Brust des Pferdes. Er soll dabei sagen, wann das linke bzw. rechte Vorderbein nach vorne geht.

2) Der Reiter soll in derselben Lage sagen, wann das linke bzw. das rechte Hinterbein abfußt. Hat er Probleme, kann der Ausbilder ihm dabei helfen und ansagen, wann das Pferd hinten links/rechts abfußt. Über diese Hilfe erfühlt er die Pferdebewegungen bewußter und kann sie danach meistens schneller selbst gefühlsmäßig identifizieren.

3) Der Reiter sitzt im Schritt und verfolgt die Fußfolge des Pferdes. Er sagt z.B. zunächst die Bewegungen der Vorderbeine an, danach der Hinterbeine. Danach soll auch versucht werden, den Schritt im Zusammenhang zu erfühlen. Dabei erhalten die Beine Nummern. Das linke Vorderbein erhält z.B. die 1, das rechte Hinterbein eine 2, das rechte Vorderbein die 3 und das linke Hinterbein die 4.

4) Im Trab kann angesagt werden, wann das linke/rechte Vorderbein/Hinterbein abfußt/auffußt.

5) Im Galopp soll der Reiter ansagen, wann das innere/äußere Hinterbein auffußt, etc. Diesbezüglich sind dem Ausbilder keine Grenzen gesetzt. Ziel dieser Übungen soll es sein, sich der Pferdebewegungen bewußt zu werden. Nur dann kann der Reiter auch bewußt auf diese einwirken. (Diese Anregungen sind in gemeinsamen Lehrgängen mit Künneke entstanden.)

7. Gymnastik auch für das Gehirn ?

7.1 Die bisherigen Kapitel im Rückblick

In der Auseinandersetzung mit dem Bewegungsbegriff (Kap. II.3.) wurde betont, daß in der europäischen Welt im Gegensatz zu anderen Kulturen (z.B. der fernöstlichen) der Begriff Bewegung fast ausschließlich im Sinne von „movement“, also Ortsveränderung, gesehen wird. Auf die entsprechenden Probleme, die aus dieser einseitigen Sicht entstehen, ist mehrfach aufmerksam gemacht worden.

Die Beschäftigung mit Bewegungs- und Gesundheitsfragen (auch in anderen Kulturen) haben mich über Erkenntnisse der klassischen Medizin hinaus zu Denkweisen der ganzheitlichen Sicht des Menschen gelangen lassen.

Es ist versucht worden, ausgehend von Grundlagen der klassischen Medizin, wertvolle Anregungen für das Reiten zu gewinnen (Kap. I.).

Darüber hinaus ging es darum (Kap. II.), von der Außensicht des Muskelsystems einen Weg zur Innensicht des Menschen (Bewegungsgefühl) aufzuzeichnen. Für diesen Weg waren die muskulären Grundlagen wichtig. Nur wenn der Reiter seinen inneren Gesetzmäßigkeiten gemäß ausgebildet ist, kann er auf dem Pferd so sitzen, daß er grundsätzlich die Voraussetzungen besitzt, um die typischen Bewegungsabläufe des Pferdes auch spüren zu können. Trotzdem reicht eine systematische Grundausbildung des Muskels alleine nicht aus, um sich selbst in allen Reitsituationen auch „FÜHLEN“ zu lernen.

Der „Kopf“ (linke Gehirnhälfte) spielt in diesem Zusammenhang eine ebenso wichtige Rolle neben der inneren Sensibilisierung für Gesamtbewegungen (rechte Gehirnhälfte). Um vom rein mechanischen Nachvollziehen (Reiz-Reaktionslernen) zum aktiven Lernen (bewußtes, gefühlvolles Lernen) mit möglichst eigener Kontrolle seiner Bewegungen zu gelangen, bedarf es vieler zusätzlicher Grundlagen, die bisher in Kap. II. entwickelt wurden. Gestützt werden die Gedankengänge von Autoren wie F.M. Alexander, Christian, Ennenbach, Feldenkrais, Gallwey, Leist, Lippens, Loibl, Trebels, u.a. (siehe Literaturgrundlagen), die jedoch so einbezogen worden sind, daß auch der wissenschaftliche Laie sie verstehen kann. Dieser Ansatz erlaubt es dem Reiter, sich mehr an seinem Lernprozeß zu beteiligen, andererseits erleichtert er dem Ausbilder, dem Reiter mehr als Berater zu begegnen. Der Reiter hat durch dieses Konzept von vornherein gelernt, aktiv in den Prozeß einzugreifen. Ihm ist in diesem Konzept ein Weg zum „FÜHLEN“ geebnet worden. Mit anderen Worten: Der Reiter soll seine Muskeln nicht nur mechanisch bewegen, sondern er muß damit auch seine Umwelt und sich im Dialog mit der Umwelt erfühlen.

Immer wieder fällt auf, daß Reiter ein anderes Bild von sich haben, als es von außen wahrnehmbar ist. Sie haben nicht gelernt, sich von innen zu sehen. Erst wenn der Blick von außen der Innensicht entspricht, kann von korrektem Bewegungsgefühl gesprochen werden. **Dabei fällt auf: Je besser der Reiter reitet, desto besser sieht er sich von innen. Der schlechte Reiter hat von sich meistens ein viel besseres Bild, als es in der Realität ist. Er bewegt sich nur mechanisch ortsverändernd (movement), anstatt sich für seine innere Bewegung zu sensibilisieren (motion).**

7.2 Kann gefühlvolles Lernen erleichtert werden ?

Diese Frage muß eigentlich zwangsläufig auftauchen, wenn man die bisherigen Grundlagen zur Entwicklung des Bewegungsgefühls ernst nimmt. Man denke nur an die beiden Gehirnhälften und ihre unterschiedlichen Funktionen, an die Auseinanderetzung zwischen „Kopf" (bewußter Bestimmer) und „Gefühl" (unbewußt automatischer Macher). Es stellt sich somit die Frage, wie die Ganzheit des Menschen über die Muskulatur hinaus angestrebt werden kann.

Es gibt viele Konzepte, um diese Einheit zu entwickeln. Neben dem hier bereits aufgeführten sollen folgende genannt werden: Yoga, Meditation, Eutonie, Qi Gong, Shiatsu, Tai Chi etc. Sie alle mit einzubeziehen, wäre sicherlich eine Überforderung für die Reiter und Ausbilder, die sich bisher wenig oder gar nicht mit diesen Grundlagen auseinandersetzen konnten.

Der hier aufgezeigte und noch fortzuführende Weg ist durch jahrelange Praxiserprobungen entstanden. Es wurden Vorträge gehalten, Berichte veröffentlicht und Lehrgänge zu diesem Konzept mit Reitern durchgeführt. Die Lehrgänge wurden u.a. durch einen weiteren Ansatz ergänzt, der sich in der Praxis bewährt hat: die angewandte Kinesiologie. Was dieser Ansatz bedeutet, welche Prinzipien für den Reitunterricht gefolgert werden könnten und wie in der Praxis „Gymnastik mit dem Gehirn" vollzogen werden kann, soll uns in Kap. II.7. beschäftigen.

Diese Ausführungen sind nur ein kleiner Einblick und mögen die Leser anregen, sich intensiver auch mit dieser Materie auseinanderzusetzen. Um sie vertiefend zu verstehen, sollten Reiter Lehrgänge des Instituts für Angewandte Kinesiologie in Freiburg (Breisgau) besuchen, damit sie die Erkenntnisse auch entsprechend fundiert in die Praxis umsetzen können. Hier soll dieser Ansatz zunächst in den Grundzügen darstellt werden. Es geht um das Aufzeigen von Grundgedanken, die im Reitunterricht berücksichtigt werden könnten. Reiter sollen lernen, wie sie sich durch gezielte Übungen ganzheitlich so balancieren, daß die gesamte Körperenergie im Gleichgewicht ist. Mit Gleichgewicht in diesem Sinne ist die Balance der psychischen Energie und der elektromagnetischen Energie des Menschen gemeint.

7.3 Was heißt „Angewandte Kinesiologie" ?

Der Begriff „Kinesiologie" stammt von dem griechischen „kinesis", das „Bewegung" heißt. „Angewandte Kinesiologie" ist das Studium der Körperbewegung. Es ist ein ganzheitlicher Ansatz, der menschliche Bewegung und die Wechselwirkung der Enegiesysteme eines Menschen zu balancieren versucht.

Die „Angewandte Kinesiologie"versteht Lehren und Lernen aus einer anderen Sichtweise. Sie beschäftigt sich als Wissenschaft mit den Muskeln und vermittelt, wie man Muskeln testet und ausbalanciert, um das psychische, feinstoffliche und elektromagnetische Gleichgewicht eines Menschen wiederherzustellen. „A.K." (Abkürzung) heißt, Informationen, die uns die Muskeln über Geist und Körper liefern können, in eine vorbeugende oder therapeutische Arbeit einzubeziehen.

Aus meiner Sicht sollen Reitlehrer und Reiter mit den Erkenntnissen dieses Konzepts vorsichtig umgehen lernen, das heute auch nach jahrelanger Ignoranz von der modernen Medizin und Naturwissenschaft akzeptiert worden ist. In Amerika haben Ärzte bereits seit vielen Jahren mit diesem Konzept gearbeitet. Ihre Grundlagen entstammen der Chiropraktik und sind heute durch viele andere wissenschaftliche Disziplinen ergänzt worden, die hier nicht alle aufgeführt werden sollen (vgl. Tourelle/Courtenay 1992). In Deutschland sind die Erkenntnisse der Angewandten Kinesiologie durch Andrews, Dennisson, P.E. und G., Diamond, Holler, Markowa, Thie, Topping umfassend veröffentlicht worden (siehe Literaturliste). „AK" soll nicht als Zauberstab verstanden werden. Es sollen Grundlagen und Übungen entwickelt werden, die **optimale Lernbedingungen** schaffen (in diesem Fall Bewegungslernen und Steigerung von Bewegungsleistungen). Es ist als Prävention anzusehen. Vielen Lehrenden wird nicht bewußt, welche Einzelbedingungen der Lernatmosphäre das Lernen negativ beeinflussen können. Diese Gesichtspunkte greifen sowohl in die psychische und feinstoffliche Energie als auch in die elektromagnetische Energie unseres Körpers ein (feinstoffliche Energie: Energieübertragung in den körpereigenen Energiebahnen (Meridianen), die in Verbindung mit besonderen Körperorganen wie Drüsen etc. stehen. Die A.K. hat außerdem das System der Brain-Gym-Übungen entwickelt, um optimale Funktionen aller Gehirnbereiche erreichen zu können (vgl. Tourelle/Courtenay 1992, 13 f.).

7.4 Negative Beeinflussungen

Körperhaltung und Energiestörungen

Vielleicht ist das Kapitel über die Körperhaltung im Alltag in seiner Bedeutung nicht unbedingt erkannt worden. Es ist unter dem Gesichtspunkt des korrekten Gebrauchs des Selbst abgehandelt worden, wobei der Zusammenhang von Haltung und Energiefluß außen vor blieb.

Die Körperhaltung ist auch für Störfelder unserer Körperenergie und Streß von zentraler Wichtigkeit. Biologen haben festgestellt, daß der Wechsel in der Evolution von einer vierbeinigen zur zweibeinigen Fortbewegun eine größere mechanische Effizienz für den Menschen mit sich brachte. Die aufrechte Körperhaltung erfordert nur 18 % der mechanischen Energie im Gegensatz zum Tier, das 40 % seiner Energie aufbringen muß, um sein Gleichgewicht auf vier Beinen zu halten. 18 % mechanische Energieaufwand bezieht sich jedoch nicht auf den Durchschnittsmenschen, der mit einem gekrümmten Rücken, einem eingefallenen Brustkorb und dem nach vorne hängenden Kopf durchs Leben geht. Menschen (Reiter) mit schlechter Grundhaltung sehen nicht nur schlecht aus, sie verbrauchen auch mehr Energie, als eigentlich notwendig wäre. Sie nutzen nicht die Schwerkraft, sondern stehen in einem ständigen Kampf mit ihr.

Eine schlechte Grundhaltung beeinflußt u.a. die Thymusdrüse des Menschen. Ihre Bedeutung ist in den vergangenen Jahrzehnten aus dem Blickfeld geraten. Neueste Forschungen haben gerade im Zusammenhang mit Streß und der Entstehung vieler schwerer Krankheiten (Krippentod, chronische Erkrankungen, Störung des Immunsystems, Infektionen, Krebs, u.a.) die fundamentale Bedeutung dieses menschlichen Organs unterstrichen. Es befindet sich in der Mitte der Brust, direkt hinter dem oberen Teils des Brustbeins. Die schlechte Körperhaltung im Alltag schwächt die Funktion des Thymus und zerstört somit unser psychisches, feinstoffliches und elektromagnetisches Energiesystem. Eine schlechte Körperhaltung wirkt nicht nur negativ auf den Thymus, sondern führt auch zum „Switching". Dieser Begriff beschreibt einen Zustand „körperlicher Verwirrung" des Menschen. Der Mensch ist unzentriert, beide Gehirnhälften befinden sich im Ungleichgewicht. Es ist ein Streßzustand für den Menschen. Es ist bereits in Kap. II.4.4 die Bedeutung der Gehirnhälften für die Lernleistung intensiv ausgeführt worden. Zusätzlich zu der unterschiedlichen

Aufgabenverteilung von linker und rechter Gehirnhälfte muß deutlich werden, daß die rechte Gehirnhälfte die linke Körperseite, die linke Gehirnhälfte die rechte Körperseite steuert. Wenn nun beide Gehirnhälften im Ungleichgewicht sind, ergeben sich daraus automatisch schwächere Bewegungsleistungen bis zu totalem Versagen. Für eine koordinativ so hoch anspruchsvolle Sportart wie Reiten sind die Folgen unabsehbar. Reitlehrer und auch Reiter können sich noch so viel Mühe geben, sie können ihre Ziele nicht entsprechend erreichen. Vielleicht wird nun der erste Teil dieses Buches über das muskuläre Gleichgewicht noch deutlicher. Wenn muskuläre Grundlagen nicht vorhanden sind, treffen die weiteren Belastungen noch intensiver auf den Körper und schädigen seine Haltung stärker, als im muskulären Ausgleichszustand. Was eine generell schlechte Haltung für Konsequenzen für die Haltung auf dem Pferd hat, mag jedem einsichtig sein. Wenn Reiter noch mit falschen muskulären Anweisungen (Kap. I.7.) zu einer schlechten Haltung veranlaßt werden, ist das Lernchaos perfekt. Insofern wird an dieser Stelle nochmals deutlich, wie komplex der Mensch ist und wie stark die Bewegungslehre im Reitsport bisher fundamentale Erkenntnisse ausblendet. Man schreibt bei Lernproblemen dem Reiter den Fehler zu, in Wirklichkeit müßte der Reitlehrer beginnen, sich in Frage zu stellen. Also: Eine schlechte Körperhaltung im Alltag und auf dem Pferd führen zu Streßzuständen, die auch durch die kurzfristig willentlich erzeugte äußere Haltungsveränderung nicht vermieden werden, weil künstliche Haltungen produziert werden. Sie verändern das Grundproblem nicht. Es sollen noch weitere Tätigkeiten aufgeführt werden, die das Zusammenwirken beider Gehirnhälften stören und zu „Switching" führen. Es sind u.a. Radfahren, Sitzen auf Metallstühlen oder weichen Sofas, schlechten Autositzen, Schreibtischstühlen u.a. Außerdem befinden sich z.B. Zahnärzte, Friseure, Verkäufer, Frauen mit hohen Schuhen durch ihre Haltungsanforderungen in ständigen Streßzuständen im Sinne des „Switching". Wie sollen nun beispielsweise gerade die aus solchen Berufsgruppen kommenden Reiter in dem Augenblick, wenn sie ein Pferd besteigen, koordinierte Bewegungen absolvieren und dabei noch die Abläufe des Pferdes berücksichtigen ? Dies mag u.a. ein Grund dafür sein, daß bestimmte Menschen das Reiten als Fühlen nie erlernen werden. Aus diesen Gründen werden auch entsprechende Übungen angeboten, um vor dem Reiten oder in anderen Augenblicken des Tages sich energetisch zu balancieren (vgl. Diamond 1990,1991, Dennison 1990, 1991).

Ernährung und Energie

Der Mensch macht sich durch falsche Ernährung energieschwach. „Zucker liefert Energie" ist eine weit verbreitete Meinung. Für Zucker in Naturprodukten trifft diese Annahme zu, jedoch nicht für den raffinierten Zucker. Er greift in unseren Organismus negativ ein und zerstört Energie.

Der leider überwiegende Teil unserer Ernährung beeinflußt unser Energiesystem negativ. Man denke an unser Brot aus Auszugsmehl und weißem Zucker, Vollkornbrot mit Zuckerzusatz und Konservierungsstoffen. Natürliche Nahrungsmittel wie Obst und Gemüse, Getreide, Eier, Nüsse, Körner, Geflügelfleisch und Fleisch können heute nicht mehr wie früher genossen werden, sondern stellen eine gesundheitliche Bedrohung unseres Energiesystems dar. Von der Beeinflussung durch Pestizide ganz zu schweigen. Es sollen hier nicht weitere Ernährungshinweise gegeben werden, nur sollte sich auch jeder Reiter überlegen, wie er sich grundsätzlich ernährt – besonders vor und nach dem Reiten. Ernährung kann auch lernunterstützende Wirkung haben.

Weitere negative Einflüsse

Umwelteinflüsse bestimmen also unseren „Energiehaushalt“. Jeder Mensch weiß z.B. unterschwellig, daß er sich in bestimmten Räumen wohler fühlt als in anderen. Man ist leistungsfähiger, fühlt sich freier und nicht bedrückt etc. In diesem Zusammenhang spielen ein Reihe von Gesichtspunkten für das Sich-Wohlfühlen eine weitere Rolle.

Jeder Mensch hat Liebligsfarben. Der eine liebt, der andere haßt rot. Diese Einstellung bestimmt die mentalen und körperlichen Prozesse des Menschen.

Des weiteren beeinflussen Licht, Geräusche und Musik Lernvorgänge positiv oder negativ. Gewisse Lichtstrahlen treffen unsere Energiefelder mit bestimmten Vibrationen und stören unser energetisches Gleichgewicht. Geräusche treffen als Vibrationen auf unsere Trommelfelle und können erhebliche negative Beeinflussungen erzeugen, so daß Konzentrationsmängel entstehen und beide Gehirnhälften in ihrer Funktion beeinträchtigt werden. Auch Gerüche können ähnliche positive oder negative Wirkungen haben.

Jeder hat sicherlich erlebt, welche Bedeutung der Musik bei der Beeinflussung von Emotionen zukommen kann. Musik kann Angstgefühle erzeugen, jedoch Menschen ebenso zu hohen Leistungen stimulieren. Besonders klassische Musik hat stimulierende Wirkung. Dabei kommt es nicht auf die Lautstärke an.

Die Vibrationen veränderen sich nicht durch Lautstärke bezüglich positiver/negativer Energetisierung, wohl aber bezüglich der Störung des Gehörs. Welche Musik welche Wirkung hat, kann in der entsprechenden Literatur nachgelesen werden (siehe Literaturgrundlagen).

Menschen können ebenfalls entenergetisierende Funktion haben. Man denke nur an das Schreien in der Reitbahn, an Kritik, die vorrangig negativ geäußert wird, oder die Art der Äußerung. Es wird im nächsten Kapitel noch näher darauf eingegangen.

Naturprodukte oder Kunststoffe können ebenso unsere Energiefelder positiv/negativ beeinflussen: ein Holzstuhl im Gegensatz zu Plastik oder Resopal, Edelsteinschmuck zu Plastik, Naturfasern zu synthetischen Fasern, Sonnenlicht zu künstlichem Licht, natürliche zu synthetischen Zusätzen in den Make-ups. Auch Armbanduhren mit Batterien greifen in die biochemischen Prozesse der Zellen ein und führen zu langfristig negativen Begleiterscheinungen.

Diese Ausführungen haben vor allem die Funktion, auf ein Problemfeld aufmerksam zu machen, über das sich viele Reiter und Ausbilder keine Gedanken machen. Ausbildungsgänge beziehen diese Erkenntnisse nicht ein, so daß auf diesem Wege eventuell verändernde Wirkungen erzielt werden könnten (vgl. Dennison 1990, 1991, Diamond 1990, 1991)

7.5. Aufbau der Selbstkontrolle von Reiter und Ausbilder

Im folgenden Kapitel soll aufgezeigt werden, wie der Reitlehrer als stärkendes bzw. schwächendes Element wirken kann. Ebenso beziehen sich die Ausführungen auf den Reiter selbst, der sich durch viele der folgenden Hinweise energetisch so aufbauen kann, daß er zu besserem Reiten gelangt. Reitern wird nichts Neues gesagt, wenn der gängige Ton in der Reitbahn angeprangert wird.

Eigene Untersuchungen ergeben ein schlimmes Bild, das aber hier nicht im einzelnen gezeichnet werden soll.

Es soll jedoch den Reitern und Ausbildern verdeutlicht werden, wie sie miteinander umgehen sollten, um Grundlagen für optimales Bewegen zu ermöglichen.

- Die Stimme kann therapeutische Wirkung haben. Alleine der Tonfall erzeugt positive/negative Vibrationen, die nicht für jeden lernunterstützend sind. Von daher sollte im Unterricht ein so offenes Verhältnis bestehen, daß die einzelnen ihre Bedürfnisse äußern dürfen, um für sich in der Auseinandersetzung Reiter/Ausbilder eine harmonische Basis zu entwickeln.

- Gestik und Mimik des Ausbilders hat auf den Reiter intensive Auswirkungen. Ebenso wirken entsprechende Emotionen auf den Reiter selbst. Ziel muß es sein, seine Emotionen zu kontrollieren oder negative in positive umzuwandeln.

Der Satz „Die Chemie stimmt nicht" ist oft zu vernehmen. An diesem Ausspruch ist viel Wahres. Lächeln, leicht hochgezogene Mundwinkel hat auf die Person selbst und die Umgebung generell positive Wirkung. Lächeln beansprucht Muskelketten, die die Energie fließen lassen, während der pessimistische Mundwinkel diese Muskelketten durchtrennt und die Energie nicht weitergeleitet wird. Es entstehen Blockaden.

Der Reiter kann sich also selbst leistungsfähiger machen, und der Ausbilder unterstützt durch sein äußeres Bild die Reiter in ihren Bewegungen. Besonders dadurch, daß Lächeln auch automatisch (Ausnahme Ironie und Sarkasmus) mit positiven Worten in Verbindung steht und umgekehrt. Diese Erkenntnis ist seit Jahrzehnten auch aus der Kinderpsychologie bekannt. Wenn man einem Baby ein Gesicht mit Augen als Punkten und einem Mund als nach unten gezogenem Strich vorhält, beginnt es zu weinen.

- Insgesamt ist zu bedenken, daß sich ein schlaffer Gesichtsausdruck über den Thymus auf den Spannungszustand aller Muskeln negativ auswirkt. Selbst beim Beobachten springt dieser Negativfunke auf Personen der Umgebung über. Hier ist der Bezug zur Bedeutung des Kopfes (des Okzipitalgelenks) herzustellen. Der Körper wird durch die Verbindung von „zentrierendem Kopf" und den anderen Körperteilen zu einem harmonischen energetischen Ganzen.

- Nicken und Kopfschütteln haben sowohl für die Person selbst als auch für die menschliche Umgebung unterschiedliche Funktionen. Gesten der Zustimmung und Ablehnung greifen in den Thymus als Zentrum der Regulierung von energetischen Fließströmungen des eigenen Körpers ein. Auf andere Personen, z.B. den Reiter, hat das Kopfschütteln negative Wirkung. Selbst wenn er nur aus den Augenwinkeln das Schütteln des Kopfes seines Reitlehrers erfaßt, blockiert er innerlich. Seine psychische Energie sinkt. Ein Nicken dagegen stärkt die eigene Person und unterstützt auch das Verhalten des anderen positiv.

- Auch das Lächeln hat wichtige Funktionen. Man denke nur an eine Prüfungssituation. Die Prüfer sitzen in einem Raum, der Prüfling betritt ihn und entdeckt auf den Gesichtern aller Prüfer heruntergezogene Mundwinkel. Ergebnis: Das Blut schießt dem Prüfling in den Kopf oder sinkt in die Beine. Er ist erheblich weniger leistungsfähig. Insgesamt lassen Menschen mit hoher Lebensenergie andere von ihrer Stimmungslage profitieren. Demgegenüber wird Streß bei einem Menschen von anderen ebenso gespürt.

- Der Zunge des Menschen kommt bezüglich eines möglichen Streßausgleichs erhöhte Bedeutung zu. Wenn die Spitze der Zunge ungefähr einen halben Zentimeter hinter den oberen Schneidezähnen an den Gaumen gedrückt wird, bleibt die Körperenergie intakt; die Energien sind zentriert. In kritischen Lebenssituationen und im Reiten sollte ständig auf die Funktion der Zunge geachtet werden. Sie sorgt für die Unterstützung des Gleichgewichts.

Beispiel für Energieausgleich: Man kann eine Person bitten, sich auf ein Bein zu stellen. Dann zieht der Reitlehrer vorsichtig am Arm, und das Gleichgewicht geht schnell verloren. Wenn derselbe Test mit der Zunge am Gaumen vollzogen wird, wundert sich die Testperson selbst, wie fest sie nun zu stehen vermag. Der Reitlehrer muß mehr Kraft aufwenden, um den Reiter aus dem Gleichgewicht zu bringen.

- Thymusklopfen: Auch in anderen Streßsituationen kann sich der Mensch vor Überforderung schützen. Er braucht nur mehrmals mit den Knöcheln einer Hand auf das Brustbein zu klopfen. Reflexartig wird der Thymus aktiviert. Diesen Vorgang sollte jeder Mensch mehrmals täglich vollziehen, um sich vor unbewußtem Streß zu schützen. Auch in besonders stark wahrgenommenen Streßsituationen kann sich der Mensch durch diesen Mechanismus entladen. Das einzige Tier, das einen natürlichen Streßausgleich für sich schafft, ist der Affe, der sich ganz natürlich in belastenden Situationen auf die Brust klopft.

- Wenn Streßsituationen entstehen, sollten generell Überkreuz-Übungen gemacht werden, um beide Gehirnhälften wieder miteinander zu verbinden. Sie sind – wie bereits in Kap. II.4.4 ausgeführt wurde – durch das Corpus callosum – miteinander verbunden. Unter Streß fließen durch diesen verbindenden Teil keine Impulse mehr, so daß die Ganzkörperkoordination gestört wird. Durch Überkreuz-Bewegungen kann diese Beziehung sofort wiederhergestellt werden. Eine sei bereits hier dargestellt; in der späteren Übungszusammenstellung folgen noch weitere (Abb. 198).

Abb. 198

- Der Reitlehrer muß die Bedeutung seiner Stimme erkennen. Sie kann aufbauende und zerstörerische Wirkung haben !

- Auch Gestik und Mimik des Reitlehrers beeinflussen den Reiter positiv oder negativ !

- Eine aufrechte Kopfhaltung (nach hinten oben) und ein freundlicher Gesichtsausdruck beeinflussen den eigenen Körper positiv !

- Wenn der Reiter mit dem Kopf schüttelt, zerstört er die eigene Energie !

- Zunge und Thymusklopfen als Streßausgleich nutzen !

- Überkreuzbewegungen erhöhen die Ganzkörperkoordination !

7.6 Gymnastikübungen für das Gehirn

Die folgenden Brain-Gym-Übungen sind von Dennisson, P.E. und G. entwickelt worden, um Lernende zu aktivieren **(Lateralitätsaspekt)**, zu entlasten **(Fokusaspekt)** und zu entspannen **(Zentrierungsaspekt)**. Sie werden heute angewendet, um Lernstörungen in allen Lernbereichen zu verhindern. Für das Reiten werden nur die Funktionen erörtert, die für das Bewegungslernen von Wichtigkeit sind.

Unter **Lateralität** wird die Fähigkeit verstanden, die Linie zwischen rechter und linker Gehirnhälfte zu kreuzen, im Mittelfeld zu arbeiten. Fehlt diese Fähigkeit, führt dies zu allgemeinen Lernbehinderungen und zur Verwirrung des Gehirns: zu „Switching". Die Bewegungen unterstützen die laterale Integration, d.h. der Mensch wird fähig, sich links und rechts identisch gut im Raum zu orientieren. Diese Fähigkeit ist für Reiter besonders wichtig. Ist dieser Zustand nicht erreicht, so liegt eine Homolateralität vor, d.h. es arbeitet nur eine Gehirnhälfte. Unkoordinierte Bewegungen in Raum und Zeit sind die Folge.

Fokus meint die Fähigkeit des Menschen, die Mittellinie zu kreuzen, die das Hinter- und Vorderhirn abgrenzt. Bestimmte Reflexe beeinflussen diese Fähigkeit des Menschen negativ; Menschen sind dann in den Lernsituationen unkonzentriert, verstehen die Anforderungen nicht und sind übermäßig aktiv. Diese Übungen müssen ausgeführt werden, um sicherzugehen, daß Störungen dieser Art beim Reiten nicht vorhanden sind.

Zentrierung ist die Fähigkeit des Menschen, die Trennungslinie zwischen Emotionalität und Abstraktion zu kreuzen. Es kann nichts gelernt und behalten werden, wenn das Gefühl und das Rationale nicht beteiligt sind. Ist ein Mensch unfähig, zentriert zu bleiben, führt es zu unbegründeter Furcht, zu Meidungsverhalten und zu Zuständen, in denen Gefühle (innere Abläufe) nicht ausgedrückt werden können.

Das menschliche Gehirn ist dreidimensional aufgebaut. Es besteht aus Teilen, die wechselseitig miteinander arbeiten und erst dadurch ein Ganzes darstellen. „Das menschliche Gehirn ist jedoch auch zielorientiert; um BRAIN-GYM-Bewegungen besser zu verstehen, können wir es in eine linke und rechte Hemisphäre (Lateralitätsaspekt), Hinter- und Vorderhirn (Fokusaspekt) oder Hirnstamm und Kleinhirn (Zentrierungsaspekt) unterteilen" (Dennison/Dennisson 1991, 10).

BRAIN-GYM-Übungen werden zur Steigerung der Lernmöglichkeiten des Menschen eingesetzt. Gerade für Reiter sind sie von hoher Bedeutung, weil die koordinativen Ansprüche höher einzuschätzen sind, als es in anderen Sportarten der Fall ist. Diese Übungen können zu Routineübungen werden, wenn Streßsitutionen entstehen oder Lernsituationen neue hohe Anforderungen in sich bergen. Viele Reiter haben Probleme in den drei Bereichen (Lateralität, Fokus, Zentrierung), ohne es zu wissen und wahrzunehmen. Wenn diese Übungen nun zum ständigen Repertoire werden, gelingen Reitsituationen problemloser. Das Instrument ist nicht als Therapie einzusetzen. Für solche Zwecke müßten sich Reiter und Ausbilder vertiefend mit den Grundlagen auseinandersetzen. Es soll nur als Vorbeugung verstanden werden, um bessere Reitleistungen zu ermöglichen. Reiter und Ausbilder sollen diese Übungen auch nicht so verstehen, daß mit ihrer Hilfe Unmögliches möglich gemacht wird.

BRAIN-GYM-Übungen ermöglichen eine bessere Grundeinstellung zu Reitleistungen und liefern Voraussetzungen, um besser fühlen zu können. Die menschliche Energie kann optimal eingesetzt werden; viele Schwierigkeiten entstehen erst gar nicht (vgl. Dennison/Dennison 1991, 14 – 40).

Mittellinien-Bewegungen oder Überkreuz-Bewegungen

1) Über-Kreuz-Bewegung

Ausführung:

Abb. 199

Diese Übung wird mit entgegengesetztem Drehmoment ausgeführt. Es werden abwechselnd ein Arm und das entgegengesetzte Bein bewegt. Der Übende bewegt sich vor, zurück, seitlich. Die Augen bewegen sich in alle Richtungen mit. Die Hand soll mehrmals zum gegenüberliegenden Knie geführt werden, um die Körpermittellinie zu überqueren. Es kann auch hinter dem Körper der gegenüberliegende Fuß berührt werden.

Die Bewegungen können unterschiedlich kraftvoll ausgeführt werden, jedoch ohne Verkrampfung. Im Zeitlupentempo können der Arm und das gegenüberliegende Bein langsam gedehnt oder voll durchgestreckt werden. Zwischen den einzelnen Übungen soll der Ausführende hüpfen oder leicht ferdern.

Die Übung kann auch im Sitzen vollzogen werden, mit geschlossenen Augen und bei Unterstützung durch unterschiedliche Musik.

Ziele:

Die Übung ...

- steigert Augenbewegungen nach links und rechts,
- verbessert beidäugiges plastisches Sehen, Links-rechts-Koodination, Raumbewußtsein, Hören und Sehen,
- unterstützt Atmung und allgemeine Kondition.

2) Liegende Achten

Ausführung:

Abb. 200

Der Übende schaut auf einen Punkt direkt vor sich in Augenhöhe. Dieser Punkt bildet den Mittelpunkt einer Acht. In einer bequemen Haltung werden liegende Achten in die Luft gezeichnet. Höhe und Weite der Bewegungen bestimmt jeder selbst. Die beste Wirkung wird erzielt, wenn sie groß gezeichnet werden,um das ganze Gesichtsfeld und die volle Reichweite der Arme zu nutzen. Begonnen werden soll mit der linken Hand, so daß die rechte Gehirnhälfte sofort angeregt wird. Der Übende beginnt an der Mittellinie und führt seinen Arm zunächst gegen den Uhrzeigersinn hinauf zur linken Seite und kreisförmig wieder zurück. Gelangt er im Mittelpunkt an, geht es im Uhrzeigersinn nach oben und zur rechten Seite kreisförmig wieder zum Ausgangs- und Mittelpunkt zurück. Die Übung soll mindestens dreimal vollzogen werden.

Die Bewegungen können auch bei geschlossenen Augen ausgeführt werden. Ein Summen kann die Bewegungen unterstützen, und der Kopf (die Augen) soll die Bewegungen ein wenig verfolgen, wobei der Hals jedoch entspannt ist.

Ziele:

- integriert linke und rechte Gehirnhälfte,
- verbessert räumliches, plastisches und peripheres Sehen (am Rande des Gesichtsfeldes), Augenbeweglichkeit, Koordination,
- entspannt Augen, Nacken, Schultern beim Überschreiten der Mittellinie.

3) Simultanzeichen

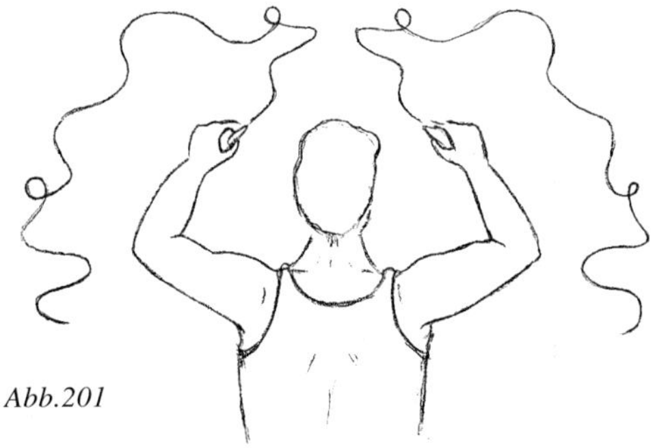

Abb.201

Ausführung:

Die Übung ist eine Zeichenübung für beide Gehirnhälften, die an der Körpermittellinie gemacht wird. Wenn der Übende bereits ein Gefühl für die Unterscheidung links und rechts entwickelt hat, können selbst Übungen im Zentrum vollzogen werden. Simultanzeichen werden am intensivsten durch die großen Arm- und Schultermuskeln erfahren.

Begonnen werden soll mit frei gewählten Bewegungen. Danach können auch Bewegungen vorgegeben werden, wobei das Experimentieren und Erfinden im Mittelpunkt stehen soll. Wichtig ist jedoch, daß es wirkliche Simultanzeichnungen werden, d.h. linke und rechte Hand zeichnen dasselbe, nur in einem anderen Gesichtsfeld. Der Übende soll bei allen Bewegungen leicht und locker bleiben.

Ziele:

- verbessert Auge-Hand-Koordination in verschiedenen Gesichtsfeldern, Raumbewußtsein, visuelles Unterscheidungsvermögen, Bewegungsbewußtsein von links und rechts, peripheres Sehen, Richtungs- und Orientierungssinn, Körperbewußtsein.

4) Elefant

Abb.202

Ausführung:

Der Kopf wird an die Schulter angelehnt, beide Augen sind offen. Der Übende zeigt mit seiner Hand und schaut darüber hinaus in die Weite. In dieser Übung bewegen sich Brustkasten, Kopf, zeigender Arm und Hand als Einheit. Diese Einheit bewegt sich entlang einer liegenden Acht (Beginn und Ausführung im einzelnen siehe Übung 2), wobei die Augen über die Hand hinaus fokussieren. Diese Übung kann auch im Sitzen vollzogen werden. Der Arm soll unterschiedlich große Bewegungen zeigen, wobei auch der extreme Bewegungsumfang (rechts-links; oben-unten) ausgeführt werden soll. Es wird beidseitig geübt.

Test: Vor und nach der Übung soll die Beweglichkeit des Kopfes getestet werden.

Ziele:

- integriert das Sehen, Hören und die Bewegung des gesamten Körpers,
- kreuzt die Mittellinie,
- erhöht die Beweglichkeit des Kopfes nach rechts und links,
- entspannt den Nacken beim Fokussieren,
- steigert räumliches, plastisches Sehen, Gleichgewichtsgefühl (regt Innenohr und Gleichgewichtsorgan an), Koordination von Ober- und Unterkörper (Bewegungsübertragung).

5) Nackenrollen

Ausführung:

Der Übende soll langsame und weiche Bewegungen (keine schnellen und ruckartigen) vollziehen – wie ein Sekundenzeiger sich bewegt. Die Bewegungsrichtungen sind folgende:

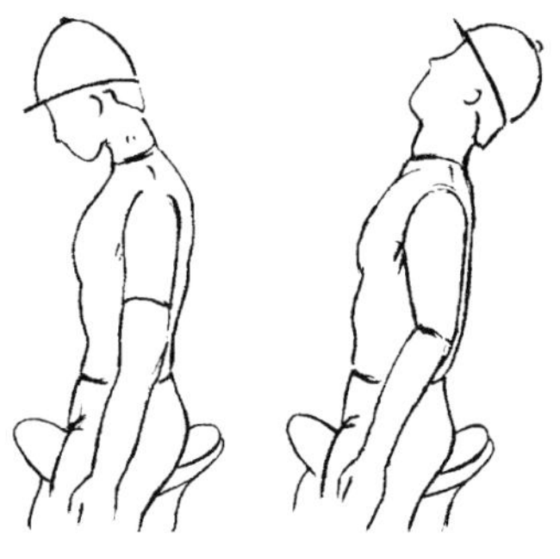

Abb. 203 a

- Rollbewegung nach vorne, dort einen Augenblick ausruhen und feine Rollbewegungen nach rechts und links machen. Danach langsam in die Rückwärtsposition gehen und wiederum feine Rollbewegungen nach rechts und links ausführen. Niemals den Kopf kreisend bewegen.

Der Übende soll dabei rhythmisch atmen. Es sollen keine Extrempostionen vorne/hinten und zur Seite eingenommen werden, weil dann wiederum Verspannungen entstehen. Beim Rückwärtsrollen bleibt die Kehle offen; der Übende soll das Gefühl haben, schlucken zu können. Bei verhärteten Punkten soll der Übende verweilen, bis sich die Verspannung gelöst hat. Die Schultern sollen entspannt werden, indem die Rollbewegungen zunächst mit hochgezogenen, dann mit herunterhängenden Schultern vollzogen werden. Die Bewegungen werden zunächst mit geschlossenen, dann mit geöffneten Augen ausgeführt. Der Kopf soll insgesamt nie fallengelassen, sondern immer leicht gehalten werden. Die Übungen können im Sitzen oder Stehen gemacht werden. Musikbegleitung unterstützt den Übenden, seinen Rhythmus zu finden.

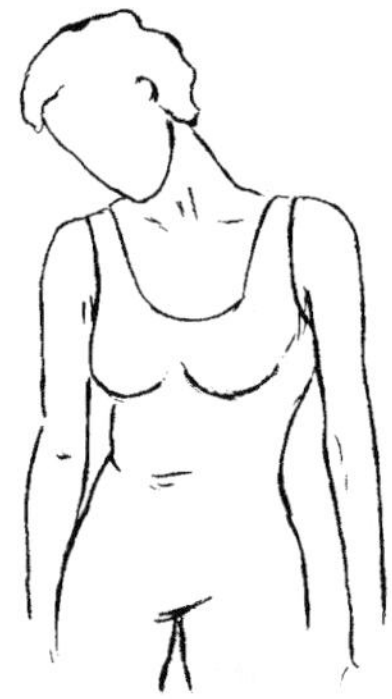

Abb. 203 b

Ziele:

- verbessert Mittelfeldarbeit, Zentrierung,
- entspannt Hals und löst Blockaden, die es nicht möglich machen, die Mittellinie zu kreuzen,

- entspannt das Zentralnervensystem,
- verbessert das Atmen und sorgt für Entspannung des gesamten Körpers.

6) Beckenschaukel

Abb. 204

Ausführung:

Der Übende sitzt auf dem Boden und stützt sich mit beiden Händen nach hinten ab. Die Füße werden leicht angehoben. Es werden kreisförmige Bewegungen in beide Richtungen vollzogen. Die Unterlage sollte gepolstert oder aus Holz sein (nicht auf Zement oder Asphalt).

Ziele:

- verbessert Mittelfeldarbeit, Zentrierung, Auge-Hand-Koordination,
- löst das Kreuzbein durch das Massieren der Unterschenkelreflexoren und der Gesäßmuskulatur,
- regt die Reflexe in den Hüften an, die oft durch langes Sitzen abgestumpft sind,
- regt durch die Aktivierung des Kreuzbeines ebenso das Gehirn an,
- läßt die Flüssigkeit innerhalb der Wirbelsäule zirkulieren,
- sorgt für Entspannung des Hohlreuzes,
- entblockt die Knie,
- läßt Hüften, Schultern und Augen mehr auf einer Linie stehen,
- verbessert Fokussierung, tiefere Atmung, Ganzkörperkoordination,
- überwindet geistige Müdigkeit.

7) Bauchatmen

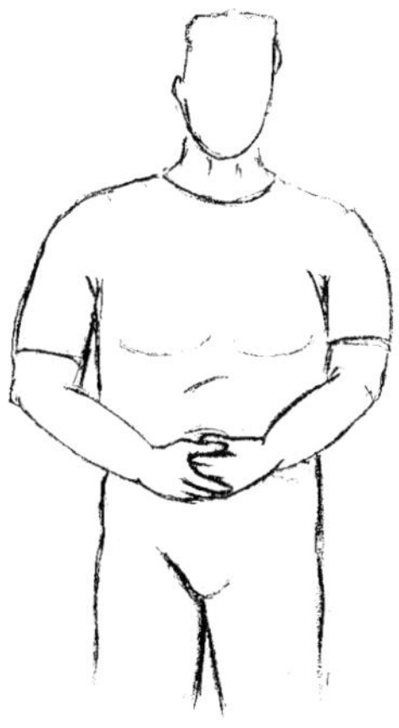

Abb. 205

Ausführung:

Beim Atmen sollte sich der Brustkorb nach allen Seiten ausdehnen, wobei die Bauchdecke intensiv beteiligt wird. Wenn der Mensch natürlich atmet, ist auch für geistige Tätigkeiten (Aufmerksamkeitslenkung) genügend Sauerstoff vorhanden. Der Übende leert seine Lungen mit einer langezogenen Ausatmung, die immer in kurzen Stößen erfolgt. Die Hand liegt auf der unteren Bauchdecke, hebt sich beim Ein- und senkt sich beim Ausatmen. (Eigentlich sollte der Atem automatisch verlaufen, nur gelingt dies nicht allen.) Die Länge des Ein- und Ausatmens soll sich im Verlaufe des Übens verlängern. Zunächst soll beim Einatmen bis 3 gezählt werden. Atem anhalten und bis 3 zählen, ausatmen und bis 3 zählen. Dieser Rhythmus kann gesteigert werden (4-4-4-, 5-5-5 etc.). Das Üben im Liegen und Gehen ist ebenfalls möglich.

Ziele:

- verbessert die Fähigkeit, die Mittellinie zu kreuzen, Zentrierung, Energieverlauf im

Körper, Zwerchfallatmung und somit Lungentätigkeit,

- entspannt das Zentralnervensystem,
- stellt Bewegungsrhythmus der Schädelknochenbewegungen her,
- entlastet inneren Organe,
- verlängert die Aufmerksamkeitszeit.

8) Aufsitzen mit Überkreuz-Bewegung

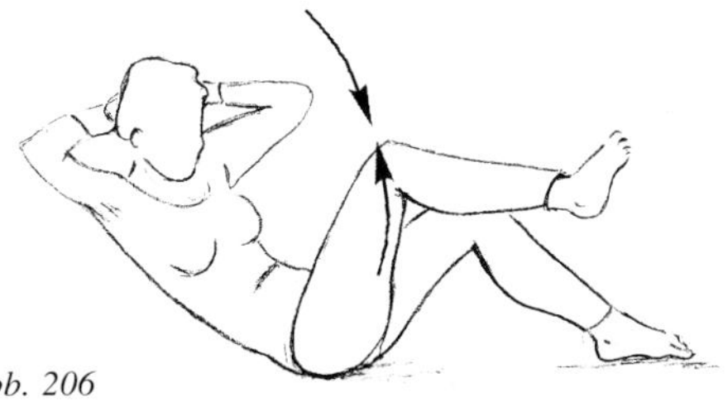

Abb. 206

Ausführung:

Die Überkreuzbewegungen mit Aufsitzen sind koordinative Bewegungen, die die Bauchdeckenmuskulatur beanspruchen. Der Übende liegt auf dem Rücken. Die Knie und der Kopf sind leicht angehoben, die Hände sind verschränkt und stützen den Kopf. Der Nacken darf nicht angespannt sein. Der Übende richtet sich rhythmisch so auf, daß er nacheinander mit dem rechten Ellenbogen das linke Knie, mit dem linken Ellenbogen das rechte Knie berührt. Man kann sich ein X zwischen Hüften und Schultern vorstellen.

Ziele:

- verbindet rechte-linke Gehirnhälfte,
- verbessert Zentrierung und Bewußtsein für die innere Muskulatur (Bewegungsgefühl),
- entspannt das Zentralnervensystem,
- stärkt die Bauchmuskulatur (auch die schräge),
- entspannt und stärkt die Lendenwirbelsäule, macht sie mobiler.

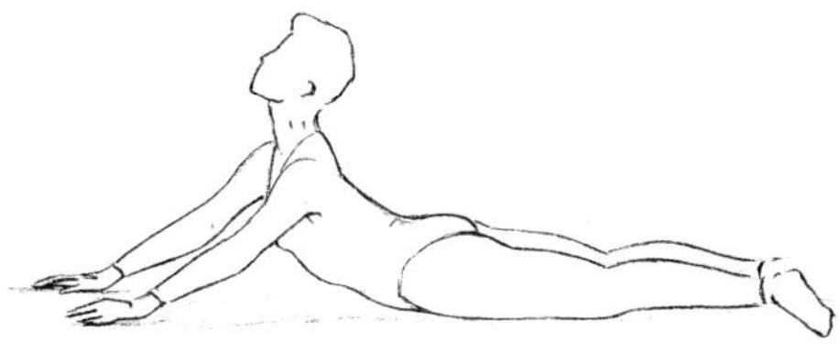

Abb. 207

9) Kobra

Ausführung:

Der Übende liegt auf einer festen Unterlage auf dem Bauch. Die Arme richten stützend den Oberkörper langsam auf. Dabei wird eingeatmet. Der Oberkörper darf jedoch nicht so hochgehoben werden, daß ein Hohlkreuz entsteht. Zunächst wird der Kopf langsam und weich gehoben, danach richten sich Hals und Brustkorb auf. Die Schultern sind dabei entspannt. Das Sinkenlassen findet in folgender Reihenfolge statt: Brustkorb, Schultern, Hals und Kopf. Dabei wird ausgeatmet. Die Kehle bleibt offen.

Ziele:

- verbessert Fähigkeit, die Mittellinie zu kreuzen, Haltung des gesamten Körpers, Aufmerksamkeit, Atmung, beidäugiges, plastisches Sehen,
- entspannt das Zentralnervensystem.

Dehnungsübungen

Die Physiologie hat nachgewiesen, daß der Reflex des Verkürzens der Muskulatur eine automatische Reaktion auf eine Gefahr oder Feindseligkeit ist. Er ist ein Reflex, der die Menschheit vor Lebensbedrohungen geschützt hat. Er greift jedoch negativ in die Körperhaltung des Menschen ein, indem sein Körper durch Verkürzung der Sehnen und Muskeln geschädigt wird.

Die Dehnungsübungen ähneln dem „Stretching" und auch den Aufwärmübungen von Athleten, nur haben sie im Zusammenhang der kinesiologischen Arbeit eine andere Absicht. Diese Übungen sollen dazu beitragen, den Körper umzuerziehen (vgl. Alexander, Feldenkrais) und langandauernde Änderungen der Körperhaltung zu erzeugen. Sie sind dafür gedacht, kurzfristige Spannungsausgleiche der Muskulatur vor und nach sportlichen Aktivitäten herzustellen. Diese Dehnungsübungen im Zusammenhang mit BRAIN-GYM-Übungen haben das Auflösen von Reflexen zum Ziel.

1) Die Eule

Ausführung:

Der Übende bewegt seinen Kopf langsam um das Mittelfeld und hält sein Kinn auf einer Ebene (richtige Kopfführung). Er umfaßt die Schultern und drückt die Muskeln fest, aber nicht verkrampfend zusammen. Der Kopf wird erst über die eine, dann über die andere Schulter gedreht. Nach mehrmaligem Wiederholen wird die Schulter losgelassen, der Kopf sinkt langsam nach vorne, und es wird tief geatmet. Dabei werden die Muskeln entspannt. Danach wird die gleiche Übung mit der anderen Schulter vollzogen.

Abb. 208

Ziele:

- verbessert das Kreuzen der Mittellinie, die Fähigkeit, den Kopf nach rechts und links zu drehen,
- stärkt das Gleichgewicht der Hals- und Nackenmuskulatur,
- entspannt den Hals beim Fokussieren, Nacken-, Kiefer- und Schultermuskulatur,
- stellt Blutzirkulation und Energiezufuhr zum Gehirn wieder her,
- verhindert übermäßig fokussierende Haltung,
- verhindert das Kippen des Kopfes.

2) Anregung der Arme

Ausführung:

Diese Übung beinhaltet eine isometrische Anspannung, d.h. mit Hilfe der Muskulatur wird gegen einen Widerstand gearbeitet. In diesem Falle drückt der Arm gegen die feststehende Hand. Der Arm wird in der Nähe des Ohres gehalten. In vier Richtungen wird der Arm gegen die Hand gedrückt: nach vorne,

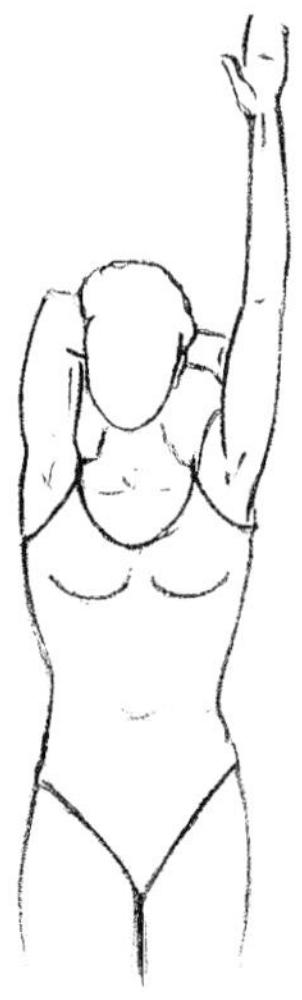

Abb. 209

hinten, nach innen und außen. Dabei soll die Anspannung 8 – 10 Sekunden angehalten werden. Es wird langsam und gleichmäßig geatmet, ohne den Atem anzuhalten.

Spannungen und Muskelverkürzungen in dieser Region behindern Aktivitäten, die sich auf Arm- und Handtätigkeiten (Zügelführung) beziehen. Zum Abschluß der Übung rollt der Übende die Schulter oder schüttelt sie aus, um die Entspannung wahrzunehmen. Die Übung kann im Sitzen und Stehen vollzogen werden.

Ziele:

- verbindet das Hinter- mit dem Vorderhirn,
- verbessert Auge-Hand-Koordination und gezielte Betätigungen mit der Hand, Energie in beiden Händen,
- regt die Muskulatur im oberen Brustbereich und in den Schultern an,
- verlängert die Aufmerksamkeitsspanne,
- entspannt die Körperhaltung und reguliert die Atmung.

3) Fußpumpe

Ausführung:

Der Übende soll empfindliche Stellen am Knöchel und hinter dem Knie drücken (am Anfang und Ende der Wadenmuskulatur). Dabei wird der Fuß auf und ab bewegt. Es können auch andere schmerzhafte Stellen entlang der Wadenmuskulatur gefunden und gehalten werden, während sich der Fuß auf und ab bewegt. Ebenso ist die Übung auf die Vorderseite des Knie- und Fußgelenks während des Beugens und Streckens anzuwenden. Es werden schmerzhafte Punkte berührt, um auch die Schienbeinmuskulatur zu lösen. **Diese Übung ist für den „tiefen Absatz" beim Reiten wichtig.**

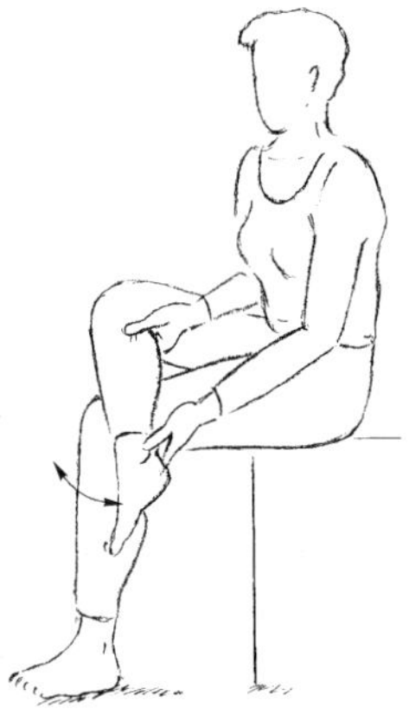

Abb. 210

Die Fußpumpe ist eine Übung, die die natürliche Länge der Sehnen im Fuß- und Unterschenkel wiederherstellt. In unserer Kultur taucht dieses Problem wegen unserer Schuhe auf (Absatz beim Männerschuh, hoher Absatz bei Frauen). Die Sehnen verkürzen sich, weil im Gehirn ein Reflex ausgelöst wird, der uns zum Zusammenziehen veranlaßt (Sehnenkontrollreflex). Durch das Halten der Sehnen in der gedehnten Stellung bei gleichzeitiger Bewegung des Fußes wird dem Reflex entgegengewirkt.

Ziele:

- verbindet das Hinter- mit dem Vorderhirn,
- lockert die Körperhaltung,
- entblockt die Knie,
- verlängert die Aufmersamkeitsspanne.

4) Wadenpumpe

Abb. 211

Ausführung:

Der Übende steht vor einer Wand oder einem Stuhl und stützt sich ab. Dabei werden die Beine in Schrittstellung gestellt und das vordere Knie gebeugt. In der Grundstellung ist der Absatz des hinteren Fußes angehoben, das Gewicht ruht auf dem vorderen Fuß. Danach wird das Gewicht auf den hinteren Fuß verlagert, wobei die Ferse sich zum Boden senkt. Während des Senkungsvorganges soll der Übende ausatmen. Die Übung soll mehrmals (mindestens dreimal) wiederholt werden. Das gestreckte Bein und der Rücken bilden eine Linie. Diese Übung ist ähnlich der Fußpumpe ein Umerziehungsprozeß, um die natürliche Länge der Sehnen in Fuß und Unterschenkel wiederherzustellen („tiefer Absatz" beim Reiten).

Ziele:

- verbindet das Hinter- mit dem Vorderhirn,
- lockert die Körperhaltung,
- entblockt die Knie,
- verlängert die Aufmersamkeitsspanne.

5) Schwerkraftgleiter

Ausführung:

Der Übende kreuzt beide Füße und stellt in dieser Stellung sein Gleichgewicht her. Dann beugt sich der Übende nach vorne und läßt seinen Oberkörper nach vorne unten sinken. Die Arme pendeln von rechts nach links. Die Einatmung erfolgt, wenn die Arme zur Seite nach oben geführt werden, die Ausatmung findet statt, wenn die Bewegung wieder in Richtung Füße verläuft. Nach mindestens dreimaliger Wiederholung wird die Grundstellung gewechselt, d.h. die Füße kreuzen sich umgekehrt. Die Übung kann mit offenen und geschlossenen Augen vollzogen werden.

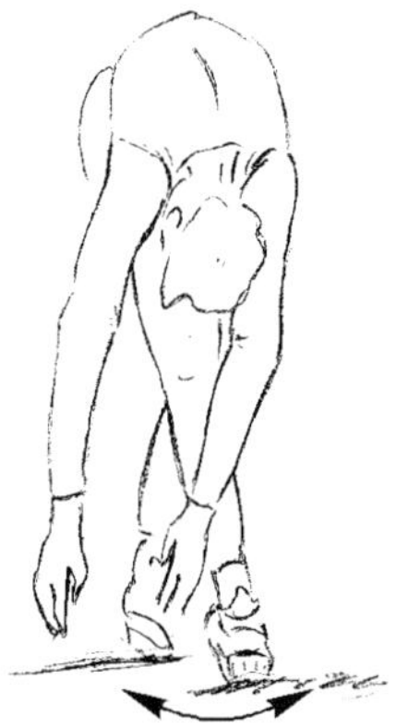

Abb. 212

Diese Übung ist ein Umerziehungsprozeß, der die Integration von Unterschenkelflexoren, Hüfte und Becken ermöglicht. Es werden Gleichgewicht und Schwerkraft genutzt, um Verspannungen in der Becken- und Hüftgegend zu lösen. Dadurch werden Sitz- und Stehhaltungen leichter. Die Körperbalance wird wiederhergestellt.

Ziele:

- verbessert Gleichgewichts- und Koordinationsempfinden, visuelle Aufmerksamkeit durch Integration Hinter-Vorderhirn,
- tiefe Atmung, Sitz- und Stehhaltung,
- verbessert das Zusammenwirken Oberkörper mit Unterkörper (Ganzkörperkoordination).

6) Erden

Abb. 213

Ausführung:

Die Füße des Übenden stehen etwa schulterbreit voneinander entfernt. Die Ferse des gebeugten Beines sollte auf einer Linie mit dem gestreckten Bein stehen. Das gebeugte Bein wird über das Knie hinaus nach vorne geschoben, Oberkörper und Becken sind aufgerichtet (aber keine Hohlkreuzbildung). Kopf, gebeugtes Knie und Fuß sind zur Seite gewendet. Beim weiteren Beugen des Knies nach vorne wird ausgeatmet, beim Zurückführen des Knies wird eingeatmet. Jede Seite mehrmals wiederholen.

Diese Übung dient der Dehnung der Hüftbeugemuskulatur. Die starke Verspannung dieser Körperregion ist eine Reaktion auf Blockaden der Beckenregion und behindert Beweglichkeit und Flexibilität. Die Hemmung der Hüftgelenke blockiert das Kreuzbein. Diese Muskelgruppe ist für den Körper wegen ihrer stabilisierenden Wirkung ungeheuer wichtig. Die Beweglichkeit (Flexibilität) dient dem Menschen zum Finden seines Gleichgewichts und dient der Ganzkörperkoordination. **Für den Reiter bildet diese Region den entscheidenden Kontakt zum Pferd. Wenn der Reiter hier fest ist, wird auch das Pferd im Rücken blockiert.**

Ziele:

- verbessert Erdung, Ganzkörperentspannung, Zentrierung, Raumorganisation, Atmung und entspanntes Sehen,
- verbessert Körperhaltung, Konzentration, Aufmerksamkeit,
- verbindet Unterkörper mit Oberkörper (Ganzkörperkoordination).

Energieübungen

Diese Übungen ermöglichen einen besseren Fluß unserer elektromagnetischen Energie. Die Nervenverbindungen zwischen Körper und Gehirn werden wieder angeregt. Außerden werden positive elektrische und chemische Veränderungen, die bei geistigen und körperlichen Tätigkeiten stattfinden, verbessert.

„Der menschliche Körper ist eines der komplexesten unter allen elektrischen Systemen. Der gesamte visuelle (über das Auge), auditive (über das Ohr) und kinästhetische (muskuläre) Input (Eingang), ja alles, was an sensorischer Information aufgenommen wird, wird in elektrische Signale umgewandelt und läuft entlang den Nervenfasern zum Gehirn. Das Nervensystem des Körpers hängt ab von diesen winzigen elektrischen Strömen, die Nachrichten über Aussehen, Geräusche, Berührung, Geschmack und Geruch an das Gehirn weiterleiten. Das Gehirn sendet dann elektrische Signale entlang der Nervenfasern, um dem visuellen, auditiven und muskulären System zu sagen, wie sie reagieren sollen. Diese Ströme 'reisen' mit einer Geschwindigkeit bis zu 400 km/h. ... Alle Energieübungen kommen ursprünglich von der Akupunktur-Meridian-Theorie zu uns“ (Dennison/Dennison 1991, 31). Der Ursprung dieser Theorie liegt 4000 Jahre zurück. Ihre Erkenntnisse werden heute auch in der medizinischen Praxis genutzt.

1) Gehirnknöpfe

Ausführung:

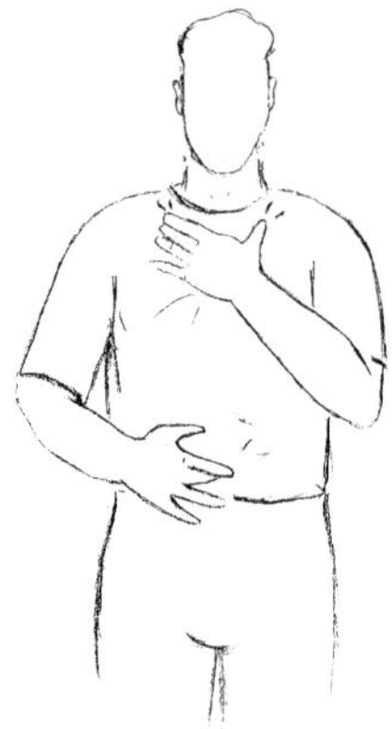

Abb. 214

Die Gehirnknöpfe sind das weiche Gewebe unter dem Schlüsselbein und grenzen direkt links und rechts ans Schlüsselbein an. Sie können mit einer Hand intensiv etwa 20 bis 30 Sekunden massiert werden, während die andere Hand den Bauchnabel berührt. Die Hand wird gewechselt, um beide Gehirnhälften zu aktivieren. Das Massieren der Knöpfe kann am Anfang leicht schmerzhaft sein. Diese Empfindlichkeit schwindet nach einigen Tagen.

Diese Übung kann ausgeweitet werden, indem der Übende seine Augen folgendermaßen blikken läßt (ohne den Kopf zu verändern): oben/unten auf Nasenhöhe; diagonal von oben links nach unten rechts; diagonal von oben rechts nach unten links, Mitte links nach rechts. Man nennt diese Gestalt auch Schmetterlings-Acht.

Ziele:

- Verbinden linker mit rechter Gehirnhälfte,
- Kreuzen der Mittellinie bei Ganzkörperkoordination,
- erzeugt positive elektrische und chemische Reaktionen,
- verstärkt den Fluß elektromagnetischer Energie,
- verbessert Links-Rechts-Gleichgewicht,
- entspannt die Nackenmuskulatur,
- verbessert die gesamten Muskelspannung im Körper.

2) Erdknöpfe

Ausführung:

Abb. 215

Beide Hände befinden sich auf der Mittellinie des Körpers. Zeige- und Mittelfinger berühren die Stelle unterhalb der Unterlippe, während die andere Hand den oberen Rand des Schambeins berührt. Die Punkte werden 30 Sekunden und länger gehalten. Die Hände sollen gewechselt werden, um beide Gehirnhälften zu aktivieren. Dabei soll erst nach unten, dann nach oben geschaut werden. Die Augen können auch auf und ab fahren. Die beiden Punkte können vor dem Halten auch ein wenig massiert werden.

Ziele:

- verbessert die Nah- und Ferneinstellung der Augen
- befähigt, im Mittelfeld zu arbeiten,
- erzeugt symmetrische Hüften,
- verbessert Koordination des Unter- und des gesamten Körpers,
- verhindert übermäßig aktives Verhalten.

3) Balanceknöpfe

Ausführung:

Abb. 216

Die Balanceknöpfe befinden sich direkt über der Einbuchtung, an der der Schädel auf dem Nacken ruht (etwa 2,5 cm beiderseits neben der hinteren Mittellinie und direkt neben dem Warzenfortsatz des Schläfenbeines. Der Übende hält den linken oder reibt den linken Knopf und berührt gleichzeitig den Nabel mit der rechten Hand. Dann werden die Hände gewechselt. Die Übung kann im Stehen, Sitzen und Liegen vollzogen werden.

Ziele:

- steigert Wohlergehen, Haltung des Körpers,
- entspannt aus einer übermäßig fokussierten Haltung,
- verbessert Reflexe und Überkreuz-Bewegungen.

4) Raumknöpfe

Ausführung:

Beide Hände befinden sich auf der Mittellinie des Körpers; eine vorne und die andere hinten. Die vordere Hand berührt mit Zeige- und Mittelfinger die Oberlippe, während die andere das Steißbein berührt. Durch Wechsel der Hände werden beide Gehirnhälften aktiviert. Die Knöpfe können auch leicht massiert werden.

Ziele:

- verbessert die Arbeit im Mittelfeld,
- steigert die Zentrierung, Erdung, Tiefenwahrnehmung, visuelle Fern- und Nahübergänge,
- entspannt das Zentralnervensystem,
- verbessert folgende Körperhaltungen: Hüften symmetrisch, Kopf in Normalposition, aufrechtes Sitzen,
- verlängert die Aufmerksamkeitspanne.

Abb. 217

5) Energiegähnen

Ausführung:

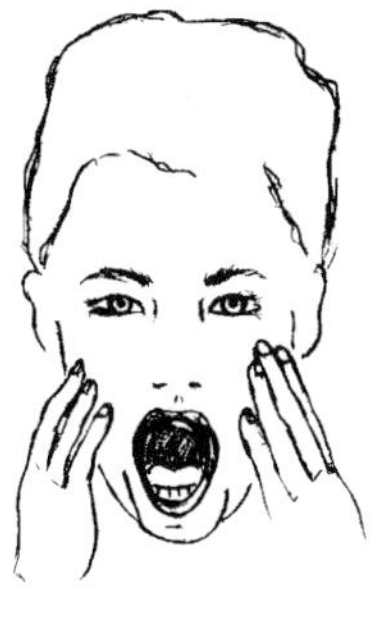

Abb. 218

Der Übende gähnt und berührt dabei das Kiefergelenk im Gesicht mit den Fingerspitzen. Man stößt einen tiefen Gähnton aus, während das Kiefergelenk massiert wird. Übung drei bis sechsmal wiederholen. Gähnen ist ein natürlicher Reflex, der die Atmung aktiviert, ökonomisiert und die Energiezufuhr zum Gehirn verbessert. Die Schädelknochen geraten wieder ins Gleichgewicht. Spannungen in Kopf und Kiefer werden gelöst. Durch die Massage während des Gähnens entspannen sich die Muskeln.

Ziele:

- entspannt das ganze Gehirn, Sehen und Denken,
- steigert das Gleichgewicht.

6) Denkmütze

Ausführung:

Der Übende benutzt Daumen und Zeigefinger, zieht die Ohren sanft nach außen und faltet sie nach außen. Mit der Spitze der Ohren wird begonnen und sanft nach unten zu den Ohrläppchen fortgefahren. Die Übung soll mindestens dreimal wiederholt werden.

Ziele:

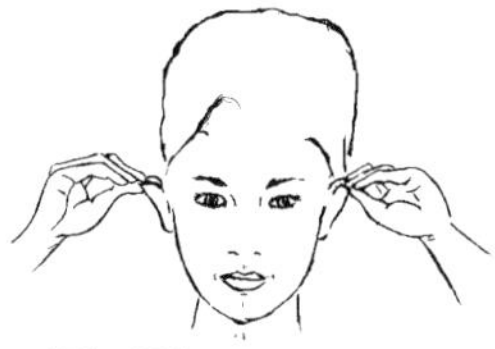

Abb. 219

- fokussiert die Aufmerksamkeit,
- verbessert das Kreuzen der Mittellinie, geistige und körperliche Fitneß, Atmung und Kreislauf,
- entspannt Kiefer-, Zungen- und Gesichtsmuskulatur.

7) Cook-Energieübungen

Ausführung:

Die Ausführung hat zwei Teile. Teil 1 stellt das Muster der Acht mit Armen und Beinen dar, während das Berühren der Fingerspitzen Teil 2 ist.

Teil 1: Der Übende sitzt bequem auf einem Stuhl. Er kreuzt sein rechtes Bein über das linke; das Fußgelenk liegt auf dem linken Knie. Mit der linken Hand umfaßt er das rechte Fußgelenk. Er umfaßt mit der rechten Hand den Ballen des linken Fußes. Die Augen werden geschlossen und der Übende soll sich entspannen. Beim Einatmen wird die Zunge gegen den Gaumen gedrückt, beim Ausatmen wird die Zunge entspannt.

Teil 2: Wenn Teil 1 beendet ist, entkreuzt der Übende die Beine. Die Fingerspitzen beider Hände berühren sich. Die tiefe Atmung wird einige Minuten fortgesetzt.

Ziele:

Abb. 220

- führt zur emotionalen Zentriertheit, zum Sich-Wohlfühlen in seiner Umgebung, zum Erden,
- steigert die Aufmerksamkeit und fördert die Bewegung der Schädelknochen,
- verbessert das Gleichgewicht, die Koordination und vertieft die Atmung.

8) Positive Punkte

Ausführung:

Der Übende berührt mit den Fingerspitzen leicht beide Punkte über den Augen. Sie liegen auf den Stirnbeinhöckern, in der Mitte zwischen Haarlinie und Augenbrauen. Der Übende konzentriert sich auf eine negative Einstellung oder ein Gefühl, mit dem er zukünftig positiver umgehen möchte. Die Augen werden geschlossen. Dabei weicht die Spannung im Körper.

Ziele:

Abb. 221

- überkreuzt die Zentrierungslinie für Streß und Spannungen,
- löst den Reflex auf, unter Streß zu handeln,
- löst Gedächtnisblockaden auf.

Literaturgrundlagen

AYRES, A.J.: Bausteine der kindlichen Entwicklung. Berlin/Heidelberg/New York/Tokio 1984

ALEXANDER, F.M.: Der Gebrauch des Selbst. München 1988

ALON, R.: Leben ohne Rückenschmerzen. Bewegen in Einklang mit der Natur. Feldenkrais-Lektionen I. Paderborn 1993

ALON, R.: Leben ohne Rückenschmerzen. Bewegen in Einklang mit der Natur. Feldenkrais-Lektionen II. Paderborn 1995

ALTER, J.: Das Stretching Handbuch. München 1989

ANDREWS, E.: Muskel Coaching. Freiburg i. Breisgau 1993

AUTORENTEAM SVSS (Hg.): Sitzen als Belastung. Aspekte des Sitzens – Lehrunterlagen. Ismaning/München 1993

BALK, A.: Funktionelles Körpertraining. Lahr 1993

BARON, V.C.: Metamedizin. Freiburg i. Breisgau 1991

BARLOW, W.: Die Alexander-Technik. München 1989, 4. Aufl.

BEIGEL, K. u.a.: Gymnastik falsch und richtig. Reinbek 1993

BERNSTEIN, D.A./BORKOVEC, T.D.: Entspannungs-Training. Handbuch der progressiven Muskelentspannung. München 1975

BIELEFELD, J.: Körpererfahrung. Grundlage menschlichen Bewegungsverhaltens. Göttingen/Toronto/Zürich 1986

BLUM, B./WÖLZENMÜLLER, F.: Stretching. Oberhaching 1985

BRENNAN, R.: Alexander-Technik. Braunschweig 1993

BRÜGGER, A.: Gesunde Körperhaltung im Alltag. Zürich 1990, 3. Aufl.

CHRISTIAN, P. : Vom Wertbewußtsein des Tuns. In: BUITENDIJK, F.J./CHRISTIAN, P./PLÜGGE, H.: Über die menschliche Bewegung als Einheit von Natur und Geist. Schorndorf 1963, 19 – 44

COTTA, H.: Sport treiben! Gesund bleiben! München/Zürich 1988

DECKER, F.: Mind Fitneß. Südergellersen 1992

DENNISON, P.E.: Befreite Bahnen. Freiburg (Breisgau) 1990[1], 5. Aufl.

DENNISON, P.E. u. G.: Das Handbuch der Edu-Kinesthetik für Eltern, Lehrer und Kinder. Freiburg (Breisgau) 1990[2], 5. Aufl.

DENNISON, P.E. u. G.: Brain-Gym. Freiburg (Breisgau) 1991, 2. Aufl.

DENNISON, P.E. u. G.: Lehrerhandbuch Brain-Gym. Freiburg (Breisgau) 1991

DIAMOND, J.: Lebensenergie in der Musik. Südergellersen 1990, 7. Aufl.

DIAMOND, J.: Der Körper lügt nicht. Freiburg (Breisgau) 1990, 6. Aufl.

DIAMOND, J.: Die heilende Kraft der Emotionen. Freiburg (Breisgau) 1991, 5. Aufl.

DIAMOND, J.: Das Herz der Musik. Freiburg (Breisgau) 1991

DIETZE, S. v.: Balance in der Bewegung. Der Sitz des Reiters. Warendorf 1993

DRAKE, J.: Alexander-Technik im Alltag. München 1993

EBERSPÄCHER, H./RENZLAND, J.: Leistungsfähiger im Beruf durch psychoregulatives Bewegungstraining. Oberhaching 1985

EBERSPÄCHER, H.: Mentale Trainingsformen in der Praxis. Oberhaching 1990

ENNENBACH, W.: Bild und Mitbewegung. Köln 1989

EVJENTH, O./HAMBERG, J.: Autostretching. Uppsala 1990

FELDENKRAIS, M.: Bewußtsein durch Bewegung. Der aufrechte Gang. Frankfurt a.M. 1978

FELDENKRAIS, M.: Die Entdeckung des Selbstverständlichen. Frankfurt 1985

FELDENKRAIS, M.: Die Feldenkraismethode in Aktion. Paderborn 1990

FELDENKRAIS, M.: Der Weg zum reifen Selbst. Paderborn 1994

FETZ, F.: Sensomotorisches Gleichgewicht im Sport. Wien 1987

FELLSCHES, J. (Hg.): Körperbewußtsein. Essen 1991

FLEIß, U.: Unsere Wirbelsäule. Leoben 1988

FLURY, H.: Die neue Leichtigkeit des Körpers. München 1995

FRANKE, K.: So lernt man autogenes Training. Stuttgart 1990, 6. Aufl.

FREIWALD, J.: Aufwärmen im Sport. Reinbek 1991

FRIEDMANN, E. D.: Laban, Alexander, Feldenkrais. Paderborn 1989

GALLWEY, W.T.: Tennis. Das innere Spiel. München 1991

GELB, M.: Körperdynamik. Frankfurt a.M./Berlin 1991, 4. Aufl.

GEIßLER, D.: Atem holen. Stuttgart 1993

GERZ, W.: Hilfe durch Naturheilverfahren. Überhaching 1989

GIBSON, J.J.: Die Sinne und der Prozeß der Wahrnehmung. Bern/Stuttgart/Wien 1973

GÖHNER, U.: Einführung in die Bewegungslehre des Sports. Schorndorf 1992

GRAY, J.: Die Alexander-Technik. Bergisch Gladbach 1992

GUNNARI, H. u.a.: Allround Fitneß. Reinbek 1989

GROTKASTEN, S./KIENZERLE, H.: Wirbelsäulengymnastik. München 1991, 2. Aufl.

HACKL, M./WU, K.K.: Qi Gong. Heilender Atem. Südergellersen 1989

HANNA, T.: Beweglich sein – ein Leben lang. München 1990

HAUSER-BISCHOF, C. u.a.: Vita-Rückenschule. Basel/Boston/Berlin 1990, 2. Aufl.

HAXTHAUSEN, M./LEMAN, R.: Body-Sense. Paderborn 1988

HEMPEL, K.-J./OHLERT, H.-H.: Gymnastik für den Rücken. Berlin 1991

HESS, H. u.a.: Natürliche Behandlungsmethoden bei Rückenschmerzen. Niedernhausen/Ts. 1990

HETTINGER, TH.: Fit sein – fit bleiben. Stuttgart 1989, 7. Aufl.

HIRTZ, P. u.a.: Koordinative Fähigkeiten im Schulsport. Berlin-Ost 1985

HÖFLER; H.: Atemtherapie und Atemgymnastik. Stuttgart 1991

HÖFLING, S./KAISSER, P.J. (Hg.): Orthopädische Rückenschule – interdisziplinär. Berlin/Heidelberg 1992

HOLLER, J.: Das neue Gehirn. Südergellersen 1991, 2. Aufl.

HOMFELDT, H.G. (Hg.): Sinnliche Wahrnehmung, Körperbewußtsein, Gesunderhaltung. Weinheim 1991

ISRAEL, S.: Das Erwärmen als Startvorbereitung. In: Medizin und Sport 17 (1977), 386 – 391

JACOBSON, E.: Entspannung als Therapie. München 1993, 2. Aufl.

JONATH, U./KREMPEL, R.: Konditionstraining. Reinbek 1981

KAISSER, P.J./HÖFLING, S.: Münchener Manual zur orthopädischen Rückenschule. Heidelberg 1990

KALTENBRUNNER, T.: Reflexzonenmassage. Für mehr Wohlbefinden und Vitalität. München 1994

KAMPER, D./WULF, CH. (Hg.): Die Wiederkehr des Körpers. Frankfurt a.M. 1982

KARBE, S./PASCH, E.: Gymnastik zur Entspannung. Berlin 1987

KEMPF, H.-D.: Die Rückenschule. Reinbek 1990

KEUL, J. u.a.: Aufwärmen-Verhütung von Verletzungen und Förderung der Leistungsfähigkeit. In: Leistungssport 13 (1983) 6, 13 – 18

KIRCHNER, G.: Autogenes Training für jedermann. Arbeitsbuch mit Toncassette. München/Landsberg am Lech o.J.

KIRCHNER, T.: Die Feldenkrais-Methode. Set I und II. Eichstätt o.J.

KJELLRUP, M.: Bewußt mit dem Körper leben. Spannungsausgleich durch Eutonie. München 1993, 7. Aufl.

KLEE, A.: Muskuläre Balance. In: Sportunterricht 44 (1995) 1, 12 – 23

KLIMT, F.: Sportmedizin im Kindes- und Jugendalter. Stuttgart/New York 1992

KONZAG, G.: Psychologische Probleme des sportlichen Wettkampfes in der Vorbereitung. In: Körpererziehung 26 (1976), 264 – 273

KNEBEL, K.-P.: Funktionsgymnastik. Reinbek 1985

KNEBEL, K.-P.: Fitneßgymnastik. Reinbek 1991

KRUBER, D.: Wirbelsäulengymnastik. Fußgymnastik. Celle 1988

KÜPPER, D./KOTTMANN, L. (Hg.): Sport und Gesundheit. Schorndorf 1991

KUSHI, M.: Do-In-Buch. Südergellersen 1990, 8. Aufl.

KÜKELHAUS, H./LIPPE, R. zur: Entfaltung der Sinne. Ein Erfahrungsfeld zur Bewegung und Besinnung. Frankfurt a.M. 1982

LEIBOLD, G.: Isometrische Gymnastik. Düsseldorf 1988

LEIST, K.-H.: Vernachlässigte Grundlagen für die Konstruktion von Lehr-Lernmodellen. In: Sportpädagogik. Annäherungen, Versuche, Betrachtungen. (Sonderheft o.J.), 13 – 22

LEIST, K.-H.: Körpererfahrung. In: Sportpädagogik. Annäherungen, Versuche, Betrachtungen. Seelze o.J. (Sonderheft), 38 – 43

LEIST, K.-H.: Sich über Wahrnehmungsweisen verständigen. In: Sportpädagogik 14 (1990) 1, 30 – 37

LEIST, K.-H. : Neuere Aspekte der Psychologie der Wahrnehmung: Zur Umstrukturierung des Problemfeldes und ihre Konsequenzen. In: DAUGS, R./BLISCHKE, K. (Hg.): Aspekte der Motorikforschung. St. Augustin 1993, 118 – 135

LENHART, P./SEIBERT, W.: Funktionelles Bewegungstraining. Oberhaching 1993, 3. Auflage

LETZELTER, M.: Trainingsgrundlagen. Reinbek 1982, 2. Aufl.

LEVEY, J.: Die Kunst der Entspannung, Konzentration und Meditation. München 1988

LIPPE, R. zur: Aufrechter Gang und greifende Hand. In: Zur Theorie und Praxis von Körper- und Bewegungserziehung. Modellversuch Freizeit (Hg.). Oldenburg 1979, 47-60

LIPPENS, V.: Die Innensicht beim motorischen Lernen. Köln 1992

LOEHR, J.: Mental-Training für Sport, Beruf und Ausbildung. München/Wien/Zürich 1988

LOIBL, J./LEIST, K.-H.: Vom gefühlvollen Sich-Bewegen und seiner Vermittlung. In: Sportpädagogik 14 (1990) 4, 19 – 25

MAEHL, O./HÖHNKE, O.: Aufwärmen. Ahrensburg 1988

MAEHL, O.: Beweglichkeitstraining. Ahrensburg 1986

MAISEL, E.: F. M. ALEXANDER: Die Grundlagen der F. M. Alexander-Technik. Heidelberg 1985

MAREES, H. DE. : Sportphysiologie . Köln 1979

MARKOWA, D.: Die Entdeckung des Möglichen. Freiburg i. Breisgau 1993

MECKLENFELD, D.: Die Feldenkraismethode. In: Praxis der Psychomotorik 16 (1991) 4, 226-229

MEDLER, M./MIELKE, W.: Fitneß im Schulsport und im Breitensport. Neumünster 1990

MEINEL, K./Schnabel, G.: Bewegungslehre-Sportmotorik. Berlin-Ost 1987

MERTENS, K.: Körperwahrnehmung und Körpergeschick. Dortmund 1986

MEYNERS, E.: Zum Aufwärmen im Sport und Sportunterricht. In: Haltung und Bewegung (1985) 2, 24 – 33

MEYNERS; E.: Fit aufs Pferd. Gymnastik für Reiter und Voltigierer. Hamburg 1986

MEYNERS, E.: Stretching als Methode für jeden Sportler. In: Sportpraxis 30 (1989) 6, 48 – 52

MEYNERS, E.: Es ist nie zu spät! St. Georg (1987) 4, 88 – 89

MEYNERS, E.: Fehlbelastungen im täglichen Leben, im Sport und Sportunterricht. In: Sportpraxis 32 (1991) 2, 20 – 22

MEYNERS, E.: Reitpädagogogische Grundlagen für den Ausbilder im Reitsport. Hannover 1992

MEYNERS, E./BÖHM, T.: Das natürliche Reitkonzept. Lehrfilm. Lüneburg 1992

MEYNERS, E.: Der Mensch muß sich funktionsgerechter bewegen. In: Haltung und Bewegung (1992) 2, 67–- 73

MEYNERS, E.: Bewegt sich der Mensch im täglichen Leben funktionsgerecht ? In: Turnen und Sport 66 (1992) 8, 249 – 252

MEYNERS, E.: Bewegungen dem Menschen gemäß gestalten. In: Praxis der Psychomotorik 18 (1993) 1, 4 – 9

MEYNERS, E.: Funktionsgerechtes Bewegen des Menschen im Sport. In: Turnen und Sport 67 (1993) 2, 13 – 14

MEYNERS, E.: Bewegt sich der Mensch im Sport funktionsgerecht ? In: Turnen und Sport 67 (1993) 3, 15 – 18

MEYNERS, E.: Zur Vielschichtigkeit funktioneller Gymnastik. In: Praxis der Psychomotorik 18 (1993) 4, 194 – 200

MEYNERS, E.: Zur Bedeutung des Auf- und Abwärmens für den Sportler. Vorüberlegungen, Auswirkungen und Funktionsabläufe beim Menschen und Formen des Aufwärmens. In: Turnen und Sport 68 (1994) 9, 3 – 7

MEYNERS, E.: Auch Reiter müssen fit sein. In: Reitsportmagazin (Hg.) Wege zum Reitsport. Hannover 1994, 64 – 69

MICHLER, P./GRASS, M.: Gymnastik, aber richtig. Hard 1993

MILZ, H.: Der wiederentdeckte Körper. München/Zürich 1992

MIßMAHL, I.: Gymnastik. Reinbek 1980

MOEGLING, K. (Hg.): Sanfte Körpererfahrung. Autogenes Training. Stretching, Sensory Awareness, Joga, Tai-Chi, Zen. Aikido. Kassel, 1984

MOEGLING, P./K.: Sanfte Körpererfahrung. Für dich selbst und zwischen uns. Kassel 1986, 2. Aufl.

MOEGLING, K.: Zen im Sport. Eine andere Möglichkeit, Sport zu treiben. Haldenwang 1987

MOEGLING, K.: Ganzheitlichkeit in der Bewegungserziehung. In: Sportpädagogik 19 (1995) 4, 15 – 24

MOLSBERGER, A.: Was leistet Akupunktur? Stuttgart 1994

MÜHLFRIEDEL, B.: Trainingslehre. Frankfurt a.M. 1983, 2. Aufl.

MÜLLER, E.P.: Vom Wahrnehmungstraining zum Entspannungstraining. In: Sportpraxis 31 (1990) 4, 4 – 6; 5, 6 – 10; 6, 39 – 42; 32 (1991) 1, 41 – 43

MÜLLER, E.: Du spürst unter deinen Füßen das Gras. Autogenes Training in Phantasie- und Märchengeschichten. Frankfurt a.M. 1983

NAKAMURA, T.: Das große Buch vom richtigen Atmen. Bern/München/Wien, 5. Aufl. der Sonderausgabe 1992

NAMIKOSHI, T.: Shiatsu. Selbstmassage und Stretching. Südergellersen 1988

NEUMANN-COSEL-NEBE, I. v.: Spielend reiten lernen. Lehrfilm. Warendorf 1991

NEUMANN-COSEL-NEBE, I. v.: In allen Sätteln gerecht. Lehrfilm. Warendorf 1992

PARK, G.: Alexander-Technik. Die Kunst der Veränderung. Grundlagen, Anwendungen, Weiterungen. Paderborn 1994

PILSS-SAMEK, H.: Gymnastik bei Bandscheibenschäden. München 1991

PREIBSCH, M./REICHARDT, H.: Schon-Gymnastik. München 1989

PRATSCHER, H.: Ausgleichsgymnastik. Wien 1992

REICHEL, H.-S.: Gezielte Gymnastik. Oberhaching 1987

REICHEL, H.-S.: Hilfe bei Rückenschmerzen. Oberhaching 1988

REICHEL, H.-S. u.a.: Die Wirbelsäule. Oberhaching 1992

REICHARDT, H.: Schon-Gymnastik bei Rückenschmerzen. München 1991

REINHARDT, B. (Hg): Gesunder Rücken – besser leben. Erlangen 1989

REINHARDT, B. (Hg.): Die große Rückenschule. Nürnberg 1992, 3. Aufl.

RIEDER, H. u.a.: Rückenschule interdisziplinär. Stuttgart 1993

RIEMKASTEN, F.: Die Alexander-Methode. Heidelberg 1994, 10. Aufl.

SCHMIDT, H.: Orthopädische Grundlagen für sportliches Üben und Trainieren. Leipzig 1988

SCHMIDT, M. u.a.: Ganzkörpergymnastik. Darmstadt 1990

SCHMIDT, N./HILLEBRECHT, M.: Übungsprogramme zur Rücken- und Rumpfgymnastik. Aachen 1993

SCHOEFER, L.U.: Qi Gong. Hilfen für den Alltag. Niedernhausen/Ts. 1994

SCHULZ, H.: Stretching. Niedernhausen/Ts. 1983

SCHUSDZIARRA, H./SCHUSDZIARRA, V.: Gymnasium des Reitens. Berlin/Hamburg 1978

SINGER, R.N.: Motor lerning and human performance. New York/ London 1975, 2. Auflage

SPERLE, N.: Kommunikation mit Innen und Außen. In: Hochschulsport 13 (1986) 11, 10 – 13

SPRING, H. u.a.: Dehn- und Kräftigungsgymnastik. Stuttgart/ New York 1988, 2. Aufl.

SUINN, M.: Mentales Training. Bern 1989

STEINBACH, I.: Klangtherapie. Südergellersen 1990

SWIFT, S.: Reiten aus der Körpermitte. Rüschlikon-Zürich 1989

TAMBOER, J.: Sich-Bewegen – ein Dialog zwischen Mensch und Welt. In: Sportpädagogik 3 (1979) 2, S. 14 – 19

THIE, J.F.: Gesund durch Berühren. Basel 1990, 7. Aufl.

TOPPING, W.W.: Körperenergien in der Balance. Freiburg (Breisgau) 1988

TOPPING, W.W.: Stress Release. Freiburg (Breisgau) 1991, 3. Aufl.

TOURELLE, M. LA/COURTENAY, A.: Was ist Angewandte Kinesiologie ? Freiburg (Breisgau) 1992

TREBELS, A.H.: Bewegung sehen und beurteilen. In: Sportpädagogik 14 (1990[1]) 1, 12 – 20

TREBELS, A.H.: Bewegungsgefühl: der Zusammenhang von Spüren und Bewirken. In: Sportpädagogik 14 (1990[2]) 4, 12 – 18

TREBELS, A.H.: Das dialogische Bewegungskonzept. Eine pädagogische Auslegung von Bewegung. In: Sportunterricht 41 (1992) 1, 20 – 29

TREBELS, A.H.: Bewegen und Wahrnehmen. In: Sportpädagogik 17 (1993) 6, S. 19 – 27

WAIBEL, M.: Rückenbeschwerden. Ganzheitliche Hilfe. Düsseldorf/ Wien 1994

WALTERSPIEL, B.: Die Feldenkrais-Methode. München 1989

WEINECK, J.: Optimales Training. Erlangen 1990, 7. Aufl.

WEIZSÄCKER, V.v.: Der Gestaltkreis. Theorie der Einheit von Wahrnehmen und Bewegen. Stuttgart/New York 1986, 5. Aufl.

WIEMANN, K.: Stretching - Grundlagen, Möglichkeiten, Grenzen. In: Sportunterricht 42 (1993) 3, 91 – 106

WILDMANN, F.: Feldenkrais. Übungen für jeden Tag. Frankfurt a.M. 1995

ZEMACH-BERSIN, D. u. K./REESE, M.: Gesundheit und Beweglichkeit. 10 Feldenkrais-Lektionen. München 1992

Zeitschrift Sportpädagogik: 14 (1990) 1: Bewegung sehen und beurteilen.

Zeitschrift Sportpädagogik: 14 (1990) 4: Bewegungsgefühl

Zeitschrift Sportpädagogik: 17 (1993) 6: Bewegen und Wahrnehmen

ZIESCHANG, K.: Aufwärmen bei motorischem Lernen, Training und Wettkampf. In: Sportwissenschaft 8 (1978), 235 - 251

ZIMMER, R./CICURS, H.: Psychomotorik. Neuere Ansätze im Sportförderunterricht und Sonderturnen. Schorndorf 1987